编委会

全国高等院校旅游管理类应用型人才培养"十三五"规划教材

主编

马　勇　教育部高等学校旅游管理类专业教学指导委员会副主任
　　　　中国旅游协会教育分会副会长
　　　　中组部国家"万人计划"教学名师
　　　　湖北大学旅游发展研究院院长，教授、博士生导师

编委（排名不分先后）

田　里　教育部高等学校旅游管理类专业教学指导委员会主任
　　　　云南大学工商管理与旅游管理学院原院长，教授、博士生导师
高　峻　教育部高等学校旅游管理类专业教学指导委员会副主任
　　　　上海师范大学旅游学院副院长，教授、博士生导师
邓爱民　中南财经政法大学旅游管理系主任，教授、博士生导师
潘秋玲　西安外国语大学旅游学院院长，教授
薛兵旺　武汉商学院旅游与酒店管理学院院长，教授
田芙蓉　昆明学院旅游学院院长，教授
罗兹柏　中国旅游未来研究会副会长，重庆旅游发展研究中心主任，教授
朱承强　上海师范大学旅游学院/上海旅游高等专科学校酒店研究院院长，教授
王春雷　上海对外经贸大学会展经济与管理系主任，副教授
毕斗斗　华南理工大学经济与贸易学院旅游与酒店管理系主任，副教授
李会琴　中国地质大学（武汉）旅游系副系主任，副教授
阎友兵　湘潭大学旅游管理学院院长，教授
吴忠军　桂林理工大学旅游学院院长，教授
韩　军　贵州商学院旅游学院院长，教授
黄其新　江汉大学商学院副院长，教授
张　青　山东青年政治学院旅游学院院长，教授
钟志平　湖南商学院旅游管理学院院长，教授
李　玺　澳门城市大学国际旅游与管理学院客座教授、博士生导师
何　彪　海南大学旅游学院会展经济与管理系主任，副教授
陈建斌　广东财经大学地理与旅游学院副院长，副教授
孙洪波　辽东学院旅游学院院长，教授
李永文　海口经济学院旅游与民航管理学院院长，教授
李喜燕　重庆文理学院旅游学院副院长，教授
朱运海　湖北文理学院休闲与旅游服务管理研究所所长，副教授

全国高等院校旅游管理类应用型人才培养"十三五"规划教材

总主编◎马 勇

会展法规与实务

Exhibition Regulations and Practice

主　编◎李喜燕　重庆文理学院
副主编◎孟庆吉　哈尔滨商业大学
　　　　张　琳　海南大学
编　委◎申　磊　晋中学院
　　　　李　杰　重庆文理学院
　　　　潘远斌　重庆文理学院

华中科技大学出版社
http://www.hustp.com
中国·武汉

内 容 提 要

本教材共有 7 章,分别为会展法概述、会展主体法律制度、会展合同法律制度、会展知识产权法律制度、会展市场秩序管理法律制度、会展安全管理与风险防范法律制度、会展纠纷解决法律制度,其中第二章到第五章是重点章节。

本教材的特点有以下三点:一是充分突出教材实用价值。本教材的编写在每节前、章节内容中、章末都有会展行业的相关案例,使学生能够通过大量法律案例分析,锻炼和提高其运用法律手段防范法律风险、解决法律问题的能力。二是全面整合教材内容结构。鉴于课程学时少、内容涉及多,作者对教材内容进行了筛选与整合,针对实务中有关会展法律实务案例进行内容整合,并结合会展主体在会展活动中的流程进行编排,按会展主体设立与活动审批—会展合同—知识产权保护—市场秩序管理—安全与风险防范问题—纠纷解决的顺序设置了 7 个章节,并且重点突出合同法律制度和知识产权法律制度,既兼顾了体系的完整性,又彰显了重点内容。三是充分考虑案例适用的便利性。考虑到多数教师非法学专业出身,本教材在提供了较多的教学配套案例的同时,还为教师提供了配套电子版参考答案,一方面通过案例激发学生学习兴趣,另一方面又能够使非法学专业出身的会展法教师在运用这些案例时更加轻松、方便,充分体现教学的便利性。

图书在版编目(CIP)数据

会展法规与实务/李喜燕主编.—武汉:华中科技大学出版社,2017.3(2021.1重印)
全国高等院校旅游管理类应用型人才培养"十三五"规划教材
ISBN 978-7-5680-2326-9

Ⅰ.①会… Ⅱ.①李… Ⅲ.①展览会-法规-中国-高等学校-教材 Ⅳ.①D922.16

中国版本图书馆 CIP 数据核字(2016)第 258755 号

会展法规与实务 　　　　　　　　　　　　　　　　　　　李喜燕　主编
Huizhan Fagui yu Shiwu

策划编辑:李家乐　周　婵
责任编辑:李文星
封面设计:原色设计
责任校对:张会军
责任监印:周治超
出版发行:华中科技大学出版社(中国·武汉)　　电话:(027)81321913
　　　　　武汉市东湖新技术开发区华工科技园　　邮编:430223
录　　排:华中科技大学惠友文印中心
印　　刷:武汉市洪林印务有限公司
开　　本:787mm×1092mm　1/16
印　　张:20.75　插页:2
字　　数:502 千字
版　　次:2021 年 1 月第 1 版第 5 次印刷
定　　价:58.00 元

本书若有印装质量问题,请向出版社营销中心调换
全国免费服务热线:400-6679-118　　竭诚为您服务
版权所有　侵权必究

总 序

伴随着旅游业上升为国民经济战略性支柱产业和人民群众满意的现代服务业,我国实现了从旅游短缺型国家到旅游大国的历史性跨越。2016年12月26日,国务院印发的《"十三五"旅游业发展规划》中提出要将旅游业培育成经济转型升级重要推动力、生态文明建设重要引领产业、展示国家综合国力的重要载体和打赢扶贫攻坚战的重要生力军,这标志着我国旅游业迎来了新一轮的黄金发展期。在推进旅游业提质增效与转型升级的过程中,应用型人才的培养、使用与储备已成为决定当今旅游业实现可持续发展的关键要素。

为了解决人才供需不平衡难题,优化高等教育结构,提高应用型人才素质、能力与技能,2015年10月21日教育部、国家发改委、财政部颁发了《关于引导部分地方普通高校向应用型转变的指导意见》,为应用型院校的转型指明了新方向。对于旅游管理类专业而言,培养旅游管理应用型人才是旅游高等教育由1.0时代向2.0时代转变的必由之路,是整合旅游教育资源、推进供给侧改革的历史机遇,是旅游管理应用型院校谋求话语权、扩大影响力的重要转折点。

为深入贯彻教育部引导部分地方普通高校向应用型转变的决策部署,推动全国旅游管理本科教育的转型发展与综合改革,在教育部高等学校旅游管理类专业教学指导委员会和全国高校旅游应用型本科院校联盟的大力支持和指导下,华中科技大学出版社率先组织编撰出版"全国高等院校旅游管理类应用型人才培养'十三五'规划教材"。该套教材特邀教育部高等学校旅游管理类专业教学指导委员会副主任、中国旅游协会教育分会副会长、中组部国家"万人计划"教学名师、湖北大学旅游发展研究院院长马勇教授担任总主编。

在立足旅游管理应用型人才培养特征、打破重理论轻实践的教学传统的基础上,该套教材在以下三方面作出了积极的尝试与探索。

一是紧扣旅游学科特色,创新教材编写理念。该套教材基于高等教育发展新形势,结合新版旅游管理专业人才培养方案,遵循应用型人才培养的内在逻辑,在编写团队、编写内容与编写体例上充分彰显旅游管理作为应用型专业的学科优势,全面提升旅游管理专业学生的实践能力与创新能力。

二是遵循理实并重原则,构建多元化知识结构。在产教融合思想的指导下,坚持以案例为引领,同步案例与知识链接贯穿全书,增设学习目标、实训项目、本章小结、关键概念、案例解析、实训操练和相关链接等个性化模块。为了更好地适应当代大学生的移动学习习惯,本套教材突破性地在书中插入二维码,通过手机扫描即可直接链接华中出版资源服务平台。

三是依托资源服务平台,打造立体化互动教材。华中科技大学出版社紧抓"互联网+"发展机遇,自主研发并上线了华中出版资源服务平台,实现了快速、便捷调配教学资源的核心功能。

在横向资源配套上，提供了教学计划书、PPT、参考答案、教学视频、案例库、习题集等系列配套教学资源；在纵向资源开发上，构建了覆盖课程开发、习题管理、学生评论等集开发、使用、管理、评价于一体的教学生态链，真正打造了线上线下、课堂课外的立体化互动教材。

　　基于为我国旅游业发展提供人才支持与智力保障的目标，该套教材在全国范围内邀请了近百所应用型院校旅游管理专业学科带头人、一线骨干"双师双能型"教师，以及旅游行业界精英共同编写，力求出版一套兼具理论与实践、传承与创新、基础与前沿的精品教材。该套教材难免存在疏忽与缺失之处，恳请广大读者批评指正，以使该套教材日臻完善。希望在"十三五"期间，全国旅游教育界以培养应用型、复合型、创新型人才为己任，以精品教材建设为突破口，为建设一流旅游管理学科而奋斗！

2017.1.18

前言

会展业作为新兴的"朝阳产业",在国民经济发展中发挥着日益重要的作用。而随着经济社会的发展,我国开办会展经济与管理本科专业和会展策划与管理专科专业的院校也逐年增长。在这些开办会展专业的本专科院校中,会展法(又称会展政策与法规、会展法规与实务,简称"会展法")大多被列为会展专业的一门专业课。然而,会展法课程因属于法律的范畴而不同于会展专业其他课程,属于会展专业课而区别于一般的法律课,所以,往往成为一门具有交叉学科性质的边缘课程。正因为此,会展法课程往往既未引起法律界的重视,也未被当作会展界的关注重点,关于此门课程的教学改革研究也相对欠缺。

然而,随着会展业的迅速发展,有关会展行业的各项法律事务和法律纠纷日益增多。仅从北大法意数据库输入"会展"为关键词,搜索到的相关案例有 800 多件。这使得会展法作为大多数会展专业院校仅有的法律课程的价值更为突出。因此,如何对会展法教学进行改革是当前会展专业相关人士应该迫切关注和研究的问题。在这种使命感的号召下,本教材的编者结合教学改革的需要,通过对大学会展法教师情况、会展法教材和会展行业相关法律案例数据库的统计分析,对当前我国会展法的教学改革进行了认真的思考和研究,力争使本教材的编写从以下方面彰显特色。

第一,强调应用性特色,配套针对性案例。首先,目前国内同类教材有的偏重于体系性,重点突出不够,难以充分凸显会展实践对法律的应用型需求。本教材根据从北大法意数据库中提炼出的 220 多个有关会展公司的典型案例,把不同类型的法律纠纷案例及其案例比重作为教材章节构成比例的参考,充分凸显该教材的法律应用价值。其次,尽管现有的部分教材也有一些有关会展的案例,但是有些案例缺乏针对性,而且一般并未覆盖全部章节。本教材的编写在每章节前面都结合该章节的内容给出会展行业的相关案例,第二章到第五章重点章节还给出了相关的同步案例。这种关联性案例教学,能够锻炼和提高学生学习运用法律手段解决法律问题的能力。

第二,彰显流程化顺序,构建模块化体系。首先,教材结合会展主体在从事会展相关活动流程中可能接触到的不同法律问题予以编排,主要包括会展主体设立、活动审批、合同签订、知识产权、市场秩序管理、安全与风险防范问题、纠纷解决等方面。从会展行业不同活动阶段所涉及的法律事宜进行排序,既兼顾了体系的完整性,又能够充分体现其流程化特点,使会展相关专业学生能够清晰地了解各个阶段应该注意的法律问题。其次,根据会展主体所涉及的法律问题类别,教材分为会展法概述、会展主体法律制度、会展合同法律制度、会展知识产权法律制度、会展市场秩序管理法律制度、会展安全管理与风险防范法律制度、会展纠纷解决法律制度七大模块,不同的模块分别对应不同的活动内容,并且分别从不同的角度对会展活动相关立法进行学习,各个模块之间相互独立又彼此联系,各个模块总体形成一个有机的体系。

第三,突出重点章节,强化实务优势。 首先,根据本书编者对司法数据库中有关会展主体的案例构成比例的统计,教材充分凸显了重点司法实践内容,全书共7章,重点章节为第二章到第五章,而其中第三章会展合同法律制度和第四章会展知识产权法律制度又成为本教材重点中的重点,并且配套了较多的同步案例,以便更好地为会展主体法律实践服务。其次,根据本书编者对全国80余所开设会展经济与管理专业学校的调查,任教会展法规与实务及其相关法律课程的教师中,法学专业出身的教师不足三分之一。本教材编写人员多数既有法学专业背景,又从事律师或仲裁法律实务,兼具法学理论水平和法律实战经验。考虑到多数教师为非法学专业出身,本教材在提供了较多的教学配套案例的同时,还为教师提供了配套电子版参考答案。一方面通过案例激发学生学习兴趣,另一方面又能够使非法学专业出身的会展法教师在运用这些案例时更加轻松、方便,充分体现教学的便利性。

本教材的编写人员来自我国南北四省(市)四个学校的六名教师,其中本教材第一章由重庆文理学院旅游学院法学硕士李杰讲师编写,第二章由海南大学旅游学院张琳副教授编写,第三章第一至三节、第七章由重庆文理学院旅游学院副院长、法学博士李喜燕教授编写,第三章第四至六节、第四章由哈尔滨商业大学管理学院法学博士孟庆吉讲师编写,第五章由晋中学院会展教研室主任申磊讲师编写,第六章由重庆文理学院法律硕士潘远斌老师编写。

在本书编写过程中特别感谢重庆文理学院副校长漆新贵教授、教务处处长何华敏教授、旅游学院院长陈天培教授的指导、帮助与支持;感谢重庆文理学院旅游学院原党总支书记曹勇教授的大力支持和不吝赐教;也特别感谢北京第二外国语学院和哈尔滨商业大学举办的第八届会展教育年会为本书的编写提供的交流机会,促使本书编者对教材编写具有了更加明确的认识;感谢上海第二工业大学冯岚老师在生病期间对本书的关心和支持;也感谢所有关心本书的编写进度并表达使用需求的各位同仁的大力支持与鼓励;感谢所有对本教材的编写有帮助的各个高校的同仁和重庆文理学院旅游学院相关教师的支持和帮助。

编者

2016 年 9 月

Contents

目 录

第一章 会展法概述

第一节 会展概述 /1
第二节 会展法及其内容 /4
第三节 会展法律关系 /6
第四节 会展法的渊源 /10

第二章 会展主体法律制度

第一节 会展企业法律制度 /14
第二节 会展组织者管理法律制度 /41
第三节 会展海关监管法律制度 /52

第三章 会展合同法律制度

第一节 会展合同概述 /63
第二节 会展合同的订立 /83
第三节 会展合同的效力 /100
第四节 会展合同的履行和担保 /107
第五节 会展合同的变更、转让和终止 /113
第六节 违反会展合同的责任 /117

第四章 会展知识产权法律制度

第一节 知识产权法概述 /131
第二节 商标权管理法律制度 /148
第三节 专利权管理法律制度 /161
第四节 著作权管理法律制度 /171
第五节 展会知识产权保护 /186

第五章 会展市场秩序管理法律制度

第一节 会展广告管理法律制度 /201
第二节 会展反不正当竞争法律制度 /219
第三节 会展产品质量法律制度 /232
第四节 会展消费者权益保护法律制度 /240

第六章 会展安全管理与风险防范法律制度

第一节 会展危机和会展安全管理 /264
第二节 会展治安保卫法律规制 /267
第三节 会展消防安全法律规制 /271
第四节 会展保险法律制度 /275

第七章 会展纠纷解决法律制度

第一节 会展纠纷概述 /290
第二节 会展纠纷的和解与调解 /296
第三节 会展纠纷的仲裁 /300
第四节 会展纠纷的诉讼 /310

参考文献

第一章

会展法概述

学习目标

通过本章的学习,使学生了解会展和会展法的基本知识,明确会展法的概念及内容,熟悉会展法律关系的主体、客体和具体内容,了解会展法律关系的产生、变更和终止,明晰会展法律关系保护的概念,了解法律责任的相关规定,了解我国会展业法制建设的基本状况,为后续章节的学习奠定基础。

第一节 会展概述

案例引导 会展成为经济的"加速器"

第103届中国进出口商品交易会企业预计营业收入7.9亿元,比上届增长约1.6亿元,但税金比上届有所下降,预计可实现企业所得税1.2亿元。本届广交会规模创历届之最,中东、东盟和新兴市场到会采购商普遍增多,新兴市场国家成交活跃;机电产品仍是成交增长的主要动力,但受国际市场需求影响,纺织品成交有所下降;民营企业成交主体地位进一步巩固,民营企业成交226.5亿美元,比上届增长12.8%;品牌展区成交活跃,成交额首次突破百亿美元,品牌示范效应继续增强。

(资料来源:http://news.hexun.com/2008-05-16/106008419.html.)

【问题】
案例体现了会展的什么特征？

一、会展的概念

会展,通常被定义为会议和展览的总称,它包括了所有类型的会议及展览项目。学术界对会展的定义可分为广义和狭义两种,广义的会展是会议、展览会、节事活动、奖励旅游等活动的统称；狭义的会展主要指会议和展览会。但随着时代的发展,会展的概念早已超出了它的字面意义,会议及展览会的形式及其内容也在不断发生变化,会展业已经成为一个新兴的服务行业。

会展业是会议业和展览业的总称,即通过举办各种形式的会议和展览,包括国际大型展览会、交易会、招商会等,吸引商务人士和游客,促进产品市场的开拓、对外贸易和旅游观光,并以此带动交通、餐饮、住宿、购物等多项相关产业的发展,因而被称为"无烟工业"。

二、会展的特征

（一）会展具有传播性

会展是信息交流的平台和媒介,信息交流是会展的核心与本质。在会展活动中,通过实物媒介、口语媒介、印刷媒介、电子媒介、网络媒介、空间媒介可以实现展会参与者之间各类信息的交流与传播。并且信息、情报的相互作用不仅限于语言、文字等方式的交流,参展者、观众的面部表情、说话语气、肢体动作等也属于信息交流范围。

（二）会展具有集聚性

会展活动能实现人流、物流、信息流、资金流在同一时间、空间上的集聚。会展通过信息集聚性产生规模效应,可以使参与者一段时间内集中交流信息、交换产品。会展是人的集合、企业的集合,更是围绕有关主题的物、智力成果和信息等的集合。

（三）会展具有主题性

伴随着社会化分工的逐步深入,行业分类也越来越细。与此相适应,无论是展览的安排,还是会议的组织,都必须围绕某一行业或领域的主题而展开,这就是会展的主题性。没有专门的主题,往往无法引起参与者的兴趣,会展的主题是会展活动的必备要素。

（四）会展具有经济性

会展本质上是经济活动,从信息经济学的角度来看,会展是一个信息市场,信息供给方是展览会参展商或会议演讲人,信息需求方是展览会观众或会议听众,中介方是会展组织者及会展服务商。与公关、报纸、电视等传统的营销中介体相比,会展因信息市场的经济功能而焕发出强大的会展经济功能,起到了配置与调节资源、平衡供求关系、促进市场体系的完善等经济功效。

三、会展的类型

会展有广义和狭义之分,狭义的会展仅指会展和展览会,广义的会展是会议、展览会、节事活动、奖励旅游的统称。

（一）会议

会议是人们为了解决某个共同的问题而聚集在一起进行讨论、交流的活动,会议已经成为人们主要的沟通形式,全世界每年召开的有一定规模和影响力的会议就达数十万个。

（二）展览会

展览会是具有一定规模,以展示组织形象和产品为主要形式,以促成参展商和参观者之间交流洽谈的一种活动。相对于展销会和博览会,展览会更侧重于产品展示。

（三）节事活动

节事活动,就是节庆活动和特殊事件活动的总称,包括各种传统节日和新时期的创新节日,以及具有纪念性的事件,如文化节庆、体育赛事、休闲事件、政府事件等。

（四）奖励旅游

奖励旅游是向完成了显著目标的参与者提供旅游作为奖励,从而达到激励目的的一种现代管理工具,奖励旅游作为企业普遍的奖励方式,已经使越来越多的出色员工得到满意的补偿。

知识链接　　国际会展组织

在国际展览业中,现有众多的国际性行业协会和国际会展组织,这些行业协会和国际组织作为世界范围内会展行业的非营利性组织,在培训会员、信息交流、加强会员合作、推动会展行业发展方面起到了十分重要的作用。

国际展览联盟(UFI)成立于1925年,是博览会和展览会行业唯一的世界性组织。目前,中国已有16个展览取得了UFI的资格认证,有10家单位成为UFI的会员。它们包括中国国际展览中心(CIEC)、中国仪器仪表学会(CIS)、中国机床工具工业协会(CMTBA)、上海市国际展览有限公司(SIEC)等。

国际展览管理协会(IAEM)成立于1928年,总部设于美国达拉斯。该协会在国际展览界享有盛誉,被认为是目前展览业中最重要的行业组织。它与国际展览联盟结成全球战略伙伴,共同促进国际展览业的发展和繁荣。

国际展览局(BIE)成立于1939年,总部设在法国巴黎,是负责协调管理世界博览会事务的国际性组织,主要负责《国际展览公约》的运用和管理,制订国际博览会的举办计划并予以认可,对博览会的运作进行指导和监督。国际展览局现有正式成员国47个,中国国际贸易促进委员会于1993年以国家的名义加入《国际展览会公约》,成为其正式成员。

国际大会及会议协会(ICCA)创建于1963年,是全球国际会议最主要的机构组织之一,是会务业最为全球化的组织。ICCA在全球拥有76个成员方,其首要目标是通过对实际操作方法的评估以促使旅游业大量地融入日益增长的国际会议市场,同时为他们对相关市场的经营管理,提供实际的信息。

(资料来源:根据曹勇的《会展政策与法规》一书整理。)

第二节 会展法及其内容

案例引导　　这件羊毛大衣谁来"买单"

2014年12月3日下午,周小姐参加一场冬季外衣展销会,在众多的外衣中,周小姐看中了一件红色的羊毛大衣,经过讨价还价,周小姐最终以2300元的价格买下了这件羊毛大衣。12月5日下午,周小姐到一个做服装生意的朋友家去串门,却被告知其买的羊毛大衣是冒牌仿制品。在朋友的陪同下,周小姐回到展销会,但展销会已经结束,展销会的举办方和柜台出租方都说不认识卖羊毛大衣的商家,找不到人了。

(资料来源:根据李剑泉、季永青的《会展政策与法规》一书整理。)

【问题】
案例中涉及哪些法律关系?是否属于会展法的调整对象?

一、会展法的概念

任何社会经济活动都离不开法律的调整,会展活动亦是如此。法是一种规范,是一种由国家制定或认可的,规定人们法律上的权利和义务,并由国家强制力保证实施的规范。会展法是一个新兴的法律分支,是指国家在调整本国经济运行过程中发生的会议展览经济关系的法律规范的总称。

与会展业的快速发展相比,我国会展业的法制进程却十分缓慢。目前,我国还没有制定或出台一部全国性的会展法,与会展相关的法律法规也不够完善,主要是一些部门规章和地方性法规、地方性规章。

二、会展法的调整对象

法律部门的调整对象即该法所调整的独特的社会关系,会展法的调整对象就是会展活动过程中所涉及的各种社会关系。会展活动主要涉及以下几方面的主体:会展组织者、参展商、会展代理服务商、展会观众、政府管理部门、会展场馆经营者。因此,会展法的调整对象主要有以下几个方面。

(一)会展组织者和参展商之间的关系

会展组织者和参展商之间是合同关系,在《中华人民共和国合同法》还没有将会展合同单列的情况下,会展合同只能是无名合同,类比适用合同法相关规定,以及民法中的诚实信用原则、公平原则等。双方通过订立会展协议书等形式,约定各自权利义务以及违约责任。会展组织者的收入主要来源于参展商,因此会展组织者需为参展商提供划分展台、招徕观众等服务,而参展商需支付会展组织者相应报酬,这体现了权利义务对等的要求。

目前,会展组织者和参展商之间的合同关系订立比较随意,内容较粗浅,以致发生纠纷后,双方很难找到按合同事先约定的解决方式,这对于规范会展组织者和参展商之间的权利义务关系是很困难的。

(二)会展组织者和会展代理服务商之间的关系

会展活动涉及多个环节,具体事务纷繁复杂,比如展品的包装、运输,展位的搭建,展览现场的租赁、保安、清洁等。为了会展的顺利进行,会展组织者会把一些展会服务项目承包给其他的机构,因此产生了会展代理服务商,会展代理服务商既会对会展组织者起到配合、协调的作用,也会与参展商和专业观众发生直接的交易关系。因此,会展组织者和会展代理服务商之间的关系理应成为会展法的调整对象。

(三)会展组织者和展会观众之间的关系

展会观众指通过购买门票或提前注册入场参观,与参展商进行洽谈和交易的自然人、企业以及其他相关的市场主体。根据观众身份的不同,可以将会展的观众分为普通观众和专业观众,普通观众就是一般公众,专业观众包括采购商、批发商、贸易商、政府官员等。展会观众以购票或其他方式取得观展的权利,会展组织者通过相关会展服务获得利润,双方订立一种特殊形式的经济合同,应当遵守相应权利义务的规定。

(四)参展商之间的关系

参展商之间主要存在竞争关系,特别是同类行业之间,这种竞争关系尤为明显,因此也就存在一定的不正当竞争关系,在实际展会活动中,还可能引发知识产权纠纷。现有法律对于参展商之间的关系调整主要是参照相关法律法规,如《反不正当竞争法》等,但会展活动是一个汇集人流、物流、信息流的公共平台,参展商之间的关系不仅影响双方,还会进一步影响到采购商和消费者的合法权益。因此,调整参展商之间的关系应成为会展法的应有之义。

(五)参展商和展会观众之间的关系

参展商和展会观众之间主要是合同关系,应遵守合同法的相关规定,参展商提供的展品或服务要符合《消费者权益保护法》、《产品质量法》等法律的规定。双方按照合同获得相应的权利,履行相应的义务。

(六)政府管理部门和会展场馆经营者之间的关系

会展场馆就是进行会展的专业场地,会展场馆经营者是为会展提供展出专业场地的主

体,由于场馆占地面积大,前期投入多,所以一般都是由国家投资建设。当前,展览场馆建设掀起一股热潮,但布局、结构并不十分合理。实践证明,展馆建设过多、布局不合理,不仅会造成资金、土地等资源的浪费,而且必然导致展馆经营市场的恶性竞争,因此,政府管理部门进行宏观调控势在必行。同时,目前我国的会展场馆经营者大多是由原来的国有企业改制而来,在市场竞争中占据优势地位,政府管理部门对其进行管制,也有利于形成会展业公平竞争的市场环境,因此,政府管理部门和会展场馆经营者之间这种管理与被管理、监督与被监督的关系应运而生。

(七)政府管理部门和会展组织者之间的关系

会展组织者是指负责会展活动的策划、组织、招商和招展等事宜的有关单位,根据各单位在举办展会中的不同作用,会展的组织者一般有以下几种:主办单位、承办单位、协办单位、支持单位等。

展会的主办单位和承办单位是会展活动的发起者、执行者,在会展活动中处于主导地位。目前,我国会展主办单位一般是政府、事业单位法人、协会等,承办单位一般是企业法人,主办单位拥有展会的所有权,承办单位对展会承担主要财务责任。由于其在展会中所起的作用,国家对会展活动的主办单位和承办单位有较为严格的要求,它们必须符合相关法律要求和行政许可的规定。

协办单位是协助主办单位或承办单位负责展会的策划、组织、操作与管理,对展会一般不承担财务责任。支持单位是对展会的具体工作起支持作用的办展单位,不对展会承担任何财务责任。

基于主办单位、承办单位、协办单位、支持单位在展会活动中不同的地位、作用,政府管理部门对其资质审批的条件也不一样,这充分体现了分类审批的要求。

(八)政府管理部门和参展商之间的关系

参展商是受会展组织者的邀请,通过订立参展合同,于特定时间在展出场所展示产品或服务的主体。在实践中,公司、企业、合伙组织、个体经营者等所有市场竞争主体,只要具有合法的经营资格,其经营活动符合国家法律、法规、规章的规定,都可以作为参展商参与会展活动。可见,政府管理部门对参展商的主体资格要求比会展组织者要低一些,这是由于二者在会展活动的地位和作用不同而决定的。

第三节 会展法律关系

案例引导 展会主办方的权益如何保障

某电子产品展会主办方,在展会期间积极收集有关参展商的销售信息,并主动联系对相关电子产品感兴趣的购货商,促成了若干参展商与购货商之间订立了买卖合同。但是,当主办方向参展商与购货商主张合同当事人的权利时,参展商与购货商不承认主办方是他们合同关系中的当事人,只愿意给付一点好处费。三方协商不成,展会主办方向法院提起诉讼。

(资料来源:根据张万春的《会展法》一书整理。)

【问题】

展会主办方是不是该会展法律关系的主体?如果是,其名称和含义是什么?

法律关系是法律规范在调整人们行为的过程中形成的权利、义务关系,会展法律关系就是指由与会展相关的法律规范所调整的,在会议与展览活动中各方当事人之间具有权利、义务内容的社会关系。

一、会展法律关系的特征

1. 会展法律关系是以会展相关法律上的权利、义务为内容而形成的社会关系

法律关系是法律在调整人们行为过程中所形成的一种权利义务关系,是法律在实际生活中的具体体现。也就是说,只有在人们按照(或违反)法律规定进行活动,形成具体的权利义务关系时,才构成某种特定的法律关系。一般来说,法律规范本身并不产生具体的法律关系。法律关系与其他社会关系的重要区别,就在于它是法律化的社会关系,当事人之间按照法律或约定分别享有一定的权利或承担一定的义务,以权利和义务为内容连接人们之间的关系。法律调整社会关系的基本方式是设置一定的行为模式,从而把人们的行为纳入法制的轨道上来。会展法律关系就是以会展相关的法律规范所设定的权利、义务为内容的社会关系。

2. 会展法律关系是以会展相关法律为前提而产生的社会关系

在社会生活中,人们之间不可避免地要发生多方面的联系,产生各种社会关系。如果没有法律规定,那么人们之间的关系就不具有法律关系的性质。例如:经济关系、政治关系、道德关系、家庭关系、友谊关系等,就不具备法律上的权利义务的性质。因此,法律关系是法律调整社会关系而出现的一种状态。法律规定是法律关系产生的基础,没有法律的存在,就不可能形成与之相应的法律关系。现在我国没有出台单行的会展法,会展法律关系的法律前提一般援用的是相关部门法,如《中华人民共和国合同法》、《中华人民共和国公司法》等,这些法律是产生会展法律关系的前提条件和基础。

3. 会展法律关系是以国家强制力作为保障手段的社会关系

在法律规范中,一个人可以做什么、不得做什么和必须做什么的行为模式反映的是国家意志,体现了国家对各种行为的态度。某种社会关系一旦被纳入法律调整的范围之内,即成为法律关系,就意味着它要受到国家的保障,不得任意违反或破坏。例如,合同关系一旦依法成立,任何一方不得自行变更或解除。如果当事人一方不经对方同意,擅自变更或解除,对方就有权请求合同主管机关或人民法院责令其履行合同并赔偿损失,依法成立的会展法律关系受到国家强制力的保护。

二、会展法律关系的要素

(一) 会展法律关系的主体

会展法律关系的主体是指会展法律关系的参加者或当事人,即在会展法律关系中享有权利、承担义务的人或组织。会展法律关系的主体能够以自己的名义参加会展法律关系,能独立承担法律责任,是会展权利和会展义务的担当者。根据我国有关会展法律法规的规定,在我国能够作为会展法律关系主体的当事人主要有:政府管理部门、会展场馆经营者、会展组织者、参展商、会展代理服务商、展会观众等。

(二) 会展法律关系的客体

会展法律关系的客体,是指会展法律关系中权利和义务所指向的对象,一般可以分为物、行为、智力成果、人身利益等。

1. 物

在会展法律关系中,物主要包括会议或展览场馆、展览品、销售物等,如国际汽车展、上海国际模具展等。但是并非所有的物都能成为会展法律关系的客体,如文物等。国家文物局制定的《文物出国(境)展览管理规定》第 4 条明确规定:为确保出国(境)展览文物的安全,易损文物、一级孤品及元代以前(含元代)绘画,不得出国(境)展览。因此,这些文物不能成为出国(境)展览法律关系的客体。

2. 行为

会展法律关系主体的行为主要是服务行为和管理行为。归纳起来主要有三类:一是给付财产的行为,如展览期间的交易行为;二是完成一定工作并交付工作成果的行为,如展台的设计、搭建、拆除等;三是提供劳务或服务,如展品的保管、运输等。

3. 智力成果

智力成果指的是人们在智力活动中所创造的精神财富,其表现形式有科学发明、工业设计、专利、商标和服务标记、专有技术等。这类客体一般出现在科技成果展中,如国家重大科技成就展,在展会上展出的嫦娥一号卫星模型、探月工程三期月球着陆器和月球车样机等,就是具体的智力成果,也就是具体会展法律关系的客体。

4. 人身利益

人身利益包括人格利益和身份利益,是人格权和身份权的客体,具体到会展法律关系中,如举办名人肖像展,肖像权属于人格利益,在这里即为会展法律关系的客体;又如某体育明星举办的荣誉展,荣誉权属于身份利益,也成为具体会展法律关系的客体。

(三) 会展法律关系的内容

法律关系的内容是指法律关系主体间在一定条件下依照法律或约定所享有的权利和承担的义务,是人们之间利益的获得或付出的状态。会展法律关系的内容,是指会展法律关系主体所享有的会展权利和承担的会展义务。具体而言,会展权利指的是会展法律关系主体依法具有作为或不作为或要求他人作为或不作为的资格。而会展义务是会展法律关系主体依法应履行的义务或承担的责任。

三、会展法律关系的产生、变更和终止

会展法律关系的产生是指在会展法律关系主体之间形成权利义务关系;会展法律关系的变更是指会展法律关系的主体、客体、内容任何一个要素的变化;会展法律关系的终止是指会展法律关系主体之间权利义务的终止。

会展法律关系产生、变更和终止的依据是会展法律事实,所谓会展法律事实是指由会展法律规范所规定的,能够引起会展法律关系产生、变更和终止的情况,具体分为会展法律行为和会展法律事件。

会展法律行为是指以会展法律关系主体的意志为转移,能够引起一定的会展法律后果的人们有意识的活动。比如展会主办方向符合参展条件的单位发出了要约,后者给予了承诺,双方签订了参展合同,这一行为就导致了会展合同法律关系的产生。

会展法律事件是指会展法律规范所规定的,能够引起会展法律关系产生、变更和终止的,不以人们的意志为转移的客观情况。例如地震、战争、瘟疫等,导致原计划的展会不能如期举行。

四、会展法律关系的保护

会展法律关系的保护是指严格监督会展法律关系主体正确地行使会展权利和履行会展义务。会展法律关系保护的法律手段主要有:民事法律手段、刑事法律手段、行政法律手段。不同的违法行为应当承担相应的法律责任,具体而言,包括以下三种责任。

(一)民事责任

民事责任是指行为人违反自己的民事义务和侵犯他人的民事权利所应当承担的法律责任。民事责任主要包括违约责任与侵权责任。其中一般侵权责任的构成要件包括损害事实、侵权行为、因果关系和主观过错。比如在某个展会的招商招展过程中,最后还剩下一个特装展位,主办方为了"炒作"该展位价格,安排了一个内部工作人员当"托",与某个非常想获得该展位的参展商竞争,恶意将该特装展位"炒"出了较高的租赁价格。该展会主办方具有明显的主观过错,并实施了侵权行为,直接导致该参展商付出比正常情况下多几倍的价钱获得该展位,侵权行为与损害事实之间有直接的因果关系。因此,主办方和其"托"应该承担相应的民事侵权责任。

(二)刑事责任

刑事责任的一个关键就是"罪刑法定"原则,刑事责任是最严重的法律后果,分为主刑和附加刑两种。前者包括管制、拘役、有期徒刑、无期徒刑和死刑;后者包括罚金、剥夺政治权利、没收财产等。例如,某展会主办方默许参展商在其展会上从事违反法律规定的物品展示,并造成了严重的后果,这就严重触犯我国的刑法,并受到严厉的刑事制裁。

(三)行政责任

行政责任一般分为职务过错责任和行政过错责任,前者是指行政机关工作人员在执行公务过程中滥用职权或违法失职行为所应承担的法律责任;后者是指行政管理相对人因违反行政法规而应承担的法律责任。行政责任的方式主要有警告、罚款、没收违法所得、行政拘留等。如我国政府主导型会展活动的主办单位一般是政府、事业单位法人、协会等,承办

单位一般是企业法人,国家对会展活动的主办单位和承办单位有较为严格的要求,它们必须符合相关行政许可的规定,否则,将追究相关主体的行政责任。

第四节 会展法的渊源

案例引导　　法律为会展活动保驾护航

某会展公司是为各类商品交易会、展销会参展商提供展台设计和搭建服务的专业会展服务公司。2013年7月,会展公司得到某房地产公司将参展2013年9月举办的房地产展示交易会的信息后,主动与房地产公司联系,双方就会展公司为房地产公司提供展台的设计和搭建服务事宜展开商谈。8月中旬,会展公司向房地产公司提交了展台的设计和搭建方案及效果图。经过几轮的沟通和协商,双方达成一致意见,会展公司向房地产公司提交了最终定稿的展台的设计和搭建方案及效果图,并做好了材料、技术人员等各方面的准备工作。但在就合同价款进行商谈时,房地产公司故意压低合同价款,以致低于展台搭建的成本价,双方未能签订合同,双方的合作终止于房交会举办的前夕,但出乎会展公司的意料,在房交会上,房地产公司展台与会展公司提供的方案一模一样,会展公司由此认为,既然房地产公司使用了自己提交的方案,就应给予一定的经济补偿,但房地产公司先是搪塞,后来竟避而不见。

问:案例中涉及哪些法律规范?

(资料来源:根据陈燕的《会展法律法规》一书整理。)

一、我国会展业的立法现状

我国会展业发展迅猛,但是会展业立法起步晚、发展缓慢,直到20世纪90年代,规范会展行业的一些法律法规、行政规章才相继出台,主要是国务院及各部委颁布的法规及部门规章,与此同时,地方政府也出台了一些规范性办法。

具体而言,我国会展业立法现状概况为以下两点。

(一)从立法内容来看

会展业立法的内容主要集中在会展项目审批管理、展品出(入)关以及运输管理、会展知识产权保护规定等。另外,我国会展业基本上属于市场调控范围,不在行政许可范围内。

(二)从立法机构和立法效力来看

我国目前没有出台会展基本法,针对会展业的立法主要集中表现为国务院制定和颁布的行政法规、国务院各部委制定的部门规章、地方出台的地方性法规和地方性规章。

会展业的健康发展离不开会展法律法规的完善和调控,确定办展主体的资质条件、理清会展行为与会展责任之间的关系、明确会展行业发展的管理规范、有效规避会展业经营风险等,这些都亟须会展业立法的完善。

二、我国会展业的法律体系

会展业的法律体系是指按照一定的原则和标准将所有的会展业法律规范进行分类组合而成的具有一定结构和内在联系的有机整体。我国会展业的法律体系主要由两个方面的法律法规组成。

(一)通用型的法律法规

通用型的法律法规,即各领域通用的调整一些基础社会关系的法律法规,不是专门针对会展业社会关系制定的,但其法律原则适用于会展业。

其主要包括:《中华人民共和国民法通则》、《中华人民共和国合同法》、《中华人民共和国公司法》、《中华人民共和国商标法》、《中华人民共和国专利法》、《中华人民共和国著作权法》、《中华人民共和国广告法》、《中华人民共和国反不正当竞争法》、《中华人民共和国产品质量法》、《中华人民共和国消费者权益保护法》等。

(二)专门性的法律法规、行政规章

专门针对会展业制定的法律法规。目前仍然有效的主要包括:

1988年《对外经济贸易部关于举办来华经济技术展览会审批规定》(1988年4月29日发布)

1993年《机械部关于国内展览的管理办法》(机械部机械外〔1993〕732号C)

1993年《文化部关于印发〈文化艺术品出国和来华展览管理细则〉的通知》(文外发〔1993〕49号)

1997年文化部《涉外文化艺术表演及展览管理规定》(1997年6月27日文化部令第11号发布)

1997年《国务院办公厅关于对在我国境内举办对外经济技术展览会加强管理的通知》(国办发〔1997〕25号)

1997年建设部《关于印发〈建设部展览管理规定〉的通知》(建办〔1997〕132号)

1997年国家文物局《文物出国(境)展览管理规定(试行)》(文物外发〔1997〕29号)

1999年《国家环境保护总局关于颁布〈环境保护展览会管理办法〉的通知》(环办〔1999〕90号)

2000年《国务院办公厅关于出国举办经济贸易展览会审批管理工作有关问题的函》(国办函〔2000〕76号)

2001年《信息产业部展览管理暂行规定》(2001年3月6日发布)

2001年《对外贸易经济合作部关于重申和明确在境内举办对外经济技术展览会有关管理规定的通知》(外经贸贸发〔2001〕651号)

2002年《国家中医药管理局关于加强中医药国际科技合作的指导意见》(2002年6月3

日发布)

2002年《国家经济贸易委员会公布〈专业性展览会等级的划分及评定〉商业行业标准》(国家经济贸易委员会,2002年第90号)

2002年《国务院办公厅关于在我国境内举办对外经济技术展览会审批程序有关事项的复函》(国办函〔2002〕93号)

2003年《中国国际贸易促进委员会、外交部、商务部、公安部、海关总署关于进一步加强出国举办经济贸易展览会管理工作有关问题的通知》(贸促展管〔2003〕28号)

2005年文化部《博物馆管理办法》(2005年12月22日发布)

2006年商务部、国家工商总局、国家版权局、国家知识产权局《展会知识产权保护办法》(商务部、国家工商总局、国家版权局、国家知识产权局2006年第1号令)

2006年《中国国际贸易促进委员会、商务部关于修订〈出国举办经济贸易展览会审批管理办法〉的通知》(贸促展管〔2006〕28号)

2006年《科学技术部、卫生部、国家中医药管理局关于印发〈中医药国际科技合作规划纲要〉的通知》(国科发外字〔2006〕292号)

2006年商务部《商务部举办展览会管理办法(试行)》(2006年12月15日发布)

2007年国务院《大型群众性活动安全管理条例》(2007年国务院令第505号)

2013年海关总署《中华人民共和国海关暂时进出境货物管理办法(2013修改)》(2013年海关总署令第212号)

2010年《国家文物局关于发布〈文物入境展览管理暂行规定〉的通知》(文物博发〔2010〕23号)

2011年《商务部关于"十二五"期间促进会展业发展的指导意见》(商服贸发〔2011〕463号)

2013年《中华人民共和国进出口商品检验法(2013年修正)》(2013年主席令第5号)

2015年《国务院关于同意建立促进展览业改革发展部际联席会议制度的批复》(国函〔2015〕148号)

2015年《国务院关于进一步促进展览业改革发展的若干意见》(国发〔2015〕15号)

2016年国务院《中华人民共和国进出口商品检验法实施条例》(2005年实施,2016年第二次修改,2016年国务院令第666号)。

2016年《国家标准化管理委员会办公室、商务部办公厅关于印发〈关于加强展览业标准化工作的指导意见〉的通知》(标委办服联〔2016〕89号)

除此之外,我国各个地方人大及其常委会、地方政府还结合本地实际,出台了相应的地方性法规和地方政府规章,以调控会展业的发展,如《广州市举办展销会管理条例》《上海市展览业管理办法》《江苏省关于对我省举办的大型会展实施知识产权监督管理的意见》《大连市展览会管理暂行办法》《石家庄市会展活动管理实施办法》等。

值得一提的是,我国还没有出台专门的会展法,对于会展业的调整,主要是以通用型法律法规为主,行政法规、部门规章为辅。随着会展业的蓬勃发展,各地纷纷出台了规范地方会展业发展的规范性文件,会展业的政策法规体系进一步完善。

第一章 会展法概述

 本章小结

本章主要阐述了会展法的概念,会展法律关系、会展法的渊源等基本问题,通过对这一章的学习,让学生掌握会展活动中涉及的基本法律关系,为后续全面系统的学习会展法律知识做好理论准备。

 关键概念

会展的概念　　会展法的调整对象　　会展法律关系的产生、变更和终止　　会展法律体系

 复习思考题

□复习题

1. 简述会展法的概念和调整对象。
2. 简述会展法的基本原则。
3. 简述会展法律关系包含的客体。
4. 简述我国会展法律关系的特点。

□思考题

试对目前我国会展法律体系进行分析。

 章末案例解析

草率签约,两败俱伤

山西某科技公司(以下简称"科技公司")开发了一种新型家居报警器,在第五届高交会展出之后,被深圳一家建材公司(以下简称"建材公司")看中。因该项技术已申请专利但尚未授权,双方签订了一份合作生产及销售报警器的合同,由科技公司提供技术,建材公司投入资金和厂房、组织生产和销售。建材公司须先向科技公司支付一笔技术使用费,然后按年度支付使用费。合同签订之后,建材公司对报警器的技术含量产生了怀疑,拒绝履行合同。由于合同设计不严谨,双方对合同的理解产生了很大的分歧。

(资料来源:根据马克斌的《会展典型案例精析》一书整理。)

【问题】

参展企业在选择合作对象时,应该做好哪些准备?

第二章

会展主体法律制度

学习目标

会展主体是会展市场中最关键、最具决定性的因素。通过本章的学习,掌握会展企业法律制度,尤其是对会展公司的设立、组织机构等法律规定内容的把握;熟悉会展组织者的类别及其资质申报审批的相关规定;了解会展海关监管的法律制度。同时提高学生运用所学理论知识分析问题和解决问题的能力。

第一节 会展企业法律制度

案例引导

为进一步完善全国网络化布局,2011年1月1日,中青旅(北京)国际会议展览有限公司在天津投资的中青旅罗根(天津)国际商务会展有限公司(以下简称"会展天津公司")成立并正式投入运营。

1月14日上午,会展天津公司第一届董事会第一次会议在天津召开,会议选举袁浩为公司董事长,并聘任申刚担任公司总经理。

14日下午,会展天津公司全体员工大会在天津市政协会议室召开,会议由申刚总经理主持。申刚总经理向全体员工介绍了公司的经营班子成员和各自的分工情况,表示新公司成立后,经营班子成员将与全体同事一起同舟共济,协同进取。在申刚总经理满怀信心的发言后,李玥副总经理宣布了公司中层管理的任命通知和员工安置方案。之后,赵利捷常务副总经理充满激情地向全体员工介绍了中青旅会展的发展历程、管理模式、业务情况和企业文化理念,并提出会展天津公司将秉承中青旅会展市场细分的理念,未来的业务发展将继续专注在商务会展奖励旅游行业。

(资料来源:http://www.cytsmice.com/templates.)

【问题】

从公司间的控制和依附关系看,中青旅罗根(天津)国际商务会展有限公司与中青旅(北京)国际会议展览有限公司之间是什么关系?

一、会展企业概述

(一) 会展企业的概念和特征

会展企业是依法设立,以自己的名义从事会议展览经营活动,实行自主经营、独立核算的一种营利性的经济组织。会展企业具有以下法律特征:

第一,会展企业是从事会议展览经营活动的经济组织。

第二,会展企业是一种经济组织。会展企业可以依法取得法人资格,在参与外部的流转和协作关系时是一个独立享有权利、承担义务和责任的主体。会展企业也可以是非法人形式的经济组织。

第三,会展企业原则上进行独立核算,单独计算成本和费用,以收抵支,计算盈亏,对其业务通过财务会计进行反映和控制。

(二) 会展企业的分类

会展企业类型可以依据不同的标准进行多种划分。

1. 按经营范围来划分

从会展企业经营范围来看,包括会展策划组织企业、会展场馆物业企业、相关服务企业等。

以公司为例,如在公司营业执照的经营范围中明确列出举办展览会、展销会的公司为展览策划公司。在公司营业执照中未列入"举办展览会、展销会",而列出提供与展览会相关的服务,诸如展览的装修、搭建、运输、信息、统计、广告、印刷、宣传、媒体等服务的公司即为展览服务公司。展览公司以外从事组织展览会活动的各种单位、机构等都称之为组展机构。举办展览会活动的固定场所即为展览场馆。它包括会展中心、展览中心、博览中心、展览馆等,也包括在科技馆、体育馆、博物馆、图书馆、会议中心、酒店等场所范围内专门开辟且固定用于展览活动的场所。

2. 按是否有涉外因素来划分

从会展企业资本中是否有涉外因素分类,可以分为内资企业和外商投资企业。

资本中有外国企业、经济组织和个人直接投资,或外国投资者购买本国企业发行的股票达到一定比例时,即认为该企业为外商投资企业,主要有中外合资经营企业、中外合作经营

企业、外商独资企业、中外合资股份有限公司4种形式。内资企业指全部资本均由中国的企业、经济组织、自然人投资的企业。

3. 按产权归属和所有制形式来划分

从会展企业产权归属和所有制形式进行的分类,可以分为全民所有制企业、集体所有制企业、私营企业。

这是一种传统的划分方法,它揭示了各企业的所有制模式。全民所有制企业是资产所有权归国家,国家授权企业生产经营,企业依法自主性经营,自负盈亏,独立核算。集体所有制企业是资产由部分劳动群众集体所有的企业形态。私营企业是企业资产为投资者个人所有的企业。随着市场经济的建立和完善,各市场主体以市场的规则和要求设置,这种传统的所有制划分方式在经济生活中已不是主要的方法。同时,由于经济体制的改革、企业立法的不断完善,传统意义的所有制企业概念内涵发生了较大变化,原有传统概念已不符合实际情况,争议也颇多,故更显此划分方法的不重要性。

4. 按企业法律组织形式来划分

从会展企业法律组织形式进行分类,可以分为个人独资企业、合伙企业、公司企业。

独资企业是指由单一投资主体投资组建的企业,投资者对企业债务承担无限责任的经营实体。合伙企业是指由两个以上投资者共同出资、共同经营、共享收益、共担风险,并对企业债务承担无限连带责任的营利性组织。这两类企业又称为非公司企业。公司是依照公司法组建的具有法人资格的企业。这是企业法人中最重要的一种。这种划分方法,揭示了企业的内部组织结构、投资人的投资风险责任范围、企业对外承担责任的方式,这些无论对于投资人还是社会公众,都是至关重要的,故而是企业分类中最为重要的一种,据此而划分出的企业,是当今世界各国通行并被公认的企业法律形态,也是我国建立社会主义市场经济体制和现代企业制度的组织形式。

随着市场经济体制的建立和现代企业制度的确立,我国传统企业法的立法模式已被打破,逐步建立起了当今世界通行的企业立法体系,分别制定了《个人独资企业法》、《合伙企业法》、《外商投资企业法》和《公司法》。结合我国会展企业的实际,本教材主要介绍《公司法》在会展企业中的适用问题。

二、公司的概念、特征和分类

(一)公司的概念和特征

公司是一种企业组织形态,是依照法定的条件和程序设立的、以营利为目的的商事组织。公司作为一种营利性的商事组织已有数百年的历史,立法上各国所承认的公司类型也较多,但根据我国公司法的规定,公司仅包括有限责任公司和股份有限公司两种类型。一般而言,公司具有以下特征。

1. 公司具有法人资格

法人是与自然人并列的民商事主体,具有独立的主体性资格,具有法律主体所要求的权利能力和行为能力,能够以自己的名义从事民商事活动,并以自己的财产独立承担民事责任。公司的法人资格特征也是公司区别于独资企业和合伙企业的主要特征。

2. 公司具有营利性

公司的营利性有两层含义：其一，设立公司的目的是为了获取利润；其二，公司要进行连续性的营利性经营活动。公司从事的经营活动须有固定的内容，即有确定的经营范围。营利性特征是公司区别于国家行政机关或从事社会公益活动的事业单位和其他非营利性的社会团体。

3. 公司具有社团性

社团性又称联合性、集合性，是指公司作为社团法人，是由两个或两个以上的股东出资组成。它首先体现在主体的集合上，即由两个或两个以上的投资主体投资设立的；同时，两个或两个以上的股东均有自己的出资，这是社团法人成立和存在的必要条件，股东向公司投资以后，形成了财产的集合，股东丧失对自己投资财产的所有权，股东取得公司的股权，公司对集合的财产享有法人财产权，通过法人的机关进行经营管理，以致处分，这就是公司的资本集合性，又称客体联合性。

由于公司的社团性，世界各国对一人公司大多做否定性评价。一人公司即全部资本由一人拥有的公司，但随着公司组织形式的发展，特别是有关法人理论和制度的不断完善，一人公司已越来越多地得到许多国家法律的认可。但即便如此，从总体上看，一人公司只不过是公司形式的一种特例，并非典型公司，也不代表公司发展的趋势，故而不能因为它的存在而否定公司的集合性、社团性。

（二）公司的分类

公司法理论上依据不同的标准，可将公司做不同的分类，而每一种分类均有其法律意义。

1. 以公司股东的责任范围为标准分类

以公司股东的责任范围为标准分类，可将公司分为无限责任公司、有限责任公司、两合公司、股份有限公司、股份两合公司。

无限责任公司是指由两个以上的股东共同出资组成，股东对公司的债务承担连带无限责任的公司。两合公司是指由部分无限责任股东与部分有限责任股东共同组成，无限责任股东对公司债务负无限责任，有限责任股东对公司债务仅以其出资额为限承担责任的公司。股份两合公司是指公司资本分为等额股份，由部分对公司债务负连带无限责任的股东和部分仅以所持股份对公司债务承担有限责任的股东共同组成的公司。因这三种公司的固有缺陷，其数量已经很少，我国公司法未对这些公司作出规定。

有限责任公司又称有限公司，是指由两个或两个以上的股东共同出资设立，各股东仅以其所认缴的出资额为限对公司债务负清偿责任，公司以全部资产对其债务承担责任的企业法人。在公司的发展史上，有限责任公司出现较晚，由于它较好地吸收了其他公司形式的优点并克服其不足，所以这种公司形式在世界各国得到了迅速发展。我国公司法也将有限责任公司作为一种主要的公司形式予以确认。

股份有限公司又称股份公司，是指由一定人数的股东出资设立，公司全部资本分为等额股份，股东以其所认购的股份对公司承担责任，公司以其全部资产对公司的债务承担责任的企业法人。在公司发展历史上，股份有限公司是在两合公司之后产生较早的公司形式。股份有限公司因其可以在社会上广泛筹资，股份可以自由转让，公司可以实行所有权与经营权

分离的经营方式和分权制衡机制,以及股东有限责任等特点,特别适用于大型企业的经营,现今已成为十分重要的公司形式。我国公司法将股份有限公司作为最基本的公司形式之一予以规定。

2. 以公司筹资方式及出资转让方式为标准分类

以公司筹资方式及出资转让方式为标准分类,可将公司分为封闭式公司和开放式公司。

这是英美法系国家对公司的基本分类。封闭式公司又称少数人公司、不上市公司、私公司,是指公司资本全部由设立该公司的股东所出资,不得对外发行股份筹资,股东的出资证明不能在证券市场上自由流通。这种公司类似于大陆法系中的有限责任公司。开放式公司又称多数人公司、上市公司、公开公司,是指可以按法定程序公开招股,股东人数无法定限制,股票可以在证券市场公开进行交易的公司。这种公司类似于大陆法系的股份有限公司。

3. 以公司的信用基础为标准分类

以公司的信用基础为标准分类,可将公司分为人合公司、资合公司以及人合兼资合公司。

人合公司是指公司的经营活动以股东个人信用为基础的公司。无限责任公司是最典型的人合公司。人合公司的对外信用不在于公司资本的多少,而在于股东个人信用如何。人合公司中股东的人身性、依赖性很强。资合公司是指公司的经营活动以其资本额为信用基础的公司。股份有限公司是最典型的资合公司。这种公司的对外信用不在于股东个人信用如何,而在于公司资本总额的多少,故而公司的资本信用状况就是公司存在的基础。人合兼资合公司是指公司的设立和经营同时依赖于股东个人信用和公司资本信用两种因素的公司。两合公司是典型的人合兼资合公司。

4. 以公司间的控制和依附关系为标准分类

以公司间的控制和依附关系为标准分类,可将公司分为母公司和子公司。

母公司是一种控制公司或控股公司,凡拥有另一公司的股份已达到控制程度并直接掌握其经营活动的公司是控制公司;凡拥有另一公司的股份已达到控股程度而并不直接参加该公司业务活动的公司为控股公司。无论控制公司或控股公司,都是母公司,而相对应的另一被控制、被控股公司则为子公司。母公司与子公司虽有控制和依附关系,但它们又是相互独立的两个法人企业。

5. 以公司间的内部管辖系统为标准分类

以公司间的内部管辖系统为标准分类,可将公司分为总公司和分公司。

总公司亦称本公司,是指依法设立并管辖该公司全部组织的具有企业法人资格的总机构。分公司是指在业务、人事、财产等诸方面均受总公司管辖而不具有法人资格的分支机构。业务上,它可以在总公司的授权下,在其经营范围内享有相对独立的经营权,当然其所产生的债务仍应由总公司负责。所以,总公司和分公司与母公司和子公司的关系是迥然不同的。

6. 以公司的国籍为标准分类

以公司的国籍为标准分类,可将公司分为本国公司、外国公司和跨国公司。

世界各国对公司国籍的认定,有着各种不同的标准。我国对公司国籍的认定,采用设立准据法主义兼设立行为地主义,即凡依我国的法律在我国登记设立的公司,不论其投资人为哪个国籍和投资多少,都为我国公司,是我国的法人。相应地,如果为外国法律认可,在外国设立的公司则为外国公司。跨国公司是指以本国为基地或中心,在不同国家或地区设立分公司、子公司或投资企业,从事国际性生产经营活动的经济组织。就跨国公司的性质而言,它并非严格的公司法意义上的公司概念,而是经济学范畴的概念。跨国公司与集团公司基本相同,只不过是具有国际性,其分公司、子公司分布于不同的国家,它表现为内部的母公司与子公司、总公司与分公司及其他参股投资关系,并受相应的法律规范调整。

三、公司法的概念和调整对象

(一)公司法的概念

公司法是规定公司的设立、组织与活动的法,其概念有广义和狭义之分。广义的公司法是指有关公司设立、组织与活动的各种法律、法规和规章的总称。狭义的公司法仅指我国在1993年12月29日第八届全国人民代表大会常务委员会第五次会议通过,经过四次修正并于2014年3月1日起施行的法律制度。

(二)公司法的调整对象

公司法的调整对象主要是指在公司设立、组织与活动过程中所发生的社会关系。具体有以下几个方面的关系:

1. 公司内部财产关系

如公司发起人之间、发起人与其他股东之间、股东相互之间、股东与公司之间在设立、变更、破产、解散和清算过程中所形成的带有经济内容的社会关系。

2. 公司外部财产关系

主要指公司从事与公司组织特征密切相关的营利性活动,与其他公司、企业或个人之间发生的财产关系,如发行公司债券或公司股票。

3. 公司内部组织管理与协作关系

主要指公司内部组织机构,如股东会、董事会、监事会相互之间,公司和公司职员之间发生的管理或协作关系。

4. 公司外部组织管理关系

主要指公司在设立、变更、经营活动和解散过程中与有关国家经济管理机关之间形成的纵向经济管理关系。如公司的设立审批、登记股份与公司债券的发行审批、交易管理,公司财务会计的检查监督等。

四、有限责任公司的法律规定

同步案例

甲、乙、丙、丁共同出资设立太平会展有限责任公司(简称"太平公司"),拟定的公司章程部分内容为:公司除每年必须召开1次股东大会外,还可以召开临时股东大会,临时会议须经代表1/2以上表决权的股东或1/2以上董事提议召开。在申

请设立登记时,公司登记机关指出了公司章程中存在的问题,经全体股东协商后予以纠正。

2012年3月,太平公司依法成立,注册资本为3600万元,甲以工业产权作价出资800万元,乙以现金出资1200万元,丙、丁各以现金出资800万元。公司成立后,由甲召集和主持了首次股东会会议,设立了董事会。

2012年5月,太平公司董事会发现,甲作为出资的工业产权实际价额仅为600万元,为了使公司的注册资本达到3600万元,公司董事会提出解决方案,即由甲补足其差额200万元,如果甲不能补足差额,则由其他股东按照出资比例分担该差额。

2013年6月,太平公司董事会制定了一个增资方案,方案提出将公司注册资本增加到5000万元。增资方案提交到股东会表决时,甲、乙、丙同意,丁不同意。股东会通过了增资决议,并授权董事会执行。

(资料来源:http://www.doc88.com/p-4324117562216.html。)

【问题】

1. 太平公司在设立前拟订的公司章程中有关召开临时股东大会的规定是否符合《公司法》的规定?为什么?

2. 太平公司首次股东会由甲召集和主持是否符合《公司法》的规定?为什么?

3. 太平公司作出的关于甲出资不足的解决方案是否符合《公司法》的规定?为什么?

4. 太平公司股东会作出的增资决议是否符合《公司法》的规定?为什么?

(一)有限责任公司的概念和特征

有限责任公司是指股东以其出资额为限对公司承担责任,公司以其全部资产对公司债务承担责任的企业法人。

有限责任公司与股份有限公司相比,它们有共同之处:都是依法成立的、都具有法人资格、其股东和公司对外均承担有限责任。同时,有限责任公司也具有许多不同于股份有限公司的特点,具体有以下几点。

1. 公司的人资兼合性

从信用基础角度讲,有限公司的性质介于股份有限公司与合伙企业之间,兼有人合性和资合性。不出资的人不能成为有限责任公司股东,但如果一个人有资金可出,而与其他出资人不存在任何信任关系,则也不能成为有限责任公司股东。共同出资人具有良好的合作关系,才有可能树立起良好的商业形象,进而成为人们可信赖的从事交易活动的对象。资金的联合和股东间的信任是有限责任公司不可缺少的两个信用基础。

2. 公司的封闭性

这是相对于股份有限公司而言的。有限责任公司在美国被称为 Close Corporation,即封闭式公司。有限责任公司的封闭性表现在许多方面:第一,公司设立时,出资总额全部由发起人认购,而不能向社会公开募集股份、发行股票;第二,公司成立后,股东的出资不得自由转让,股东保持相对稳定,出资证明书不能像股票那样上市交易;第三,由于公司不发行股票,出资证明书也不能上市交易,这种公司的生产经营状况与一般社会公众无太多关系,因此,公司的财务会计等信息资料就无须向社会公开。

3. 公司的设立程序简单

由于有限责任公司的封闭性,股东之间的关系只需依靠内部契约来调整,对社会公众影响较小,故而政府干预也较少。在设立程序上就较为简单,除从事特殊行业的生产经营外,只要符合法律规定的条件到登记机关进行注册登记,公司就可成立,而无须经过政府主管部门的批准。这就是设立的准则主义原则。

4. 公司组织机构的简易化

因有限责任公司多数属于中小型企业,股东会、董事会、监事会等组织机构可以根据需要灵活设置。我国《公司法》第50条和第51条规定,如果股东人数较少,公司规模较小,则董事会机构可由3~13名简化为1名执行董事,执行董事还可兼当经理;监事会机构也可简化由1~2名监事替代。另外,有限责任公司组织机构的议事规则也较为灵活。总体上说,有限责任公司的管理机构较为灵活、精干。

5. 股东出资转让的限制

有限责任公司一般是中小型企业,资本额不大,股东人数较少且相互之间存在一定的信任关系,具有人合性特征。股东的投资如果随意转让,势必影响公司股东间整体合作和公司的存在。因此,各国公司法对股东股份的转让均有一定的限制。我国《公司法》第71条规定:有限责任公司的股东之间可以相互转让其全部或者部分股权。股东向股东以外的人转让股权,应当经其他股东过半数同意。股东应就其股权转让事项书面通知其他股东征求同意,其他股东自接到书面通知之日起满三十日未答复的,视为同意转让。其他股东半数以上不同意转让的,不同意的股东应当购买该转让的股权;不购买的,视为同意转让。经股东同意转让的股权,在同等条件下,其他股东有优先购买权。两个以上股东主张行使优先购买权的,协商确定各自的购买比例;协商不成的,按照转让时各自的出资比例行使优先购买权。公司章程对股权转让另有规定的,从其规定。而股份有限公司的股份转让则较容易,法律允许股份随便转让,而不必经股东大会作出同意的决议。

同时,我国《公司法》第74条还规定,有下列情形之一的,对股东会该项决议投反对票的股东可以请求公司按照合理的价格收购其股权:公司连续五年不向股东分配利润,而公司该五年连续盈利,并且符合本法规定的分配利润条件的;公司合并、分立、转让主要财产的;公司章程规定的营业期限届满或者章程规定的其他解散事由出现,股东会会议通过决议修改章程使公司存续的。自股东会会议决议通过之日起六十日内,股东与公司不能达成股权收购协议的,股东可以自股东会会议决议通过之日起九十日内向人民法院提起诉讼。

(二)有限责任公司设立的条件

1. 股东符合法定人数

《公司法》第24条规定:有限责任公司由五十个以下股东出资设立。股东须具有民事权利能力与民事行为能力,可以是法人,也可以是自然人。

2. 符合公司章程规定的全体股东认缴的出资额

股东出资是股东依法应履行的义务,是取得股东地位、行使股东权利的前提条件,是公司作为经济组织赖以存在的物质基础。出资不到位或不能全部到位,既会影响设立后公司正常开展经营活动,也不利于保护债权人的合法权益。

依据《公司法》的第26条规定:有限责任公司的注册资本为在公司登记机关登记的全体股东认缴的出资额。法律、行政法规以及国务院决定对有限责任公司注册资本实缴、注册资本最低限额另有规定的,从其规定。

《公司法》第27条规定:股东可以用货币出资,也可以用实物、知识产权、土地使用权等可以用货币估价并可以依法转让的非货币财产作价出资;但是,法律、行政法规规定不得作为出资的财产除外。对作为出资的非货币财产应当评估作价,核实财产,不得高估或者低估作价。法律、行政法规对评估作价有规定的,从其规定。

《公司法》第28条规定:股东应当按期足额缴纳公司章程中规定的各自所认缴的出资额。股东以货币出资的,应当将货币出资足额存入有限责任公司在银行开设的账户;以非货币财产出资的,应当依法办理其财产权的转移手续。股东不按照前款规定缴纳出资的,除应当向公司足额缴纳外,还应当向已按期足额缴纳出资的股东承担违约责任。

《公司法》第29条规定:股东认足公司章程规定的出资后,由全体股东指定的代表或者共同委托的代理人向公司登记机关报送公司登记申请书、公司章程等文件,申请设立登记。

《公司法》第30条规定:有限责任公司成立后,发现作为设立公司出资的非货币财产的实际价额显著低于公司章程所定价额的,应当由交付该出资的股东补足其差额;公司设立时的其他股东承担连带责任。这一规定是为了防止股东出资虚亏造成的公司注册资本不实。股东所负的这种"出资填补责任"也是国际上通行的原则和做法。

对于股东的出资,公司应在成立后向股东发出资证明书。出资证明书在一些国家也称股单,是有限责任公司记载股东出资和证明股东拥有公司股权的书面凭证。需特别注意的是,出资证明书并非设权证书,而只是证权证书,即一种证明文书,本身不具有价值,不能流通,股东遗失出资证明书并不能导致其股东资格的丧失。按照《公司法》第31条规定,出资证明书由公司盖章,主要载明:公司名称;公司成立日期;公司注册资本;股东的姓名或名称、缴纳的出资额和出资日期;出资证明书的编号和核发日期。

3. 股东共同制定公司章程

公司章程是公司股东依法制定的,有关公司组织与活动基本准则的法律文件。它体现着全体股东的共同意志,对全体股东、公司的组织机构和经营管理人员均有约束力,堪称有限责任公司的"宪法"。一般来讲,公司的成立以订立公司章程开始,以设立登记告终。

按照《公司法》第25条规定,有限责任公司章程应当载明的事项:公司名称和住所;公司经营范围;公司注册资本;股东的姓名或者名称;股东的出资方式、出资额和出资时间;公司的机构及其产生办法、职权、议事规则;公司法定代表人;股东会会议认为需要规定的其他事项。股东应当在公司章程上签名、盖章。公司章程一经订立,对公司的各机构、股东均有约束力,对于新加入公司的股东也具有约束力。

4. 有公司名称,建立符合有限责任公司要求的组织机构

公司名称是使公司人格特定化的标记,是使其与任何其他机构、企业和个人相区别的标记。公司名称具有以下特点：

一是唯一性，即通常情形公司只能有一个名称，当然变更是允许的，只是应向公司登记机关办理变更登记。

二是特定性，即公司名称在公司登记机关辖区内不得与已登记的同行业其他公司名称相同或相近似。同时，法律还规定，有限责任公司、股份有限公司必须在其公司名称中分别标明"有限责任公司"、"股份有限公司"字样。

三是排他性，即公司名称一经依法登记注册，该公司在法律规定的范围内享有专有权，他人未经其许可不得使用，同时与该公司名称相同的不得登记注册。

5. 有公司住所

公司的住所是公司主要办事机构所在地。住所应在企业章程中载明，并在公司登记机关予以登记，以便于其对外发生交往，也便于国家对其实行管理，征收税收，在司法上用于确认诉讼管辖，据此确定受送达的处所，确定债务履行的处所和公司登记机关。

(三) 有限责任公司的组织机构

同步案例

2010年10月，某会展有限公司召开董事、监事联席会议，商定了董事、监事退职时酬劳金的给付方法。2011年2月，董事陈某退职后，根据上述办法获得6万元酬劳。9月，公司召开股东会，股东们认为，董事、监事退职时酬劳金的给付方法应由股东会决定，因此重新制定办法，按此规定，陈某被要求退出多领的2万元。陈某认为公司的董事会作出的决定，公司没有理由要回。

(资料来源：http://www.doc88.com/p-401982934870.html.)

【问题】

陈某是否应当退回2万元？

有限责任公司的组织机构，是指体现公司的组织意志，从事经营和管理职能的机构。按照公司决策权、执行权和监督权三权分立原则，有限责任公司的组织机构一般由权力机构、执行机构和监督机构三个部分组成，具体为股东会、董事会和监事会，这就是通常所称的"三会制"。三会之间权责分明，相互制约，调节投资者、经营者与职工之间的关系，形成激励和约束相结合的机制，既保障投资者的利益，又赋予经营者充分的自主权。由于有限责任公司不仅有资金的结合，同时也是股东之间信任的结合，因此，有限责任公司在内部组织机构的设置上有一定的灵活性。

1. 股东会

(1) 股东会的性质和组成。

有限责任公司的股东会是由公司全体股东组成的最高权力机构。有限责任公司的一切重大事务均须由股东会决定。由于有限责任公司的资本来源于全体股东,出资者所享有的权利属于全体股东,由全体股东组成的股东会,虽然对外并不直接代表公司,对内也不直接从事经营活动,但却有权决定公司的重大事项,是公司的权力机构。其他机构由它产生,对它负责,股东会作出的决定,其他机构如董事会,监事会必须执行。董事会、监事会等机构只是执行股东会的决定,它们在行使职权作出各种决定时,不得与股东会的决定相抵触。

(2) 股东会的职权。

按照《公司法》第37条规定,股东会行使下列职权:决定公司的经营方针和投资计划;选举和更换非由职工代表担任的董事、监事,决定有关董事、监事的报酬事项;审议批准董事会的报告;审议批准监事会或者监事的报告;审议批准公司的年度财务预算方案、决算方案;审议批准公司的利润分配方案和弥补亏损方案;对公司增加或者减少注册资本作出决议;对发行公司债券作出决议;对公司合并、分立、解散、清算或者变更公司形式作出决议;修改公司章程;公司章程规定的其他职权。对前款所列事项股东以书面形式一致表示同意的,可以不召开股东会会议,直接作出决定,并由全体股东在决定文件上签名、盖章。

(3) 股东会的召开。

股东会不是公司的常设机构,而是公司的议事机构,股东会的工作是通过股东会会议的形式进行的。股东会有定期会议和临时会议两种。定期会议也即例会,由公司章程予以规定,按章程规定的时间和地点进行。如果出现特殊情况,则须由股东会讨论决议,在股东会闭会期间,可以启动股东会临时会议。《公司法》第39条规定:代表十分之一以上表决权的股东,三分之一以上的董事,监事会或者不设监事会的公司的监事提议召开临时会议的,应当召开临时会议。

按照《公司法》第38条和第40条规定,首次股东会会议由出资最多的股东召集和主持。有限责任公司设立董事会的,股东会会议由董事会召集,董事长主持;董事长不能履行职务或者不履行职务的,由副董事长主持;副董事长不能履行职务或者不履行职务的,由半数以上董事共同推举一名董事主持。有限责任公司不设董事会的,股东会会议由执行董事召集和主持。董事会或者执行董事不能履行或者不履行召集股东会会议职责的,由监事会或者不设监事会的公司的监事召集和主持;监事会或者监事不召集和主持的,代表十分之一以上表决权的股东可以自行召集和主持。

《公司法》41条规定:召开股东会会议,应当于会议召开十五日前通知全体股东;但是,公司章程另有规定或者全体股东另有约定的除外。股东会应当对所议事项的决定作成会议记录,出席会议的股东应当在会议记录上签名。会议通知应写明股东会会议召开的时间、地点和目的,以使股东对拟召开的股东会议有最基本的了解。

(4) 股东会的决议。

有限责任公司股东会可依职权对所议事项作出决议。《公司法》第42条规定:股东会会议由股东按照出资比例行使表决权;但是,公司章程另有规定的除外。股东会会议作出决议时,采取"资本多数决"原则。但根据《公司法》第71条规定,对有限责任公司的股东向股东以外的人转让股权作出决议时,须经其他股东过半数同意。这体现了有限责任公司兼具"人合"与"资合"的性质。

《公司法》第43条规定:股东会的议事方式和表决程序,除本法有规定的外,由公司章程规定。股东会会议作出修改公司章程、增加或者减少注册资本的决议,以及公司合并、分立、解散或者变更公司形式的决议,必须经代表三分之二以上表决权的股东通过。

2. 董事会

(1) 董事会的性质及其组成。

董事会是有限责任公司的常设领导机构,是有限责任公司的经营决策机构和业务执行机构,它对外代表公司行使职权,对内负责公司的经营决策及管理活动。为切实保障股东利益,董事会须对股东会负责。

根据《公司法》第44条和第50条规定,董事会由董事组成,其成员为三至十三人。董事会设董事长一人,可以设副董事长。其产生办法由公司章程规定。股东人数较少或者规模较小的有限责任公司,可以设一名执行董事,不设董事会。执行董事可以兼任公司经理。执行董事的职权由公司章程规定。

《公司法》第45条规定:董事任期由公司章程规定,但每届任期不得超过三年。董事任期届满,连选可以连任。董事任期届满未及时改选,或者董事在任期内辞职导致董事会成员低于法定人数的,在改选出的董事就任前,原董事仍应当依照法律、行政法规和公司章程的规定,履行董事职务。

(2) 董事会的职权。

依据《公司法》第46条规定,董事会对股东会负责,行使下列职权:召集股东会会议,并向股东会报告工作;执行股东会的决议;决定公司的经营计划和投资方案;制订公司的年度财务预算方案、决算方案;制订公司的利润分配方案和弥补亏损方案;制订公司增加或者减少注册资本以及发行公司债券的方案;制订公司合并、分立、解散或者变更公司形式的方案;决定公司内部管理机构的设置;决定聘任或者解聘公司经理及其报酬事项,并根据经理的提名决定聘任或者解聘公司副经理、财务负责人及其报酬事项;制定公司的基本管理制度;公司章程规定的其他职权。

(3) 董事会的召开。

《公司法》第47条规定:董事会会议由董事长召集和主持;董事长不能履行职务或者不履行职务的,由副董事长召集和主持;副董事长不能履行职务或者不履行职务的,由半数以上董事共同推举一名董事召集和主持。

董事会的议事方式和表决程序,除公司法有规定的外,由公司章程规定。董事会应当对所议事项的决定作成会议记录,出席会议的董事应当在会议记录上签名。董事会决议的表决,实行一人一票。

3. 监事会

(1) 监事会的性质及其组成。

监事会是有限责任公司的监督机构,它是对公司执行机构的业务活动进行专门监督的机构。监事会是独立于董事会并对股东会负责的机构。《公司法》第51条规定:有限责任公司设监事会,其成员不得少于三人。股东人数较少或者规模较小的有限责任公司,可以设一至二名监事,不设监事会。监事会应当包括股东代表和适当比例的公司职工代表,其中职工代表的比例不得低于三分之一,具体比例由公司章程规定。监事会中的职工代表由公司职工通过职工代表大会、职工大会或者其他形式民主选举产生。

监事会设主席1人,由全体监事过半数选举产生。监事会主席召集和主持监事会会议;监事会主席不能履行职务或者不履行职务的,由半数以上监事共同推举一名监事召集和主持监事会会议。董事、高级管理人员不得兼任监事。

根据《公司法》第52条规定,监事的任期每届为3年。监事任期届满,连选可以连任。监事任期届满未及时改选,或者监事在任期内辞职导致监事会成员低于法定人数的,在改选出的监事就任前,原监事仍应当依照法律、行政法规和公司章程的规定,履行监事职务。

(2) 监事会的职权。

依据《公司法》第53条规定,监事会、不设监事会的公司的监事行使下列职权:检查公司财务;对董事、高级管理人员执行公司职务的行为进行监督,对违反法律、行政法规、公司章程或者股东会决议的董事、高级管理人员提出罢免的建议;当董事、高级管理人员的行为损害公司的利益时,要求董事、高级管理人员予以纠正;提议召开临时股东会会议,在董事会不履行本法规定的召集和主持股东会会议职责时召集和主持股东会会议;向股东会会议提出提案;依据《公司法》第152条的规定,董事、高级管理人员违反法律、行政法规或者公司章程的规定,损害股东利益的,股东可以向人民法院提起诉讼。

(3) 监事会的召开。

《公司法》第55条规定:监事会每年度至少召开一次会议,监事可以提议召开临时监事会会议。监事会的议事方式和表决程序,除本法有规定的外,由公司章程规定。监事会决议应当经半数以上监事通过。监事会应当对所议事项的决定作成会议记录,出席会议的监事应当在会议记录上签名。

《公司法》第54条规定:监事可以列席董事会会议,并对董事会决议事项提出质询或者建议。监事会、不设监事会的公司的监事发现公司经营情况异常,可以进行调查;必要时,可以聘请会计师事务所等协助其工作,费用由公司承担。

4. 高级管理人员

(1) 人员的界定。

高级管理人员,是指公司内部具体执行董事会决策并负责公司日常生产经营管理活动的人员。在国外,高级管理人员一般包括公司总裁、副总裁、秘书、司库、总经理、首席财政官等。我国《公司法》规定:高级管理人员,是指公司的经理、副经理、财务负责人,上市公司董事会秘书和公司章程规定的其他人员。我国《公司法》对其中经理的设置及职权做了明确规定。

(2) 经理的职权。

经理为有限责任公司设置的机构;设立执行董事的公司,执行董事可兼任经理。经理由董事会决定聘任或者解聘,并对董事会负责。

《公司法》第49条规定经理行使下列职权:主持公司的生产经营管理工作,组织实施董事会决议;组织实施公司年度经营计划和投资方案;拟订公司内部管理机构设置方案;拟订公司的基本管理制度;制定公司的具体规章;提请聘任或者解聘公司副经理、财务负责人;决定聘任或者解聘除应由董事会决定聘任或者解聘以外的负责管理人员;董事会授予的其他职权。公司章程对经理职权另有规定的,从其规定。同时,我国《公司法》还规定了经理列席董事会会议的权利。

（四）一人有限责任公司的特别规定

《公司法》第57条规定：本法所称一人有限责任公司，是指只有一个自然人股东或者一个法人股东的有限责任公司。

《公司法》第58条规定：一个自然人只能投资设立一个一人有限责任公司。该一人有限责任公司不能投资设立新的一人有限责任公司。第59条规定：一人有限责任公司应当在公司登记中注明自然人独资或者法人独资，并在公司营业执照中载明。第63条规定：一人有限责任公司的股东不能证明公司财产独立于股东自己的财产的，应当对公司债务承担连带责任。

《公司法》第61条和第62条规定，一人有限责任公司不设股东会。股东作出公司的经营方针和投资计划的决定时，应当采用书面形式，并由股东签名后置备于公司。在每一会计年度终了时编制财务会计报告，并经会计师事务所审计。

五、股份有限公司的法律规定

同步案例

某会展股份有限公司于2012年3月28日召开董事会会议，该次会议的召开情况及讨论的有关问题如下：

第一，公司董事会由7名董事组成。出席该次会议的董事有王某、张某、李某、陈某，董事何某、孙某、肖某因事不能出席会议。其中，孙某电话委托董事王某代为出席会议并表决，肖某委托董事会秘书杨某代为出席会议并表决。

第二，根据总经理的提名，出席本次会议的人员讨论并一致同意聘任顾某为公司财务负责人，并决定给予顾某年薪10万元；董事会会议讨论通过了公司内部机构设置的方案，表决时，董事张某反对，其他董事表示同意。

第三，该次董事会的会议记录由出席董事会会议的全体董事和列席会议的监事签名后被存档。

（资料来源：http://waimao.100xuexi.com/ExamItem/ExamDataInfo.aspx?id=8935baeb-56c7-44cc-90e7-fa3e2a255373.）

【问题】

1. 出席该次董事会会议的董事人数是否符合规定？
2. 董事孙某、肖某委托他人出席该次董事会会议是否有效？请分别说明理由。
3. 董事通过的两项决议是否符合规定？请分别说明理由。
4. 指出上述关于会议召开情况中的不规范之处，并说明理由。

（一）股份有限公司的概念和特征

股份有限公司又称股份公司，是指全部资本分为等额股份，股东以其所持股份为限对公司承担有限责任，公司以其全部财产对公司债务承担责任的企业法人。

股份有限公司与有限责任公司同属于我国《公司法》所规定的两种公司，具有共同之处，但这两种公司除与其他非公司的经济组织相比有较多不同外，它们相互之间也具有十分明显的区别。股份有限公司具有以下法律特征。

1. 公司的资合性

股份有限公司是典型的资合公司。公司的信用基础是公司的资本，而不是股东个人信用。对债权人来讲，其商业交易的发生是只问公司而不管其股东是谁，股东之间也不要求确立信任关系，而有限责任公司则具有人资兼合性。

2. 公司的开放性

与有限责任公司的封闭性相反，股份有限公司是开放性的公司。这表现在以下几个方面：

第一，公司设立时，出资额是向社会公开募集的，公司通过公开招股完成资本筹集工作，公司在运行中，追加资本仍是向社会公开募集的。正因为这一原因，股东往往分散、众多。

第二，公司成立后，股份可以自由转让，在证券交易市场进行股票交易。

第三，由于股份的发行、转让是面向社会的，为保护广大投资者的利益，《公司法》规定股份有限公司要定期向社会公布财务等生产经营信息和资料。

3. 公司的设立、运作程序复杂

由于股份有限公司牵涉面广，资金雄厚，对国民经济有较大影响，对社会公众影响也较大，因此，必须加强对它的管理，体现国家对它的干预。从公司设立到之后的运作，《公司法》均设置了较为详细和具体的强制性规范，如须经政府部门批准，股份的发行、交易要符合法定程序等。

4. 公司组织机构的规范性

股份有限公司规模大、影响大，因此，生产经营时对管理者的要求比有限责任公司严得多。股东大会、董事会、监事会这三套组织机构必须严格按《公司法》的规定建立，不能用任何简便灵活的方式组建。总体说来，股份有限公司的管理机构庞大、规范。

（二）股份有限公司设立的条件和程序

1. 股份有限公司设立的条件

（1）发起人符合法定人数。

发起人是指按照《公司法》的规定，在创立公司时承担公司筹办事务，认购其应认购的股份，并享有法定权利和承担法定义务的人。《公司法》第78条规定：设立股份有限公司，应当有二人以上二百人以下为发起人，其中须有半数以上的发起人在中国境内有住所。

发起人所从事的筹办活动是公司设立活动的开始和重要组成部分。因此，必须赋予发起人一定的权利，相应地也得承担一定的义务。发起人的权利主要有签署发起协议、首先认购公司的股份、制定公司的章程、对发起工作取得报酬、公司成立后享有作为股东的一切权利。其义务主要有：为设立活动尽职尽责，忠诚努力；履行公司设立的各种报批手续；缴纳所认购的股份款项；公司不能成立时，对设立行为所产生的债务和费用负连带责任；公司不能成立时,对认股人已缴纳的股款,负返还股款并加算银行同期存款利息的连带责任;在公司设立过程中,由于发起人的过失致使公司利益受到损害的,对公司承担赔偿责任。

(2) 符合公司章程规定的全体发起人认购的股本总额或者募集的实收股本总额。

根据不同的股份有限公司设立的方式,公司注册资本的组成也是不同的。《公司法》第77条规定:股份有限公司的设立,可以采取发起设立或者募集设立的方式。发起设立,是指由发起人认购公司应发行的全部股份而设立公司。募集设立,是指由发起人认购公司应发行股份的一部分,其余股份向社会公开募集或者向特定对象募集而设立公司。

《公司法》第80条规定:股份有限公司采取发起设立方式设立的,注册资本为在公司登记机关登记的全体发起人认购的股本总额。在发起人认购的股份缴足前,不得向他人募集股份。股份有限公司采取募集方式设立的,注册资本为在公司登记机关登记的实收股本总额。法律、行政法规以及国务院决定对股份有限公司注册资本实缴、注册资本最低限额另有规定的,从其规定。

(3) 股份发行、筹办事项符合法律规定。

发起人设立股份有限公司,必须按照法律规定发行股份并进行其他筹办事项。例如向社会公开募集股份,须报经国务院证券管理部门批准。

(4) 发起人制定公司章程,采用募集方式设立的经创立大会通过。

依照《公司法》第81条规定,股份有限公司章程应当载明下列事项:公司名称和住所;公司经营范围;公司设立方式;公司股份总数、每股金额和注册资本;发起人的姓名或者名称、认购的股份数、出资方式和出资时间;董事会的组成、职权和议事规则;公司法定代表人;监事会的组成、职权和议事规则;公司利润分配办法;公司的解散事由与清算办法;公司的通知和公告办法;股东大会会议认为需要规定的其他事项。

股份有限公司的章程首先由发起人制定,这是因为公司章程是设立公司必备的法律文书,也是向社会公开募集股份的资信证明的一个方面,故应先由发起人制定,以便于公司筹办。但募集设立的股份有限公司,其公司章程只有经创立大会通过后才产生效力,才能体现全体股东的意志,因发起人只是股东的一部分,故不能以他们制定的章程为最终生效文本。创立大会应有代表股份总数的二分之一以上的认股人出席,方可举行,公司章程必须经出席会议的认股人所持表决权的二分之一以上通过。

(5) 有公司名称,建立符合股份有限公司要求的组织机构。

公司的名称应当符合《公司登记管理条例》的要求,并须申请名称预先核准登记。股份有限公司的组织机构必须合法,即股东大会、董事会、监事会以及高级管理人员须按《公司法》和公司章程设立并履行职责。

(6) 有公司住所。

固定的生产经营场所和必要的生产经营条件是股份有限公司设立的又一物质条件。

2. 股份有限公司设立的程序

股份有限公司设立方式有发起设立和募集设立两种,因设立方式不同而在设立程序上也有所差别。

(1) 发起设立股份有限公司的程序。

发起设立,是指发起人认购公司应发行的全部股份,不向发起人之外的任何人募集而设

立,又称同时设立或单纯设立。其设立的主要程序如下。

第一,订立发起人协议。

第二,申请名称预先核准。

第三,发起人共同制定公司章程。

第四,报请政府主管部门审核批准。在我国,股份有限公司的设立,必须经过国务院授权的部门或者省级人民政府批准。

第五,发起人认购、缴纳股款及验资。《公司法》第83条第1款、第2款规定:以发起设立方式设立股份有限公司的,发起人应当书面认足公司章程规定其认购的股份,并按照公司章程规定缴纳出资。以非货币财产出资的,应当依法办理其财产权的转移手续。发起人不依照前款规定缴纳出资的,应当按照发起人协议承担违约责任。

第六,选举董事和监事,组成董事会和监事会,申请设立登记。《公司法》第83条第3款规定:发起人认足公司章程规定的出资后,应当选举董事会和监事会。由董事会向公司登记机关报送公司章程以及法律、行政法规规定的其他文件,申请设立登记。

(2) 募集设立股份有限公司的程序。

募集设立,是指由发起人认购公司应发行股份的一部分,其余部分则是向社会公开募集而设立的,又称渐次设立、复杂设立。由于发起设立资本无须向社会募集,程序也相对简单得多;相反,募集设立则明显复杂。

首先,需经历发起设立股份有限公司程序中的第一至第四项步骤。

其次,还需履行以下四个特别步骤。

第一,发起人认购股份。《公司法》第84条规定:以募集设立方式设立股份有限公司的,发起人认购的股份不得少于公司股份总数的百分之三十五;但是,法律、行政法规另有规定的,从其规定。

第二,向社会公开募集股份。《公司法》第85条规定:发起人向社会公开募集股份,必须公告招股说明书,并制作认股书。第86条规定,招股说明书应当附有发起人制定的公司章程,并载明下列事项:发起人认购的股份数;每股的票面金额和发行价格;无记名股票的发行总数;募集资金的用途;认股人的权利、义务;本次募股的起止期限及逾期未募足时认股人可以撤回所认股份的说明。

《公司法》第87条规定:发起人向社会公开募集股份,应当由依法设立的证券公司承销,签订承销协议。第88条规定:发起人向社会公开募集股份,应当同银行签订代收股款协议。代收股款的银行应当按照协议代收和保存股款,向缴纳股款的认股人出具收款单据,并负有向有关部门出具收款证明的义务。

第三,召集创立大会。创立大会是指募集设立公司时,于公司成立前由全体认股人参加的会议。《公司法》第89条规定:发行股份的股款缴足后,必须经依法设立的验资机构验资并出具证明。发起人应当自股款缴足之日起三十日内主持召开公司创立大会。创立大会由发起人、认股人组成。发行的股份超过招股说明书规定的截止期限尚未募足的,或者发行股份的股款缴足后,发起人在三十日内未召开创立大会的,认股人可以按照所缴股款并加算银行同期存款利息,要求发起人返还。

第90条规定:发起人应当在创立大会召开十五日前将会议日期通知各认股人或者予以

公告。创立大会应有代表股份总数过半数的发起人、认股人出席,方可举行。根据第 90 条规定,创立大会行使下列职权:审议发起人关于公司筹办情况的报告;通过公司章程;选举董事会成员;选举监事会成员;对公司的设立费用进行审核;对发起人用于抵作股款的财产的作价进行审核;发生不可抗力或者经营条件发生重大变化直接影响公司设立的,可以作出不设立公司的决议。创立大会对前款所列事项作出决议,必须经出席会议的认股人所持表决权过半数通过。

第四,设立登记。依据《公司法》第 92 条规定,董事会应于创立大会结束后 30 日内,向公司登记机关报送下列文件,申请设立登记:公司登记申请书;创立大会的会议记录;公司章程;验资证明;法定代表人、董事、监事的任职文件及其身份证明;发起人的法人资格证明或者自然人身份证明;公司住所证明。以募集方式设立股份有限公司公开发行股票的,还应当向公司登记机关报送国务院证券监督管理机构的核准文件。

(三)股份有限公司的组织机构

股份有限公司组织机构与有限责任公司的组织机构理论上基本一致,也是由"权力机构—股东大会、执行机构—董事会和监督机构—监事会"三会构成。三机构在性质、职权、议事规则等规定上十分相似,但由于股份有限公司规模大,生产经营复杂,对三机构的要求更高,对它们的规范性要求也更严格。

1. 股东大会

(1) 股东大会的性质及其组成。

股东大会为股份有限公司必须设立的机关,是股份有限公司的最高权力机关。股东大会由全体股东组成。在现代公司发展的过程中,由于商业竞争的日趋激烈,并由于股东对介入公司管理事务兴趣不大,公司的许多管理事务主要集中在董事会,并且股东大会本身对外不代表公司,对内也不执行公司业务,故而股东大会决策的事项相对减少了。因此,理论界普遍认为股份有限公司所有权与经营权分离是最明显的。

(2) 股东大会的职权。

依据《公司法》第 99 条的规定,关于有限责任公司股东会职权的规定,适用于股份有限公司股东大会。

(3) 股东大会的召开。

股东大会分为定期会议和临时会议两种。根据《公司法》第 100 条规定,股东大会应当每年召开一次年会。有下列情形之一的,应当在两个月内召开临时股东大会:董事人数不足本法规定人数或者公司章程所定人数的三分之二时;公司未弥补的亏损达实收股本总额三分之一时;单独或者合计持有公司 10% 以上股份的股东请求时;董事会认为必要时;监事会提议召开时;公司章程规定的其他情形。

《公司法》第 102 条规定:召开股东大会会议,应当将会议召开的时间、地点和审议的事项于会议召开二十日前通知各股东;临时股东大会应当于会议召开十五日前通知各股东;发行无记名股票的,应当于会议召开三十日前公告会议召开的时间、地点和审议事项。

单独或者合计持有公司百分之三以上股份的股东,可以在股东大会召开十日前提出临时提案并书面提交董事会;董事会应当在收到提案后二日内通知其他股东,并将该临时提案提交股东大会审议。临时提案的内容应当属于股东大会职权范围,并有明确议题和具体决议事项。

股东大会不得对前两款通知中未列明的事项作出决议。无记名股票持有人出席股东大会会议的,应当于会议召开五日前至股东大会闭会时将股票交存于公司。

(4) 股东大会的决议。

《公司法》第 103 条规定:股东出席股东大会会议,所持每一股份有一表决权。但是,公司持有的本公司股份没有表决权。股东大会作出决议,必须经出席会议的股东所持表决权过半数通过。但是,股东大会作出修改公司章程、增加或者减少注册资本的决议,以及公司合并、分立、解散或者变更公司形式的决议,必须经出席会议的股东所持表决权的三分之二以上通过。

第 104 条规定:本法和公司章程规定公司转让、受让重大资产或者对外提供担保等事项必须经股东大会作出决议的,董事会应当及时召集股东大会会议,由股东大会就上述事项进行表决。

第 105 条规定:股东大会选举董事、监事,可以依照公司章程的规定或者股东大会的决议,实行累积投票制。本法所称累积投票制,是指股东大会选举董事或者监事时,每一股份拥有与应选董事或者监事人数相同的表决权,股东拥有的表决权可以集中使用。

第 106 条规定:股东可以委托代理人出席股东大会会议,代理人应当向公司提交股东授权委托书,并在授权范围内行使表决权。

第 107 条规定:股东大会应当对所议事项的决定作成会议记录,主持人、出席会议的董事应当在会议记录上签名。会议记录应当与出席股东的签名册及代理出席的委托书一并保存。

2. 董事会

(1) 董事会的性质及其组成。

董事会是股份有限公司的经营决策和业务执行机构。董事会由股东大会选举产生,全体董事组成,并对股东大会负责。

在股份有限公司中,股东绝大部分不直接介入管理,虽然人数较多,但相对于有限责任公司,股东大会是弱化的。另一方面,股份有限公司规模大,经营复杂,在客观上必须强化董事会机构,因此,在股份有限公司中,董事会机构就显得十分重要,其行为决定着公司的经营状况,关系到每个股东的利益。为集思广益,使公司得到较好的经营管理,同时也为了避免少数股东操纵董事会,损害其他股东的利益,各国公司法都强调董事会必须有一定人数。我国《公司法》第 108 条规定:股份有限公司设董事会,其成员为五人至十九人。董事会成员中可以有公司职工代表。董事会中的职工代表由公司职工通过职工代表大会、职工大会或者其他形式民主选举产生。另外,在有限责任公司中,还可以简化为一名执行董事替代,但在股份有限公司是绝对不允许的。

第 109 条规定:董事会设董事长一人,可以设副董事长。董事长和副董事长由董事会以全体董事的过半数选举产生。董事长召集和主持董事会会议,检查董事会决议的实施情况。副董事长协助董事长工作,董事长不能履行职务或者不履行职务的,由副董事长履行职务;副董事长不能履行职务或者不履行职务的,由半数以上董事共同推举一名董事履行职务。

根据《公司法》第 108 条规定,股份有限公司董事的任期适用于有限责任公司董事任期的规定。

(2) 董事会的职权。

根据《公司法》第 108 条规定,关于有限责任公司董事会职权的规定,适用于股份有限公司董事会。

(3) 董事会的召开。

《公司法》第 110 条规定:董事会每年度至少召开两次会议,每次会议应当于会议召开十日前通知全体董事和监事。代表十分之一以上表决权的股东、三分之一以上董事或者监事会,可以提议召开董事会临时会议。董事长应当自接到提议后十日内,召集和主持董事会会议。董事会召开临时会议,可以另定召集董事会的通知方式和通知时限。

《公司法》第 111 条规定:董事会会议应有过半数的董事出席方可举行。董事会作出决议,必须经全体董事的过半数通过。董事会决议的表决,实行一人一票。

《公司法》第 112 条规定:董事会会议,应由董事本人出席;董事因故不能出席,可以书面委托其他董事代为出席,委托书中应载明授权范围。董事会应当对会议所议事项的决定作成会议记录,出席会议的董事应当在会议记录上签名。

董事应当对董事会的决议承担责任。董事会的决议违反法律、行政法规或者公司章程、股东大会决议,致使公司遭受严重损失的,参与决议的董事对公司负赔偿责任。但经证明在表决时曾表明异议并记载于会议记录的,该董事可以免除责任。

3. 监事会

(1) 监事会的性质及其组成。

监事会是股份有限公司必设的监察机构,对公司的财务及业务执行情况进行监督。根据《公司法》第 117 条规定,股份有限公司设监事会,其成员不得少于三人。监事会应当包括股东代表和适当比例的公司职工代表,其中职工代表的比例不得低于三分之一,具体比例由公司章程规定。监事会中的职工代表由公司职工通过职工代表大会、职工大会或者其他形式民主选举产生。

监事会设主席一人,可以设副主席。监事会主席和副主席由全体监事过半数选举产生。监事会主席召集和主持监事会会议;监事会主席不能履行职务或者不履行职务的,由监事会副主席召集和主持监事会会议;监事会副主席不能履行职务或者不履行职务的,由半数以上监事共同推举一名监事召集和主持监事会会议。董事、高级管理人员不得兼任监事。监事的任期适用于有限责任公司监事任期的规定。

(2) 监事会的职权。

根据《公司法》第 118 条规定,关于有限责任公司监事会职权的规定,适用于股份有限公司监事会。监事会行使职权所必需的费用,由公司承担。

(3) 监事会的召开。

根据《公司法》第 119 条规定,监事会每六个月至少召开一次会议。监事可以提议召开临时监事会会议。监事会的议事方式和表决程序,除公司法有规定的外,由公司章程规定。监事会决议应当经半数以上监事通过。同时,监事会应当对所议事项的决定作成会议记录,出席会议的监事应当在会议记录上签名。

4. 高级管理人员

经理是对股份有限公司日常经营管理负有全责的高级管理人员,由董事会聘任或解聘,

对董事会负责。公司董事会可以决定由董事会成员兼任经理。关于有限责任公司经理职权及对董事、监事、高级管理人员的相关规定,同样适用于股份有限公司。

同时,我国《公司法》第115条规定:公司不得直接或者通过子公司向董事、监事、高级管理人员提供借款。第116条还规定:公司应当定期向股东披露董事、监事、高级管理人员从公司获得报酬的情况。

(四)股份有限公司的股份发行与转让

1. 股份与股票

(1)股份的概念和特征。

股份是股份有限公司特有的概念,是指以股票为表现形式、按等额划分的公司资本的构成单位。股份有限公司的资本全部划分为金额相等的股份,每股金额乘以股份总数便构成了股份公司的资本总额,亦即股本。股份具有以下特征:每一股份所代表的金额相等;股份表示股东享有权益的范围;股份通过股票这种证券形式表现出来。

(2)股票的概念和特征。

股票是公司签发的证明股东所持股份并凭此股份享有权利和义务的凭证,是股东对公司的资本所有权的证书。股票与股份有着密切的联系,股票是股东认购公司股份的资本所有权证书和索取股利的凭证,是股份的外在表现形式。

股票具有以下特征:首先,股票是一种要式证券,它的制作和记载事项必须按照法定的方式进行。股票应当载明下列主要事项:公司名称;公司登记成立的日期;股票种类、票面金额及代表的股份数;股票的编号。股票由董事长签名,公司盖章;发起人的股票,应当标明"发起人股票"字样。其次,股票是一种非设权证券,即它是一种表示股东权的证券。因为股票仅仅是把已经存在着的股东权表现为证券形式,而不是创设股东权。股东遗失股票,并不因此丧失股东权和股东资格。最后,股票是一种有价证券,它以证券的持有为权利存在的条件。股票作为一种有价证券,所表示的是股东的财产权。因此,股票持有者可享有分配股息的权利;公司终止清算时,有取得公司剩余财产的权利等。同时,股东权的存在要以股票的持有为条件,即股票的合法持有者就是股东权的享有者。

(3)相关规定。

《公司法》第128条规定:股票采用纸面形式或者国务院证券监督管理机构规定的其他形式。股票应当载明下列主要事项:(一)公司名称;(二)公司成立日期;(三)股票种类、票面金额及代表的股份数;(四)股票的编号。股票由法定代表人签名,公司盖章。发起人的股票,应当标明发起人股票字样。

《公司法》第129条规定,公司发行的股票,可以为记名股票,也可以为无记名股票。公司向发起人、法人发行的股票,应当为记名股票,并应当记载该发起人、法人的名称或者姓名,不得另立户名或者以代表人姓名记名。

《公司法》第130条规定,公司发行记名股票的,应当置备股东名册,记载下列事项:股东的姓名或者名称及住所;各股东所持股份数;各股东所持股票的编号;各股东取得股份的日期。发行无记名股票的,公司应当记载其股票数量、编号及发行日期。

《公司法》第132条规定:股份有限公司成立后,即向股东正式交付股票。公司成立前不得向股东交付股票。

2. 股份发行

（1）股份发行的原则。

我国《公司法》第 126 条规定：股份的发行，实行公平、公正的原则，同种类的每一股份应当具有同等权利。同次发行的同种类股票，每股的发行条件和价格应当相同；任何单位或者个人所认购的股份，每股应当支付相同价额。

公平原则主要指为投资大众提供均等的投资机会，主要包括投资信息获得的公平和投资行为实施的公平。投资信息获得的公平要求投资大众获得信息的时间是同步的，内容是一致的，否则，有失公平。因此，法律要求在获准公开发行股票前，任何人不得以任何方式泄露招股说明书的内容，禁止内幕人员实行内幕交易，并对内幕人员的有关投资行为做了法定限制。投资行为实施的公平是指所有投资人获得投资机会是同等的，投资条件相同。同次发行的股票，每股的发行价格和条件应当相同，任何单位或者个人所认购的股份，每股应当支付相同价款。公正原则是指股份发行应考虑投资者的内在差异，照顾到投资者中不同层次的利益，使投资大众的利益结构达到合理均衡，禁止证券交易过程中的市场操纵行为；禁止歧视不同地区的投资者的行为；禁止损害弱小投资者利益的行为等。如果说公平原则要求股份的发行能够使广大投资人获得均等的机会，那么公正原则则要求这种机会能够在广大投资者中得到合理的分配，尽可能达到利益的均衡分配。

（2）股票的发行。

股份的发行价格是指股份有限公司在发行股份时出售股票的价格。根据不同公司和不同发行市场，发行价格也各不相同。我国《公司法》第 127 条规定：股票发行价格可以按票面金额，也可以超过票面金额，但不得低于票面金额。

（3）新股发行。

一般来讲，公司发行股份是指公司设立过程中的股份发行，即公司第一次发行股份，称为设立发行。公司设立后再次或多次发行股份一般称为新股发行。发行新股主要是为了扩大公司的经营规模，增加公司资本。

《公司法》第 133 条规定，公司发行新股，股东大会应当对下列事项作出决议：新股种类及数额；新股发行价格；新股发行的起止日期；向原有股东发行新股的种类及数额。

根据《公司法》第 134、135、136 条规定，公司经国务院证券监督管理机构核准公开发行新股时，必须公告新股招股说明书和财务会计报告，并制作认股书。公司发行新股，可以根据公司经营情况和财务状况，确定其作价方案。公司发行新股募足股款后，必须向公司登记机关办理变更登记，并公告。

3. 股份的转让

股份转让是指股份所有人把自己的股份让与受让人，受让人自取得股份时起即成为公司股东的行为。股份有限公司的股份，原则上可以自由转让，这是该类公司区别于有限责任公司的又一特征。《公司法》第 137 条规定：股东持有的股份可以依法转让。

（1）转让场所。

《公司法》第 138 条规定：股东转让其股份，应当在依法设立的证券交易场所进行或者按照国务院规定的其他方式进行。

(2) 转让方式。

依据《公司法》第139条和第140条规定,记名股票,由股东以背书方式或者法律、行政法规规定的其他方式转让;转让后由公司将受让人的姓名或者名称及住所记载于股东名册。股东大会召开前二十日内或者公司决定分配股利的基准日前五日内,不得进行前款规定的股东名册的变更登记。但是,法律对上市公司股东名册变更登记另有规定的,从其规定。

无记名股票的转让,由股东将该股票交付给受让人后即发生转让效力。

(3) 转让主体的限制。

《公司法》第141条规定:发起人持有的本公司股份,自公司成立之日起一年内不得转让。公司公开发行股份前已发行的股份,自公司股票在证券交易所上市交易之日起一年内不得转让。公司董事、监事、高级管理人员应当向公司申报所持有的本公司的股份及其变动情况,在任职期间每年转让的股份不得超过其所持有本公司股份总数的百分之二十五;所持本公司股份自公司股票上市交易之日起一年内不得转让。上述人员离职后半年内,不得转让其所持有的本公司股份。公司章程可以对公司董事、监事、高级管理人员转让其所持有的本公司股份作出其他限制性规定。

(4) 公司对本公司股票的受让规范。

根据《公司法》第142条规定,公司不得收购本公司股份。但是,有下列情形之一的除外:(一)减少公司注册资本;(二)与持有本公司股份的其他公司合并;(三)将股份奖励给本公司职工;(四)股东因对股东大会作出的公司合并、分立决议持异议,要求公司收购其股份的。公司因前款第(一)项至第(三)项的原因收购本公司股份的,应当经股东大会决议。公司依照前款规定收购本公司股份后,属于第(一)项情形的,应当自收购之日起十日内注销;属于第(二)项、第(四)项情形的,应当在六个月内转让或者注销。公司依照第一款第(三)项规定收购的本公司股份,不得超过本公司已发行股份总额的百分之五;用于收购的资金应当从公司的税后利润中支出;所收购的股份应当在一年内转让给职工。公司不得接受本公司的股票作为质押权的标的。

(五) 上市公司组织机构的特别规定

国外公司立法和实务中,因公司股份是否在股票交易所进行交易区分为公众公司与私人公司、公开公司与封闭公司。前者是指股票上市的公司;后者则指股份由少数股东全额控制的公司。前者也称上市公司或股票上市公司;后者也称为股票不上市公司。我国《公司法》第120条规定:本法所称上市公司,是指其股票在证券交易所上市交易的股份有限公司。

《公司法》第121条规定:上市公司在一年内购买、出售重大资产或者担保金额超过公司资产总额百分之三十的,应当由股东大会作出决议,并经出席会议的股东所持表决权的三分之二以上通过。在组织机构方面,根据第122、123条规定,上市公司不仅要具备以上规定,还要设独立董事和董事会秘书。独立董事的具体办法由国务院规定。董事会秘书主要负责公司股东大会和董事会会议的筹备、文件保管以及公司股东资料的管理,办理信息披露事务等事宜。《公司法》第145条规定:上市公司必须依照法律、行政法规的规定,公开其财务状况、经营情况及重大诉讼,在每会计年度内半年公布一次财务会计报告。

《公司法》第124条规定:上市公司董事与董事会会议决议事项所涉及的企业有关联关系的,不得对该项决议行使表决权,也不得代理其他董事行使表决权。该董事会会议由过半数的无关联关系董事出席即可举行,董事会会议所作决议须经无关联关系董事过半数通过。出席董事会的无关联关系董事人数不足三人的,应将该事项提交上市公司股东大会审议。

六、董事、监事、高级管理人员的资格和义务

（一）董事、监事、高级管理人员的资格

董事、监事、高级管理人员是公司组织机构的构成人员,其素质的高低、品质的优劣关系到公司经营管理的成败。因而各国对其任职资格均作出了限制规定。一般而言,董事、监事、高级管理人员的任职资格包括积极资格和消极资格。前者是指成为公司董事、监事、高级管理人员应当具备的条件,后者则是指成为公司董事、监事、高级管理人员不能有的情形。

根据《公司法》第146条的规定,我国对董事、监事、高级管理人员的消极资格作出了规定。有下列情形之一的,不得担任公司的董事、监事、高级管理人员:无民事行为能力或者限制民事行为能力;因贪污、贿赂、侵占财产、挪用财产或者破坏社会主义市场经济秩序,被判处刑罚,执行期满未逾五年,或者因犯罪被剥夺政治权利,执行期满未逾五年;担任破产清算的公司、企业的董事或者厂长、经理,对该公司、企业的破产负有个人责任的,自该公司、企业破产清算完结之日起未逾三年;担任因违法被吊销营业执照、责令关闭的公司、企业的法定代表人,并负有个人责任的,自该公司、企业被吊销营业执照之日起未逾三年;个人所负数额较大的债务到期未清偿。公司违反前款规定选举、委派董事、监事或者聘任高级管理人员的,该选举、委派或者聘任无效。董事、监事、高级管理人员在任职期间出现本条第一款所列情形的,公司应当解除其职务。

（二）董事、监事、高级管理人员的义务

把握董事、监事、高级管理人员的义务,须首先明确其与公司之间的关系。在大陆法系国家,其与公司之间的关系一般被认为是委任关系。英美法系国家的公司法学者则多将二者之间的关系视为一种代理关系或信托关系。尽管两大法系采用不同的理论,但对董事、监事、高级管理人员义务的界定却是相似的,归纳起来即包括忠实义务和勤勉义务。

所谓忠实义务,又称信义义务,是指董事、监事、高级管理人员经营公司业务时,应毫无保留地为公司最大利益努力工作,当自身利益与公司利益发生冲突时,应以公司利益为先。

所谓勤勉义务,又称善管义务、注意义务或谨慎义务,是指董事、监事、高级管理人员应诚信地履行对公司的职责,尽到普通人在类似情况和地位下谨慎的合理注意义务,为实现公司最大利益努力工作。

我国《公司法》第147条规定:董事、监事、高级管理人员应当遵守法律、行政法规和公司章程,对公司负有忠实义务和勤勉义务。董事、监事、高级管理人员不得利用职权收受贿赂或者其他非法收入,不得侵占公司的财产。

根据《公司法》第148条规定,董事、高级管理人员不得有下列行为:挪用公司资金;将公司资金以其个人名义或者以其他个人名义开立账户存储;违反公司章程的规定,未经股东会、股东大会或者董事会同意,将公司资金借贷给他人或者以公司财产为他人提供担保;违反公司章程的规定或者未经股东会、股东大会同意,与本公司订立合同或者进行交易;未经

股东会或者股东大会同意,利用职务便利为自己或者他人谋取属于公司的商业机会,自营或者为他人经营与所任职公司同类的业务;接受他人与公司交易的佣金归为己有;擅自披露公司秘密;违反对公司忠实义务的其他行为。董事、高级管理人员违反前款规定所得的收入应当归公司所有。

《公司法》第149条规定:董事、监事、高级管理人员执行公司职务时违反法律、行政法规或者公司章程的规定,给公司造成损失的,应当承担赔偿责任。第150条规定:股东会或者股东大会要求董事、监事、高级管理人员列席会议的,董事、监事、高级管理人员应当列席并接受股东的质询。董事、高级管理人员应当如实向监事会或者不设监事会的有限责任公司的监事提供有关情况和资料,不得妨碍监事会或者监事行使职权。

七、公司的合并、分立、增资、减资

(一)公司的合并

1. 公司合并的概念和形式

一般而言,公司合并是指两个或两个以上的公司依照法定程序归并入其中一个公司或创设一个新公司的法律行为。公司合并有四个特点:第一,除吸收合并中吸收公司存续外,其余参与合并的公司均归于消灭;第二,合并后消灭公司的股东成为合并后存续公司或新设公司的股东;第三,合并后消灭公司的资产及债权债务,由合并后存续的公司或新设的公司概括承受,无须进行清算;第四,合并为参与合并各方公司间的契约行为,而非股东间的契约行为。

根据我国《公司法》第172条的规定,公司合并有吸收合并和新设合并两种形式。吸收合并也称存续合并,是指一个公司吸收其他公司后,吸收方继续存在,被吸收的公司解散的法律行为,其实质即为兼并。新设合并是指两个或两个以上的公司合并设立一个新的公司,合并的各方均解散的法律行为。

2. 公司合并的程序

根据我国《公司法》第173条规定,公司合并,应当由合并各方签订合并协议,并编制资产负债表及财产清单。公司应当自作出合并决议之日起十日内通知债权人,并于三十日内在报纸上公告。债权人自接到通知书之日起三十日内,未接到通知书的自公告之日起四十五日内,可以要求公司清偿债务或者提供相应的担保。

根据《公司法》第174条的规定,公司合并时,合并各方的债权、债务,应当由合并后存续的公司或者新设的公司承继。

(二)公司的分立

公司分立是指一个公司依法定程序分为两个或两个以上公司的法律行为。公司分立的形式有派生分立和新设分立。派生分立是指一个公司在其法人资格存续的情况下,分出一部分或若干部分财产成立一个或数个公司的法律行为。新设分立是指将一个公司的财产进行分割,分别设立两个或两个以上的新公司,原公司因此消灭的法律行为。

依据我国《公司法》第175条规定,公司分立,其财产作相应的分割。公司分立,应当编制资产负债表及财产清单。公司应当自作出分立决议之日起十日内通知债权人,并于三十

日内在报纸上公告。《公司法》第176条规定:公司分立前的债务由分立后的公司承担连带责任。但是,公司在分立前与债权人就债务清偿达成的书面协议另有约定的除外。

(三) 公司的增资、减资

我国《公司法》第177条规定:公司需要减少注册资本时,必须编制资产负债表及财产清单。公司应当自作出减少注册资本决议之日起十日内通知债权人,并于三十日内在报纸上公告。债权人自接到通知书之日起三十日内,未接到通知书的自公告之日起四十五日内,有权要求公司清偿债务或者提供相应的担保。

我国《公司法》第178条规定:有限责任公司增加注册资本时,股东认缴新增资本的出资,依照本法设立有限责任公司缴纳出资的有关规定执行。股份有限公司为增加注册资本发行新股时,股东认购新股,依照本法设立股份有限公司缴纳股款的有关规定执行。

八、公司的解散和清算

同步案例

被告某会展公司成立于2010年6月30日,原股东为蔡某和杨某,其中蔡某出资160万元,杨某出资40万元。2013年7月,杨某将其持有的股权全部转让给茅某,蔡某将持有的125万元转让给陆某,会展公司由陆某任法定代表人。2014年1月,陆某将其持有的股权全部转让给祁某,并由祁某担任公司法定代表人。现会展公司股东为祁某、茅某、蔡某。2015年初,会展公司房屋被拆迁,为拆迁款,蔡某与茅某曾两次诉讼会展公司。2015年10月,蔡某与茅某为股东知情权,再次诉讼会展公司。2016年1月,蔡某与茅某起诉要求解散公司。庭审中,蔡某、茅某与会展公司法定代表人祁某相互指责对方存在损害公司权益的行为。经法院审理,最终判决解散某会展有限公司。判决后,会展公司不服,提起上诉,后又申请撤回上诉,一审判决发生法律效力。

(资料来源:http://www.lichengcan.com/article.asp?channelid=41&id=2053.)

【问题】

法院判决解散某会展公司的依据是什么?

(一) 公司的解散

1. 公司解散的概念

公司解散,是指公司因法律或章程规定的事由出现而停止营业活动并逐渐终止其法人资格的行为。它是公司主体资格消灭的必经程序。

2. 公司解散的原因及规定

依据我国《公司法》第180条的规定,公司因下列原因解散:公司章程规定的营业期限届满或者公司章程规定的其他解散事由出现;股东会或者股东大会决议解散;因公司合并或者分立需要解散;依法被吊销营业执照、责令关闭或者被撤销;人民法院依照《公司法》第182条的规定予以解散。

根据我国《公司法》第181条的规定,公司章程规定的营业期限届满或者公司章程规定的其他解散事由出现时,可以通过修改公司章程而存续。依照前款规定修改公司章程,有限责任公司须经持有三分之二以上表决权的股东通过,股份有限公司须经出席股东大会会议的股东所持表决权的三分之二以上通过。

依据我国《公司法》第182条的规定,公司经营管理发生严重困难,继续存续会使股东利益受到重大损失,通过其他途径不能解决的,持有公司全部股东表决权百分之十以上的股东,可以请求人民法院解散公司。此规定在一定意义上保护了小股东的利益。

(二) 公司的清算

1. 公司清算的概念

公司清算是指公司解散后,清理其财产及债权债务、分配公司剩余财产、了解公司法律关系、最终消灭公司法人资格的法律程序。公司清算分为破产清算和非破产清算,分别适用《破产法》和《公司法》。

2. 公司清算组的成员及职权

我国《公司法》第183条规定:公司因本法第一百八十条第(一)项、第(二)项、第(四)项、第(五)项规定而解散的,应当在解散事由出现之日起十五日内成立清算组,开始清算。有限责任公司的清算组由股东组成,股份有限公司的清算组由董事或者股东大会确定的人员组成。逾期不成立清算组进行清算的,债权人可以申请人民法院指定有关人员组成清算组进行清算。人民法院应当受理该申请,并及时组织清算组进行清算。

根据我国《公司法》第184条的规定,清算组在清算期间行使的职权有:清理公司财产,分别编制资产负债表和财产清单;通知、公告债权人;处理与清算有关的公司未了结的业务;清缴所欠税款以及清算过程中产生的税款;清理债权、债务;处理公司清偿债务后的剩余财产;代表公司参与民事诉讼活动。

3. 清算组清算程序

(1) 通知债权人。

《公司法》第185条规定:清算组应当自成立之日起十日内通知债权人,并于六十日内在报纸上公告。债权人应当自接到通知书之日起三十日内,未接到通知书的自公告之日起四十五日内,向清算组申报其债权。债权人申报债权,应当说明债权的有关事项,并提供证明材料。清算组应当对债权进行登记。在申报债权期间,清算组不得对债权人进行清偿。

(2) 制定清算方案。

《公司法》第186条规定:清算组在清理公司财产、编制资产负债表和财产清单后,应当制定清算方案,并报股东会、股东大会或者人民法院确认。公司财产在分别支付清算费用、职工的工资、社会保险费用和法定补偿金,缴纳所欠税款,清偿公司债务后的剩余财产,有限责任公司按照股东的出资比例分配,股份有限公司按照股东持有的股份比例分配。清算期间,公司存续,但不得开展与清算无关的经营活动。公司财产在未依照前款规定清偿前,不得分配给股东。

《公司法》第187条规定:清算组在清理公司财产、编制资产负债表和财产清单后,发现公司财产不足清偿债务的,应当依法向人民法院申请宣告破产。公司经人民法院裁定宣告破产后,清算组应当将清算事务移交给人民法院。

(3)申请注销公司登记。

《公司法》第188条规定:公司清算结束后,清算组应当制作清算报告,报股东会、股东大会或者人民法院确认,并报送公司登记机关,申请注销公司登记,公告公司终止。

第二节　会展组织者管理法律制度

案例引导

某年八月,当地政府接到群众举报,称在某信息网上发布的名为"××市前往德国举办经济贸易展览会"的邀请函,广告内容涉嫌违法,请求政府部门进行查处。经查,从六月份起,某会展服务有限公司便在某知名信息网站发布"××市前往德国举办经济贸易展览会"邀请函,该公司并未向任何部门申请许可,邀请函中注明的展销会时间、地点、内容均未经审批,更夸张的是,该公司自作主张,把大量政府部门、社团、媒体列为该会议的主办、协办、支持单位。当地政府依法予以查处。

【问题】

该会展服务有限公司举办"××市前往德国举办经济贸易展览会"应具备哪些资质及应履行哪些报批手续?

一、会展组织者的概念及类别

(一)会展组织者的概念

会展组织者是指负责展会的组织、策划、招展和招商等事宜的有关单位。根据各单位在举办展览会中的不同作用,一个展会的组织者一般有以下几种:主办单位、承办单位、协办单位、支持单位等。

(1)主办单位:拥有展会并对展会承担主要责任的办展单位。主办单位在法律上拥有展会的所有权。

(2)承办单位:直接负责展会的策划、组织、操作与管理工作,并对展会承担主要财务责

任的办展单位。

(3)协办单位:协助主办或承办单位负责展会的策划、组织、操作与管理,部分承担展会的招展、招商和宣传推广工作的办展单位。

(4)支持单位:对展会主办或承办单位的展会策划、组织、操作与管理,或者是招展、招商和宣传推广等工作起支持作用的办展单位。

从法律意义上看,在我国,主办机构是办展的主体和主要民事责任单位,而我国的大部分展览活动另有承办单位。从承办单位来看,企业承办的比重正呈逐步增长的趋势。不过,目前,我国政府主导型展会数量居世界第一位,许多大型活动特别是中央和省级以上政府机构或全国性商协会主办的展览,其主办方往往由数个不同机构共同组成,承办者是主办单位的下级政府机构。这种情况的出现主要是因为在我国展览活动多年来一直是政府促进贸易、投资、技术、文化交流等事业发展的重要促进手段与载体。因此,我国的展览活动大量由政府或半官方机构主导,成为有别于全世界其他展览大国的一个显著特色。

(二)会展组织者的类别

就目前我国展览主办机构而言,尽管政府主导特征明显,但中国展览市场的巨大潜力仍吸引了越来越多的利益主体,展会越来越多,办展的机构也越来越多,呈现出多元化特征。根据会展业的划分,我们现有的办展主体大致可以划分为以下类别。

1. 政府办展

政府办展,是近年来我国大型交易展示会通常采用的模式。据专家估算,当前国内政府部门或政府直属机构投资举办的会展项目数量占到总量的50%左右。显而易见,各级政府及其直属部门、机构是目前办会办展的投资主体。这种模式的好处在于,能够通过强有力的行政手段,迅速、有效地组织实施会展活动。政府主导型展会的特征体现在:地方政府投入巨额财政资金,直接策划主办旨在宣传本地形象、扩大本地影响、带动本地产业发展的各种综合性会展活动;大多由政府成立临时机构或组建事业单位来举办,不计较盈亏,亏了由财政兜底;展位不足用行政命令免展位费,客商不足依赖部分海外"老关系"和本地老百姓捧场等。

2. 行业协会办展

作为行业组织和民间机构的行业协会,近年来高度重视举办会展活动。他们有广泛的会员作为参展商进行支撑,办展的积极性近年来逐渐提高。纵观现在各行业协会举办的展览,完全不同于政府主办的成果展,大都是发挥行业协会的优势,并且完全按市场规律运作的方式办展。

行业协会办展侧重于专业展,主要有以下几方面的特点和优势:一是行业协会掌握行业的国内外信息,办展具有针对性,能满足行业、参展商和用户的需要;二是行业协会拥有众多的会员单位,与国内外和行业内外具有广泛的联系和影响力,有庞大的网络系统;三是行业协会在办展的同时,往往还要举办一些对行业发展有针对性的学术交流活动和新产品、新技术介绍活动以及行业的重要会议等,这是其他单位办展所不具备的;四是行业协会容易得到政府部门和国际行业组织的支持和帮助,也会得到行业和企业的信赖。

3. 国有展览公司办展

目前我国国有展览公司的活力远远不如民营展览公司,但在中国现有的国情下,国有展览公司仍有存在的实际需要和优势。一是各地方政府为推动当地经济的发展,都借助展览手段,搭建招商引资、促进商业贸易、推进交流合作的平台。政府主办这一类展览需要一个相应的国有展览公司来运作。二是具有半政府职能的机构,或是行业协会所办的展会也需要公司来运作,如贸促会组织出国展和来华展,也是依托一个展览公司来运作。国有展览公司在某些方面比民营公司有一定的优势,其中最大的优势就是信誉度高。另外,由于国有展览公司人员素质较好,政策水平较高,与政府打交道的能力相对较强,也容易取得政府的信任,成为政府主办展会的首选合作伙伴。近几年,国有展览公司出现了很多新的变化,国有展览中心都在寻求自己的核心竞争力,寻求自给自足的品牌。

4. 民营展览公司办展

作为中国会展业的新生力量,民营展览公司曾经走过了一段高速发展的道路,灵活的机制、敏锐的反应是他们的竞争优势,近几年来面对激烈的竞争,民营企业也因地制宜地采取了不同的策略。有的聚焦在一点,专心致志地做一个或几个品牌展;有的对外合作,最大限度地化解可能面临的风险;有的通过资本运作的方式,转让整个项目或成立合资、股份性质的公司。所以,民营公司在资本运作上创新是最重要的。

5. 境外展览公司来华办展

境外展览中心在国内扩张的势头进一步增强。除了在国内设立分公司、子公司之外,最显著的特点就是通过资本运作,收购或者并购国内的展览企业或者展览项目。如德国的汉诺威、科隆,意大利米兰国际展览中心等早已在北京、上海等地设立了分公司。海外跨国展览机构纷纷抢滩中国市场,中国展览业将面临外国同行更为直接的冲击。

二、涉及会展组织者管理的相关法规

自 20 世纪 80 年代以来,我国针对会展行业的不断发展颁布实施了很多相关法规,同时也废止了一些不合时宜的法规如《经济合同示范文本管理办法》、《商品展销会管理办法》。主要法规及内容如下。

(一)《在境内举办对外经济技术展览会管理暂行办法》

1998 年 9 月,我国对外经济贸易委员会根据国务院办公厅《关于对在我国境内举办对外经济技术展览会加强管理的通知》文件精神制定了《在境内举办对外经济技术展览会管理暂行办法》,主要内容如下。

1. 境内举办的对外经济技术展览会的种类

《在境内举办对外经济技术展览会管理暂行办法》第 2 条规定了境内举办的对外经济技术展览会的种类有:

(1)国际展览会和国际博览会,境外民用经济技术来华展览会(以下简称"国际展览会")。

(2)对外经济贸易洽谈会和出口商品交易会,包括综合性或专业性的出口商品、投资贸易(利用外资)、技术出口、对外经济合作洽谈会或交易会。

2. 举办单位的资质要求

《在境内举办对外经济技术展览会管理暂行办法》第 5 条规定了举办单位的资格,即境内主办单位和承办单位,必须具有主办和承办资格。

（1）经外经贸部或其授权部门批准，以下单位具有主办资格并可主办相应的对外经济技术展览会：省级经济贸易促进机构或行会（专业）协会、商会、展览公司、外经贸公司。

（2）省级及副省级市人民政府或外经贸主管部门可以主办对外经济贸易洽谈会和出口商品交易会。

（3）国务院部门可以部门名义主办与其业务相关的国际展览会；省级人民政府可以其名义主办有关的国际展览会。

以国务院部门或省级人民政府名义主办国际展览会，应由具有主办资格的单位（指本条第（1）款所列单位或省级及副省级市外经贸主管部门）承办，并由其承担办展民事责任及主办单位有关职责。

（4）凡具有主办资格的单位均具有相应的承办资格。受主办单位委托，有关公司可以承办展览的单项业务（包括设计、布展、展览施工、广告）。

3．审批部门

《在境内举办对外经济技术展览会管理暂行办法》第9条规定：举办展览面积在1000平方米（指展位总面积）以上的对外经济技术展览会必须经批准，并实行分级审批。

（1）以国务院部门或省级人民政府名义主办的国际展览会，以及由省级或副省级市人民政府主办的对外经济贸易洽谈会和出口商品交易会，须报国务院批准。

省级及副省级市外经贸主管部门和多省（自治区、直辖市）联合主办的对外经济贸易洽谈会和出口商品交易会，由外经贸部审批。

（2）国务院部门所属单位主办的对外经济技术展览会，以及境外机构主办的国际展览会，报外经贸部审批。对在北京以外地区举办的，主办单位需事先征得举办地外经贸主管部门同意。

（3）地方其他单位主办的对外经济技术展览会，由所在省、自治区、直辖市外经贸主管部门审批，并报外经贸部备案。

（4）以科研、技术交流、研讨为内容的展览会，由科学技术部负责审批。

（5）中国国际贸易促进委员会（以下简称"贸促会"）系统单位主办的对外经济技术展览会，由贸促会审批并报外经贸部备案。对在北京以外地区举办的，主办单位应事先征得举办地外经贸主管部门同意。

（6）对外经济技术展览会凡涉及台湾地区厂商或机构参展事项，另行专项报外经贸部审批，报国务院台湾事务办公室备案。海峡两岸的经济技术展览会，由外经贸部会同国务院台湾事务办公室审批。

（7）举办为期在6个月以上的长期展览，主办单位须事先报海关总署审核，经海关总署同意后，报外经贸部审批。

《在境内举办对外经济技术展览会管理暂行办法》第15条规定：具有对外经济技术展览会主办资格的单位，可自行举办面积在1000平方米以下的对外经济技术展览会，但应报有关审批部门备案。

2002年11月，在《国务院办公厅关于在我国境内举办对外经济技术展览会审批程序有关事项的复函》（国办函〔2002〕93号）中，指出：为简化审批程序，提高工作效率，对国务院已批准的以国务院部门或省级人民政府名义主办的对外经济技术展览会，如需再次举办，国务院授权你部受理申请。对符合国家产业政策及当地产业特点、达到一定办展规模和办展水平、企业反映良好且取得较好社会经济效益的,由你部直接审批,并报国务院备案;经审核不宜或暂不宜再次举办的,由你部提出处理意见,报国务院审批后函复主办单位。你部要严格审核把关,切实负起责任。

4. 申报单位及报批期限

《在境内举办对外经济技术展览会管理暂行办法》第10条规定:举办对外经济技术展览会由主办单位申请报批。属于两个或两个以上单位联合主办的,由承担办展民事责任的主办单位申请报批。境外机构联合或委托境内有主办资格的单位举办国际展览会,由境内单位申请报批。

第12条规定:申请报批的单位按审批对外经济技术展览会需审查的内容和要求,向审批部门申报并提交有关文件和资料。申请报批时间原则上应提前12个月。

(二)《出国举办经济贸易展览会审批管理办法》

2001年2月15日,中国国际贸易促进委员会、中华人民共和国对外贸易经济合作部公布了《出国举办经济贸易展览会审批管理办法》,2006年5月14日,中国国际贸易促进委员会、中华人民共和国商务部修订并重新公布《出国举办经济贸易展览会审批管理办法》,主要内容如下。

1. 出国举办经贸展览会(出国办展)的概念

根据《出国举办经济贸易展览会审批管理办法》第2条的规定,出国办展是指符合本办法规定的境内法人(以下简称"组展单位")向国外经济贸易展览会主办者或展览场地经营者租赁展览场地,并按已签租赁协议有组织地招收其他境内企业和组织(以下简称"参展企业")派出人员在该展览场地上展出商品和服务的经营活动。

其中特别规定,境内企业和其他组织独自赴国外参加经济贸易展览会,赴我国香港(特别行政区)、澳门(特别行政区)、台湾地区举办、参加经济贸易展览会等活动,不适用本办法。

2. 出国举办经贸展览会组织者的资质

依据《出国举办经济贸易展览会审批管理办法》第5条,对出国(境)举展经济贸易展览会组展单位的资格做了如下规定,即组展单位应当具备以下条件:

(1) 依法登记注册的企业、事业单位、社会团体、基金会、民办非企业单位法人,注册3年以上,具有与组办出国办展活动相适应的经营(业务)范围;

(2) 具有相应的经营能力,净资产不低于300万元人民币,资产负债率不高于50%;

(3) 具有向参展企业发出因公临时出国任务通知书的条件;

(4) 法律、法规规定的其他条件。

第26条还明确规定,境内个人不得从事出国办展活动,企业和其他组织未经批准不得从事出国办展活动。境外个人、企业和其他组织不得在中国从事出国办展活动。

3. 审批部门

根据《出国举办经济贸易展览会审批管理办法》第4条的规定,贸促会负责协调、监督、检查组展单位实施经批准的项目,制止企业和其他组织未经批准开展出国办展活动,并提请有关行政管理部门依法查处。商务部负责对出国办展进行宏观管理和监督检查。

4. 申报机构及报批期限

根据《出国举办经济贸易展览会审批管理办法》的规定,满足第5条资质的组展单位应

当向中国国际贸易促进委员会提出出国办展项目申请,项目经批准后方可组织实施。

同时,第6条特别规定:以地方人民政府名义出国办展,由有关省、自治区、直辖市、计划单列市、副省级市、经济特别行政区人民政府商务主管部门提出项目申请。除非友好省州、友好城市庆祝活动所必需,同一地方商务主管部门申请的项目一年内不应超过2个。

依据第7条规定:以商务部名义出国办展,由受商务部委托的组展单位或商务部委派的机构提出项目申请。

在报批期限方面,第10条规定:组展单位可在每年2月、5月、8月、11月的最后一个工作日前向贸促会递交项目申请。每年3月、6月、9月、12月的第一个工作日为贸促会受理的起算日。项目开幕日期距受理起算日不足6个月的,不予受理。对于连续举办五届以上的或因展览会筹备周期长需提前审批的项目,贸促会可提前予以批准并核发《出国举办经济贸易展览会批件》。

(三)《国务院关于进一步促进展览业改革发展的若干意见》

2015年3月29日,《国务院关于进一步促进展览业改革发展的若干意见》(国发〔2015〕15号)发布,同年9月23日,又公布《国务院关于同意建立促进展览业改革发展部际联席会议制度的批复》(国函〔2015〕148号),表明了我国政府随着会展业的发展对其规范日益重视,其主要内容如下。

1. 总体要求

(1)指导思想。

全面贯彻党的十八大和十八届二中、三中、四中全会精神,贯彻落实党中央、国务院各项决策部署,深化改革,开拓创新,充分发挥市场在资源配置中的决定性作用,更好发挥政府作用,积极推进展览业市场化进程。坚持专业化、国际化、品牌化、信息化方向,倡导低碳、环保、绿色理念,培育壮大市场主体,加快展览业转型升级,努力推动我国从展览业大国向展览业强国发展,更好地服务于国民经济和社会发展全局。

(2)基本原则。

坚持深化改革。全面深化展览业管理体制改革,明确展览业经济、社会、文化、生态功能定位,加快政府职能转变和简政放权,稳步有序放开展览业市场准入,提升行业管理水平,以体制机制创新激发市场主体活力和创造力。

坚持科学发展。统筹全国展馆展会布局和区域展览业发展,科学界定展览场馆和展览会的公益性和竞争性,充分调动各方面积极性,营造协同互补、互利共赢的发展环境。

坚持市场导向。遵循展览业发展规律,借鉴国际有益经验,建立公开公平、开放透明的市场规则,实现行业持续健康发展。综合运用财税、金融、产业等政策,鼓励和支持展览业市场化发展。

(3)发展目标。

到2020年,基本建成结构优化、功能完善、基础扎实、布局合理、发展均衡的展览业体系。

发展环境日益优化。完善法规政策,理顺管理体制,下放行政审批权限,逐步消除影响市场公平竞争和行业健康发展的体制机制障碍,形成平等参与、竞争有序的市场环境。

市场化水平显著提升。厘清政府和市场的关系,规范和减少政府办展,鼓励各种所有制企业根据市场需求举办展会,市场化、专业化展会数量显著增长,展馆投资建设及管理运营的市场化程度明显提高。

国际化程度不断提高。遵循国际通行的展览业市场规则,发挥我国产业基础好、市场需求大等比较优势,逐步提升国际招商招展的规模和水平。加快"走出去"步伐,大幅提升境外组展办展能力。在国际展览业中的话语权和影响力显著提升,培育一批具备国际竞争力的知名品牌展会。

2. 改革管理体制

(1) 加快简政放权。

改革行政审批管理模式,按照属地化原则,履行法定程序后,逐步将能够下放的对外经济技术展览会行政审批权限下放至举办地省级商务主管部门,并适时将审批制调整为备案制。运用互联网等现代信息技术,推行网上备案核准,提高行政许可效率和便利化水平。

(2) 理顺管理体制。

建立商务主管部门牵头,发展改革、教育、科技、公安、财政、税务、工商、海关、质检、统计、知识产权、贸促等部门和单位共同参与的部际联席会议制度,统筹协调,分工协作。加强展览业发展战略、规划、政策、标准等制订和实施,加强事中事后监管,健全公共服务体系。

(3) 推进市场化进程。

严格规范各级政府办展行为,减少财政出资和行政参与,逐步加大政府向社会购买服务的力度,建立政府办展退出机制。放宽市场准入条件,着力培育市场主体,加强专业化分工,拓展展览业市场空间。

(4) 发挥中介组织作用。

按照社会化、市场化、专业化原则,积极发展规范运作、独立公正的专业化行业组织。鼓励行业组织开展展览业发展规律和趋势研究,并充分发挥贸促机构等经贸组织的功能与作用,向企业提供经济信息、市场预测、技术指导、法律咨询、人员培训等服务,提高行业自律水平。

3. 推动创新发展

(1) 加快信息化进程。

引导企业运用现代信息技术,开展服务创新、管理创新、市场创新和商业模式创新,发展新兴展览业态。举办网络虚拟展览会,形成线上线下有机融合的新模式。推动云计算、大数据、物联网、移动互联等在展览业的应用。

(2) 提升组织化水平。

鼓励多种所有制企业公平参与竞争,引导大型骨干展览企业通过收购、兼并、控股、参股、联合等形式组建国际展览集团。加强政策引导扶持,打造具有先进办展理念、管理经验和专业技能的龙头展览企业,充分发挥示范和带动作用,提升行业核心竞争力。

(3) 健全展览产业链。

以展览企业为龙头,发展以交通、物流、通信、金融、旅游、餐饮、住宿等为支撑,策划、广告、印刷、设计、安装、租赁、现场服务等为配套的产业集群,形成行业配套、产业联动、运行高效的展览业服务体系,增强产业链上下游企业协同能力,带动各类展览服务企业发展壮大。

(4) 完善展馆管理运营机制。

兼顾公益性和市场原则，推进展馆管理体制改革和运营机制创新，制订公开透明和非歧视的场馆使用规则。鼓励展馆运营管理实体通过品牌输出、管理输出、资本输出等形式提高运营效益。加强全国场馆信息管理，推动馆展互动、信息互通，提高场馆设施的使用率。

(5) 深化国际交流合作。

推动展览机构与国际知名的展览业组织、行业协会、展览企业等建立合作机制，引进国际知名品牌展会到境内合作办展，提高境内展会的质量和效益。配合实施国家"一带一路"等重大战略及多双边和区域经贸合作，用好世博会等国际展览平台，培育境外展览项目，改善境外办展结构，构建多元化、宽领域、高层次的境外参展办展新格局。

4. 建立促进展览业改革发展部际联席会议（以下简称"联席会议"）制度

(1) 主要职责。

统筹协调和深入推进促进展览业改革发展的主要工作任务，促进展览业向市场化、专业化、国际化、品牌化、信息化方向发展；加强展览业发展战略、规划、政策、标准等制订和实施；加快简政放权，发挥中介组织作用，加强事中事后监管，推动展览业创新发展；落实财税、金融保险等方面政策，优化展览业布局，提高便利化水平；加强统计监测和信息共享，健全公共服务体系，提高服务水平；对各地区、各部门促进展览业改革发展工作进行指导、督查和总结；完成国务院交办的其他事项。

(2) 成员单位。

联席会议由商务部、发展改革委、教育部、科技部、公安部、财政部、海关总署、税务总局、工商总局、质检总局、新闻出版广电总局（版权局）、统计局、知识产权局、贸促会等14个部门和单位组成，商务部为联席会议牵头单位。商务部主要负责同志担任联席会议召集人，分管负责同志担任副召集人，其他成员单位有关负责同志为联席会议成员。联席会议成员因工作变动需要调整的，由所在单位提出，联席会议确定。

联席会议办公室设在商务部，承担联席会议日常工作。联席会议设联络员，由各成员单位有关司局负责同志担任。

(3) 工作规则。

联席会议根据工作需要定期或不定期召开会议，由召集人或副召集人主持。联席会议以纪要形式明确会议议定事项，经与会部门和单位同意后，印发有关方面并抄报国务院。重大事项按程序报批。

(四)《商务部举办展览会管理办法（试行）》

我国商务部办公厅于2006年年底发布、2007年1月开始实施《商务部举办展览会管理办法（试行）》，其目的是为了加强对商务部举办展览会工作的统一规范管理和组织协调，主要内容如下。

1. 商务部举办展览会的界定

《商务部举办展览会管理办法（试行）》第3条规定：本办法所称展览会是指在境内举办的经济技术贸易及投资领域的博览会、展览会、洽谈会、交易会、采购会等。本办法所称商务部举办展览会工作是指需要以商务部名义作为主办、参与主办、协办或支持单位的内部审批、管理和评估工作。

2. 商务部举办展览会的分类标准

(1) 重点发展类展览会。

依据《商务部举办展览会管理办法(试行)》第 7 条的规定,重点发展类展览会是指由商务部单独主办或作为第一主办单位的,对国民经济和商务工作发展有重大影响的全国性展览会。具体标准如下:

第一,全国经济发展有重大作用和意义、配合国家重大战略实施或配合外交外贸多双边工作的需要。

第二,具有全国性、综合性或较强专业性,国内参展商来自全国一半以上省(区、市),且展位比例达到 30% 以上;综合性展览会参展的主要行业在 3 个以上,专业观众总人次不少于观众总人次的 50%;专业性展览会专业观众总人次不少于观众总人次的 90%;涉外领域展览会境外观众人次不少于观众总人次的 30%。

第三,综合性展览会展览面积不少于 30000 平方米;专业性展览会展览面积不少于 20000 平方米;特殊装修展位面积比例不少于 40%。

第四,如非商务部发起举办的展览会,应已连续举办 3 届以上。

(2) 参与主办类展览会。

依据《商务部举办展览会管理办法(试行)》第 8 条的规定,参与主办类展览会是指对促进国民经济和商务工作发展有重要影响的全国或区域性展览会,涉外领域的展览会以省级人民政府、国务院有关部门或其他副部级以上单位为主举办,商务部作为共同主办单位;非涉外领域的展览会以省级人民政府、国务院有关部门、其他副部级以上单位和全国性行业组织或民间组织为主举办,商务部作为共同主办单位。具体标准如下:

第一,全国或区域经济发展有重要作用和意义。

第二,在展览会总体方案中,应有按照市场化、专业化运作的规划。

第三,国内参展商来自全国三分之一以上省(区、市),且展位比例达到 20% 以上;综合性展览会参展的主要行业在 3 个以上,专业观众总人次不少于观众总人次的 40%;专业性展览会专业观众总人次不少于观众总人次的 70%;涉外领域展览会境外观众人次不少于观众总人次的 20%。

第四,展览会展览面积不少于 20000 平方米;特殊装修展位面积比例不少于 30%。

(3) 支持引导类展览会。

依据《商务部举办展览会管理办法(试行)》第 9 条的规定,支持引导类展览会主要是指对主要行业和区域经济发展有积极作用、发展潜力较大的行业性和地方性展览会,涉外领域的展览会以省级人民政府、国务院有关部门或其他副部级以上单位为主举办,商务部作为协办或支持单位;非涉外领域的展览会以省级人民政府、国务院有关部门、其他副部级以上单位和全国性行业组织或民间组织为主举办,商务部作为协办或支持单位。具体标准如下:

第一,有利于扩大消费促进经济增长、有利于经济结构调整和产业优化升级及在业内具有重大影响成长性好,对主要行业和区域经济发展有积极作用。

第二,涉外领域展览会专业观众人次与观众总人次的比值不少于 40%,境外观众人次不少于观众总人次的 1%。

第三,展览会展览面积不少于10000平方米;特殊装修展位面积比例不少于20%。

3. 展览会申请单位资质

依据《商务部举办展览会管理办法(试行)》第13条的规定,展览会申请单位应具备的资质有:

第一,成功举办国际性或全国性大型会展活动的经验,具有组织协调商务活动的专门机构,具有举办商务活动所需的广告宣传、招商招展、接待服务等经费保障。

第二,举办地具备满足参展人员的住宿接待、安全保卫和交通设施等能力。

4. 审批部门及期限

依据《商务部举办展览会管理办法(试行)》第10条的规定:除对举办时间长、组织办展模式成熟、国内外影响大的展览会继续沿用原有举办方式外,对适合采取申办制的或两个以上申请单位提出举办相近内容的重点发展类展览会,可实行申办制。第11条规定:新增展览会申请单位应提前一年向商务部提出举办申请。

(五)《大型群众性活动安全管理条例》

2007年10月1日,由国务院颁布实施的《大型群众性活动安全管理条例》,在我国的会展活动实践中同样适用,主要内容如下。

1. 大型群众性活动的概念

《大型群众性活动安全管理条例》中第2条规定了大型群众性活动的概念,其中包括了展览、展销等活动。

大型群众性活动,是指法人或者其他组织面向社会公众举办的每场次预计参加人数达到1000人以上的下列活动:体育比赛活动;演唱会、音乐会等文艺演出活动;展览、展销等活动;游园、灯会、庙会、花会、焰火晚会等活动;人才招聘会、现场开奖的彩票销售等活动。影剧院、音乐厅、公园、娱乐场所等在其日常业务范围内举办的活动,不适用本条例的规定。

2. 大型群众性活动组织者的资质

《大型群众性活动安全管理条例》第11条规定,公安机关对大型群众性活动实行安全许可制度。《营业性演出管理条例》对演出活动的安全管理另有规定的,从其规定。举办大型群众性活动应当符合下列条件:

(1) 承办者是依照法定程序成立的法人或者其他组织;

(2) 大型群众性活动的内容不得违反宪法、法律、法规的规定,不得违反社会公德;

(3) 具有符合本条例规定的安全工作方案,安全责任明确、措施有效;

(4) 活动场所、设施符合安全要求。

3. 审批部门及程序

《大型群众性活动安全管理条例》第4条规定:县级以上人民政府公安机关负责大型群众性活动的安全管理工作。县级以上人民政府其他有关主管部门按照各自的职责,负责大型群众性活动的有关安全工作。

依据《大型群众性活动安全管理条例》第13条和第14条分别对审批程序做如下规定:公安机关对大型群众性活动实行安全许可制度。承办者应当在活动举办日的20日前提出安全许可申请。公安机关收到申请材料应当依法作出受理或者不予受理的决定。对受理的申请,应当自受理之日起7日内进行审查,对活动场所进行查验,对符合安全条件的,作出许可的决定;对不符合安全条件的,作出不予许可决定,并书面说明理由。

4. 申报机构及期限

根据《大型群众性活动安全管理条例》第12条的规定,大型群众性活动的预计参加人数在1000人以上5000人以下的,由活动所在地县级人民政府公安机关实施安全许可;预计参加人数在5000人以上的,由活动所在地设区的市级人民政府公安机关或直辖市人民政府公安机关实施安全许可;跨省、自治区、直辖市举办大型群众性活动的,由国务院公安部门实施安全许可。

依据《大型群众性活动安全管理条例》第13条的规定,大型群众性活动的承办者应当在活动举办日的20日前提出安全许可申请。

(六)《关于加强引进外国艺术表演和艺术展览管理的意见》

1992年7月4日,国务院办公厅转发文化部《关于加强引进外国艺术表演和艺术展览管理的意见》,规范我国在引进外国艺术表演和艺术展览的行为,主要内容如下。

1. 引进外国艺术表演和艺术展览的指导思想

《关于加强引进外国艺术表演和艺术展览管理的意见》第1条规定,引进外国艺术表演和艺术展览的指导思想:积极吸收、借鉴人类创造的一切优秀文化成果,并将其熔铸于有中国特色的社会主义文化之中。根据这一指导思想,在引进工作中必须坚持马克思列宁主义、毛泽东思想的指导地位,坚持为人民服务、为社会主义服务的方向,坚持改革开放和"洋为中用"的方针,坚持"筛选择优、剔除糟粕"的原则,使引进工作有利于提高整个中华民族的思想道德素质和科学文化素质,促进社会主义物质文明和精神文明的发展。

2. 选择引进项目的原则

《关于加强引进外国艺术表演和艺术展览管理的意见》第2条规定,选择引进项目时,应优先考虑以下三类:

(1)能代表世界文化艺术最高水平的第一、二流的艺术大师、表演团体、艺术博物馆和画廊的藏品,以丰富我国人民的文化生活,扩大文化视野,提高文化素质和审美水平,以及为专业人员提供学习、研究、借鉴的机会,繁荣我国社会主义文艺创作。

(2)世界各国各民族优秀的民族民间艺术,以增进我国人民同世界各国人民的友谊和相互了解,帮助我国人民认识世界各族人民对人类文明所作的贡献。

(3)为配合我国重大外交活动或国内外重大庆祝、纪念活动邀请的表演和展览。

3. 审批部门

《关于加强引进外国艺术表演和艺术展览管理的意见》第8条规定,严格履行审批手续,各部门、各单位在引进国(境)外艺术表演和艺术展览项目时,要根据国务院批准由文化部下发的《全国对外文化交流工作归口管理规定》,严格履行报批手续。违背归口管理规定,擅自邀请国(境)外项目来华演出或展出,一经发现,上级主管部门要给予通报批评,并追究有关领导者的责任。

国内有关部门对某一项目或其中某些节目、展品能否引进有不同意见,应由相应文化管理部门,具体承办单位和有关艺术门类专家三方面的代表共同讨论,必要时,还应听取外事部门或宣传部门的意见,最后由文化管理部门作出决定。

第三节 会展海关监管法律制度

案例引导

陕西数字博物馆在网上推出禁止出境国宝文物展,人们可上网免费欣赏。为了加强文物出境展览的规范管理,保证珍贵文物尤其是一级文物中的孤品和易损品的安全,国家文物局先后于2002年、2012年、2013年公布了三批禁止出境展览的一级文物名单。其中陕西省共22件,包括铜车马、大秦景教流行中国碑、墙盘、何尊、淳化大鼎、景云钟、兽首玛瑙杯、茂陵石雕、舞马衔杯仿皮囊式银壶、银花双轮十二环锡杖、八重宝函等22件国宝级文物,数量占总数的11.3%。

据有关专家介绍,列入禁止出境展览目录文物的特点是等级高、数量少、品质好、影响大。为了让大家能够欣赏到这些国宝,陕西数字博物馆将该省部分列入国家禁止出境展览文物名单的国宝制作成电子展览,人们可以登录网站免费观看。

(资料来源:http://art.cnwest.com/content/2013-09/22/content_10075172.htm.)

【问题】

为什么这些文物被禁止出境展览?

一、海关的地位及权限

(一)我国海关的性质和任务

海关是国家主权的象征,体现着国家的权力和意志。《中华人民共和国海关法》(以下简称《海关法》)第2条规定:中华人民共和国海关是国家的进出关境(以下简称"进出境")监督管理机关。海关依照本法和有关法律、行政法规,监管进出境的运输工具、货物、行李物品、邮递物品和其他物品(以下简称"进出境运输工具、货物、物品"),征收关税和其他税、费,查缉走私,并编制海关统计和办理其他海关业务。

1. 海关的性质

(1) 海关是国家的监督机关。

海关代表国家依法独立行使监督管理权,是国家上层建筑的组成部分,海关的权力是国家授予的。海关对外维护国家的主权和利益,对内体现国家、全社会的整体利益。

(2) 海关实施监督管理的范围是进出关境的活动。

海关进行监督管理的对象是所有进出关境的运输工具、货物、物品等。关境是世界各国海关通用的概念,适用于同一海关法或实行同一关税制度的领域。

(3) 海关是一个行政执法部门。

海关执法的主要依据是《海关法》,由第六届全国人民代表大会常务委员会第十九次会议于1987年1月22日通过,2000年7月8日第九届全国人民代表大会常务委员会第十六次会议审议通过了《关于修改〈中华人民共和国海关法〉的决定》第一次修订,2013年6月29日第十二届全国人民代表大会常务委员会第三次会议表决通过了关于修改《中华人民共和国海关法》第二次修订。海关执法的其他法律依据包括《中华人民共和国宪法》、《中华人民共和国进出口商品检验法》、《中华人民共和国固体废物污染环境防治法》等。海关事务属于中央立法事权,地方人民代表大会和人民政府不得制定海关法律规范,地方性法规不是海关执法的依据。

2. 海关的任务

依据《海关法》的明确规定,海关有四项基本任务:监管进出境的运输工具、货物、行李物品、邮递物品和其他物品;征收关税和其他税费;查缉走私;编制海关统计。

(1) 监管。监管是四项任务的基础。根据监管对象的不同,监管可分为货物监管、物品监管和运输工具监管。海关除了通过审单、查验、放行等方式对进出境运输工具、货物等的进出境活动实施监管外,海关还要执行或监督执行国家其他对外贸易管理制度的实施,如进出口许可制度、外汇管理制度、进出口商品检验检疫制度、文物管理制度等,从而在政治、经济、文化、公众健康等方面维护国家利益。

(2) 征税。关税是国家财政收入的重要来源,也是国家宏观经济调控的重要工具。海关征税工作的基本法律依据是《海关法》、《中华人民共和国进出口关税条例》。

(3) 查缉走私。走私是指进出境活动的当事人或相关人违反《海关法》及有关法律、行政法规,逃避海关监管,偷逃应纳税款,逃避国家有关进出境的禁止性规定或者未经海关许可并且未缴应纳税款、交验有关许可证件,擅自将保税货物、特定减免税货物以及其他海关监管货物、物品、进境的境外运输工具在境内销售的行为。海关是打击走私的主管机关,查缉走私是海关的一项重要任务。为严厉打击走私犯罪活动,根据党中央、国务院的决定,我国组建了海关缉私警察队伍,专司打击走私犯罪,负责对走私犯罪案件的侦查、拘留、执行逮捕和预审工作。

(4) 编制海关统计。海关统计是以实际进出口货物作为统计和分析的对象,通过搜集、整理、加工处理进出口货物报关单或经海关核准的其他申报单证,对进出口货物的品种、数(重)量、价格、国别(地区)、经营单位、境外目的地、境内目的地、境内货源地、贸易方式、运输方式、关别等项目分别进行统计和综合分析,全面、准确地反映对外贸易的运行态势,及时提供统计信息和查询,实施有效的统计监督,开展国际贸易统计的交流与合作,促进对外贸易的发展。1992年,海关总署以国际通用的《商品名称及编码协调制度》为基础,编制了《中华人民共和国海关统计商品目录》,把税则与统计目录的归类编码统一起来,规范了进出口商品的命名和归类,使海关统计进一步向国际惯例靠拢,适应了我国对外开放和建设社会主义市场经济体制的需要。

(二)海关的机构设置和权力

1. 海关机构的设置

《海关法》第3条规定:国务院设立海关总署,统一管理全国海关。国家在对外开放的口岸和海关监管业务集中的地点设立海关。海关的隶属关系,不受行政区划的限制。海关依法独立行使职权,向海关总署负责。

全国海关目前共有46个直属海关单位(广东分署,天津、上海2个特派员办事处,41个直属海关和2所海关院校),600个隶属海关和办事处,通关监管点近4000个。中国海关现有关员(包括海关缉私警察)约5万人。

(1)海关总署。海关总署是中国海关的领导机关,是中华人民共和国国务院下属的正部级直属机构,统一管理全国海关。海关总署现有17个内设部门、6个直属事业单位、4个社会团体和3个驻外机构。中央纪委、监察部在海关总署派驻纪检组、监察局。

(2)直属海关。直属海关是指直接由海关总署领导,负责管理一定区域范围内海关业务的海关。目前我国共有46个直属海关单位(除香港特别行政区、澳门特别行政区、台湾地区外),分布在全国31个省、自治区、直辖市。直属海关就本关区内的海关事务独立行使职权,向海关总署负责。直属海关承担着在关区内组织开展各项业务和关区集中审单作业,全面有效地贯彻执行海关各项政策、法律、法规、管理制度和作业规范的重要职责,在海关业务职能管理中发挥着承上启下的作用。

(3)隶属海关。隶属海关是指由直属海关领导,负责办理具体海关业务的海关。

(4)海关缉私警察机构。1998年,由海关总署、公安部联合组建海关总署走私犯罪侦查局(已更名为"海关总署缉私局"),设在海关总署。走私犯罪侦查局既是海关总署的一个内设局,又是公安部的一个序列局,实行海关总署和公安部双重领导,海关领导为主的机制。

2. 海关机构的权力

依据《海关法》第6条的规定,海关可以行使下列权力。

(1)检查进出境运输工具,查验进出境货物、物品;对违反本法或者其他有关法律、行政法规的,可以扣留。

(2)查阅进出境人员的证件;查问违反本法或者其他有关法律、行政法规的嫌疑人,调查其违法行为。

(3)查阅、复制与进出境运输工具、货物、物品有关的合同、发票、账册、单据、记录、文件、业务函电、录音录像制品和其他资料;对其中与违反本法或者其他有关法律、行政法规的进出境运输工具、货物、物品有牵连的,可以扣留。

(4)在海关监管区和海关附近沿海沿边规定地区,检查有走私嫌疑的运输工具和有藏匿走私货物、物品嫌疑的场所,检查走私嫌疑人的身体;对有走私嫌疑的运输工具、货物、物品和走私犯罪嫌疑人,经直属海关关长或者其授权的隶属海关关长批准,可以扣留;对走私犯罪嫌疑人,扣留时间不超过24小时,在特殊情况下可以延长至48小时。

在海关监管区和海关附近沿海沿边规定地区以外,海关在调查走私案件时,对有走私嫌疑的运输工具和除公民住处以外的有藏匿走私货物、物品嫌疑的场所,经直属海关关长或者其授权的隶属海关关长批准,可以进行检查,有关当事人应当到场;当事人未到场的,在有见证人在场的情况下,可以径行检查;对其中有证据证明有走私嫌疑的运输工具、货物、物品,可以扣留。

海关附近沿海沿边规定地区的范围,由海关总署和国务院公安部门会同有关省级人民政府确定。

(5)在调查走私案件时,经直属海关关长或者其授权的隶属海关关长批准,可以查询案件涉嫌单位和涉嫌人员在金融机构、邮政企业的存款、汇款。

(6)进出境运输工具或者个人违抗海关监管逃逸的,海关可以连续追至海关监管区和海关附近沿海沿边规定地区以外,将其带回处理。

(7)海关为履行职责,可以配备武器。海关工作人员佩带和使用武器的规则,由海关总署会同国务院公安部门制定,报国务院批准。

(8)法律、行政法规规定由海关行使的其他权力。

二、海关的监管制度

(一)海关监管的概念

海关监管是指海关运用国家赋予的权力,通过一系列管理制度与管理程序,依法对进出境运输工具、货物、物品的进出境活动所实施的一种行政管理。海关监管是一项国家职能,其目的地在于保证一切进出境活动符合国家政策和法律的规定,维护国家主权和利益。海关监管不是海关监督管理的简称,而海关监督管理是海关全部行政执法活动的统称。

海关监管除了通过备案、查验、放行、后续管理等方式对进出境运输工具、货物、物品的进出境活动实施监管外,还要执行或监督执行国家其他对外贸易管理制度的实施,如进出口许可制度、外汇管理制度、进出口商品检验检疫制度、文物管理制度等,从而在政治、经济、文化道德、公众健康等方面维护国家利益。

根据监管对象的不同,海关监管分为运输工具监管、货物监管和物品监管三大体系,每个体系都有一整套规范的管理程序与方法。

(二)海关监管制度的内容

1. 进出口许可治理制度

进出口许可治理制度是根据国家对外贸易方针政策,对进出口货物由经贸主管部门签发许可证等方式来实施治理的一项制度。它是海关监管和验放进出口货物的重要依据之一,这在《海关法》里有明文规定。进出口许可证是保护和稳定国内经济免受国际市场冲击的一项有效措施。但随着我国申请加入世界贸易组织,进出口许可证作为一项非关税措施,如何控制并减少其治理范围,已成为我国外贸制度与国际惯例接轨和顺利进入世界贸易组织的敏感问题。

2. 商品检验制度

商品检验制度是指商品检验机构对进出口商品的质量、规格、重量、数量、包装、残损等依法进行检验,出具检验证书的一项制度。此外,商品检验机构还负责对出口食品的卫生检疫和向非协议国家出口动物产品的病虫害检疫,对进口货物的环保状况进行鉴定。国家出入境检验检疫局是我国负责检验进出口商品的主管机构,与国家质量技术监督局合并后,组

建中华人民共和国国家质量监督检验检疫总局,简称国家质检总局。

我国商品检验的种类分为4种,即法定检验、合同检验、公证鉴定和委托检验。法定检验是指根据国家规定,对进出口商品实施强制性的检验,凡列入《出入境检验检疫机构实施检验检疫的进出境商品目录》的进出口商品均属法定检验商品。进口时,海关凭商检机构在报关单上加盖的印章放行;出口时,报验手续在向海关申报之前办理。海关凭商检机构签发的检验证书、放行单或者在报关单上加盖的印章验放。

3. 动植物检疫制度

为了防止动物传染病、寄生虫病和植物危险性病、虫、杂草及其他有害生物的传播和蔓延,保障我国农、林、牧、渔业生产和人体健康,维护我国的对外信誉,国家规定对进出境的动植物及其产品实施检疫。凡属应当进行动植物检疫的进出境货物,无论以何种贸易方式进出境,都应当在报关前报请入境或出境口岸的动植物检疫机构实施检疫,由动、植物检疫机构发给《检疫放行通知单》或在货运单据上加盖检疫放行章后,再向海关申报。应实施动植物检疫的范围包括进出境的动植物、动植物产品和其他检疫物,装载动植物、动植物产品和其他检疫物的容器、包装物以及来自动植物检疫区的运输工具,举例如下。

(1) 动物:家畜、家禽、兽、蛇、鱼、虾、蟹、贝、蚕、蜂等。

(2) 动物产品:生皮张、毛类、肉类、脏器、油脂、蛋类、血液、精液、胚胎、骨、蹄、角等。

(3) 植物:栽培植物、野生植物及其种子、种苗、繁殖材料等。

(4) 植物产品:粮食、稻类、棉花、油类、麻类、烟草、籽仁、干果、鲜果、蔬菜、生药材、木材、饲料等。

4. 药品检验制度

药品检验制度是国家为了防止假药、劣药非法流入国内而制定的对进口药品(包括药材)实行检验的制度。我国对进口药品实行注册制度,即进出口药品必须取得卫生部核发的《进口药品注册证》或《一次性进口药品批件》,经营进口药品的外贸企业,须具有卫生主管部门核发的《药品经营企业许可证》。药品到达口岸后,有关单位应及时向口岸药检所报检,海关凭药检所在进口货和报关单上加盖的已接受报检的印章放行。

对于进口血液制品,国家规定从严把控,确属临床医疗需要进口的,进口单位需报经卫生部审查核准。进口时,由口岸药检所审查批准文件,按规定程序实施检验后放行。

对于进出口精神药物、麻醉药物,按照国务院发布的《麻醉药品和精神药品管理条例》的规定执行。精神药物由商务部指定的单位按照国家有关外贸规定办理,麻醉药品由中国医药保健品进出口总公司及地方分公司或卫生部、商务部指定的单位办理。进出口时,应报卫生部审查批准,颁发《精神药品进出口准许证》、《麻醉药品进出口准许证》,海关凭准许证验收。

5. 食品检验制度

食品检验制度指的是按照我国卫生标准和要求对进口食品、食品原料、食品容器、食品添加剂、包装材料等进行检验的制度。进口时,由出入境检验检疫机构进行卫生监督、检验。海关凭出入境检验检疫机构出具的证书放行。出口时,由国家进出口商品检验部门进行卫生监督、检验,海关凭上述部门的检验证书放行。

6. 濒危物种治理制度

濒危物种指的是濒于灭绝和有灭绝危险的野生动物和植物。长期以来,人类在获得发展的同时,由于各种原因造成自然资源面临枯竭的危险,许多野生动植物灭绝的速度加快。一旦自然生态失去平衡,危及的将是人类自身。为此,国际上要求保护濒危物种的呼声越来越高,治理越来越严。在我国,有识之士不断呼吁制止滥捕滥杀珍贵、濒危野生动物的行为。我国现已加入了《濒危野生动植物物种国际贸易公约》,并制定了《中华人民共和国野生动物保护法》。

此外,我国还制定了旨在与自然生态环境保持和谐的可持续发展战略。根据国家规定,凡进出口我国已加入的国际公约所限制进出口的野生动物或者其产品的,出口国家重点保护野生动物或者其产品的,必须经国务院野生动物行政主管部门或者国务院批准,并取得国家濒危物种进出口治理机构核发的答应进出口证实书,海关凭答应进出口证实书查验放行。凡出口含有珍贵稀有野生动植物成分的中药材,出口前,凭国家濒危物种进出口治理办公室签发的答应出口证实书向海关报关。

7. 文物治理制度

文物是一个国家的历史文化遗产,许多国家都立法加以保护,以防止文物的流失。《中华人民共和国文物保护法》规定,凡有重要历史、艺术、科学价值的文物,除经国务院批准运往国外展览以外,一律禁止出境。临时进境文物在境内滞留时间,除经海关和文物进出境审核机构批准外,不得超过6个月。临时进境文物滞留境内逾期复出境,依照文物出境审核标准和程序进行审核。因展览、科研等原因临时出境的文物,出境前应向文物进出境审核机构申报。文物进出境审核机构应当为国家文物局批准的文件办理审核登记手续。临时出境文物复出境时,由原审核登记的文物进出境审核机构审核查验。文物进出境审核机构在审核文物过程中,发现涉嫌非法持有文物或文物流失问题的,应立即向公安机关和国家文物局报告。

8. 金银、外汇治理制度

根据国家有关金银治理条例的规定,出口金银制品,必须向海关递交中国人民银行制发的《金银制品出口准许证》,海关凭准许证验放。

为加工出口成品需从国外进口的金银原料,应当在进口后持进口报单到中国人民银行办理登记手续,以便出口时审查发证。

根据国家有关规定,进出境人员携带外汇出入境超过规定数额,应视情况向银行申请《携带证》或向当地外汇管理局申请核准,银行凭核准文件签发《携带证》、海关凭《携带证》放行。

9. 进口废物治理制度

进口废物,俗称"洋垃圾",是指在生产建设、日常生活或其他活动中产生的污染环境的有害物质、废弃物质,包括液态废物和气态废物。我国第七届全国人民代表大会常务委员会第二十一次会议决定:批准中华人民共和国常驻联合国代表李鹿野于1990年3月22日签署的《控制危险废物越境转移及其处置巴塞尔公约》。国家环保局、对外贸易经济合作部、海关总署等联合颁布了《废物进口环境保护管理暂行规定》,并于1996年4月1日起施行。

10. 知识产权的海关保护制度

知识产权保护是近年来国际社会普遍关注的一个重要议题,国际贸易有关的知识产权侵权在全球范围内不断增多,许多国家的海关纷纷采取保护措施,有关国际组织也在积极行动。1985年,世界海关组织制定了《关于授权海关实施商标和版权保护的国内立法的示范法》。关贸总协定成员国乌拉圭回合谈判的重要成果之一便是《与贸易有关的知识产权协议》(TRIPS)。2003年,国务院发布了《中华人民共和国知识产权海关保护条例》(2010年进行了修订),于2004年3月1日施行。该条例对知识产权边境保护的宗旨和范围、海关职权及义务、知识产权备案、保护申请、担保、调查和处理、法律责任等作出了明确规定。

三、我国展品进出境海关监管规定

目前,我国海关对展览品进出境的监管的规定,统一适用于2007年3月11日海关总署公布,2013年12月25日经海关总署修改,于2014年2月1日起施行的《中华人民共和国海关暂时进出境货物管理办法》。

（一）暂时进出境货物的种类

依据《中华人民共和国海关暂时进出境货物管理办法》第3条的规定,暂时进出境货物包括：

（1）在展览会、交易会、会议及类似活动中展示或者使用的货物；

（2）文化、体育交流活动中使用的表演、比赛用品；

（3）进行新闻报道或者摄制电影、电视节目使用的仪器、设备及用品；

（4）开展科研、教学、医疗活动使用的仪器、设备和用品；

（5）在本款第(1)项至第(4)项所列活动中使用的交通工具及特种车辆；

（6）货样；

（7）慈善活动使用的仪器、设备及用品；

（8）供安装、调试、检测、修理设备时使用的仪器及工具；

（9）盛装货物的容器；

（10）旅游用自驾交通工具及其用品；

（11）工程施工中使用的设备、仪器及用品；

（12）海关批准的其他暂时进出境货物。

使用货物暂准进口单证册(以下简称"ATA单证册")暂时进境的货物限于我国加入的有关货物暂准进口的国际公约中规定的货物。

（二）暂时进出境货物的监管

依据《中华人民共和国海关暂时进出境货物管理办法》第16～19条的规定,海关对展览会及主办人的监管主要内容有：

第一,境内展览会的办展人以及出境举办或者参加展览会的办展人、参展人(以下简称"办展人、参展人")应当在展览品进境或者出境20日前,向主管地海关提交有关部门备案证明或者批准文件及展览品清单等相关单证办理备案手续。展览会不属于有关部门行政许可项目的,办展人、参展人应当向主管地海关提交展览会邀请函、展位确认书等其他证明文件以及展览品清单办理备案手续。

第二,展览会需要在我国境内两个或者两个以上关区内举办的,进境展览品应当按照转关监管的有关规定办理转关手续。进境展览品由最后展出地海关负责核销,由出境地海关办理复运出境手续。

第三,展览会需要延期的,办展人、参展人应当在展期届满前持原批准部门同意延期的批准文件向备案地海关办理有关手续。展览会不属于有关部门行政许可项目的,办展人、参展人应当在展期届满前持相关证明文件在备案地海关办理有关手续。

第四,办展人、参展人应当于进出境展览品办结海关手续后30日内向备案地海关申请展览会结案。

(三) 暂时进出境货物进出境的税费

《中华人民共和国海关暂时进出境货物管理办法》第20条规定,下列在境内展览会期间供消耗、散发的用品(以下简称"展览用品"),由海关根据展览会的性质、参展商的规模、观众人数等情况,对其数量和总值进行核定,在合理范围内的,按照有关规定免征进口关税和进口环节税:

(1) 在展览活动中的小件样品,包括原装进口的或者在展览期间用进口的散装原料制成的食品或者饮料的样品;

(2) 为展出的机器或者器件进行操作示范被消耗或者损坏的物料;

(3) 布置、装饰临时展台消耗的低值货物;

(4) 展览期间免费向观众散发的有关宣传品;

(5) 供展览会使用的档案、表格及其他文件。

前款第(1)项所列货物,应当符合以下条件:①由参展人免费提供并且在展览期间专供免费分送给观众使用或者消费的;②单价较低,作广告样品用的;③不适用于商业用途,并且单位容量明显小于最小零售包装容量的;④食品及饮料的样品虽未按照本款第③项规定的包装分发,但确实在活动中消耗掉的。

同时在第21条中特别规定:展览用品中的酒精饮料、烟草制品及燃料不适用有关免税的规定。展览用品属于国家实行许可证件管理的,应当向海关交验相关证件,办理进口手续。

四、文物进出境展览概述

(一) 文物出国(境)展览组织者的资格

文物展览,作为公益性文化事业,不仅能创造良好的经济效益和社会效益,满足社会的需求,而且能对促进我国与世界各国文化交流发挥重要的作用。但文物具有一些特殊的价值,为规范文物出境展览的管理,保护历史文化遗产,有关部门根据《中华人民共和国文物保护法》和有关法规,制定了《文物出境展览管理规定》,并于2005年5月颁布实施。

依据《文物出境展览管理规定》第2条和第3条的规定,文物出境展览,是指下列机构在境外(包括外国及我国香港、澳门特别行政区和台湾地区)举办的各类文物展览:国家文物局;国家文物局指定的从事文物出境展览的单位;省级文物行政部门;境内各文物收藏单位。出境展览的文物应当经过文物收藏单位的登记和定级,并已在国内公开展出。

(二)文物出国(境)展览项目的审批

1. 审批权限

《文物出境展览管理规定》第8条规定:文物出境展览,应当报国家文物局批准。其中一级文物展品超过120件(套),或者一级文物展品超过展品总数的20%的,由国家文物局报国务院审批。

2. 项目报批程序

(1)年度计划的报批程序。

依据《文物出境展览管理规定》第9条的规定,年度计划的报批程序:

第一,国家文物局指定的从事文物出境展览的单位,各省级文物行政部门以及境内文物收藏单位,应在每年的5月底前向国家文物局书面申报下一年度文物出境展览计划。地方各级文物行政部门所辖的文物收藏单位的出境展览计划,应经省级文物行政部门提出意见后报国家文物局。

第二,国家文物局应于每年的6月底前制定并公布下一年度全国文物出境展览计划。

(2)文物出境展览项目的报批程序。

依据《文物出境展览管理规定》第10条的规定,文物出境展览项目的报批程序:

第一,国家文物局指定的从事文物出境展览的单位,各省级文物行政部门以及境内文物收藏单位,应在展览项目实施的6个月前提出项目的书面申请报国家文物局审批。地方各级文物行政部门所辖的文物收藏单位举办出境展览,应经省级文物行政部门提出意见后报国家文物局审批。

第二,国家文物局应自收到申请之日起30个工作日内作出批准或者不批准的决定。决定批准的,发给批准文件;决定不批准的,应书面通知当事人并说明理由。

(三)禁止出境展览的文物

依据《文物出境展览管理规定》第12条的规定,下列文物禁止出境展览:

(1)古尸;

(2)宗教场所的主尊造像;

(3)一级文物中的孤品和易损品;

(4)列入禁止出境文物目录的;

(5)文物保存状况不宜出境展览的。

(四)限制出境展览的文物

依据《文物出境展览管理规定》第13条的规定,下列文物限制出境展览:

(1)简牍、帛书;

(2)元代以前的书画、缂丝作品;

(3)宋、元时期有代表性的瓷器孤品;

(4)唐写本、宋刻本古籍;

(5) 宋代以前的大幅完整丝织品；

(6) 大幅壁画和重要壁画；

(7) 唐宋以前的陵墓石刻及泥塑造像；

(8) 质地为象牙、犀角等被《濒危野生动植物物种国际贸易公约》列为禁止进出口物品种类的文物。

本章小结

本章是对会展主体有关法律法规的阐述。会展经营主体首先是以企业的形式出现，其中以公司为主要代表。因此第一节的内容重点介绍我国《公司法》的相关规定，并着重阐述会展有限责任公司和会展股份有限公司的概念、设立条件、组织机构等法律规定；第二节的内容主要针对不同的会展种类，其组织者的资质及审批管理部门主体、申报审批程序等相关规定；第三节是从海关的权限及监管制度出发，阐述了会展经营主体在展品的出入境时应当遵守的相关法律制度。

关键概念

会展企业　会展有限责任公司　会展股份有限公司　会展组织者　海关监管制度　文物展览

复习思考题

□复习题

1. 简述有限责任公司和股份有限公司的设立条件、审批程序及组织机构。
2. 什么是会展组织者？常见的会展组织者有哪些？
3. 在国内举办商品展销会的组织者需要具备什么条件？如何申请大型群众性活动的安全许可？
4. 展品进出境的手续如何办理及税费如何？
5. 海关监管制度有哪些？
6. 简述文物出国(境)展览组织者的资质。

□思考题

根据教材内容的学习，请总结出会展企业与会展公司的联系和区别。

章末案例解析

张、王、崔、李等十人合资成立了某会展有限公司。公司注册资本为100万元人民币,张王崔李四人共出资70万元,其他小股东每人出资5万元。会展公司成立第三年,股东之间因为是否兼并另一会展企业的问题发生争议。四名大股东主张兼并,并形成决定性意见,结果经济效益越来越差。六名小股东决定退出公司,在出让所持股份时,发现出资证明不是有价证券,不能上市交易,这使他们很困惑。

【问题】

1. 会展有限责任公司与会展股份有限公司的共同点及区别主要表现在哪些方面?
2. 出资证明与股票的区别是什么?
3. 会展有限责任公司的股东出让股份时的法律规定是什么?

第三章 会展合同法律制度

学习目标

会展合同法律制度是应用性很强的课程教学内容。通过本章的学习,在系统掌握我国合同法的基本概念、基本理论的基础上,理解与掌握有关会展合同订立、合同效力、合同的履行、合同的变更与解除、与合同有关的法律责任等相关内容,培养运用所学理论知识分析和解决会展合同法律纠纷问题的能力。

第一节 会展合同概述

案例引导

1999年,经某市工商局同意,200户个体户到该局投资兴建的展览场馆长期展销产品,工商局为他们颁发了临时营业执照和摊位证,并分别收取了三年管理费和摊位费。工商局收取的摊位费主要用于市场建设及偿还兴建该展览馆的贷款。2000年1月,工商局根据有关部门疏通市场消防通道的要求,将该200户个体户的摊位移至该展览馆后面的露天地,同年9月又移至不属于工商局所有的"星星市场"。这两次摊位移动均未征求200户个体户的意见,为此,双方发生纠纷。200户个体户诉至法院请求工商局返还摊位费,赔偿营业损失。工商局则认为其与200户个体户之间是行政管理关系,收取的摊位费属于行政收费,法院不应作为民事案件受理。

（资料来源：http://www.docin.com/p-560928258.html.）

【问题】

请问工商局和个体户之间的关系是否属于民事合同关系？法院是以行政案件还是民事案件受理该案？

一、合同的概念、特征与分类

（一）合同的概念

合同，又称契约，是平等主体的自然人、法人、其他组织之间设立、变更、终止民事权利义务关系的协议。

实践中经常遇到意向书或者备忘录的说法。它们与合同既有不同之处又有相同之处。意向书或备忘录就是以书面的形式将合作各方的合作意向固定下来。实践中除了个别条款如保密条款等，一般不具有法律约束力，仅是合作各方表达合作诚意的一种手段。但是，如果有的意向书或备忘录具备合同的基本要素，条款内容非常确定，权利义务关系明确，其实质上就是合同。

（二）合同的特征

1. 合同当事人主体地位具有平等性

合同是平等主体之间签订的协议，合同当事人的法律地位平等，一方与另一方主体之间不是上下级管理或服从关系，一方主体不得将自己的意志强加给另一方。但是由于信息不对称以及谈判双方实力的不同，合同谈判的主体往往存在事实上的不平等。为了维护合同的平等性，合同法以诚信、格式合同的解释原则来应对和保障合同主体的平等性。政府部门还推出了基于平等原则的"示范合同"，具有典型代表性的有国家旅游局会同国家工商行政管理总局于2014年联合修订了《团队境内旅游合同（示范文本）》、《团队出境旅游合同（示范文本）》和《大陆居民赴台湾地区旅游合同（示范文本）》简化版本。

2. 合同权利义务关系具有相对性

合同是特定的当事人之间的协议，只能发生在两个或两个以上的主体之间。合同关系是缔结合同的主体之间的关系，权利义务及责任的承担仅限于合同当事人之间。一方当事人不履行合同义务，非违约方只能向违约方寻求救济。当事人一方因第三方的原因造成违约的，应当向对方承担违约责任。至于违约方和第三人之间纠纷则以法律规定或者按照约定解决，而不是由第三人直接向非违约方承担责任。

同步案例

甲公司与乙公司订立一项展馆设备购销合同，合同的附则约定"有关交货事宜由丙公司出面协调解决"。该合同第5项约定：应在天津某地交货。后来，甲公司因嫌交货地点及交货时间不合适,便找到丙公司,要求变更时间和地点。丙公司即与甲公司达成一份补充协议,协议中将交货地点由天津变更为石家庄,将交货时间由2006年12月变更为2006年10月。补充协议订立后,甲公司将该协议送交给乙公司,要求乙公司于2006年10月将货物发往石家庄某地。乙公司收到该协议以后,提出因交货时间提前而无法准备货源,并提出交货地点变更,使其费用增加。甲公司必须为此提供补偿。双方不能达成协议,甲公司便以乙公司构成违约为由,向法院提起诉讼。

(资料来源：http://www.njliaohua.com/lhd_8kr910mjbi4mg6283wcv_6.html.)

【问题】

甲公司能否主张乙方违约？为什么？

3. 合同是当事人意思表示一致的结果

经当事人协商一致,可以设立合同,也可以变更合同,甚至解除合同。合同关系的设立、变更和终止都可以由当事人协商一致加以确定;而任何一方当事人都无法单独设立、变更合同,也不能随意解除合同。双方当事人意思表示一致可以通过要约与承诺理论来解释。如果仅有一方当事人有订立合同的意思表示,则仅构成要约或要约邀请。

4. 合同是以设立、变更、终止民事权利义务关系为目的的法律行为

合同的目的在于设立、变更、终止民事权利义务关系。设立民事权利义务关系,是指当事人依法订立合同后,便在他们之间发生债权债务关系的行为;变更民事权利义务关系,是指当事人依法订立合同后,通过协商等方式,使他们之间既有的合同债权债务关系发生变化,形成新的债权债务关系的行为;终止民事权利义务关系,是指当事人依法订立合同后,使既有的合同债权债务关系归于消灭的法律行为。合同中所指的法律行为是合同主体所实施的、能够发生法律效力、产生一定法律效果的行为。

(三) 合同的分类

根据不同的分类标准,合同分为以下不同的类型。

1. 有名合同与无名合同

根据合同法或者其他法律是否对合同规定有确定的名称与调整规则为标准,可将合同分为有名合同与无名合同。

有名合同是立法上规定有确定名称与规则的合同,又称典型合同,如《合同法》在分则中规定的买卖合同、赠与合同、借款合同、租赁合同等各类合同。

无名合同是立法上尚未规定有确定名称与规则的合同,又称非典型合同。

区分两者的法律意义在于法律适用的不同:有名合同可直接适用《合同法》分则或其他法律中关于该种合同的具体规定;无名合同则只能在适用《合同法》总则中规定的一般规则的同时,参照该法分则或者其他法律中最为类似的规定执行。

2. 单务合同与双务合同

根据合同当事人是否相互负有对价义务为标准,可将合同分为单务合同与双务合同。

此处的对价义务并不要求双方的给付价值相等,而只是要求双方的给付具有相互依存、相互牵连的关系即可。

单务合同是指仅有一方当事人承担义务的合同,如赠与合同。

双务合同是指双方当事人互负对价义务的合同,如买卖合同、承揽合同、租赁合同等。

区分两者的法律意义在于,因为双务合同中当事人之间的给付义务具有依存和牵连关系,因此双务合同中存在同时履行抗辩权和风险负担的问题,而这些情形并不存在于单务合同中。

3. 有偿合同与无偿合同

根据合同当事人是否因给付取得对价为标准,可将合同分为有偿合同与无偿合同。

有偿合同,是指合同当事人为从合同中得到利益要支付相应对价给付(此给付并不局限于财产的给付,也包含劳务、事务等)的合同。例如买卖、租赁、雇佣、承揽、行纪等都是有偿合同。

无偿合同,是指只有一方当事人作出给付,或者虽然是双方作出给付但双方的给付间不具有对价意义的合同。例如,赠与合同是典型的无偿合同,委托、保管合同如果没有约定利息和报酬的,也属于无偿合同。

4. 诺成合同与实践合同

根据合同成立除当事人的意思表示以外,是否还要其他现实给付为标准,可以将合同分为诺成合同与实践合同。

诺成合同是指当事人意思表示一致即可认定合同成立的合同。

实践合同是指在当事人意思表示一致以外,尚须有实际交付标的物或者有其他现实给付行为才能成立的合同。确认某种合同属于实践合同必须法律有规定或者当事人之间有约定。常见的实践合同有保管合同、自然人之间的借贷合同、定金合同等。

区分两者的法律意义在于:除了两种合同的成立要件不同以外,实践合同中作为合同成立要件的给付义务的违反不产生违约责任,而只是一种缔约过失责任。

5. 要式合同与不要式合同

根据合同的成立是否必须符合一定的形式为标准,可将合同分为要式合同与不要式合同。

要式合同是按照法律规定或者当事人约定必须采用特定形式订立方能成立的合同。

不要式合同是对合同成立的形式没有特别要求的合同。

确认某种合同属于要式合同必须法律有规定或者当事人之间有约定。

6. 主合同与从合同

根据两个或者多个合同相互间的主从关系,可将合同分为主合同与从合同。

主合同是无须以其他合同存在为前提即可独立存在的合同,这种合同具有独立性。

从合同,又称附属合同,是以其他合同的存在为其存在前提的合同。例如,保证合同、定金合同、质押合同等相对于提供担保的借款合同即为从合同。

从合同的存在是以主合同的存在为前提的,故主合同的成立与效力直接影响到从合同的成立与效力,但是从合同的成立与效力不影响主合同的成立与效力。

二、会展合同的概念与分类

（一）会展合同的概念

会展活动涉及会展组织者、参展商、场地提供者和观众等众多法律主体,他们之间的法律关系是复杂的。会展合同,对于调整会展各方之间的利益关系,明确各方的权利义务关系,有效防止纠纷的产生以及妥善处理会展中的法律问题,起着至关重要的作用。

何为会展合同,目前尚无定论,不同的教材有不同的观点。有的教材对会展合同的界定范围偏窄,认为会展合同等同于会展组织者与会展商之间订立的约定会展活动中双方权利义务的合同。有的教材稍微扩大了一点,认为会展合同是会展组织者与参展商或与会展服务商等其他会展主体之间订立的,约定会展活动中双方权利义务等事项的合同。这种界定方式采取了列举加概括的方式,基本涵盖了会展合同所涉及的各种情况。还有的教材认为会展合同有狭义与广义之分：狭义的会展合同是指参展合同,它是会展组织者与参展商之间订立的,约定在会展活动中双方权利义务等事项的协议书。广义的会展合同是会展活动中各参与主体之间所订立的合同的总称,包括会展参展合同、会展承办代理服务合同、会展场地租赁合同、会展入场合同、会展买卖合同、会展物流合同、会展广告合同等。

笔者认为,会展合同与一般意义上定义的合同并无本质不同,其特殊之处在于会展合同所涉及外延范围仅限于会展活动相关主体之间签订的与举办会展活动有关的合同。会展合同即与会展活动相关的平等主体的自然人、法人、其他组织之间设立、变更、终止与举办会展活动相关的民事权利义务关系的协议。

这里需要注意两个方面,一是会展合同不仅包括会展的主办方与参展方签订的合同,还包括会展场馆经营者、会展组织者、参展商、会展代理服务商、展会观众等会展活动相关主体之间订立的约定会展相关活动中权利义务等事项的合同。不仅包括参展合同,还包括展馆设计合同、展台搭建合同、展品保险合同、会展承办代理服务合同、场地租赁合同、展品运输合同等所有与举办会展活动相关的合同。二是在展会上签订的合同不一定是会展合同,拥有展位的参展方与观展方签订的投资合同、服务贸易合同、技术贸易合同、货物贸易合同等借助展会平台而签订的合同,虽然是与展会有关的合同,但是不属于会展合同的范畴。但需要注意的是,不属于会展合同的范畴,不等于观展方与参展方订立的合同产生的责任与展会的组织者或者举办者无关。因此,举办会展而签订的合同与基于会展平台签订的合同应区别开来,前者属于会展合同的范畴,但后者不属于。

（二）会展合同的分类

会展合同的分类与一般合同的分类标准一致,即分为有名合同与无名合同、双务合同与单务合同、有偿合同与无偿合同、诺成合同与实践合同、要式合同与不要式合同、主合同与从合同。如就有名合同与无名合同而言,会展合同既涉及有名合同,又涉及无名合同。会展运输合同、会展租赁合同、会展广告合同、会展承揽合同、会展保险合同等在合同法及相关立法中有确切的名称属于有名合同。而会展承办者与场所管理者或施工单位签订的安全协议等在合同法及相关立法中没有确切的名称的合同属于无名合同。就双务合同和单务合同而

言,实践中大多数会展合同是双务合同,也有少量的合同是单务合同,如展品赠与合同。就有偿合同与无偿合同而言,大多数会展合同为有偿合同,也存在无偿合同,如展品赠与合同。就诺成合同与实践合同而言,会展合同也有诺成合同与实践合同的不同情况。场馆设计合同、展台搭建合同、展位租赁合同或会展展位销售合同往往都是诺成合同;赠与合同、保管合同往往都是实践合同。

除此以外,会展合同也有其特有的分类标准。

根据会展的表现形式与会展项目的主题,会展合同可以分为会议合同、展览合同、赛事合同、演艺合同、节庆合同等。

根据会展活动的具体组织和实施环节,会展合同可以分为展馆设计合同、展馆搭建合同、会展运输合同、会展保险合同、会展广告合同、会展承揽合同、会展知识产权转让合同、会展仓储合同、展台租赁合同。

根据不同会展主体之间签订的合同而言,可以分为会展场地租赁合同、会展承办代理服务合同、会展参展合同、会展入场合同等。

(三) 会展合同的主要类型及范例

1. 会展场地租赁合同

会展场地租赁合同是指会展场馆经营者和会展组织者之间订立的,约定双方在场馆租赁和展览活动中的权利义务等事项的协议。

范例1

上海市展览场地租赁合同(2005版)

展场经营单位(下称"甲方")_____

地　址:_____

电　话:_____

传　真:_____

承租展场单位(下称"乙方")_____

注册地址:_____

办公地址:_____

电　话:_____

传　真:_____

根据中华人民共和国有关法律、法规和本市有关规定,甲、乙双方遵循自愿、公平和诚实信用原则,经协商一致订立本合同,以资共同遵守。

第一条　合同主体

1.1　甲方系依法取得坐落于_____展览场地租赁经营权的法人。

1.2　乙方系本合同约定的展会的主办单位。

第二条　生效条件

本合同经双方签署生效。对依法需经政府部门审查的展会,本合同应自展会取得政府部门审查批准后生效。

第三条　租赁场地

甲方同意乙方租用位于_____,总面积为_____平方米的场地(下称"租赁场地"),用于乙方举办_____（展会全称）。

第四条 租赁期限

4.1 租赁期限为_____年_____月_____日至_____年_____月_____日,共_____天。

其中,进场日期：自_____年_____月_____日至_____年_____月_____日；

展览日期：自_____年_____月_____日至_____年_____月_____日；

撤离场地日期：_____年_____月_____日。

4.2 乙方每日使用租赁场地的时间为上午_____至下午_____。乙方和参展商可以在前述时间之前_____小时内进入展馆,在前述时间之后_____小时内撤离展馆。

4.3 乙方需在上述时间之外使用租赁场地,应提前通知甲方。乙方超时使用租赁场地的,应向甲方支付超时使用费用。双方应就具体使用与收费标准协商约定,并作为合同附件。

第五条 展览服务

5.1 租赁期间双方可就以下方面选择约定租赁费用范围内基本服务。

（1）照明服务：_____。
（2）清洁服务：_____。
（3）验证检票：_____。
（4）安保服务：_____。
（5）监控服务：_____。
（6）咨询服务：_____。
（7）其他服务：_____。

5.2 乙方如需甲方提供上述基本服务之外的服务或向甲方租赁各项设备,应与甲方协商,并由乙方向甲方支付费用,具体内容和收费标准应列明清单,作为合同附件。

第六条 租赁费用

6.1 租金的计算方式如下。

场地类型	租金/平方米/天	面积(平方米)	天数	共计
展览室内场地	人民币/平方米/天或美元/平方米/天			人民币或美元
展览室外场地	人民币/平方米/天或美元/平方米/天			人民币或美元
总计	人民币或美元			

6.2 如果租赁场地实际使用面积大于合同约定面积,则租金根据实际使用的总面积做相应的调整。结算方式可由双方另行协商,签订补充协议。

6.3 乙方按如下方式支付租金。

支付日期	签定本合同之日起天内	年月日(进场日期前天)
展场租费比例		
应付款人民币或美元	人民币或美元	人民币或美元

6.4 所有支付款项汇至如下账户。

以人民币支付：

银行账号：_____。

银行名称：_____。

银行地址：_____。

开户名称：_____。

以美元支付：(按支付当日中国人民银行公布的外汇汇率中间价)

银行账号：_____。

银行名称：_____。

银行地址：_____。

开户名称：_____。

SwiftCod：_____。

6.5 对依法须经政府部门审查的展会因无法获得政府部门批准导致本合同无法生效的，乙方应通知甲方解除本合同，并按照下列规定向甲方支付补偿金。甲方在扣除补偿金后如有剩余租金，应返还乙方。

解除合同时间	补偿金
租赁期限前　　　个月以上	已付租金的　　%
租赁期限前　　　个月至　　　个月	已付租金的　　%
租赁期限前　　　个月至　　　个月	已付租金的　　%
租赁期限前　　　个月至　　　个月	已付租金的　　%

第七条　场地、设施使用

7.1 乙方应在租赁期开始前_____天向甲方提供经双方共同选择约定的下列文件。

（1）一式_____份的设计平面图，该平面图至少应包括下列内容：

a. 电力及照明的用量，每个区域容量的布置图及分布供应点位置；

b. 电话位置分布图；

c. 用水区域或用水点；

d. 压缩空气的要求和位置；

e. 卫星电视/Internet设置图；

f. 甲方展馆内部及其周围红线范围内的其他布置设计。

（2）一份与展览有关的活动时间表，包括展览会、开幕仪式、进馆、撤馆、货运以及设备使用等的时间。

（3）一份参展企业名录和工作人员数，并请注明国内和国外参展商。

（4）一份使用公共设施的内容，包括设备、家具、礼仪设施、贵宾室和其他服务。

（5）货运单位和装修单位名录及营业执照复印件。

（6）所有参展的展品清单，特别需要注明的是有关大型设备、大电流操作的展品及会产生震动、噪声的展品清单。

(7)＿＿＿。

7.2 为展览进行搭建、安装、拆卸、运输及善后工作及费用由乙方自行承担。乙方进行上述活动时不得影响其他承租人、展览者在公共区域的活动。

7.3 乙方不得变动或修改甲方的展馆的布局、建筑结构和基础设施，或对其他影响上述事项的任何部分进行变动或修改。在租赁场地的租赁期限内，乙方如需在甲方展馆内的柱子、墙面或廊道等建筑物上进行装修、设计或张贴，须事先得到甲方书面许可。

7.4 租赁期间，双方应保持租赁场地和公共区域的清洁和畅通。乙方负责对其自身财产进行保管。

7.5 甲方有权使用或许可第三方使用甲方场地中没有租借给乙方的场地，但不得影响乙方正常使用租赁场地。

7.6 乙方对租赁期限内由乙方造成的对租赁场地、设施和公共区域的任何损害承担责任。

7.7 如果两个或两个以上的展览同期举办，登记大厅、广告阵地、货运通道等公共区域将由有关各方根据实际的租赁场地按比例共享。

第八条 保证与承诺

8.1 甲方保证与承诺：

（1）确保乙方在租赁期内正常使用租赁场地。

（2）按本合同约定的服务内容和标准提供服务。

（3）在甲方人员因工作需要进入租赁场地时，保证进入人员持有甲方出具的现行有效证件，并在进入前向乙方出示。

（4）协调乙方与同期举办的其他展览单位之间对公共区域的使用。

（5）配合乙方或有关部门维护展会秩序。

（6）＿＿＿。

8.2 乙方保证与承诺：

（1）在租赁期前＿＿＿＿＿＿天取得举办展会所需的工商、消防、治安等政府部门的批准文件并交甲方备案。

（2）在进场日期前＿＿＿＿＿＿天向甲方提供＿＿＿＿＿＿份展位平面图。

（3）不阻碍甲方人员因工作需要持有甲方现行有效证件进入乙方租赁场地。

（4）租赁期限届满，在撤离场地日期内将租赁场地恢复原状，返还向甲方租赁的物品并使其保持租前的状况。

（5）未经甲方书面同意，不在甲方建筑物内进行广告发布。发布广告如果涉及需要有关政府部门批准的，则负责申请办理相关审批并承担相关费用。若不能获得政府部门批准而导致展览无法如期举办，则承担相应的法律后果。

（6）对乙方雇员或其参展者在租赁期内对甲方实施的侵权行为承担连带赔偿责任。

（7）＿＿＿。

第九条 责任保证

9.1 乙方应妥善处理与参展商之间的争议。在乙方与参展商发生争议，且双方无法协商解决时，争议双方可共同提请甲方出面进行调解。甲方无正当理由不得拒绝主持调解。

调解期间任何一方明确表示不愿继续接受调解,甲方应立即终止调解。甲方的调解并非争议解决的必经程序。调解不成的,调解中任何一方的承诺与保证均不作为确认争议事实的证据。在调解中,甲方应维护展会秩序,乙方应配合甲方维护展会秩序。

9.2 乙方应于租赁期开始前三十天按照本合同规定的租金总额的30%向上海市会展行业协会支付责任保证金,以保证乙方在与参展商发生争议并出现下列情况时承担相应责任:

(1) 争议双方经和解达成协议,乙方承诺承担相应的赔偿或补偿责任。

(2) 经审判或仲裁机关调解,争议双方达成调解,乙方承诺承担相应的赔偿或补偿责任。

(3) 审判或仲裁机关对争议作出终审或终局裁决,乙方被裁决构成对参展商合法权益的侵害,应当承担相应的赔偿责任。

9.3 乙方在支付责任保证金后三天内应向甲方提供责任保证付款凭证。

第十条 知识产权

乙方为推动其展览进行对甲方名称、商标和标识的使用,须事先征得甲方书面同意。如有违反,甲方保留追究乙方侵权责任的权利。

第十一条 保险

11.1 乙方应在进场日期之前向保险公司投保展馆建筑物责任险、工作人员责任险及第三者责任险,将甲方列为受益人之一,并向甲方提供保险单复印件。

11.2 保险公司的理赔不足以支付甲方所受损失的,甲方有权对乙方进行追偿。

第十二条 违约责任

12.1 甲方有下述行为之一的,乙方有权单方面解除本合同,并按照本合同12.4条向甲方主张违约金:

(1) 未按本合同的规定向乙方提供租赁场地,经乙方书面催告仍未提供的。

(2) 未按本合同第5.1条提供基本服务,经乙方书面催告仍未提供的。

(3) 未按本合同8.1(5)条维护展会秩序,致使展会因秩序混乱而无法继续进行的。

(4) _____。

12.2 乙方未按期支付到期租金,应按日向甲方支付逾期付款金额万分之_____的违约金,付至实际付款或解除本合同之日。

12.3 乙方有下述行为之一的,甲方有权单方面解除本合同,并按照本合同12.4条向乙方主张违约金:

(1) 未按本合同规定支付场地租金、设备租赁、额外服务及超时场地使用等各项应付费用,经甲方催告后_____天内仍未支付的。

(2) 国际性展会违反本合同规定,擅自变更展题,经甲方催告后仍未纠正的。

(3) 未按8.2(1)条规定向甲方提供办展所需的相关政府部门的批准文件,经甲方催告后仍未纠正的。

(4) 违反本合同规定,擅自使用甲方的名称、商标或标识,经甲方催告后仍未纠正的。

(5) 未按本合同9.2条支付责任保证金,经甲方催告后仍未纠正的。

(6) _____。

12.4 本合同12.1、12.3条规定的违约金列明如下。

违约行为发生时间	违约金
租赁期限前　　个月以上	已付租金的　　%
租赁期限前　　个月至　　个月	已付租金的　　%
租赁期限前　　个月至　　个月	已付租金的　　%
租赁期限前　　个月至　　个月	已付租金的　　%
租赁期限前　　个月至租赁期届满	已付租金的　　%

以上违约金不足以赔偿守约方损失的,违约方应就超额部分损失向守约方承担赔偿责任。

12.5 守约方根据12.1、12.3条单方面解除本合同,应在违约行为发生后_____天内书面通知违约方,否则视为守约方放弃合同解除权,但不影响守约方向违约方主张违约金和赔偿责任。

12.6 甲方违约的,应在收到乙方解除本合同书面通知之日起_____天内返还乙方已付租金,并支付违约金。乙方违约的,甲方应在乙方收到甲方解除本合同书面通知之日起_____天内将已扣除乙方应付违约金后的剩余租金返还乙方。

12.7 除本合同12.1、12.3条约定外的其他违约行为造成守约方损失的,违约方应当承担赔偿责任。

第十三条　变更与解除

13.1 除本合同另有约定外,本合同未经双方协商一致不得变更与解除。

13.2 国际性展会变更展题,须取得政府审批机关的批准,并向甲方提供。

13.3 双方协商变更或解除本合同的,变更或解除方应提前_____天以书面形式通知相对方,相对方应于收到通知后_____天内以书面形式答复变更或解除方,逾期不答复的,视为同意变更或解除本合同。违反本条规定提出协商变更或解除的,相对方有权拒绝。

第十四条　争议解决

因执行本合同而产生或与本合同有关的争议,双方应通过友好协商解决。协商应于一方向另一方书面提出请求后立即举行。如在提出请求后三十天内无法通过协商解决,双方可选择下列第_____种方式解决：

(1) 向_____仲裁委员会申请仲裁,仲裁裁决为终局裁决并对双方均有约束力。

(2) 依法向_____人民法院提起诉讼。

第十五条　不可抗力

15.1 本合同履行期间,任何一方发生了无法预见、无法预防、无法避免和无法控制的不可抗力事件,以致不能履行或不能如期履行合同,发生不可抗力事件的一方可以免除履行合同的责任或推迟履行合同。

15.2 本合同15.1条规定的不可抗力事件包括以下范围：

(1) 自然原因引起的事件,如地震、洪水、飓风、寒流、火山爆发、大雪、火灾、冰灾、暴风雨等。

(2) 社会原因引起的事件,如战争、罢工、政府禁令、封锁等。
(3) _____。

15.3 发生不可抗力的一方,应于不可抗力发生后_____天内以书面形式通知相对方,通报不可抗力详尽情况,提交不可抗力影响合同履行程度的官方证明文件。相对方在收到通知后____天内以书面形式回复不可抗力发生方,逾期不回复的,视为同意不可抗力发生方对合同的处理意见。

15.4 在展会尚未开始前发生不可抗力致使本合同无法履行,本合同应当解除,已交付的租金费用应当返还,双方均不承担对方的损失赔偿。

15.5 展会进行中发生不可抗力致使本合同无法履行,本合同应当解除,已交付的租金费用应当按_____返还,双方均不承担对方的损失赔偿。

15.6 发生不可抗力致使本合同需迟延履行的,双方应对迟延履行另行协商,签订补充协议。若双方对迟延履行无法达成一致,应按15.4、15.5条规定解决。

第十六条 适用法律

本合同的订立、履行、终止及其解释适用中华人民共和国现行法律。

第十七条 附件及效力

双方同意作为合同附件的文件均是本合同重要且不可分割的组成部分,与本合同同时生效并与本合同具有同等法律效力。

第十八条 信息披露

甲方可以网页等形式对外公布本合同约定的展览会名称、馆号和展览日期等相关信息。乙方若调整展会名称、展览日期等内容,应及时书面通知甲方;因乙方未通知甲方致使甲方对外公布的展会名称、展览日期与乙方调整后的不一致,甲方不承担相关责任。

第十九条 保密

双方对基于本合同获取的相对方的办展资料、客户资源等商业信息均有保守秘密的义务。除非相对方书面同意,或法律强制性规定,双方均不得以任何形式对外披露该等信息。

第二十条 通知

本合同规定和与本合同有关的所有联络均应按照收件的一方于本合同确定之地址或传真发出。上述联络如直接交付(包括通过邮件递送公司递交),则在交付时视为收讫;如通过传真发出,则在传真发出即时视为收讫,但必须有收件人随后的书面确认为证;如通过预付邮资的挂号邮件寄出,则寄出七天后视为收讫。

第二十一条 其他

本合同一式_____份,甲乙双方各执_____份,具有同等法律效力。

本合同未尽事宜,经双方友好协商,可订立补充条款或协议,作为本合同附件,具有同等法律效力。

甲方(签章):_____ 乙方(签章):_____
_____年_____月_____日 _____年_____月_____日

2. 会展承办代理服务合同

会展承办代理服务合同是指会展组织者与为会展提供相关服务的经营者之间,在平等自愿的基础上,就提供的服务项目所达成的协议。

范例 2

会议承办代理合同

甲　方：_____
乙　方：_____

经友好协商,甲乙双方就乙方承办/代理甲方之_____会议事宜达成如下协议,双方共同遵守执行。

一、甲方主办的_____会议全部交由乙方承办。会议地点是_____。会议时间_____年_____月_____日至_____年_____月_____日。

二、乙方提供如下会议服务。

①接待;②会场安排;③会议餐饮安排;④会议代表住宿安排;⑤会务考察安排;⑥返程票务服务;⑦财务协助。

各项服务分别如下。

■礼仪及接待

乙方提供_____名接待人员,设立标识(甲方提供企业或行业标识,乙方制作,费用另算),至汽车站、火车站、机场,引导参会代表及安排商务车辆前往下榻酒店。在下榻酒店大堂设立专用接待台(乙方负责设立),乙方提供_____名工作人员协助甲方会务组人员进行代表签到、房间安排、发放会议指南(甲乙双方共同拟定)、告知代表会议注意事项。礼仪工作时间为_____月_____日_____时至_____月_____日_____时,下榻酒店接待人员工作时间为_____月_____日_____时至_____月_____日_____时。

■会议交通

1. 站场接送

根据甲方实际要求,乙方必须于_____月_____日_____时至_____月_____日_____时安排_____辆_____座空调巴士至机场(汽车站、火车站)。双方同意所有费用按运输趟次结算,其结算标准另有约定。如果由于甲方原因使得预订的车辆空驶,甲方按照大巴_____元/趟次、面包车_____元/趟次、轿车_____元/趟次结算。所有交通工具的运行命令由甲方发出,并在行驶单上签字。

送站场费用同上述约定。双方应在_____月_____日前,确认需要送站场的名单。甲方应在本协议签署前告知乙方此部分费用的分摊方法(会务组支付或者个人支付),甲方确认。

2. 会务交通

乙方必须于_____月_____日_____时至_____月_____日_____时安排_____辆_____座空调巴士,8座面包车_____辆,4座轿车_____辆至_____酒店,用于接送会务人员至会场/宴会现场(地点为_____)。甲方负责通知并集合需要乘坐商务用车之人员。用车行程为(往返/单程)。费用合计为_____元。

■会场布置

乙方应在_____月_____日前预订_____会场,并于_____月

_____日前按甲方要求完成布置。

(1) 主席台:要求_____席位,有线/无线麦克风_____个。配置茶水杯(或者瓶装矿泉水)。双方确认投影仪为(甲方自带/乙方提供甲方租赁/第三方提供),当甲方自带时,乙方仅有义务提供技术支持,不负责保证仪器正常工作;双方确认,投影仪租赁价格为_____元/天,茶水提供及服务人员包含在会场租赁成本中。

(2) 会场布置:乙方必须于____月_____日前完成会场布置——u型、课堂式、围桌型、剧院式等供选择,安排席位不少于_____个。会场悬挂横幅_____条,内容为_____。

(3) 氛围支持:乙方应在_____月_____日前完成_____个气球条幅悬挂,条幅内容为_____,拱形气模_____个,会场内/外摆放花篮_____个。会场布置与氛围支持费用总计_____元。

(4) 同声翻译系统:乙方必须于_____月_____日前调试好同声翻译系统,提供_____声道翻译(语种为_____),_____月_____日前甲方应将发言大致领域及特点告诉口译员,并告诉口译员发言者国别与大致语言习惯。乙方提供的口译人员必须在_____月_____日前熟悉所需翻译的专业领域。同声翻译支持费用总计_____元。

■ 餐饮安排

双方确认,会议期间与会人员就餐地点为_____酒店_____餐厅及_____餐厅。其中中餐就餐人数不少于_____人次,西餐就餐人数不少于_____人次。早餐餐标为_____元/人,正餐(中餐及晚餐)餐标为_____元/人,宴会餐餐标为_____元/人,早餐、正餐及宴会餐食物(菜谱)。会议提供的餐饮不含酒水(或者含酒水),时间是_____月____日____餐至_____月____日____餐止,其中____月____日____餐为宴会餐。会议人员凭_____证件(或者餐卡)就餐。早餐形式为自助餐(或者团餐),正餐为围桌式(或者自助餐)团餐,具体就餐时间由乙方制作水牌告知甲方与会人员。

商务考察旅程用餐另计。

■ 宴会餐/商务酒会要求

时间:____月____日____时至____月____日____时

规模:_____。

内容:_____。

(1) 自助餐/围桌宴会:_____;

(2) 演讲系统:_____;

(3) 娱乐节目:_____;

(4) 服务/交通:_____;餐饮费用总计为:_____元。

■ 会务考察安排

会务考察双方确认,会议期间甲方与会人员进行商务考察,线路及行程如下。

线路安排:d1_____;d2_____;d3_____。

人数:_____人。

车辆要求:_____。

乙方提供旅行责任保险、专业导游、陪同。

■返程票务服务

双方确认,甲方人员返程事宜由会务组织统一安排/与会人员自行支付。乙方提供返程票务代理服务(在签到会场酒店大堂提供咨询及预定处,时间为____月____日____时至____月____日时)。

(1)机票:明折明扣,送票费20元/张,送票至下榻酒店。

(2)火车票:按票面实际价格,每张收取30元服务费,送票至下榻酒店。

(3)巴士:按票面实际价格,送票费20元/张,送票至下榻酒店。

■住宿安排

双方确认,甲方预订客房数共计____间,其中_____饭店____级标准间____间(____元/间),商务套间____间(____元/间),行政套间____间(____元/间);_____饭店____级标准间____间(____元/间),商务套间____间(____元/间),行政套间____间(____元/间)。基于与会人数有一定的机动性,双方约定乙方____月____日____时预留客房+10%;截至____月____日____时甲方实际用房如果低于预订,则按预订客房数量结算,超过的按实际结算(在预订总量的10%范围内),乙方承诺超过部分按预订价格计算。

____月____日____时以后按实际用房计算。所有用房时间为____月____日至____月____日____时。超过____月____日____时,如果甲方人员需要继续使用客房,可提前通知乙方,乙方可以与酒店交涉,尽量(但不保证)按协议价格结算。

双方确认,乙方必须在____月____日____时前获得酒店预订房间钥匙牌,按甲方指定名录登记分派房间,同时完成入住登记。

■财务协助

双方确认,甲方与会人员签到时,乙方提供_____名财务人员协助甲方收取会务费用,提供验钞设备,并协助甲方人员统计核实相关应收费用。

三、双方确认:以上预订及服务属于不可撤销约定。自双方签字、盖章且甲方按本条款支付预订金之日起协议立即生效。甲方于协议生效后____个工作日内支付人民币____元作为预订金。

■变更及核算原则

1. 甲方确认:除非发生以下几种情况,否则甲方不存在撤销或变更本协议理由。如果撤销或变更,乙方将有权要求甲方支付撤销或变更给乙方造成的预期损失。

(1)战争或政治事件;

(2)甲方进入破产程序;

(3)甲方实体进入重组变更程序;

(4)因地震、洪水等人力不可抗拒因素;

(5)由于政策或法律变化导致会议不可能举行。

2. 甲方如在预订的期间内变更会议时间,但变更通知必须于预订期限前____天抵达乙方,乙方接到甲方通知后应在____个工作日内以(传真/电邮/公函)方式回执确认,甲方在接到乙方确认文件后即表示甲乙双方就会议时间的变更达成一致,双方间的协议除会议日期外,其余不作变更。

3. 乙方服务的变更:除非发生如下情形,否则乙方无权变更服务。

(1)乙方签约的下游服务商出现法律规定的破产、停业或者其他人力不可抗拒的服务中

止事件,同时乙方更换的下游服务商不能满足甲方要求;

(2)会议地点出现重大自然灾害(包括急性传染病);

(3)会议地点出现重大政治事件(包括政府征用会议场所)。

如果不是由于上述原因,乙方要求变更服务,将赔偿甲方由于服务变更而导致的预期损失。出现本条款所列事项时,乙方应该在第一时间内以书面形式通报甲方,并在甲方收到通知后作出变更预案供甲方选择——乙方保证变更的服务应当不低于原来协议水准。

基于友好合作的精神,所有变更事宜双方同意协商解决。同时双方约定:

(1)甲方变更或取消会议应当在协议生效后会议正式举办前_____个工作日前通知乙方,除乙方已经支付的成本外(在甲方的预付款项中抵扣,不足部分乙方有权要求甲方补足,多余部分乙方同意返还甲方),乙方放弃预订收益的索赔;

(2)甲方变更或取消会议的决定如果在会议前_____日通知乙方,甲方应赔付乙方预期利益的_____%,并不退回预付金;

(3)乙方由于非本条款原因要求改变服务或者取消的,于会议举办前_____日通知甲方的,必须全额退还甲方预付款;如在_____日前通知甲方,乙方必须赔付甲方本协议总金额的_____%。

4. 双方约定费用核算原则如下:双方确认,所有服务费用在_____月_____日前由甲乙双方核算认可,甲方保证一次性将款项支付给乙方。如果超过约定期限,乙方有权要求甲方支付滞纳金,标准为总量的0.5%,按日计算。

5. 生效:本协议自双方共同签章且甲方提供规定的预付金后生效。协议一式四份,双方各执两份。

6. 未尽事宜、仲裁:双方约定,如果对本协议执行出现争议,将首先协商解决;如果协商不能解决,双方将申请仲裁解决,仲裁地点为_____。

甲方签字:　　　　　　　　　乙方签字:
盖　　章:　　　　　　　　　盖　　章:
联系人:　　　　　　　　　　联系人:
地　　址:　　　　　　　　　地　　址:
电　　话:　　　　　　　　　电　　话:
账　　号:　　　　　　　　　账　　号:
开户行:　　　　　　　　　　开户行:

3. 会展参展合同

会展参展合同是会展组织者与参展商在平等自愿的基础上,就参展问题达成的、明确双方权利义务关系的协议。

范例3

会展参展合同

甲方:_____

乙方:_____

_____博览会将于_____年_____月_____日至

_____月_____日在_____举办。甲方为_____博览会组织承办方。乙方为_____博览会参展方。为了保证展会正常进行,维护双方共同利益及声誉,本着自愿、平等合作、互惠互利的原则,订立本合同,以兹双方共同遵守。

一、展位情况

1. 乙方参展展位位置:_____。

2. 乙方参展面积:_____平方米。

3. 参展场租价格:按光地_____元/平方米计算,总计人民币_____元。

二、付款方式

乙方与甲方签署参展合同后7个工作日内须支付总费用的50%作为场地定金;剩余50%的尾款须在_____年_____月_____日前支付。

具体如下:场地定金为人民币_____元,余款为人民币_____元。

三、甲方的权利和义务

1. 展位的分配:甲方将依据展品的特性或认为适宜的方式分配展位。在展位开始搭建之前,甲方保留改变展位分配的权利,在特殊情况下,甲方可改变展位,移动展览设施,或关闭展馆的出入口,并可对展位进行结构性调整,对于展位的调整,甲方可自行决定,乙方无权提出索赔的要求。

2. 改变展会日期和地址:秘书处保留因外部因素改变展会日期和地点的权利,日期和地点改变应在一个月之前通知乙方,协议仍然有效。乙方无权要求甲方赔偿其损失。

3. 安全:甲方将对乙方和参观者采取安全预防措施,在存在安全隐患的情况下,甲方保留拒绝任何参观者进入展会或展场的权利。甲方对于展会之前、展会期间和之后展品的丢失或被窃不承担任何责任。甲方对参展商的展品或其他物品的损失或损坏也不承担任何责任。

4. 附加条款:展会承办单位将保留颁布附加条款的权利,以保证展览有序的管理。所有附加条款将是本合同的一部分。

四、乙方的权利和义务

1. 展位的使用:乙方只能展示申报的展品,在展会期间,乙方应委派有能力的人员管理展品。未经甲方的书面同意,乙方不得将展位全部或部分转租或分派给他人,乙方对展厅墙面或其他部位的损坏要负责任,未经甲方同意,乙方不得更改地面、天花板、展馆柱面或墙面。

2. 展位的搭建与装饰:乙方可根据刊登在《_____》上的展会日程表进行展位的布置。由于乙方或其分包方的原因使其他参展商或公共财产受到损害,乙方必须作出赔偿,所有参展商必须于指定的时间内进行展位搭建和布置。

3. 展品运输

(1) 乙方负责将展品运输至展会举办地点并承担运输费用。

(2) 乙方负责安排展会期间的展品仓储。

(3) 乙方应在展会承办单位规定的时间内将所有展品撤出展厅,否则由此引起的损失和延误,乙方应向甲方作出赔偿。

4. 责任和风险:在展会期间,为保证甲方和参加展览的各方利益不受到损害,所有因乙方原因造成的甲方及第三方利益受到的损害由乙方承担全部赔偿责任。

五、违约责任

1. 乙方违约责任及退展申请:由于乙方违约,或提出退展,甲方可依据下列条件允许乙方退展。

(1) 乙方必须书面告知甲方其退展申请,若甲方同意乙方退展,要书面通知乙方其决定。

(2) 乙方已支付给甲方的任何费用将不退还。

(3) 由于乙方未遵守本合同条款的规定,或未在上述规定的期限内支付场租费,甲方将以书面形式通知乙方解除本合同。乙方已支付给甲方的任何费用将不退还。

(4) 依据本条款的子条款(3)的规定,甲方可行使其权利与乙方解除本合同后甲方可以转租违约的乙方的展位,如甲方未将乙方展位转租出去,乙方将承担该展位所有的损失。

2. 展会失败:由于下列直接或间接的原因,致使展会被取消、暂停,或缩短展期,从而给乙方带来损失,甲方将不对乙方承担责任。

(1) 不可抗力。

(2) 战争行为、军事活动、地方性法规或政府部门的要求。

(3) 火灾、水灾、台风、极端的恶劣天气、地震、流行性疾病或这些自然灾害同时发生时。

(4) 由于飞行物体或飞机造成的损失。

(5) 工人的罢工或停工。

3. 除上述约定以外,任何一方违反本协议的约定,给对方造成损失的,应承担赔偿责任。

六、其他

1. 欲在展会上展出的软件/软件内容均应送甲方审查。人体模特/实物在内的参展内容不得出现色情内容,包括裸体画面。甲方有权以正当理由终止和撤销出现以上内容的展品许可证。甲方将在展会上行使该权利,并不会为由此而产生的后果而负责退款或承担其他费用。乙方须同意将不会由于以上行为而对甲方追究任何形式的责任,并同意放弃该许可证发生的所有权利。

2. 会刊名录:甲方享有独家出版和发行展商名录的权利。其他发行商可以转载该名录作为其出版物的内容之一。会刊是甲方提供给参展商的一项服务,展商名由甲方确定(展商须在规定的截止日期之前填写好会刊登记表),甲方不对其间出现的任何错误、遗落或者格式改变等承担责任。若展商没有在指定日期前填写会刊登记表并返回给甲方,其本合同中涉及的该公司的任何信息将不会出现在会刊上。

3. 防火规则:所有用于搭建展台和展位的材料必须采用耐火材料,并符合地方性防火法规的要求。消防队长将巡视所有展览设施,并有权制止任何潜在的可引起火灾的行为。

4. 噪音控制条款:展会规定的各展位的最大音量为90分贝,各展位应将声音控制在其展台范围之内,尽量不影响其周边展位,若有展位在展会期间音量三次超过90分贝的最大限额,甲方将有权切断该展位的电源,并不会对由此而造成的损失而向乙方退还相关款项或承担其他费用。

七、本合同将受中华人民共和国法律支配并按其法律规定进行解释,如发生纠纷,须在_____的法院依法裁决。

八、本合同一式两份，甲、乙双方各执一份，自双方签字盖章之日生效。

甲方（盖章）：_____　　　　乙方（盖章）：_____

地址：_____　　　　　　　　地址：_____

法定代表人（签字）：_____　　法定代表人（签字）：_____

____年____月____日　　　　　　　　____年____月____日

4. 会展入场合同

会展入场合同是指自然人、企业和会展场馆之间根据约定或交易习惯形成的入场和提供入场服务的协议书，这种合同的体现形式往往是入场券或门票。传统会展行业的门票为纸质卡片门票，而纸质门票多以手工作业为主，在展会高峰期，门票在销售、印刷、传递等环节劳动强度会扩大几十倍，增加工作人员工作负担，相应工作效率也会下降，同时展会相关数据也无法做到精准统计。会展电子门票的出现，弥补了上述缺陷，传统纸质门票操作环节全部消失，电子化的信息也使得数据统计变得更加精准。电子门票除了票面信息外，一般还包括二维码，入场时，可通过工作人员的扫描枪直接扫描进场。此外，由于获取渠道的不同，电子门票的权限也不一样。与传统纸质门票相比，电子门票具有独特优势：①保密性、防伪性好；②一票一码，使用过后即失效，仿制无用，杜绝假票；③成本低，易制作；④高密度编码，信息容量大；⑤支持数据报表。

三、《合同法》的适用

合同法，在广义上是指调整民事合同关系的法律规范的总称。狭义的合同法仅指《中华人民共和国合同法》（以下简称《合同法》，1999年10月1日起实施）。我国有关合同的立法主要以《合同法》、《最高人民法院关于适用〈中华人民共和国合同法〉若干问题的解释（一）》（1999年12月29日起实施）、《最高人民法院关于适用〈中华人民共和国合同法〉若干问题的解释（二）》（2009年5月13日起实施），以及最高人民法院关于买卖合同、技术合同、国有土地使用权合同、建设工程施工合同、商品房买卖合同纠纷案件的司法解释等构成。其中最为重要的法律依据是《合同法》及其两个司法解释，以下统称为《合同法》。

（一）《合同法》的调整范围

根据《合同法》的规定，它的调整范围是平等主体之间订立的民事权利、义务的协议，属于民事法律关系。主体之间的关系是平等的，如企业与企业之间的关系、经营者与消费者之间的关系、消费者与消费者之间的关系等。而政府对经济的管理活动属于行政关系，不适用于《合同法》；企业单位内部的管理关系，是管理者与被管理者之间的关系，也不适用于《合同法》。婚姻、收养、监护等有关身份关系的协议也明确排除在外。劳动合同也因其兼具人身关系和财产关系的双重属性，不能简单适用《合同法》，而是适用《劳动合同法》和《劳动法》及其相关立法。

（二）会展合同的《合同法》适用

如果从一类合同的角度看，会展合同不是《合同法》中的一类有名合同，但是适用于《合同法》。根据《合同法》规定，该法分则或者其他法律没有明文规定的合同，适用该法总则的规定,并可参照该法分则或者其他法律最相类似的规定。依据此规定,对于在会展活动中发生的合同法律问题,可以适用《合同法》总则的规定,并可参照《合同法》分则或者其他法律最相类似的规范。对于会展活动中有些合同也可能直接适用《合同法》分则的规定,如运输合同、租赁合同、委托合同、保管合同、居间合同等都是会展活动中可能涉及的合同。

四、《合同法》的基本原则

《合同法》的基本原则,是指合同的当事人在合同活动中应当遵循的基本准则,反映了合同的内在规律,体现了合同的指导思想。它既是立法机关制定《合同法》的基本准则,也是人民法院、仲裁机构在审理、仲裁合同纠纷时应当遵循的原则。

（一）平等原则

《合同法》第3条规定:合同当事人的法律地位平等,一方不得将自己的意志强加给另一方。平等原则的基本含义是:当事人无论是何人,无论其具有何等身份,在合同法律关系中相互之间的法律地位是平等的,即享有民事权利和承担民事义务的资格是平等的。在订立合同的过程中当事人的意思表示是完全平等的,一方不得将自己的意志强加给另一方。

（二）自愿原则

《合同法》第4条规定:当事人依法享有自愿订立合同的权利,任何单位和个人不得非法干预。自愿原则是《合同法》最重要的基本原则。它要求合同当事人在从事合同活动时,应充分表达真实意思,根据自己的意愿设立、变更、终止民事合同法律关系,任何单位和个人不得非法干预。但前提是不违反法律、行政法规的强制性规定。

（三）公平原则

《合同法》第5条规定:当事人应当遵循公平原则确定各方的权利和义务。公平是法律最基本的价值取向,法律的基本目标就是在公平与正义的基础上建立社会秩序。公平原则主要是针对合同的内容,就合同的权利义务而言,它要求的是权利义务的对等体现,具体来说就是合同当事人根据公平、正义的观念确定各方的权利和义务,各方当事人都应当在不侵害他方合法权益的基础上实现自己的利益,不得滥用自己的权利。

（四）诚实信用原则

《合同法》第6条规定:当事人行使权利、履行义务应当遵循诚实信用原则。诚实信用原则是民事法律的基本原则。它要求当事人在订立、履行合同的过程中,应当诚实、守信用,以善意的方式履行其义务,以善意的方式行使其权利,不得滥用权利,不得规避法律或合同约定的义务。

（五）遵守法律和尊重社会公德原则

《合同法》第7条规定:当事人订立、履行合同,应当遵守法律、行政法规,尊重社会公德,不得扰乱社会经济秩序,损害社会公共利益。这条原则要求当事人在合同订立、履行、变更、解除、解决争议等各个环节上都要遵守法律、行政法规的规定,不得违背法律、行政法规的强制性规定,合同所追求的目的和实施结果,不得违背社会公德,不得损害社会公共利益。

第二节 会展合同的订立

案例引导

某会展公司急需包装材料,于是向甲、乙两家包装材料公司发出函电。函电中称:"我公司急需 A4 型包装纸,如贵公司有货,请速来函电,我公司愿派人前去购买。"甲、乙两公司在收到函电后,都先后向会展公司回复了函电,在函电中告知他们备有现货,且告知了 A4 型包装纸的价格。而甲公司在发出函电的同时,派车给会展公司送去了 5000 令 A4 型包装纸。在该批货物送达之前,会展公司得知乙公司的包装纸质量较好,而且价格合理,因此,向乙公司致电,称:"我公司愿购买贵公司的 10000 令 A4 型包装纸,盼速发货,运费由我公司承担。"在发出函电的第二天上午,乙公司发函称已准备发货。当天下午,甲公司将 5000 令包装纸运到,会展公司告知甲公司,他们已决定购买乙公司的货物,因此不能购买甲公司的货物。甲公司认为,会展公司的拒收货物行为已构成违约,双方协商不成,甲公司向法院起诉。

(资料来源:http://www.doc88.com/p-8701925922121.html.)

【问题】

(1) 会展公司向甲、乙两公司分别发函的行为,在合同法上属于什么行为?

(2) 甲、乙两公司的复函行为是什么行为?

(3) 会展公司第二次向乙公司发函的行为是什么行为?

(4) 会展公司与乙公司之间的买卖合同是否成立?为什么?

(5) 会展公司与甲公司之间的买卖合同是否成立?为什么?

(6) 会展公司有无义务接受甲公司的包装纸?本案中甲公司的损失应由谁承担?

合同的订立,又称合同的签订,是指当事人之间经过平等协商,达成一致并签订协议的法律行为。合同的订立是一种民事法律行为,它将产生法律效力。会展合同的订立与履行需要遵循《合同法》的规定,会展合同的订立适用合同订立的一般规定。

一、会展合同订立的主体

(一) 合同的主体

《合同法》第 9 条规定:当事人订立合同,应当具有相应的民事权利能力和民事行为能力。当事人依法可以委托代理人订立合同。因此,具有相应的民事权利能力和民事行为能力的自然人、法人和其他组织都可以成为合同的主体。

由于我国对会展活动的举办采用审批制，会展组织者提交相关的申请文件，审批机关批准后对该展会予以登记，主办单位对参展商的资格审核情况需要报登记机关备案。因此，会展组织者是特殊主体，除了要具备《合同法》要求具备的权利能力和行为能力外，还需要经过审批机关审批。会展参展商则是参加会展活动的各种商事主体，包括在我国依法登记设立的商个人、商合伙及其商事公司。

会展合同的主体具有多样性。会展合同的主体包括会展组织者、会展参展商、会展代理服务商、展会观众等。其中，主要的当事人是会展组织者和会展参展商。

（二）合同当事人的民事权利能力和民事行为能力

民事权利能力是指民事主体享有民事权利和承担民事义务的资格。民事行为能力是指民事主体能以自己的行为行使民事权利和承担民事义务的资格。

自然人是基于自然规律出生、生存的人。民事权利能力只存在有无的问题，不存在民事权利能力的等级差别。自然人的民事行为能力因其年龄和智力的不同而不同，分为以下三种情况：已满十八周岁精神正常的自然人称为完全民事行为能力人，年满十六周岁不满十八周岁、以自己的劳动收入为主要生活来源且精神正常的自然人视为完全民事行为能力人；不满十周岁以及不能辨认自己行为的精神病人，称为无民事行为能力人；已满十周岁的未成年人以及不能完全辨认自己行为的精神病人，称为限制民事行为能力人。完全民事行为能力人具有完全民事行为能力，能够完全认识和判断自己民事行为的后果，因此应对自己行为的后果承担法律责任。无民事行为能力人只对与其认识能力、行为能力相适应的民事行为承担责任，其他民事行为对其不产生法律上的后果。限制民事行为能力人只能进行与其年龄、智力相适应的民事活动。一般而言，只有完全民事行为能力人才能成为会展合同的合格主体。

法人是具有民事权利能力和民事行为能力，依法独立享有民事权利和承担民事义务的组织。法人是社会组织在法律上的人格化，是法律意义上的"人"，而不是实实在在的生命体，其依法产生、消亡。根据《民法通则》第37条规定，法人必须同时具备以下四个条件。

第一，依法成立。法人必须是经国家认可的社会组织。在我国，成立法人主要有两种方式：一是根据法律规定或者行政审批而成立，如机关法人一般都是由法律法规或者行政审批而成立的。二是经过核准登记而成立，如工商企业、公司等经工商行政管理部门核准登记后，成为企业法人。

第二，有必要的财产或者经费。法人必须拥有独立的财产，作为其独立参加民事活动的物质基础。独立的财产，是指法人对特定范围内的财产享有所有权或经营管理权，能够按照自己的意志独立支配，同时排斥外界对法人财产的行政干预。

第三，有自己的名称、组织机构和场所。法人的名称是其区别于其他社会组织的标志符号。名称应当能够表现出法人活动的对象及其隶属关系。经过登记的名称，法人享有专用权。法人的组织机构即办理法人一切事务的组织，被称为法人的机关，由自然人组成。法人的场所是指从事生产经营或社会活动的固定地点。法人的主要办事机构所在地为法人的住所。

第四，能够独立承担民事责任。法人对自己的民事行为所产生的法律后果承担全部法律责任。除法律有特别规定外,法人的组成人员及其他组织不对法人的债务承担责任,同样,法人也不对除自身债务外的其他债务承担民事责任。

根据《民法通则》的规定,我国的法人主要有四种:机关法人、事业法人、企业法人和社团法人。

其他组织是指那些不具备法人资格的单位,如企业法人的分支机构、从事经营活动的非法人事业团体、科技性团体、非法人的合伙和联营等。

法人和其他组织的民事权利能力和民事行为能力都是在其依法成立时产生,到依法终止时消灭的。法人和其他组织的行为能力是通过其法定代表人或主要负责人以及其他工作人员的行为来实现的。

(三)代理

同步案例

荣发展览服务公司委托公司员工罗新在苏州市设立办事处,并租用一间仓库,价值20余万元的展会产品存放于苏州仓库内。罗新结识苏州市另一会展公司的负责人陈鸿玉,联营未获同意。罗新又结识苏州市保达贸易商行承包人贾金龙,经过业务洽谈,生意未做成。

2010年1月20日,罗新准备回九江过春节,考虑到春节期间苏州会有已订合同的客户要求发货,委托陈鸿玉代为保管货物及帮助发货。

2010年1月25日,陈鸿玉以苏州市瑞吉会展有限公司的名义与苏州市保达贸易商行签订了一份代销荣发会展公司展会产品,并于2010年2月3日至5日从罗新租用的仓库中运走价值人民币101836.25元的展会产品。苏州市保达贸易商行仅付给陈鸿玉货款28500元,且该款已被陈鸿玉用于开办公司。荣发会展公司向江西省九江市中级人民法院递交了起诉状。

原告荣发会展公司以代理权纠纷起诉,要求被告罗新、陈鸿玉及第三人苏州市保达贸易商行赔偿损失。

(资料来源:http://www.njliaohua.com/lhd_5em8z9pdl92wkqq4m2k4_2.html.)

【问题】

被告陈鸿玉的行为是属于无权代理还是表见代理?人民法院能否支持原告的诉讼请求?为什么?

1. 代理的概念及其分类

代理是指以他人名义,在授权范围内进行对代理人直接发生法律效力的法律行为。代理具有以下基本特征:第一,代理行为必须是具有法律意义的行为;第二,代理人在代理权限

内独立进行意思表示;第三,代理人以被代理人的名义为民事法律行为;第四,被代理人对代理人的代理行为承担民事责任。

根据《民法通则》的规定,我国的代理分为法定代理、委托代理和指定代理三类。法定代理是根据法律的规定而直接产生的代理关系。出于调整社会关系的需要,法律规定某些社会关系必须适用特定的代理。当社会成员之间存在相应的社会关系时,便依法产生了相应的代理关系。法定代理主要是为保护无民事行为能力人和限制民事行为能力人的合法权益而设定的。

根据《合同法》的规定,当事人可以委托代理人订立合同。但代理人订立合同时,一般都需要向相对人出具其委托人签发的授权委托书,并以被代理人的名义签订合同。

代理人合法行使代理权的行为通常是有权代理,在有权代理的情况下,被代理人承担代理行为的责任。无权代理则一般应当由行为人自己承担责任。如果构成了表见代理,行为人的行为后果也由被代理人承担。

2. 无权代理

无权代理是非基于代理权而以被代理人名义实施的旨在将效果归属于被代理人的代理。委托代理以被代理人授予代理权为要件,无权代理与有权代理的区别就是欠缺代理权。《民法通则》第66条第1款规定:没有代理权、超越代理权或者代理权终止后的行为,只有经过被代理人的追认,被代理人才承担民事责任。未经追认的行为,由行为人承担民事责任。本人知道他人以本人名义实施民事行为而不作否认表示的,视为同意。《合同法》第48条规定:行为人没有代理权、超越代理权或者代理权终止后以被代理人名义订立的合同,未经被代理人追认,对被代理人不发生效力,由行为人承担责任。相对人可以催告被代理人在一个月内予以追认。被代理人未作表示的,视为拒绝追认。合同被追认之前,善意相对人有撤销的权利。撤销应当以通知的方式作出。

无权代理有广义与狭义的区别。广义的无权代理包括表见代理,狭义的无权代理不包括表见代理。所谓狭义无权代理,是指行为人不仅没有代理权,也没有使第三人信其有代理权的表征,而以本人的名义所为之代理。无权代理有效与否,法律不仅要考虑本人的利益,还要考虑善意相对人的利益。所以,法律对无权代理区别对待:对于表见代理,趋向于保护相对人,定为有效代理;对表见代理以外的狭义无权代理,赋予本人追认权,故狭义无权代理属于效力未定之行为。

(1) 狭义无权代理的构成要件。

第一,代理人欠缺代理权,即代理人未经被代理人授权,或超越代理权限,或在代理权消灭后而为代理行为。

第二,无权代理人以被代理人名义与相对人订立合同,合同已成立。

第三,相对人须为善意,即不知无权代理人欠缺代理权。若相对人属恶意,即明知或可得知无权代理人无代理权时,则咎由自取,法律对其利益不予保护,无权代理人不承担责任。

(2) 狭义无权代理的类型。

狭义无权代理,是不属于表见代理的未授权之代理、越权代理、代理权终止后的代理的情形。

第一,未授权之无权代理,是指既没有经委托授权,又没有法律上的根据,也没有人民法院或者主管机关的指定,而以他人名义实施民事法律行为之代理。

第二,越权之无权代理,是指代理人超越代理权限范围而进行代理行为。

第三,代理权消灭后之无权代理,是指代理人因代理期限届满或者约定的代理事务完成甚至被解除代理权后,仍以被代理人的名义进行的代理活动。

(3) 狭义无权代理的法律后果。

第一,本人有追认权和拒绝权。追认是本人接受无权代理之行为效果的意思表示。根据《民法通则》第66条规定,本人有追认权和拒绝权,且拒绝权须以明示方式表示,默示则视为追认。无权代理经追认溯及行为开始对本人生效,本人拒绝承认的,无权代理效果由行为人自己承受。追认权与拒绝权只需本人一方意思表示即生效。与《民法通则》的规定不同,《合同法》第48条第2款规定:相对人可以催告被代理人在一个月内予以追认。被代理人未作表示的,视为拒绝追认。合同被追认之前,善意相对人有撤销的权利。撤销应当以通知的方式作出。《合同法》规定的特点,一是规定了追认权或拒绝权经催告后行使的期间;二是本人未作表示的,视为拒绝。这一点与《民法通则》规定的"不作否认表示的,视为同意"正好相悖。对于《民法通则》与《合同法》的冲突,在狭义无权代理为订立合同的,应根据新法优于旧法的原则,适用《合同法》的规定。

第二,相对人有催告权和撤销权。催告是相对人请求本人于确定的期限内作出追认或拒绝的意思表示;撤销是相对人确认无权代理为无效的意思表示。催告权和撤销权只需相对人一方意思表示即生效。《合同法》第47条、第48条对法定代理和委托代理都做了规定,合同被追认之前,善意相对人有撤销的权利。撤销应当以通知的方式作出。对于无权代理行为,从效力未定至效力确定,本人有权利,相对人也应有权利。否则,本人未置可否,相对人若信其为默认时,本人又拒绝了,对相对人颇为不利。撤销权旨在保护善意相对人利益,故须是善意相对人才能享有,若是相对人恶意,则没有撤销权。

第三,无因管理之债或损害赔偿之债。行为人之无权代理行为如确实为"本人之利益计算",且符合无因管理法律要件时,在本人与行为人之间可构成无因管理之债。无权代理人不得向本人要求支付报酬,但有权要求本人承担下列费用:偿还管理人管理事务所支出的必要费用及其利息,主要表现为直接的支出费用;管理人为本人负担必要的债务时,本人应清偿该债务;管理人因管理事务而遭受损失时,本人负责赔偿。反之,如无权代理行为造成本人损害的,在本人与行为人之间发生损害赔偿之债,行为人应该赔偿因无权代理行为所产生的损失。

3. 表见代理

所谓表见代理是指行为人没有代理权、超越代理权或者代理权终止以后仍以被代理人的名义订立合同,相对人有理由相信该行为人有代理权的,该代理行为有效。表见代理虽然是属于广义的无权代理,但是表见代理的行为后果由被代理人承担,这主要是为了保护善意第三人的利益,以维护交易安全。

(1) 表见代理的构成要件包括以下几点。

第一,须行为人无代理权。

成立表见代理的第一要件是行为人无代理权。所说无代理权是指实施代理行为时无代理权或者对于所实施的代理行为无代理权。如果代理人拥有代理权,则属于有代理权,不发生表见代理的问题。

第二,须有使相对人相信行为人具有代理权的事实或理由。

这是成立表见代理的客观要件。这一要件是以行为人与被代理人之间存在某种事实上或者法律上的联系为基础的。这种联系是否存在或者是否足以使相对人相信行为人有代理权,应视一般交易情况而定。通常情况下,行为人持有被代理人发出的证明文件,如被代理人的介绍信、盖有合同专用章或者盖有公章的空白合同书,或者有被代理人向相对人所作法人授予代理权的通知或者公告,这些证明文件构成认定表见代理的客观依据。对上述客观依据,依《合同法》第49条的规定,相对人负有举证责任。表见代理一般需要有表见事由,表见事由包括工作证、空白合同书、介绍信及商业惯例。

第三,须相对人为善意且无过失。

这是表见代理成立的主观要件,即相对人不知行为人所为的行为系无权代理行为。如果相对人出于恶意,即明知他人为无权代理,仍与其实施民事行为,就失去了法律保护的必要,故表见代理不能成立。根据《民法通则》第66条第4款规定,相对人知道行为人没有代理权、超越代理权或者代理权已经终止还与行为人实施民事行为给他人造成损害的,由相对人和行为人负连带责任。

第四,须行为人与相对人之间的民事行为具备民事行为的有效要件。

表见代理发生有权代理的法律效力,因此,表见代理应具备民事行为成立的有效要件,不得违反法律或者社会公共利益等。如果不具备民事行为的有效要件,则不成立表见代理。

第五,无权代理行为的发生与本人(名义上的被代理人)有关,且不以本人主观上有过失为构成要件。

在构成表见代理的情况中,相对人相信行为人具有代理权,往往与本人的过失有关,但表见代理的成立不以本人主观上有过失为必要要件,即使本人没有过失,只要客观上有使相对人相信行为人有代理权的依据,即可构成表见代理。

表见代理依法产生有权代理的法律效力,即无权代理人与相对人之间实施的民事法律行为对于被代理人具有法律约束力,被代理人与相对人之间产生、变更或消灭相应的法律关系。

(2)表见代理产生的法律后果。

第一,表见代理成立,订立的合同有效,表见代理中的相对人不享有《合同法》第48条规定的撤销权。《合同法》第48条第1款规定:行为人没有代理权、超越代理权或者代理权终止后以被代理人名义订立的合同,未经被代理人追认,对被代理人不发生法律效力,由行为人承担民事责任。第2款规定:相对人可以催告代理人在一个月内予以追认。合同被追认之前,善意相对人有撤销的权利。撤销应以通知对方的方式作出。本条所指的无权代理应当是狭义的无权代理,在此情况下,相对人有撤销权。而《合同法》第49条规定表见代理的情况虽然也是无权代理,但是这种情况属于广义的无权代理,与第48条的规定的狭义无权代理不同,其根本区别是:是否存在有使相对人有理由相信本无代理权的行为人有代理权的客观事实。表见代理虽属无权代理,但是,只要存在相对人有理由相信行为人有代理权的事实,表见代理成立,行为人的代理行为就应当按有效的代理来看待;在此情况下,所签订的合同就应当是有效合同。所以,相对人不享有《合同法》第48条规定的撤销权。

第二，本人（被代理人）对相对人（善意第三人）承担民事责任。表见代理被认定成立后，其在法律上产生的后果同有权代理的法律后果一样，即由被代理人对代理人实施的代理行为承担民事责任。

第三，代理人对本人（被代理人）承担民事赔偿责任。被代理人因表见代理成立而承担民事责任，因此给被代理人造成损失的，被代理人有权根据是否与代理人有委托关系、代理人是否超越代理权、代理权是否已经终止等不同的情况，以及无权代理人的过错情况，依法请求无权代理人给予相应的赔偿。无权代理人应当赔偿给被代理人造成的损失。

第四，无权代理人对被代理人的费用返还请求权。表见代理的法律后果使被代理人的利益受到损害时，无权代理人应依法赔偿。同时，并非所有的表见代理的法律后果都必然对被代理人不利，当表见代理的法律后果使被代理人从中受益时，根据公平原则，权利义务应当对等，无权代理人有权要求被代理人支付因实施代理行为而支出的相关的合理费用。

知识链接　　表见代理的表现形态

根据《合同法》第49条的相关规定，在我国现行的民事立法中，表见代理表现形态有三种，即授权表示型表见代理、权限逾越型表见代理和权限延续型表见代理。

1. 授权表示型表见代理

授权表示型的表见代理，又称由于本人之明示或默示的表见代理，即本人以自己的行为表示授予他人代理权而实际上并未授权，或者明知他人以自己的名义从事民事行为而不作否认表示，造成第三人误以为行为人有代理权时，本人要对相对人承担实际授权人的责任。根据我国《合同法》的规定，结合我国的司法实践，我国民法上授权表示型的表见代理有如下几种类型。

（1）本人以书面、口头或者其他形式直接或间接向相对人表示已经授权而实际上未授权，相对人依赖本人的表示而与行为人进行的交易行为。这种情况中，本人的意思表示，可以是直接的，也可以是间接的。可以是口头的，也可以是书面的。相对人可以是特定的，也可以是不特定的（如广告授权方式的相对人为公众），本人对于自己的授权声明，可以撤回，但是应在相对人与行为人的民事活动成立之前撤回。撤回的通知应有效地到达相对人，一般应以授权声明同样的方式作出。

（2）本人将其具有代理权证明意义的文书印鉴交与他人，他人凭此以本人的名义从事民事活动，相对人对此信赖而进行的交易。这些文书印鉴包括被代理人的印章、合同章、盖章的空白证明信、空白委托书、空白合同文书等。这些文书印鉴本身虽然不是授权委托书，但其与本人有密切联系，具有专用性，起着证明代理权的作用，善意相对人因此相信行为人有代理权而与之订立合同，应构成表见代理。

（3）本人知道他人以自己的名义实施民事行为而不作否认表示的。本人知道他人没有代理权而以自己的名义实施民事行为时，应对他人的无权代理行为明确表态。本人所表示的不同态度，可以产生不同的法律后果。如果本人表示承认，则等于授予行为人代理权或者是事后追认,这种事后授权行为、追认行为具有追溯效力,致使行为人的无权代理转为有权代理,本人应承担代理行为所产生的法律效果(特别说明,此种追认行为应在相对人行使撤销权之前进行)。如果本人表示否认,则行为人的无权代理成为狭义的无权代理,由行为人自己负责,本人对此不承担任何责任。如果本人明知他人以自己的名义进行无权代理,既不承认,又不作明确的否认,为保护善意无过失的第三人,应认为成立表见代理。

(4)允许他人作为自己的分支机构进行活动。联营活动中,一些牵头单位允许其他单位或个人以自己"分公司"、"分厂"的名义进行活动。企业集团改制的过程中,一些核心企业为扩大规模,允许其他企业使用自己的集团商标,以集团分支机构的名义行事,实际上这些单位或个人经营上各自独立,并没有划入该法人的范围。然而,善意相对人并不知情,一旦这些"分支机构"与相对人发生纠纷,牵头单位则以自己不是合同当事人为由拒绝承担责任。因为根据民法基本理论,不具备法人资格的分支机构为法人的组成部分,法人要对其民事活动承担责任。因此,这些本来并非法人分支机构的单位,以法人分支机构的名义从事活动,使善意的交易相对人认为其为该法人的行为时,应成立表见代理。

2.权限逾越型表见代理

权限逾越型表见代理,又称为超越代理权的表见代理、代理权限制的表见代理。代理人的代理权,通常都有一定的限制,但这一限制不一定为相对人所知,如果表现在外的客观情况,能使善意相对人误以为行为人有代理权,与其为民事行为,就构成表见代理,由本人承担其后果。这就是现代代理制度中"代理权的限制不得对抗善意相对人"的原则。

权限逾越型表见代理主要有以下两种表现形式。

(1)本人虽对行为人的代理权做了某些限制,但未在委托授权书中说明,或者本人授予代理人一定的代理权,但事后又加以限制,代理人不顾其限制而按原来的代理权进行代理活动,但相对人并不知情,这时,应构成表见代理,由本人承担其后果。

(2)本人委托授权不明,而客观情况又能使善意相对人误信行为人有代理权,即使行为人的行为超越了本人意定的授权范围,也成立表见代理。

3.权限延续型表见代理

权限延续型表见代理,又称代理权终止的表见代理、代理权撤回的表见代理。这种类型指本人与行为人曾有代理关系,但代理权已经终止或撤回后,本人未及时向外部公示,相对人并不知情。因此,为保护善意相对人的利益和维护交易安全,其代理权的终止和撤回不得对抗善意相对人,主要有以下两种情况。

(1)代理期间届满或代理事务完成后的代理。本人应当在出示给第三人的授权委托书中载明代理期间及代理事务。如果本人没有作出明确记载,即使其与代理人对代理权的消灭事由有过约定,只要第三人不知道这种情况,仍与代理人订立合同,则成立表见代理。

(2)本人撤回委托后的代理。代理权可以依本人的意思而撤回。这种撤回行为属单方面法律行为,撤回的通知到达代理人即发生法律效力。这时,本人应收回代理证书,通知第三人,或者发布代理权撤回的公告。如果本人没有这样做,致使相对人不知道代理权已不存在,仍与代理人为民事行为,则构成表见代理。

二、会展合同订立的程序

《合同法》第13条规定:当事人订立合同,采取要约、承诺方式。无论当事人采取什么方法订立合同,从法律的角度看,都要经过要约和承诺两个阶段。合同是否成立,关键看是否存在有效的要约与有效的承诺。会展合同的订立程序也是如此。

（一）要约

1. 要约的概念与构成要件

要约,又称订约提议,是希望和他人订立合同的意思表示。发出要约的一方为要约人,收到要约的一方为受要约人。

有效的要约必须具备以下条件。

（1）要约是特定的合同当事人的意思表示。要约必须是由特定的要约人作出,受要约人一般是特定的主体。即通过要约,人们能够得知要约人是谁,被要约人是谁。

（2）要约必须是要约人要有与受要约人订立合同的意思表示。要约是一种意思表示,但这种意思表示必须有与受要约人订立合同的真实意愿,即要约人在主观上想与受要约人订立合同。

（3）要约的内容必须具体、确定。要约的内容应包括要约人所希望订立合同的最基本条款,一般至少包括标的、数量和价款,受要约人一看就明确知道要约人的真实意思,以便决策是否作出承诺。

（4）要约经受要约人承诺,要约人即受要约的约束。要约一经到达受要约人,在法律上或者要约规定的期限内,要约人不得擅自撤回或者变更其要约。一旦受要约人对要约予以承诺,要约人与受要约人之间的合同订立过程即告完成,合同就成立了,发出要约的人就要受已经成立的合同的约束。询价并不意味着订立合同,只是为了订立合同而做准备,往往没有受约束的意思表示。

知识链接

要约与要约邀请是有区别的。要约邀请,又称要约之引诱,是指当事人一方希望他人向自己发出要约的意思表示,是当事人订立合同的预备行为。因此,要约邀请人无须对自己的行为承担法律责任。此乃要约邀请与要约的关键区别点。要约邀请与要约往往从以下几个方面区分:第一,根据法律规定进行区分。如《合同法》

第15条规定,寄送的价目表、拍卖公告、招标公告、招股说明书、商业广告等为要约邀请。商业广告的内容符合要约规定的,视为要约。第二,根据当事人的意思表示进行区分。例如,如果订立买卖合同,那么当事人订立合同的建议中包含了货物的名称、数量和价格,就会构成要约;反之则为要约邀请。而其他的合同则应当根据合同的性质、交易性质及可履行情况等因素来确定。意思表示在内容具体确定的情况下,是否表明受约束的意图便非常重要。表明是否受约束的意图往往是判断当事人意愿及是否构成要约的关键。例如,商业广告一般为要约,但是如果当事人在广告中表明,"本广告不构成要约",则该广告不构成要约。第三,根据交易习惯进行区分。《合同法》的第22、60、61、92、125条等条款对"交易习惯"作出明确规定,明确承认了交易习惯或者惯例的法律效力。因此,交易习惯成为当事人没有约定或者约定不明确时的补充。此种情况下,即使没有合同所具有的必备要件,但向对方发传真询问是否有某种货物的情况也可能构成要约。

2. 要约的生效

要约的生效是指要约发生法律效力,即对要约人和受要约人发生法律约束力。关于要约的生效时间,国际上有不同的规定和惯例。我国签字参加的《联合国国际货物销售合同公约》第15条第1款规定"发盘于送达被发盘人时生效",该公约采纳的是"到达主义"。我国《合同法》也规定适用"到达主义"。《合同法》第16条规定:要约到达受要约人时生效。要约生效后,在有效期内要约人不得随意反悔。

要约在到达受要约人时生效,具体情形分为:第一,以对话形式作出的要约,自受要约人了解时发生效力;第二,以书面形式作出的要约,于到达受要约人时发生效力;第三,采用数据电文形式进行要约,收件人指定特定系统接收数据电文的,该数据电文进入该特定系统的时间视为要约生效时间,未指定特定系统的,该数据电文进入收件人的任何系统的首次时间视为要约生效时间。

3. 要约撤回与要约撤销

(1) 要约撤回。要约撤回,是指要约在发生法律效力之前,要约人欲使其不发生法律效力而取消要约的意思表示。要约的约束力一般是在要约生效之后才发生,要约未生效之前,要约人可以撤回要约。《合同法》第17条规定:要约可以撤回。撤回要约的通知应当在要约到达受要约人之前或者与要约同时到达受要约人。

(2) 要约撤销。要约撤销,是指要约在发生法律效力之后,要约人欲使其丧失法律效力而取消该项要约的意思表示。要约虽然生效后对要约人有约束力,但是在特殊情况下,考虑要约人的利益,在不损害受要约人的前提下,要约是允许被撤销的。《合同法》第18条规定:要约可以撤销。撤销要约的通知应当在受要约人发出承诺通知之前到达受要约人。根据《合同法》第19条规定,有下列情况之一的,要约不得撤销:要约人确定了承诺期限或者以其他形式明示要约不可撤销;受要约人有理由认为要约是不可撤销的,并已经为履行合同作了准备工作。

要约撤回与要约撤销虽然都是属于要约的终止,但是二者是有区别的。第一,适用情形不同。要约撤销是针对生效要约,要约撤回适用于未生效要约。第二,从时间上看,要约撤回发生在要约到达受要约人之前或者同时,而要约撤销则是发生在要约到达受要约人后在受要约人作出承诺之前。

4. 要约的失效

要约的失效是指要约失去法律效力,不再对要约人和受要约人具有法律约束力。要约的生效与要约的终止是两个不同的概念。要约的终止是指要约的终了或消灭,与要约是否生效没有必然联系。例如,要约发出以后,在送达受要约人之前,要约人将其撤回,此时要约终止,但这并非是要约的失效。根据《合同法》第20条规定,要约失效的情形有四种:①拒绝要约的通知到达要约人;②要约人依法撤销要约;③承诺期限届满,受要约人未作出承诺;④受要约人对要约的内容作出实质性变更。

(二) 承诺

1. 承诺的概念及构成要件

承诺又称接受提议,是受要约人在要约有效期内同意要约的内容以订立合同的意思表示。根据《合同法》第21条规定,承诺是受要约人同意要约的意思表示。作出承诺的人称为承诺人。承诺也是一种法律行为,有效的承诺必须符合下列条件。

(1) 承诺必须由受要约人向要约人作出。承诺的主体,可以是受要约人,也可以是其代理人。而接受承诺的主体,既可以是要约人本人,也可以是要约人的代理人。受要约人和要约人不能是任何其他第三人。非受要约人向要约人作出的意思表示不属于承诺,而是一种要约。

(2) 承诺必须在要约有效期内到达要约人。要约中如果明确规定有效期限的,承诺应当在该期限内作出。若要约中没有明确规定有效期限,承诺应当依照下列规定到达要约人:第一,要约以对话方式作出的,应当及时承诺,但当事人另有约定的除外;第二,要约以非对话方式作出的,承诺应当在合理期限内到达。"合理期限"在司法实践中不能一概而论,而应根据交易的标的、合同性质、市场交易状况等综合确定。

如果要约不是在规定的有效期限内到达要约人,就构成逾期承诺。逾期承诺要根据逾期的原因来确定承诺是否有效。逾期原因可以概括为受要约人的原因和非受要约人的原因。受要约人的原因是受要约人本身的原因,可能受要约人迟迟没有作出决定,也可能是受要约人因出差在外面没有及时作出回复。非受要约人的原因是受要约人不能控制的原因,如交通因地震而中断、邮局工人罢工无法及时传递等。

如果承诺逾期是由于受要约人造成的,除要约人及时通知受要约人该承诺有效的以外,为新要约。《合同法》第28条规定:受要约人超过承诺期限发出承诺的,除要约人及时通知受要约人该承诺有效的以外,为新要约。

如果承诺逾期不是由于受要约人造成的,除要约人及时通知受要约人因承诺超过期限不接受该承诺的以外,该承诺有效。《合同法》第29条规定:受要约人在承诺期限内发出承诺,按照通常情形能够及时到达要约人,但因其他原因承诺到达要约人时超过承诺期限的,除要约人及时通知受要约人因承诺超过期限不接受该承诺的以外,该承诺有效。

(3) 承诺的内容应当与要约的内容相一致。受要约人对要约的内容作出实质性变更的为新要约。《合同法》第30条规定：承诺的内容应当与要约的内容一致。受要约人对要约的内容作出实质性变更的，为新要约。有关合同标的、数量、质量、价款或者报酬、履行期限、履行地点和方式、违约责任和解决争议方法等的变更，是对要约内容的实质性变更。如果修改并非是实质性的，则该承诺可能是有效的承诺，也可能是无效的承诺，是否构成有效的承诺将取决于要约人的态度。如果要约人及时表示反对或者要约表明承诺不得对要约的内容作出任何变更的，那么该承诺就是无效的承诺，合同不能成立。《合同法》第31条规定：承诺对要约的内容作出非实质性变更的，除要约人及时表示反对或者要约表明承诺不得对要约的内容作出任何变更以外，该承诺有效，合同的内容以承诺的内容为准。应当注意这里要约人"表示反对"的有关问题：第一，反对的时间，即要约人反对的时间是"及时"；第二，通知的内容，即要约人的通知内容是反对要约人所做的修改，反对对要约内容作出的任何变更。这两个条件缺一不可，如果要约人的通知不能同时满足这两个条件，那么受要约人的承诺将构成有效的承诺，合同成立。反之，该承诺就是无效的承诺，合同就不成立。

(4) 承诺的方式应当符合要约的要求。承诺原则上应当采取通知的方式，通知可以是书面形式，也可以是口头形式。不需要通知的，根据交易习惯或者要约的要求，通过行为方式承诺。

2. 承诺生效

承诺生效，是指承诺发生法律效力，即承诺对承诺人和要约人产生法律约束力。承诺应当在合理期限内到达要约人。承诺通知自到达要约人时生效。《合同法》第26条规定：承诺通知到达要约人时生效。承诺不需要通知的，根据交易习惯或者要约的要求作出承诺的行为时生效。用数据电文形式订立合同的，承诺到达的时间适用本法第十六条第二款的规定。但是也有例外的情形。第一种，如果承诺为口头方式，那么除了个别情况外，应当即时作出承诺。第二种，如果承诺采用行为方式，根据交易习惯或者要约的要求作出承诺的行为时生效。例如：支付价款或发运货物，不需要发出通知，承诺行为作出之时，也是承诺生效之时。

《合同法》第25条规定：承诺生效时合同成立。承诺生效与合同成立是密不可分的法律事实。承诺人作出有效的承诺，在事实上合同已经成立，已经成立的合同对合同当事人双方具有约束力。

3. 承诺的撤回

承诺的撤回，是指承诺人主观上欲阻止或者消灭承诺发生法律效力的意思表示。《合同法》第27条规定：承诺可以撤回。撤回承诺的通知应当在承诺通知到达要约人之前或者与承诺通知同时到达要约人。承诺可以撤回，但不能因承诺的撤回而损害要约人的利益，因此，承诺的撤回是有条件的，即撤回承诺的通知应当在承诺生效之前或者与承诺通知同时到达要约人。需要注意的是，承诺只有撤回的问题，没有撤销的问题。因为承诺一旦生效，合同就成立，当事人任何一方都不能单方面撤销。

三、会展合同的形式

合同的形式是合同内容的载体，是合同当事人意思表示一致的外在表现方式。《合同法》第10条规定：当事人订立合同，有书面形式、口头形式和其他形式。会展合同的形式适用合同形式的相关规定。

(一) 书面形式

书面形式,是指以文字方式表现当事人之间所订合同内容的形式。《合同法》第 11 条规定:书面形式是指合同书、信件和数据电文(包括电报、电传、传真、电子数据交换和电子邮件)等可以有形地表现所载内容的形式。书面形式又可分为普通书面形式和特殊书面形式。普通书面形式,是指当事人就合同条款协商一致并在书面合同上签名、盖章生效的合同。特殊书面形式,是指当事人除了在书面合同上签名和盖章外,还必须对书面合同进行公证、批准、登记等才能生效的合同。应注意的是,根据《最高人民法院关于适用〈中华人民共和国合同法〉若干问题的解释(二)》第 5 条,当事人采用合同书形式订立合同的,应当签字或盖章。当事人在合同书上按手印的,应当认定其具有与签字或者盖章同等的法律效力。

会展合同有时是以参展申请表的形式出现的。这种申请表是会展组织者对参展商的要约,参展商一旦同意参展,发出接受函,会展合同即告成立,对双方具有法定的约束力。

书面形式虽然比较复杂,但可以将当事人的权利和义务明确化,有利于合同履行,并且不易发生纠纷。如果发生纠纷,也便于查明事实,分清责任。因此,鉴于会展活动所涉及的环节比较多,而且在不同的环节对会展服务的要求不尽相同,会展合同最好采取书面形式。

(二) 口头形式

口头形式,是指当事人双方以谈话或口头表述的方式订立的合同形式,包括当面交谈、电话联系等方式。

口头形式具有简便易行的特征,可以为当事人节省时间和精力,但缺点是一旦发生纠纷因取证困难而不易分清是非和责任。因此,口头形式一般只适用于即时结清、标的金额比较小、权利义务比较简单的合同。口头合同一旦成立,具有与书面合同同等的法律效力。

此外,合同还有其他形式,如推定形式和默示形式等。所谓推定形式,是指当事人并不直接用书面或口头方式进行意思表示,而是通过实施某种行为来进行意思表示。所谓默示形式,是指当事人采用沉默的方式进行意思表示,即以默认的方式对合同表示认可。

四、会展合同的内容

合同作为民事法律行为,其内容就是合同条款。合同条款是当事人双方权利和义务的具体化,是双方当事人履行合同、承担合同责任的法律依据。《合同法》第 12 条规定:合同的内容由当事人约定。会展合同的内容适用合同内容的相关规定。

(一) 合同的一般条款

为了使合同的内容完备,《合同法》规定合同一般应包括如下条款。

1. 当事人的名称(或姓名)和住所

当事人的名称(或姓名)和住所,是合同必备的首要条款。名称,是法人或其他组织在登记机关登记的正式称谓。姓名,是指公民个人在身份证或户籍登记上的正式称谓。住所,对公民个人来说,指长久居住的场所;对法人或其他组织来说,指在登记机关登记的主要办事机构所在地。写明当事人的名称或姓名和住所,对于确定合同的当事人、了解其主体资格以及确定债务履行地、管辖地具有重要意义。

2. 标的

标的,是指合同当事人的权利和义务共同指向的对象。由于合同的种类不同,标的也不同,可以是某种实物,也可以是某种服务或者智力成果等。会展合同的标的,是会展项目及各种服务。它可以是货物、食宿、交通运输行为等。如果合同没有标的,合同也就不能成立。合同的标的必须合法,否则合同无效。

3. 数量

数量,是指标的计量,是衡量标的大小、多少、轻重、高低的尺度。它是确定当事人之间权利、义务范围和大小的标准。如果当事人之间没有约定标的数量,也就无法确定当事人双方的权利、义务。会展合同中的参展人数、参展天数、参展项目等都与数量有关。

4. 质量

质量,是指标的的内在素质和外观形象的状况。质量主要包括标的成分、含量、纯度、规格、精密度、性能等。它是确定当事人权利、义务范围和大小的标准。因此,订立合同时,要尽量将标的质量详尽写明。质量条款的约定应符合国家标准化管理的规定。

5. 价款或报酬

价款或报酬,是指一方当事人履行义务时,另一方当事人以货币形式支付的代价。价款,是取得标的物所应支付的代价;报酬,是获得行为服务所应支付的代价。价款或者报酬除国家有定价的以外,由当事人自愿约定,但价款或者报酬的约定应当公平。在订立会展合同时,应明确会展费用的数额。凡国家、有关行政管理部门有规定的,应严格按规定办事。

6. 履行期限、地点和方式

履行期限,是指当事人履行合同义务的时间界限。在此时间内,当事人应按合同履行义务,实现权利。到期不能履行的,就是违约,要由此承担违约责任。凡需要提前或逾期履行的,应事先达成协议,并明确规定提前或逾期履行的时间幅度。因此,任何会展合同都必须列出会展活动的具体日期,而且还应标明每项活动起止的具体时间段。

履行地点,是指支付或者提取标的的地方。履行地点是确定检验地点的依据。它直接关系着合同的费用和时间,因此必须明确规定。履行地点可以是标的物的所在地,也可以是供方或需方的所在地,或者双方商定的第三地。在会展合同中,履行地点表现为会展场地、会务场所等。

履行方式,是指当事人采取什么样的方式履行自己在合同中的义务。合同的履行方式取决于标的的性质。不同性质的标的,具有不同的履行方式。例如,在会展合同中应明确付款方式。对于需预付的款项,应限定预付的具体日期;对于需支付的其他款项,双方应约定具体的支付方式,这些都关系到当事人的物质利益。

7. 违约责任

违约责任,是指合同当事人违反合同义务时应承担的法律责任。它是促使当事人履行债务,使非违约方免受或者减少损失的法律措施。因此,在合同中诸如违约致损的计算方法、赔偿范围、赔偿方式等都应予以写明。当事人承担违约责任的方式,主要有支付违约金和赔偿金两种。

8. 解决争议的方法

解决争议的方法,是指当事人在履行合同过程中发生争议时所采取的解决办法和手段。

这些方法主要有:和解、协商、调解、仲裁、起诉等。解决争议必须在平等的基础上进行。我国法律规定,如果当事人选择用仲裁的方法解决争议,就不能再向人民法院起诉。

以上是合同一般应当包含的条款,当事人可以按照意思自治的原则,根据合同性质、种类不同,协商选择。一般来说,合同应包括以上八个方面的内容,但并非上述所有条款都是合同的必要条款,合同的名称和性质不同,其内容也会有所不同。不具备某些条款的合同并非不能成立。除了上述条款外,合同的当事人还可以在合同中订立一些其他条款,如风险、担保等条款。

会展合同的条款也是如此。对于一般的会展无名合同,可以参照合同法中的一般条款或者参考行业形成的合同范本;而对于有名合同来说,除了满足合同的一般条款,还应满足法律作出的特别规定。例如:展览承办代理合同就需要对代理项目、代理项目标准、费用及支付方法、不确定事项约定、生效、免责、变更、取消生效等诸多事项作出规定。

(二)合同的格式条款

1. 格式条款的概念

格式条款,是指当事人为了重复使用而预先拟订,并在订立合同时未与对方协商的条款。载有格式条款的合同为格式合同。

采用格式条款订立合同,在会展业中也时常见到。例如在国外,一个运作成熟的展览会往往会发布一个章程,对展览会中所涉及的事项一一予以说明,参展商参加展会,必须同意该章程的规定。这种章程类的规定,可以认为是会展合同的格式合同。采用格式条款订立合同有利于提高交易效率,减少交易成本等。

2. 格式条款的限制性规定

(1)关于格式条款的内容。采用格式条款订立合同也产生了一些问题,主要表现为格式条款的提供者在拟订格式条款时更多地考虑自己的利益,在格式条款中列入了一些不公平的条款,使合同实际上违背了公平原则。为了防止这一现象的发生,《合同法》第39条第1款规定:采用格式条款订立合同的,提供格式条款的一方应当遵循公平原则确定当事人之间的权利和义务,并采取合理的方式提请对方注意免除或者限制其责任的条款,按照对方的要求,对该条款予以说明。根据《最高人民法院关于适用〈中华人民共和国合同法〉若干问题的解释(二)》第6条,提供格式条款的一方对格式条款中免除或者限制其责任的内容,在合同订立时采用足以引起对方注意的文字、符号、字体等特别标识,并按照对方的要求对该格式条款予以说明的,应当认定为"采取合理的方式"。当然,提供格式条款一方对已尽合理提示及说明义务承担举证责任。

(2)关于格式条款解释的特别规定。对于格式条款的解释,我国《合同法》也有相应的规定。《合同法》第41条规定:对格式条款的理解发生争议的,应当按照通常理解予以解释。对格式条款有两种以上解释的,应当作出不利于提供格式条款一方的解释。格式条款与非格式条款不一致的,应当采用非格式条款。

(3)格式条款无效规定。格式条款无效是指由于格式条款中含有法律所禁止的内容,或者在订立合同时违反法律规定而导致格式条款无效的情况。《合同法》第40条规定:格式条款具有本法第五十二条和第五十三条规定情形的,或者提供格式条款一方免除其责任、加

重对方责任、排除对方主要权利的,该条款无效。由此可见,格式条款中含有下列内容的,该条款无效。

第一,根据《合同法》第52条规定,有下列情形之一的,合同无效。这些情形包括:一方以欺诈、胁迫的手段订立合同,损害国家利益;恶意串通,损害国家、集体或者第三人利益;以合法形式掩盖非法目的;损害社会公共利益;违反法律、行政法规的强制性规定。

第二,根据《合同法》第53条规定,有下列情形之一的,免责条款无效。这些情形有:造成对方人身伤害的;因故意或者重大过失造成对方财产损失的。例如,有的商场以店堂告示的形式告知顾客:"折扣商品,一经出售,概不退换。"这就属无效条款。

第三,提供格式条款一方免除自己的责任的格式条款中含有免除格式条款提供者按照通常情形应当承担的主要义务,一般与合同标的、数量、质量、履行期限、履行地点等有关。

第四,加重对方责任是指格式条款中含有在通常情况下对方当事人不应当承担的义务。

第五,排除对方主要权利是指格式条款中含有排除对方当事人按照通常情形应当享有的主要权利。

需要注意的是,《合同法》的这一规定,仅仅是指条款的无效,并不影响其他合同条款的效力。合同部分无效,不影响其他部分效力的,其他部分仍然有效。

五、会展合同的成立

合同的成立是指合同订立过程的完成。合同的成立是合同履行的前提和基础,是承担责任的前提,与合同的效力密切相关。会展合同的成立适用合同成立的相关规定。

(一)合同成立的要件

合同的成立应满足以下几个要件。

1. 应该有双方或者多方当事人

当事人可以是自然人、法人或者非法人组织。当事人可以是双方,也可以是多方,单独一方主体不能成立合同。需要注意的是,合同当事人有无订立合同的资格和能力,不属于合同成立的要件,而属于合同效力的要件。

2. 应对合同的主要内容协商一致

合同是双方当事人意思表示一致的结果。由于在订立合同时谈判的环境及时间等因素,当事人协商一致的内容在详尽程度上有所不同,而协商内容的详尽程度会影响合同的成立。例如,当事人就合作事宜签订了意向书,对双方合作的初步意向进行了约定,但是没有具体的权利义务规定,这种意向书就不是合同。但是如果当事方主体、标的和数量能够确定,其他内容达不成协议的,可以依照《合同法》的有关规定认定为合同成立。《最高人民法院关于适用〈中华人民共和国合同法〉若干问题的解释(二)》第1条规定:当事人对合同是否成立存在争议,人民法院能够确定当事人名称或者姓名、标的和数量的,一般应当认定合同成立。但法律另有规定或者当事人另有约定的除外。

3. 应该具有相应的形式

要约与承诺是合同成立的一般方式,此外还存在合同成立的特别方式,如招投标等。

《合同法》第 13 条规定：当事人订立合同，采取要约、承诺方式。要约与承诺的完成意味着合同的成立。

有的合同需要交付实践等条件才能成立。例如，客运合同自承运人向旅客交付客票时成立，但当事人另有约定或者另有交易习惯的除外。保管合同自保管物交付时成立，但当事人另有约定的除外。

（二）合同成立的时间

一般而言，承诺生效的时间就是合同成立的时间，但也存在例外。

第一，需要签字或盖章的合同书。

当事人采用合同书形式订立合同的，自双方当事人签字或者盖章时合同成立。如果双方当事人同时签字或盖章，合同成立的时间就是双方签字或盖章的时间。《合同法》第 32 条规定：当事人采用合同书形式订立合同的，自双方当事人签字或者盖章时合同成立。但是如果双方签字或盖章的时间不一致，且在合同中没有特别要求签字并且盖章合同成立，则以最后一方签字或盖章的时间为合同成立的时间。

《合同法》第 36 条规定：法律、行政法规规定或者当事人约定采用书面形式订立合同，当事人未采用书面形式但一方已经履行主要义务，对方接受的，该合同成立。《合同法》第 37 条规定：采用合同书形式订立合同，在签字或者盖章之前，当事人一方已经履行主要义务，对方接受的，该合同成立。

第二，需要用确认书确认的合同。

确认书是合同当事人对双方交易条件的书面确认，不仅是合同存在的书面证明，还会对合同成立产生影响。

当事人采用信件、数据电文等形式订立合同的，可以在合同成立之前要求签订确认书。要求签订确认书的，签订确认书时合同成立。《合同法》第 33 条规定：当事人采用信件、数据电文等形式订立合同的，可以在合同成立之前要求签订确认书。签订确认书时合同成立。但是需要注意的是，在合同成立"之前"，应当提出要求。如果没有在此时间之前提出要求，合同成立的时间仍然是承诺生效的时间。当事人在确认书上签字盖章的时间如果是同一时间，则合同成立时间是双方签字盖章的时间。如果当事人不在同一时间签字盖章，则最后一方当事人签字或盖章时间为合同成立时间。

（三）合同成立的地点

一般而言，承诺生效的地点为合同成立的地点。根据《合同法》第 34 条和第 35 条规定，当事人采用合同书形式订立合同的，双方当事人签字或盖章的地点为合同成立的地点。当事人采用数据电文形式订立合同的，收件人的主营业地为合同成立的地点；没有主营业地的，其经常居住地为合同成立的地点。当事人另有约定的，按照其约定。

根据《最高人民法院关于适用〈中华人民共和国合同法〉若干问题的解释（二）》第 4 条规定，采用书面形式订立合同，合同约定的签订地与实际签字或者盖章地点不符的，人民法院应当认定约定的签订地为合同签订地；合同没有约定签订地，双方当事人签字或盖章不在同一地点的，人民法院应当认定最后签字或者盖章的地点为合同签订地。

第三节 会展合同的效力

案例引导

甲企业急欲销售其开发的某住宅区的最后1套别墅,遂打电话向乙、丙、丁发出售房要约,并声明该要约的有效期为1个月。要约发出后第10日,甲与乙签订买卖合同并交付了该别墅,乙支付了全部房款,但未办理产权变更登记。第21日,甲与不知情的丙签订买卖合同并办理了产权变更登记。第25日,甲又与不知情的丁签订了买卖合同。第26日,该别墅被意外焚毁。

(资料来源:2006年国家司法考试试卷三不定项选择题。)

【问题】
(1) 试分析甲、乙之间买卖合同的效力。
(2) 试分析甲、丙之间买卖合同的效力。
(3) 试分析甲、丁之间买卖合同的效力。
(4) 丁对25日的买卖合同享有何种权利?
(5) 该别墅被意外焚毁的损失由谁承担?
(6) 该别墅被意外焚毁,丙应向谁主张权利?
(7) 若房屋未焚毁,丙是否有权要求乙搬离房屋?

会展合同的效力,是指会展合同所产生的法律约束力。所谓法律约束力,是指法律以其强制力迫使合同当事人必须按照其相互之间的约定完成一定义务的行为。它与合同的成立有着密切的关系。合同的成立是合同有效的前提,但并非所有成立的合同都是有效的合同。合同成立后的结果有四种情况:有效合同,无效合同,可变更、可撤销合同,效力待定的合同。会展合同的效力亦是如此。

一、合同生效

(一) 合同生效的条件

依法成立的合同,具有法律上的约束力,是有效合同。根据我国《民法通则》及有关法律规定,合同生效有一般条件和特殊条件。合同生效主要有以下四个条件:

(1) 合同当事人应当具有相应的民事行为能力。合同的主体应当具有相应的民事权利能力和民事行为能力。主体的种类不同,其相应的民事权利能力和民事行为能力也不尽相同。公司或其他组织签订合同应当由法定代表人或其授权的代理人来完成,委托代理签订合同应有合法手续。自然人签订合同应与其年龄、智力状况相符合。在我国,十八周岁以上精神正常的自然人,具有完全民事行为能力,可以独立进行民事活动,是完全民事行为能力人。十六周岁以上不满十八周岁精神正常的自然人,以自己的劳动收入为主要生活来源的,视为完全民事行为能力人。这两类人都具有缔结一般合同的能力。

（2）意思表示真实。所谓意思表示真实是指行为人的意思表示真实地反映其内心的效果意思。合同是当事人协商一致的结果。有效合同是当事人真实意思表示的结果,如果当事人自订立合同时存在欺诈、胁迫、乘人之危、重大误解等意思表示不真实的情况,则合同效力受到影响。

（3）不违反法律或者社会公共利益。违反法律和社会公共利益的合同会作为无效合同处理,如私下买卖毒品、武器等。

（4）具备法律规定或者当事人约定的形式。合同的形式一般比较灵活,可以采用口头形式、书面形式和其他形式。我国法律允许当事人可以依法选择合同的形式,但是如果法律对合同的形式作出了特殊规定,当事人必须遵守法律规定。有些合同依照法律规定,当事人在签订书面合同后还必须登记,方为有效。

（二）合同生效的时间

《合同法》第44条规定:依法成立的合同,自成立时生效。这是关于合同生效的一般规定。但是,并不是所有的合同都是成立时便生效,有的合同成立后就不一定生效。例如,中外合资经营企业合同、中外合作经营企业合同还必须经过批准后才能生效。《合同法》第44条第2款规定:法律、行政法规规定应当办理批准、登记等手续生效的,依照其规定。

当事人对合同的效力可以约定附条件或者附期限。对于附生效条件的合同,自条件成就时生效;对于附生效期限的合同,自期限届至时生效。

二、无效合同

同步案例

2008年6月,某会展公司与李某达成房屋租赁合同。合同约定,会展公司将其面积为60平方米的一间房屋租给李某开办游戏厅,月租金为2000元;开办游戏厅的一切责任由李某承担,与会展公司无关;李某应先支付两个月的租金,以后按月付租。合同签订后,李某按约支付了7月、8月的租金,但以后并未按月支付租金。同年12月,李某开办的游戏厅因涉嫌赌博活动而被公安机关查封。此后会展公司多次催要9月至12月的租金,李某皆置之不理。2009年3月,会展公司遂向法院起诉。法院审理中查明:会展公司在签订合同前,曾向介绍人赵某询问过李某的情况,会展公司亦亲自问过李某租房的目的。李某告诉他:麻将大家都玩厌了,游戏机还较新奇,这个游戏厅就是给大家一个寻刺激的地方。会展公司为了避免自己承担责任,遂要求在合同中规定开办游戏厅的一切责任由李某承担,与会展公司

无关。

（资料来源：http://max.book118.com/html/2016/0111/33040915.shtm.）

【问题】
请问，房屋租赁合同效力如何？法院应该如何判决？

（一）无效合同的概念

无效合同，指合同虽然已经成立，但不具备法律规定的有效要件，自始不能产生法律约束力的合同。它具有以下特点：

第一，违法性。无效合同违反了法律、行政法规的强制性规定或社会公共利益。

第二，自始无效。无效合同从订立时就不具有法律约束力。

第三，绝对无效。无效合同，国家不予确认，不受国家法律保护。

值得注意的是，无效合同对当事人没有法律约束力，只是意味着当事人不能实现合同的目的，而并不是指无效合同不发生任何法律后果。

（二）无效合同的种类

《合同法》第52条规定，有下列情形之一的，合同无效。

1. 一方以欺诈、胁迫的手段订立合同，损害国家利益

欺诈，是指一方当事人故意告知对方虚假情况，或者故意隐瞒真实情况，诱使对方当事人作出错误意思表示的行为；胁迫，是指以给公民及其亲友的生命健康、荣誉、名誉、财产等造成损害，或者以给法人的荣誉、名誉、财产等造成损害为要挟，迫使对方作出违背真实的意思的行为。按照《民法通则》的规定，欺诈、胁迫行为属于无效行为，但《合同法》增加了限制条件，即只有该类行为损害国家利益时，才无效；损害非国家利益的，则属于可撤销行为。

2. 以合法形式掩盖非法目的的合同

以合法形式掩盖非法目的订立的合同，是指合同的内容和形式是合法的，但订立合同的目的却是非法的。

3. 恶意串通，损害国家、集体或者第三人利益的合同

恶意，是指当事人在明知或者应当知道其所订立的合同将会给国家、集体或第三人利益造成损害的情况下，仍然故意为之。串通，是指当事人双方均怀有损害国家、集体或第三人利益的恶意，串通一气，从中谋取私利的行为。这类合同把个人利益或小团体利益置于国家、集体或他人利益之上，因而无效。

4. 损害社会公共利益的合同

维护公共利益是法律的一项基本原则。损害社会公共利益的合同涉及面较宽，如暴利行为、有损人格的行为、违反公平竞争的行为、损害普通消费者利益的行为等。国家法律保护社会公共利益，任何人不得损害。当事人订立的合同损害了社会公共利益，当属无效合同。

5. 违反法律、行政法规的强制性规定的合同

当事人订立的合同不得违反法律、行政法规的强制性规定，否则合同无效。这里说的强

制性规定是效力性强制规定,而非管理性强制规定。

(三)无效合同的法律后果

根据《合同法》第56～59条的规定,无效合同具有如下法律后果。

第一,自始无效。无效的合同自始没有法律约束力。

第二,合同部分无效,不影响其他部分效力的,其他部分仍然有效。合同无效不影响合同中独立存在的有关解决争议方法的条款的效力。

第三,折价补偿。合同无效,因该合同取得的财产,应当予以返还;不能返还或者没有必要返还的,应当折价补偿。

第四,返还财产,赔偿损失。有过错的一方应当赔偿对方因此所受到的损失,双方都有过错的,应当各自承担相应的责任。

第五,当事人恶意串通,损害国家、集体或者第三人利益的,因此取得的财产收归国家所有或者返还集体、第三人。

三、可变更或可撤销合同

同步案例

2006年9月10日,某主办单位与某会展中心签订了一份会展合同,合同约定该主办单位于2006年12月1日至2007年10月31日租用该会展中心的1～3层展室,并约定租金为10000元。在签订合同时,由于双方疏漏,误将租金10000元写成1000元并签字盖章,后会展中心发现要求更改,主办单位认为白纸黑字,合同已签订就具有了法律效力,因此不同意改,双方诉至法院。

(资料来源:http://wenwen.sogou.com/z/q188957161.htm.)

【问题】

1. 请问该合同的效力如何?为什么?
2. 会展中心如何行使自己对合同享有的权利?

(一)可变更、可撤销合同的概念

可变更、可撤销合同,是指合同成立以后,存在法定事由,根据一方当事人的申请,人民法院或者仲裁机构准许变更有关内容或者撤销全部合同内容或部分条款的合同。合同变更后,合同的内容发生了变化,合同当事人双方的权利和义务关系也随之得到调整。合同撤销后,已发生的合同法律关系自此归于消灭。

可变更、可撤销的合同特点:第一,存在着意思表示不真实的因素;第二,由合同当事人决定行使撤销或变更的权利,法院不会在当事人没有请求的情况下主动受理,这是与无效合同的显著区别;第三,在未撤销或变更前,合同是有效的;第四,合同效力均可追溯至合同成立时,可撤销的合同一经撤销,合同当事人之间便消灭合同关系,这一效力追溯到合同成立时。而合同经变更后,当事人之间仍然存在着合同关系,只是合同关系的内容发生了变化。变更的效力也追溯到合同成立时。

(二) 可变更、可撤销合同的法定原因

《合同法》第54条规定,下列合同,当事人一方有权请求人民法院或仲裁机构变更或者撤销。

1. 因重大误解而订立的合同

因重大误解而订立的合同是指当事人因对合同的性质、对方当事人以及标的等有关事项存在错误认识而签订的合同。从结果上看,行为后果与当事人的意思相悖,往往造成较大损失。从主观上看,损失是因当事人过失造成,不存在故意的情况。从主体上看,可能是一方当事人存在重大误解,也可能是双方存在重大误解。

2. 订立合同时显失公平的合同

订立合同时显失公平的合同,是指合同的一方当事人利用优势或者利用对方没有经验,致使双方的权利与义务明显违反了公平、等价有偿原则的合同。值得注意的是,此处的"显失公平"的情形发生在"订立合同时"。如果在订立合同以后才显失公平,则不属于此类情形。

3. 一方以欺诈、胁迫手段或者乘人之危,使对方在违背真实意思的情况下订立的合同

一方当事人故意告知对方虚假情况或者故意隐瞒真实情况,诱使对方当事人作出错误意思表示的,可以认定为欺诈行为。以给公民及其亲友的生命健康、荣誉、名誉、财产等造成损害,或者以给法人的荣誉、名誉、财产等造成损害为要挟,迫使对方作出违背真实的意思表示的,可以认定为胁迫行为。一方当事人乘对方处于危难之际,为牟取不正当利益,迫使对方作出不真实的意思表示,严重损害对方利益的,可以认定为乘人之危。

应当说明的是,《合同法》第52条规定的"一方以欺诈、胁迫的手段订立合同,损害国家利益"的合同与《合同法》第54条第2款规定的"一方以欺诈、胁迫的手段或者乘人之危,使对方在违背真实意思的情况下订立的合同"是不同的。前者损害的是国家利益,因此这类合同从一开始就属于无效合同。后者损害的是受欺诈、受胁迫、被乘人之危的一方当事人的利益,根据合同自治的原则,受害方可以有选择合同效力的权利,既可以变更或者撤销合同,也可以直接请求人民法院或仲裁机构予以变更或者撤销,还可以使合同保持有效。这类合同并非是从开始就是无效的。

(三) 可变更、可撤销合同的法律后果

可变更、可撤销合同可能有三种后果存在。

1. 合同有效

当事人既没有变更也没有撤销,合同最终为有效。

2. 合同变更

当事人对合同予以变更,合同变更为有效合同。但是针对可变更可撤销合同情形下合同的变更权需要注意以下几点。

第一,可变更、可撤销合同情形下合同的变更权与合同的变更属于两个不同的问题。前

者是合同效力存在瑕疵时对当事人的一种救济,而后者是双方当事人意思表示一致时的正常变动;前者不需要经过对方当事人同意就有权行使,后者则必须经过对方同意才可以变更。

第二,享有合同的变更权主体是有限制的。在重大误解和显失公平的情况下,双方都有权请求法院或者仲裁机构变更合同。在欺诈、胁迫和乘人之危的情况下,只有受损害的一方才有权请求法院或者仲裁机构变更。

第三,法院或者仲裁机构不可随意改变当事人意志。根据《合同法》第54条,如果合同当事人请求变更的,法院或者仲裁机构不得撤销。

3. 合同无效

合同经过撤销,最终归于无效,其后果有如下三种。

第一,被撤销的合同自始没有法律约束力。合同部分无效,不影响其他部分效力的,其他部分仍然有效。

第二,合同被撤销的,不影响合同中独立存在的有关解决争议方法的条款的效力。

第三,合同被撤销后,因该合同取得的财产,应当予以返还;不能返还或者没有必要返还的,应当折价补偿。有过错的一方应当赔偿对方因此所受到的损失,双方都有过错的,应当各自承担相应的责任。

关于合同的撤销权需要注意以下几点。

第一,享有撤销权主体是有限制的。在重大误解和订立合同时显失公平的情况下,双方都有权请求法院或者仲裁机构撤销合同。在欺诈、胁迫和乘人之危的情况下,只有受损害的一方才有权请求法院或者仲裁机构撤销。

第二,撤销权的消灭。根据《合同法》第55条规定,有下列情形之一的,撤销权消灭:①具有撤销权的当事人自知道或者应当知道撤销事由之日起一年内没有行使撤销权;②具有撤销权的当事人知道撤销事由后明确表示或者以自己的行为放弃撤销权。

四、效力待定合同

(一)效力待定合同的含义

效力待定合同是指合同虽已成立,但其效力处于不确定状态,有待于第三人意思表示加以确定的合同。效力待定合同与无效合同不同:无效合同自始确定无效,而效力待定合同可以有效,也可以无效。效力待定合同与可变更、可撤销合同也不同。可变更、可撤销合同在撤销与变更前是有效的合同,而效力待定合同的效力自始处于不确定状态。

(二)效力待定合同的情形

根据《民法通则》和《合同法》的规定,下列情况属于效力待定合同。

1. 限制民事行为能力人订立的合同

根据我国《民法通则》第12条和第13条的规定,我国的限制民事行为能力人包括两类:一是十周岁以上的未成年人,二是不能完全辨认自己行为的精神病人。限制民事行为能力人所签订的合同,其效力状况有两种:一种是有效合同,另一种为效力待定的合同。限制民事行为能力人签订的纯获利益的合同或者与其年龄、智力、精神健康状况相适应而订立的合

同为有效合同。限制民事行为能力人签订的其他合同则为效力待定合同。

2. 无权代理人订立的合同

无权代理人订立的合同就是行为人没有代理权、超越代理权或者代理权终止以后以被代理人名义订立的合同。无权代理人以被代理人名义订立的合同并非全部为效力待定状态,在表见代理的情况下,可能是有效合同。

当行为人没有代理权、超越代理权或者代理权终止以后以被代理人名义订立合同,相对人有理由相信行为人有代理权的,该代理行为有效。根据《最高人民法院关于适用〈中华人民共和国合同法〉若干问题的解释(二)》,在表见代理的情况下,被代理人依照规定承担有效代理行为所产生的责任后,可以向无权代理人追偿因代理行为而遭受的损失。

3. 无处分权人处分他人财产订立的合同

无权处分是指无处分权人以自己的名义擅自处分他人财产的行为。无权处分行为是否发生效力,取决于权利人追认或者处分人是否取得处分权。比如,借用人、保管人、租赁人擅自处分借用物、保管物或者租赁物而订立的合同。

(三)效力待定合同的法律后果

效力待定合同是一种效力不确定的状态,但经过转化,最终可能是有效合同,也可能是无效合同。

1. 限制民事行为能力人订立合同的法律后果

限制民事行为能力人订立的合同,经法定代理人追认后,该合同有效。在此情况下,《合同法》第47条第2款规定:相对人可以催告法定代理人在一个月内予以追认。法定代理人未作表示的,视为拒绝追认。合同被追认之前,善意相对人有撤销的权利。撤销应当以通知的方式作出。

这种情况下,被代理人有追认和拒绝追认的权利;而善意相对人则有催告权与撤销权。合同经过追认,最后有效,但是追认的意思表示自到达相对人时生效,合同自订立时起生效。若拒绝追认,则合同无效。无论是追认还是拒绝追认都应当在一个月内作出。如果一个月内没有追认,视为不追认。善意相对人若撤销合同,须是合同被追认前;一旦合同被追认,相对人便无法撤销。

2. 无权代理人以被代理人名义订立合同的法律后果

无权代理人以被代理人名义订立的合同,未经被代理人追认,对被代理人不发生效力,由行为人承担责任。当然,合同一经追认,合同也有效。但是追认的意思表示自到达相对人时生效,合同自订立起生效。根据《合同法》第48条的规定,相对人可以催告被代理人在一个月内予以追认。被代理人未作表示的,视为拒绝追认。合同被追认之前,善意相对人有撤销的权利。撤销应当以通知的方式作出。

根据《最高人民法院关于适用〈中华人民共和国合同法〉若干问题的解释(二)》第12条的规定,无权代理人以被代理人的名义订立合同,被代理人已经开始履行合同义务的,视为对合同的追认。

但是需特别注意的是,在表见代理的情况下,根据《合同法》第49条的规定,行为人没有代理权、超越代理权或者代理权终止后以被代理人名义订立合同,相对人有理由相信行为人有代理权的,该代理行为有效,即合同有效,且对被代理人发生法律效力。

3. 无权处分人处分他人财产的法律后果

根据《合同法》第51条规定,无处分权的人处分他人财产,经权利人追认或者无处分权的人订立合同后取得处分权的,该合同有效。这种情况下,权利人仍然享有追认或者拒绝追认的权利,但是善意相对人并不享有撤销或者催告的权利。

第四节 会展合同的履行和担保

案例引导

2007年12月11日,原告李某与被告全某签订了《租赁合同》,约定由被告全某将位于某地段的临街铺面出租给原告李某使用,租金为每月1390元,租赁期间从2008年1月1日起至2010年12月31日止。合同到期前,经双方协商达成一致意见,租金提至每月1600元,租赁期限延长至2013年12月31日止。合同还约定,如一方违约,违约金按年租金的20%计算,同时终止合同。

2011年10月31日,被告全某在未提前通知原告的情况下擅自对铺面进行停水停电并拆除出租铺面的卫生间。原告李某因无法正常使用该铺面,为清理积压物在街上摆卖货物缴纳城市道路占用费600元,并于2012年5月15日另行承租铺面进行经营。双方在未能就继续履行合同达成一致意见,为此,原告提起诉讼,请求法院判决被告继续履行合同,恢复承租铺面原状,退还停业期间的租金12800元,并顺延租期10个月,支付违约金、赔偿经营损失、因被告违约行为导致原告缴纳的城市道路占用费等合计54440元。

被告全某辩称,出租铺面停水停电均不是被告的行为导致的,铺面停电是因线路老化,原告在承租期间应当负责该铺面的日常维护。被告拆除卫生间是根据市政局关于改善城乡风貌的通知进行的,被告不存在违约行为。原告至今仍未将货物全部搬离铺面,应当按照合同约定继续缴纳租金,为此,被告全某提出反诉,请求法院判决原告按合同约定缴纳租金至退出铺面止,并支付违约金3840元同时终止双方的租赁合同。

(资料来源:http://gxfy.chinacourt.org/public/detail.php? id=67240.)

【问题】

1. 合同法的立法精神是什么?
2. 本案原告是否违约?

一、合同的履行

（一）合同履行的概念

合同履行,是指合同依法成立后,当事人双方按照合同规定的内容,全面履行各自承担的义务,从而使合同的权利、义务得到全部实现的整个行为过程。合同能否履行,直接关系到当事人权利的实现。

合同的履行以合同的有效为前提和基础,是依法订立的合同必然发生的法律后果。合同的履行是合同法的核心。如果订立了合同而得不到执行,订立合同的目的就无法实现,合同目的就会落空。因此,合同当事人必须高度重视合同的履行问题。

（二）合同履行的原则

合同履行的原则是指合同当事人在履行合同过程中所应遵循的基本准则,合同履行应遵循下列原则。

1. 全面履行原则

全面履行,就是合同双方当事人应当按照合同约定的标的、数量、质量、品种、价款、履行地点、履行期限、履行方式等要求全面、正确地履行自己的义务。

2. 诚实信用履行原则

诚实信用原则,就是要求双方当事人在履行合同义务时,秉承诚实、守信、善良,不滥用权利或者规避义务。根据合同的性质、目的和交易习惯履行通知、协助、保密等义务。

根据法律规定,当事人在履行合同的过程中,还应根据合同的性质、目的和交易习惯履行以下基本义务。

（1）通知。合同当事人应将有关重要事项和情况告诉对方,不欺诈,不隐瞒。

（2）协助。除了要全面、正确地履行自己的义务外,还要本着互相合作的精神为对方当事人履行合同创造必要的条件。在法律规定的范围内,当事人双方相互给予帮助,及时协调解决遇到的问题。

（3）保密。当事人在履行合同过程中,对属于对方当事人的商业秘密不能向外界泄露。这是经济活动中必须遵守的道德原则。

（三）合同履行的具体规则

1. 合同内容约定不明确的履行规则

根据《合同法》第61条和第62条的规定,合同生效后,当事人就质量、价款或者报酬、履行地点等内容没有约定或者约定不明确的,可以协议补充;不能达成补充协议的,按照合同有关条款或者交易习惯确定。如果仍然不能确定的,则按照以下规定履行。

（1）质量要求不明确的,按照国家标准、行业标准履行;没有国家标准、行业标准的,按照通常标准或者符合合同目的的特定标准履行。

（2）价款或者报酬不明确的,按照订立合同时履行地的市场价格履行;依法应当执行政府定价或者政府指导价的,按照规定履行。

（3）履行地点不明确,给付货币的,在接受货币一方所在地履行;交付不动产的,在不动产所在地履行;其他标的,在履行义务一方所在地履行。

(4) 履行期限不明确的,债务人可以随时履行,债权人也可以随时要求履行,但应当给对方必要的准备时间。

(5) 履行方式不明确的,按照有利于实现合同目的的方式履行。

(6) 履行费用的负担不明确的,由履行义务一方承担。

2. 合同价格发生变化的履行原则

政府定价,是指依照《中华人民共和国价格法》(以下简称《价格法》)的规定,由政府价格主管部门或者其他有关部门,按照定价权限和范围制定的价格。政府指导价,是指依照《价格法》的规定,由政府价格主管部门或者其他有关部门,按照定价权限和范围规定基准价及其浮动幅度,指导经营者制定的价格。根据《合同法》第63条的规定,执行政府定价或者政府指导价的合同在履行时应遵守以下规则。

(1) 执行政府定价或者政府指导价的,在合同约定的交付期限内政府价格调整时,按照交付时的价格计价。

(2) 执行政府定价或者政府指导价的,逾期交付标的物的,遇价格上涨时,按照原价格执行;价格下降时,按照新价格执行。逾期提取标的物或者逾期付款的,遇价格上涨时,按照新价格执行;价格下降时,按照原价格执行。

3. 合同债权债务转移的履行原则

当事人约定由债务人向第三人履行债务的,债务人未向第三人履行债务或者履行债务不符合约定,应当向债权人承担违约责任。当事人约定由第三人向债权人履行债务的,第三人不履行债务或者履行债务不符合约定,债务人应当向债权人承担违约责任。

4. 合同当事人变更时的履行规则

(1) 债权人分立、合并或者变更住所,没有通知债务人,致使履行债务发生困难的,债务人可以中止履行或者将标的物提存。债权人分立是指作为债权人的组织依法分成两个或两个以上的独立的组织,原来的组织可以存在(存续分立),也可以消灭(新设分立)。债权人合并是指作为债权人的组织与其他组织结合成一个组织,原来的组织可以存在(吸收合并),也可以消灭(新设合并)。

(2) 合同生效后,当事人不得因姓名、名称的变更或者法定代表人、负责人、承办人的变动而不履行合同义务。合同是合同主体即合同当事人之间的协议,因此,如果只是当事人的姓名或名称改变或者法定代表人、负责人、承办人的变动,当事人自然无理由以上述情况的变化来拒绝履行合同的义务。

5. 合同提前履行的规则

债权人可以拒绝债务人提前履行债务,但提前履行不损害债权人利益的除外。债务人提前履行债务给债权人增加的费用,由债务人负担。

6. 合同部分履行的规则

债权人可以拒绝债务人部分履行债务,但部分履行不损害债权人利益的除外。债务人部分履行债务给债权人增加的费用,由债务人负担。

(四) 合同履行的抗辩权

抗辩权又称异议权,是指一方当事人根据法律规定拒绝或者对抗对方当事人请求权的权利。抗辩权的设置目的在于使当事人在法定情况下可以对抗对方的请求权,使当事人的拒绝履行不构成违约,可以更好地维护当事人的利益。

从合同法的基本原则来看,合同自由原则包括缔约自由和解约自由,充分尊重合同当事人的选择。在本节引导案例中,双方当事人约定,只要一方存在违约行为即终止合同的履行。因此,被告全某辩称,即便被告存在违约行为,根据合同约定也应当终止合同的履行,对该辩称能否采信?从合同自由原则还可以看出,合同法的立法本意是为了鼓励交易,由此引申出鼓励交易原则。合同法为了鼓励交易,也严格限制违约解除的条件,只要在违约方能够继续履行,守约方愿意受领的场合,就应当限制解除合同,鼓励交易继续进行。否则,我们可以推测出这样一种现象,只要双方当事人约定任何一方存在违约即可解除合同,一方当事人不愿意履行时故意构成违约在承担违约责任后解除合同,大量合同被解除,守约方基于该合同取得的其他利益不复存在,这对守约方来说是非常不公平的。因此,对被告认为己方违约应解除合同的辩称,法院并未采信。

1. 同时履行抗辩权

当事人互负债务,没有先后履行顺序的,应当同时履行。一方在对方履行之前有权拒绝其履行要求;一方在对方履行债务不符合约定时,有权拒绝其相应的履行要求。这样做目的在于维护双方当事人在利益上的平衡。

2. 先履行抗辩权

当事人互负债务,有先后履行顺序,先履行一方未履行的,后履行一方有权拒绝其履行要求。先履行一方履行债务不符合约定的,后履行一方有权拒绝其相应的履行要求。先履行抗辩权的构成要件:①双方当事人互负债务;②两个债务有先后履行顺序;③先履行一方不履行或不适当履行。

同步案例

甲与乙公司签订的房屋买卖合同约定:"乙公司收到首期房款后,向甲交付房屋和房屋使用说明书;收到二期房款后,将房屋过户给甲。"甲交纳首期房款后,乙公司交付房屋但未立即交付房屋使用说明书。甲以此为由行使先履行抗辩权而拒不支付二期房款。下列哪一表述是正确的?(　　)

A. 甲的做法正确,因乙公司未完全履行义务

B. 甲不应行使先履行抗辩权,而应行使不安抗辩权,因乙公司有不能交付房屋使用说明书的可能性

C. 甲可主张解除合同,因乙公司未履行义务

D. 甲不能行使先履行抗辩权,因甲的付款义务与乙公司交付房屋使用说明书不形成主给付义务对应关系

(资料来源:2015年司法考试真题试卷三第10题。)

3. 不安抗辩权

应当先履行义务的一方当事人发现后履行义务的一方当事人欠缺履行合同的能力和信用时,有权拒绝履行合同。《合同法》第 68 条规定,当事人互负债务,有先后履行顺序的,应当先履行债务的当事人,有确切证据证明对方有下列情形之一的,可以中止履行:①经营状况严重恶化;②转移财产、抽逃资金,以逃避债务;③丧失商业信誉;④有丧失或者可能丧失履行债务能力的其他情形。当事人没有确切证据中止履行的,应当承担违约责任。前提:有确切证据。

当事人行使不安抗辩权而中止履行合同的,应及时通知对方当事人。如果对方当事人提供了适当担保,应当恢复履行,不履行则视为违约。中止履行后,对方在合理期限内未恢复履行能力并且未提供适当担保的,中止履行的一方可以解除合同。

二、合同的担保

(一)合同担保的概念和特征

合同担保是指合同双方当事人为保障合同履行,依照法律规定或者当事人约定而采取的具有法律效力的保证措施。

担保具有以下法律特征。

(1)从属性。担保合同是从属于主合同的从合同,主合同无效,担保合同亦无效。

(2)补充性。担保对债权人权利的实现仅具有补充作用,在主债关系因适当履行而正常终止时,担保人并不实际履行担保义务。只有在主债务不能得到履行时,补充的义务才需要履行,使主债权得以实现。因此,担保具有补充性。

(二)合同担保的形式

根据我国担保法规定,合同担保的形式主要有以下几种。

1. 保证

保证是指保证人和债权人约定,当债务人不履行债务时,由保证人按照约定履行主合同的义务或者承担责任的行为。保证分为一般保证和连带保证,一般保证就是只有在债务人不能履行债务时,保证人才承担保证责任。连带责任保证就是只要债务人到期不履行合同,保证人就有义务承担保证责任。国家机关(除国务院批准的特殊情况外)、公益性事业单位等不能作为担保人。

2. 抵押

抵押是指债务人或者第三者不转移抵押财产的占有,将抵押财产作为债权的担保。当债务人不履行债务时,债权人有权依照担保法的规定以抵押财产折价或者以拍卖、变卖该财产的价款优先受偿。在抵押关系中,债务人或第三人为抵押人,债权人为抵押权人,提供担保的财产为抵押物。抵押物可以是抵押(债务)人的财产,也可以是第三人的财产。

3. 质押

质押是指债务人或者第三者将其动产移交债权人占有,或者将其财产权利交由债权人控制,将该动产或者财产权利作为债权的担保。是否将担保财产转移给债权人占有是抵押和质押的主要区别。当债务人不履行债务时,债权人有权依照担保法的规定以该动产或者财产权利折价,或者以拍卖、变卖该动产或者财产权利的价款优先受偿。

4. 留置

留置是指在保管合同、运输合同、加工承揽合同中,债权人依照合同约定占有债务人的动产,债务人不按照合同约定的期限履行债务的,债权人有权依照担保法规定留置该财产,以该财产折价或者以拍卖、变卖该财产的价款优先受偿。

同步案例

顺风电器租赁公司将一台电脑出租给张某,租期为2年。在租赁期间内,张某谎称电脑是自己的,分别以市价与甲、乙、丙签订了三份电脑买卖合同并收取了三份价款,但张某把电脑实际交付给了乙。后乙的这台电脑被李某拾得,因暂时找不到失主,李某将电脑出租给王某获得很高收益。王某租用该电脑时出了故障,遂将电脑交给康成电脑维修公司维修。王某和李某就维修费的承担发生争执。康成公司因未收到修理费而将电脑留置,并告知王某如7天内不交费,将变卖电脑抵债。李某听闻后,于当日潜入康成公司偷回电脑。关于康成公司的民事权利,下列说法正确的是(   )。

A. 王某在7日内未交费,康成公司可变卖电脑并自己买下电脑
B. 康成公司曾享有留置权,但当电脑被偷走后,丧失留置权
C. 康成公司可请求李某返还电脑
D. 康成公司可请求李某支付电脑维修费

(资料来源:2015年司法考试真题试卷三第89题。)

5. 定金

定金是指合同当事人一方为了担保合同的履行,预先支付另一方一定数额的金钱的行为。债务人履行债务后,定金应当抵作价款或者收回。给付定金的一方不履行合同约定的债务的,无权收回定金;收受定金的一方不履行合同约定的债务的,应当双倍返还定金。定金应当以书面形式约定,数额由当事人约定,但不得超过主合同标的额的20%,定金合同从实际交付定金之日起生效。

上述五种担保方式中,留置是法定担保方式,即债权人依照法律规定行使留置权,无须当事人之间约定。其他四种担保方式需由当事人之间约定,是协议的担保方式。

第五节　会展合同的变更、转让和终止

案例引导

A贸易商行于2015年9月向某服装厂订购了一批童装,总价值18万元。A贸易商行(需方)预付了货款的20%即3.6万元,约定年底交货,11月需方打电话给服装厂(供方)的厂长要求变动一下童装的部分花色,当时厂长不在,接电话的人员草草记下电话内容后,就忘了此事,等到12月底供方将童装交给需方时,需方才发现,童装的花色并未变更,仍和合同规定的一样,需方询问供方厂长时,供方说并不知道需方要求变更花色,需方说在11月底打过电话供方接电话之人见闯了祸就矢口否认接过此电话,需方即以供方违约为由拒付货款,供方见要不回货款,即提起诉讼,要求需方承担违约责任,支持货款及违约金。

【问题】
你认为合同的变更成立吗？为什么？法院应怎样审理此案？

一、合同的变更

（一）合同变更的概念和特征

合同的变更,是指依法成立的合同在尚未履行或尚未完全履行完毕之前,双方当事人依法对原合同的内容所进行的修改,如会展运输合同变更运输展品的时间、地点、品种、数量等部分要素。

合同的变更是一种民事法律行为,它具有以下特征:①合同变更必须发生在合同成立之后到合同没有完全履行完毕之前这一特定期间;②合同变更是对已经成立的合同部分内容的变动或者修改,而不是对合同全部内容的变动或修改;③合同变更须经当事人协商一致,任何一方当事人都不得单独随意变更合同;④合同变更是合法行为,须经过法定程序和形式。

（二）合同变更的条件

《合同法》第77条规定:当事人协商一致,可以变更合同。这是合同变更的一般条件,也是合同变更的前提条件。合同的变更必须合法,并不因此损害国家利益和社会公共利益。这样的合同变更才产生法律效力,才受国家法律保护。

（三）对合同变更的内容约定不明确的处理

《合同法》第78条规定:当事人对合同变更的内容约定不明确的,推定为未变更。因为

变更后合同,只有其权利、义务明确,才能履行并产生法律上的约束力。如果变更后合同权利、义务不明确,就无法履行,不利于法律当事人的合法权益。所以,法律不认可合同双方当事人内容不明确的变更。

二、合同的转让

(一)合同转让的概念

合同的转让是指合同主体的变更,是指合同当事人依法将合同的全部或者部分权利和义务转让给他人的合法行为。

合同转让的含义包括:合同转让是合同的一方当事人将合同的权利和义务全部或部分转让给第三人;合同转让是在保持原合同内容不变的前提下,仅就合同主体所作的变更;合同转让是一种合法行为;合同转让应当经过对方同意或者通知对方方可产生法律效力;依法规定应办理审批手续的,还须办理有关手续。

(二)合同转让的类型

合同的转让根据转让标的的不同,可分为债权转让,债务转让和债权、债务同时转让。根据转让的范围不同,可分为全部转让和部分转让。合同转让在会展业务中也时常会遇到。

1. 合同权利转让

合同权利转让又称为债权转让,是指不改变合同的内容,债权人将其享有的合同权利全部或者部分转让给第三人享有的法律行为。债权人转让权利的,一般不会增加债务人的负担,因此无须征得债务人的同意,但是应当通知债务人,未经通知,该转让对债务人不发生效力。债权人转让权利的通知不得撤销,但经受让人同意的除外。根据合同性质(如与人身关系相关的)不得转让的、按照当事人约定不得转让的、依照法律规定不得转让的(如依担保法规定设定最高额抵押的合同债权),均不得转让。

债权人转让权利的,受让人除取得主权利外,还取得与债权有关的从权利(但从权利专属于债权人自身的情况除外)。转让债权应当办理登记、批准手续的,债权人必须履行批准、登记义务。

2. 合同义务转让

合同义务转移,是指债务人将其负担的债务全部或者部分转让给第三人负担的法律行为。合同义务转移从受让人的角度讲,又称为债务承担。在合同义务转移的法律关系中,将债务转让给第三人的人为让与人,承担所转让的债务的人为受让人。

合同义务的转让,可能会给债权人造成损害,因此,《合同法》第84条规定,债务人将合同的义务全部或者部分转让给第三人的,应当经债权人同意。债务人转让义务的,新债务人可以主张原债务人对债权人的抗辩。同时,新债务人还应当承担与主债务有关的从债务,但该从债务专属于原债务人自身的除外。法律、行政法规规定转让权利或者转让义务应当办理批准、登记等手续的,应当依照规定办理相关手续。

3. 合同权利义务一并转让

合同权利义务一并转让,是指原合同当事人一方将自己在合同中的权利和义务一并转移给第三人,由第三人概括地继受这些债权和债务,所以又称为债权债务的概括转让。合同权利义务一并转让不同于合同权利转让或者合同义务转让。根据《合同法》第88条的规定，当事人一方可以将自己在合同中的权利和义务一并转让给第三人，但是必须经对方同意。

合同权利义务一并转让通常有两种情形：一是约定转让，二是法定转让。①约定转让，是指当事人一方与第三人订立合同，并经另一方当事人的同意，将其在合同中的权利义务一并转让给第三人，由第三人承受自己在合同上的地位，享受权利并承担义务。因合同权利义务一并转让的内容实质上包括合同权利转让和合同义务转让，因此，合同权利义务一并转让应当分别符合《合同法》对合同权利转让和合同义务转让条件的规定。②法定转让，是指当法律规定的条件成就时，合同的权利义务一并转让给第三人的情形。《合同法》第90条规定："当事人订立合同后合并的，由合并后的法人或者其他组织行使合同权利，履行合同义务。当事人订立合同后分立的，除债权人和债务人另有约定的以外，由分立的法人或者其他组织对合同的权利和义务享有连带债权，承担连带债务。"这条规定还有助于遏止假借分立之名行逃债之实的违法行为。

同步案例

乙公司欠甲公司20万元，甲公司欠丙公司18万元，丁公司欠乙公司20万元。现乙、丁两公司达成协议，由丁公司向甲公司清偿乙公司的20万元债务，乙、丁间债权债务关系消灭。该协议经甲公司同意。后甲公司又与丙公司达成协议，由丁公司向丙公司清偿20万元，甲、丙的18万元债权债务消灭。

（资料来源：http://www.edu1488.com/article/2011-7/29164248.shtml.）

【问题】

（1）乙、丁公司间协议的性质是什么？该协议是否生效？

（2）甲、丙公司间协议的性质是什么？丙公司因此获利2万元，是否违法？若甲公司未将此事通知丁公司，该协议是否已生效？

（3）若甲公司未将此事通知丁公司，丁公司向甲公司为清偿，甲公司接受，该种清偿是否有效？此时应如何救济丙公司？

（4）若甲公司已通知丁公司，但丁公司忘记此事仍向甲公司为清偿，甲公司接受，该种清偿是否有效？此时应如何救济丙公司？甲、丁公司间为何种法律关系？

（5）如果丁公司不能清偿债务，丙公司能否要求乙公司承担连带责任？

三、合同的终止

（一）合同终止的概念和情形

合同的终止又称合同的消灭，是指由于一定法律事实的出现，合同双方的当事人终止合同关系，合同原有的权利义务归于消灭。

根据《合同法》第91条规定,有下列情形之一的,合同的权利义务终止。

(1) 债务已经按照约定履行。

如果债务已经按照约定得以履行,合同的目的已经实现,合同关系应当归于消灭,合同已无必要继续约束当事人。因此,合同因完全得到履行而终止,是最为正常的。

(2) 合同解除。

合同解除,是指合同当事人依法行使解除权或者双方协商决定,提前解除合同效力的行为。合同解除包括约定解除、法定解除。具体见下文的专门阐述。

(3) 债务相互抵消。

债务抵消有法定抵消和约定抵消之分。如果当事人互负到期债务,该债务的标的物种类、品质相同的,任何一方可以将自己的债务与对方的债务抵消,为法定抵消,但依照法律规定或者按照合同性质不得抵消的除外。当事人主张抵消的,应当通知对方,通知自到达对方时生效。抵消不得附条件或者附期限。如果当事人互负债务,标的物种类、品质不相同的,经双方协商一致,也可以抵消,为约定抵消。

(4) 债务人依法将标的物提存。

提存是指在债务人因债权人的原因而无法向债权人给付债之标的物时,债务人可将该标的物提交于提存机关,由提存机关告知债权人领取,从而解除债务人的履行义务和承担风险责任的一种制度。根据《合同法》第101条规定,如果因债权人无正当理由拒绝受领、债权人下落不明、债权人死亡未确定继承人或者丧失民事行为能力未确定监护人,以及法律规定的其他情形等原因,致使难以履行债务的,债务人可以将标的物提存。

标的物不适于提存或者提存费用过高的,债务人依法可以拍卖或者变卖标的物,提存所得的价款。标的物提存后,除债权人下落不明的以外,债务人应当及时通知债权人或者债权人的继承人、监护人。标的物提存后,毁损、灭失的风险由债权人承担;提存期间,标的物的孳息归债权人所有;提存费用由债权人负担。债权人可以随时领取提存物,但债权人对债务人负有到期债务的,在债权人未履行债务或者提供担保之前,提存部门根据债务人的要求应当拒绝其领取提存物。债权人领取提存物的权利,自提存之日起五年内不行使而消灭,提存物扣除提存费用后归国家所有。

(5) 债权人免除债务。

债权人免除债务人部分或者全部债务的,合同的权利义务部分或者全部终止。值得注意的是,债权人免除个别债务人的债务,不能导致债权人的债权因此受损,否则债权人可以依法行使撤销权来保全自己的债权。

(6) 债权债务同归于一人。

债权和债务同归于一人的,即混同,合同的权利义务终止,但涉及第三人利益的除外。

(7) 法律规定或者当事人约定终止的其他情形。

合同的权利义务终止后,当事人应当遵循诚实信用原则,根据交易习惯履行通知、协助、保密等义务。需要特别指出的是,合同的权利义务终止,不影响合同中结算和清理条款的效力,也不影响合同中独立存在的有关解决争议方法的条款的效力。

（二）合同的解除

合同的解除，是指在合同订立后尚未全部履行前，因双方当事人的协商或者法定事由，而使基于合同发生的民事权利义务关系归于消灭的行为。合同解除后，终止履行。合同的解除方式分为协议解除和法定解除两种。

1. 协议解除

协议解除是依照双方当事人协商一致将合同解除的方式，体现了合同自愿的原则。协议解除合同有两种情况：一是事后协商解除，即合同履行前或履行过程中，经当事人协商一致即可解除合同；二是约定解除，即订立合同的当事人可以约定一方解除合同的条件，一旦解除合同的条件成立时，解除权人就可以解除合同。

2. 法定解除

法定解除是合同解除的条件由法律直接规定。这是一种单方面法律行为。《合同法》第94条规定，有下列情形之一的，当事人一方可以依法解除合同：

（1）因不可抗力致使不能实现合同目的；

（2）在履行期限届满之前，当事人一方明确表示或者以自己的行为表明不履行主要债务；

（3）当事人一方延迟履行主要债务，经催告后在合理期限内仍未履行；

（4）当事人一方延迟履行债务或者有其他违约行为致使不能实现合同目的；

（5）法律规定的其他情形。

合同解除与合同无效、合同被撤销是不同的。无效合同以及被撤销的合同，该合同自始无效。而合同解除，是在合同生效后解除。要区分具体情况来处理，合同解除后，尚未履行的，终止履行；已经履行的，根据履行情况和合同性质，当事人可以要求恢复原状，采取其他补救措施，并有权要求赔偿损失。

第六节　违反会展合同的责任

案例引导　A公司诉B公司展览合同纠纷案

原告A公司诉称，原告于2009年7月了解到被告承办的展会信息，于当月10日与被告签订《2009中国（苏州）国际服装服饰贴牌加工博览会参展申请/合同表》，准备参加于2009年8月6日至8日在苏州国际博览中心举办的展会，并于当月17日支付被告全部展费共计人民币16200元。然而原告在布展工作中了解到，原告实际参展的展会名为"苏州国际纺织品面辅料及服装工业展/苏州国际服装贴牌加工及流行纱线展"。展会不仅内容上与合同有差别，举办的级别上也有较大差距，展会的组织、宣传及承办工作都较为混乱。此外，原告通过与其他参展商沟通，

还发现被告通过虚假宣传,与不同的参展商签订不同展会名的参展合同,从而达到欺骗参展商,谋取不当利益的行为。原告参展目的不能实现,为避免更大损失,原告取消了原定的参展计划。后苏州国际博览中心因该展会混乱的组织和承办工作,退回原告展费1400元。原告认为被告已构成欺诈,故请求判令:①撤销原、被告之间签订的展览合同;②被告向原告退回展览费14800元;③被告向原告补偿差旅费4901.30元。后差旅费变更为4597.30元。

被告B公司辩称,展会在约定的时间地点举行,而且展会的内容、主题也和登记的一致;名称是由于工作人员的疏忽而没有及时调整,但不存在欺诈;合同已履行完毕,权利义务已归于消灭,不具有可撤销的条件;展会确实不成功,但非被告原因,而是受国际金融危机的影响。请求驳回原告的诉讼请求。

(资料来源:http://www.110.com/panli/panli_14518959.html.)

【问题】
原告的诉求是否应当得到法律的保护?理由是什么?

一、违约责任的概念

违约责任,是指合同当事人违反合同义务所应承担的民事法律责任。合同义务是违约责任产生的前提,它是不履行或不适当履行义务的结果。不履行包括当事人不能履行或者拒绝履行;不适当履行就是指不按照合同约定的条件履行。依法成立的合同,对当事人具有法律约束力,当事人必须按照合同的约定履行自己的义务。如果当事人不履行义务或者履行义务不符合约定,就要承担违约责任。

二、违约责任的特征

1. 违约责任是一种民事责任

法律责任有民事责任、行政责任、刑事责任等类型,民事责任是指民事主体在民事活动中,因实施民事违法行为或基于法律的特别规定,依据民法所应承担的民事法律后果。民法通则专设"民事责任"一章(第六章),规定了违约责任和侵权责任两种民事责任。违约责任作为一种民事责任,在目的、构成要件、责任形式等方面均有别于其他法律责任。

2. 违约责任是违约的当事人一方对另一方承担的责任

合同关系的相对性决定了违约责任的相对性,即违约责任是合同当事人之间的民事责任,合同当事人以外的第三人对当事人之间的合同不承担违约责任。具体而言:①违约责任是合同当事人的责任,不是合同当事人的辅助人(如代理人)的责任;②合同当事人对于因第三人的原因导致的违约承担责任。《合同法》第121条规定:当事人一方因第三人的原因造成违约的,应当向对方承担违约责任。当事人一方和第三人之间的纠纷,依照法律规定或者按照约定解决。

3. 违约责任是当事人不履行或不完全履行合同的责任

其一,违约责任是违反有效合同的责任。合同有效是承担违约责任的前提。这一特征使违约责任与合同法上的其他民事责任(如缔约过失责任、无效合同的责任)区别开来。其二,违约责任以当事人不履行或不完全履行合同为条件。能够产生违约责任的违约行为有两种情形:一是一方不履行合同义务,即未按合同约定提供给付;二是履行合同义务不符合约定条件,即其履行存在瑕疵。

4. 违约责任具有补偿性和一定的惩罚性

其一,违约责任以补偿守约方因违约行为所受损失为主要目的,以损害赔偿为主要责任形式,故具有补偿性质。其二,违约责任可以由当事人在法律规定的范围内约定,具有一定的惩罚性。合同法第114条第1款规定:当事人可以约定一方违约时应当根据违约情况向对方支付一定数额的违约金,也可以约定因违约产生的损失赔偿额的计算方法。

三、违约责任的归责原则

归责原则,是指明确违约行为所致事实后果的判断时应当遵循的原则和基本标准。

(一) 严格责任原则

严格责任原则又称无过错责任原则,是指当事人违反合同义务即应承担责任。实行严格责任的违约责任,其构成要件之一是合同当事人一方的客观违约行为。

(二) 过错责任原则

过错责任原则,是指合同当事人违反合同义务且存在过错时才承担的违约责任。实行过错责任的违约责任,其构成要件之一是违约方的客观违约行为和主观过错。

《合同法》第107条规定:当事人一方不履行合同义务或者履行合同义务不符合约定的,应当承担继续履行、采取补救措施或者赔偿损失等违约责任。由此可见,《合同法》规定的违约责任不要求证明行为人在主观上是否存在过错,而只要行为人没有履行合同或者履行合同不符合约定,就应当承担违约责任。这表明,我国《合同法》对违约责任采取严格责任原则。

四、违约责任的构成要件

根据上述违约责任的归责原则,违约责任的构成要件只有两个:一是有违约行为,二是没有法定或约定的免责条款。

(一) 违约行为

违约行为是指当事人违反合同约定义务的行为。违约行为的具体表现主要有以下几种。

(1) 预期违约。预期违约又叫先期违约、事先违约,是指当事人一方在合同规定的履行期到来之前,明示或者默示将其不履行合同的行为。就预期违约而言,它破坏的是信赖关系的基础,导致一方当事人因信赖对方能够履行而支出一定的准备履行费用的损失,因而应承担违约的法律责任。

(2) 不履行。不履行是指在合同履行期届满时,合同当事人完全不履行自己的合同义务,分为"根本违约"和"拒绝履行"。由于当事人一方迟延履行债务或者有其他违约行为,致使不能实现合同目的的行为称为"根本违约";而履行期届满,债务人又无正当理由拒绝履行

合同义务的行为被称为"拒绝履行"。

（3）迟延履行。延迟履行是指合同当事人违反了履行期限约定的行为,包括债务人的给付迟延和债权人的受领迟延。给付迟延,是指债务人在履行期限到来时,能够履行而没有按期履行债务。其构成要件如下：须有债务存在；须无法律上的正当理由,如不可抗力。受领迟延是指债权人对债务人的履行拒绝受领或不能受领。其构成要件如下：须有债权存在；须债务人的履行要求债权人协助；须债务履行期已届满且债务人已履行或提出履行；须债权人未受领给付,且迟延受领无正当理由。

（4）不适当履行。不适当履行是指当事人交付的标的物不符合合同规定的质量要求,也就是说履行具有瑕疵。我国《合同法》第111条：质量不符合约定的,应当按照当事人的约定承担违约责任。对违约责任没有约定或者约定不明确,依照本法第六十一条的规定仍不能确定的,受损害方根据标的的性质以及损失的大小,可以合理选择要求对方承担修理、更换、重作、退货、减少价款或者报酬等违约责任。根据该规定,权利人在对方当事人不适当履行的情况下,应当按照合同的约定确定责任；如果合同没有作出明确规定或者规定不明确,权利人可以根据具体情况,选择各种不同的补救方式和责任形式。

（二）免责条款

免责条款,是指合同当事人约定的排除或者限制其将来可能发生的违约责任的条款。法定的免责条款主要是不可抗力,如自然灾害、战争、政府禁令等。约定的免责条款,是根据当事人的"意思自愿原则"签订的任意性免责条款。但是我国《合同法》第53条规定,合同中的下列免责条款无效：①造成对方人身伤害的；②因故意或重大过失造成对方财产损失的。

五、违约责任的承担方式

违约责任的承担方式是指违约的当事人依照法律规定或者合同的约定,应当承受的制裁方式。根据《合同法》第107条规定,违约责任的承担方式主要有以下几种。

（一）继续履行

继续履行是指当事人一方不履行或者履行合同义务不符合约定时,另一方当事人可以要求其在合同履行期限届满后,继续按照合同所约定的主要条件完成其合同义务的行为。如参展商可以要求会展主办方继续提供适合其需要的展位。

但有下列情形之一的除外：法律上或者事实上不能履行；标的不适于强制履行或者履行费用过高；债权人在合理期限内未要求履行。

（二）采取补救措施

采取补救措施是指违约方采取的除继续履行、支付赔偿金、支付违约金、支付定金方式以外的其他补救措施,其目的在于消除、减轻因违约给对方当事人造成的损失。

值得注意的是,当事人一方违约后,对方应当采取适当措施防止损失的扩大；没有采取适当措施致使损失扩大的,不得就扩大的损失请求赔偿。当事人因防止损失扩大而支出的合理费用,由违约方承担。这一规定体现了公平原则。

（三）赔偿损失

赔偿损失是指违约方因不履行或者不完全履行合同义务给对方造成损失时,依法或者根据合同约定应赔偿对方当事人所受损失的行为。赔偿损失责任的构成要件包括：必须要有损害事实，这是承担赔偿责任的首要构成要件；必须有违约行为；违约行为和损害事实之间存在因果关系。

（四）支付违约金

违约金是指当事人在合同中约定的或者由法律规定的，一方违约时应向对方支付一定数额金钱的责任形式。它具有以补偿性为主、惩罚性为辅的性质。因违约给对方造成损失的，违约金可用来弥补损失，具有补偿性；因违约责任未给对方造成损失的，违约金具有惩罚性质。

同步案例

甲乙签订一份买卖合同，约定违约方应向对方支付18万元违约金。后甲违约，给乙造成损失15万元。下列哪一表述是正确的？（　　）

A. 甲应向乙支付违约金18万元，不再支付其他费用或者赔偿损失

B. 甲应向乙赔偿损失15万元，不再支付其他费用或者赔偿损失

C. 甲应向乙赔偿损失15万元并支付违约金18万元，共计33万元

D. 甲应向乙赔偿损失15万元及其利息

（资料来源：2013年司法考试真题试卷三第14题。）

（五）支付定金

定金既是对合同的一种担保，同时也是一种违约责任。作为违约责任的一种形式，主要是通过定金罚则体现出来的。《合同法》第115条的规定：当事人可以依照《中华人民共和国担保法》约定一方向对方给付定金作为债权的担保。债务人履行债务后，定金应当抵作价款或者收回。给付定金的一方不履行约定的债务的，无权要求返还定金；收受定金的一方不履行约定的债务的，应当双倍返还定金。但是《合同法》第116条也规定：当事人既约定违约金，又约定定金的，一方违约时，对方可以选择适用违约金或者定金条款。

当事人既约定违约金，又约定定金的，一方违约时，对方可以选择适用违约金或者定金条款，但两者不能并用。

同步案例

甲与乙订立了一份苹果购销合同，约定：甲向乙交付20万公斤苹果，货款为40

万元,乙向甲支付定金4万元,如任何一方不履行合同应支付违约金6万元。甲因将苹果卖予丙而无法向乙交付苹果,乙提出的如下诉讼请求中,既能最大限度保护自己的利益,又能获得法院支持的诉讼请求是(　　)。

A. 请求甲双倍返还定金8万元
B. 请求甲双倍返还定金8万元,同时请求甲支付违约金6万元
C. 请求甲支付违约金6万元,同时请求返还支付的定金4万元
D. 请求甲支付违约金6万元

(资料来源:http://www.ppkao.com/shiti/169044/.)

知识链接　　定金与订金的三大区别

定金与订金之间到底有什么差别呢?下面从三个不同的法律角度来为您解释定金与订金的区别,从而了解担保法、合同法等领域内不同的定金含义与作用。

一、从担保法角度看定金与订金的区别

根据《担保法》的有关规定,定金当事人可以约定一方向对方给付定金作为债权的担保。债务人履行债务后,定金应当抵作价款或者收回。给付定金的一方不履行约定债务的,无权要求返还定金;收受定金的一方不履行约定的债务的,应当双倍返还定金。定金应当以书面形式约定。当事人在定金合同中应当约定交付定金的期限。定金合同从实际交付定金之日起生效。

定金的数额由当事人约定,但不得超过主合同标的额的20%。若当事人既约定违约金,又约定定金的,一方违约时,对方可以选择适用违约金或者定金条款。定金作为合同担保的一种形式,首要作用是担保合同的履行;定金还有证明合同成立的作用。

预付款是一种支付手段,其目的是解决合同一方周转资金短缺。预付款不具有担保债的履行的作用,也不能证明合同的成立。收受预付款一方违约,只需返还所收款项,而无须双倍返还。此外,法律对预付款的使用有严格规定,当事人不得任意在合同往来中预付款项,而对定金则无此限制。

关于订金,根据我国现行法律的有关规定,其不具有定金的性质,交付订金的一方主张定金权利的,人民法院不予支持。一般情况下,交付订金的视作交付预付款。另外,根据上海市房屋土地资源管理局发布的《关于规范房地产开发企业商品房预订行为的通知》的有关规定,房地产开发企业收取订金的,订金数额应当在总房价的千分之五以内,双方在签订商品房预售合同或出售合同后,订金应即时返还或抵充房价。购房者在支付订金后,不购买预订房屋的,订金按预订协议约定的办法处理,但属下列情况,房地产开发企业应当全额返还购房者支付的订金:

(1)房地产开发企业未签订书面协议收取订金的;

(2) 签订的书面协议对订金的处理未作约定或约定不明确的;

(3) 双方对预售合同或出售合同条款存在分歧、不能协商一致的;

(4) 广告、售楼书、样品房与实际状况不相符的。

二、从合同法角度看定金与订金的区别

定金是指合同当事人为了确保合同的履行,依据法律规定或者当事人双方的约定,由当事人一方在合同订立时或者订立后履行前,按照合同标的额的一定比例(不超过20%),预先给付对方当事人的金钱或其替代物。它是作为债权担保的一定数额的货币,它属于一种法律上的担保方式,目的在于促使债务人履行债务,保障债权人的债权得以实现。签合同时,对定金必须以书面形式进行约定,同时还应约定定金的数额和交付期限。给付定金一方如果不履行债务,无权要求另一方返还定金;接受定金的一方如果不履行债务,须向另一方双倍返还债务。债务人履行债务后,依照约定,定金应抵作价款或者收回。

根据最高人民法院在2000年12月8日公布的《关于适用〈担保法〉若干问题的解释》(简称《解释》),定金的类型和适用主要有如下几种。

1. 订约定金

《解释》第115条规定了订约定金。订约定金即立约定金,其设立是为了担保主合同的签订。订约定金的特点是,其法律效力的发生与主合同是否发生法律效力没有关系。凡在意向书一类的协议中设定了订约定金,其法律效力自当事人实际交付定金时就存在,在其所担保的订约行为没有发生时,对拒绝订立主合同的当事人就要实施定金处罚。

2. 成约定金

《解释》第116条规定了成约定金。作为主合同成立或生效要件而约定的定金,称为成约定金。当事人在合同中约定有成约定金的,定金未交付,则合同不成立或不生效。若当事人约定定金并明确表示定金的交付构成合同的成立或生效要件的,该定金具有成约定金的性质。但是,为了鼓励交易,如果主合同已经履行或者履行了主要部分,即使给付定金的一方当事人未按约实际交付定金,仍应当承认主合同的成立或生效。

3. 解约定金

《解释》第117条规定了解约定金。解约定金是指以定金作为保留合同解除权的代价,即支付定金的一方当事人可以放弃定金以解除合同,接受定金的一方当事人也可以双倍返还定金以解除合同。需要注意的是,当事人一方虽然以承担定金损失解除了合同,但在守约的当事人因合同解除受到的损失大于定金收益的情况下,解约方仍应承担损害赔偿的责任。

4. 违约定金

《担保法》第89条对违约定金做了规定,《解释》第120条、第122条对违约定金做了补充规定。违约定金是指以定金的放弃或者双倍返还作为违反合同的补救方法而约定的定金。《担保法》规定以当事人一方不履行约定的债务作为适用定金

罚则的条件,《解释》进一步对"不履行"分不同情况做了不同规定：

一是明确规定违约定金处罚的条件不但要有迟延履行等违约行为,还要有因该违约行为致使合同目的落空的结果,这两个条件缺一不可。

二是主合同部分得到履行,部分没有履行,一方当事人因此受到了损失,但是合同的目的没有完全落空,这时,既要对不完全履行合同的当事人进行定金处罚,又不能使定金全部被罚。

三是因不可抗力、意外事件或第三人过错致使主合同不能履行,能否适用定金罚则的规定。对于因不可抗力、意外事件致使主合同不能履行的,不适用定金罚则。因合同关系以外第三人的过错,致使主合同不能履行的,适用定金罚则。当事人一方受定金处罚后,可以依法向第三人追偿。

而订金在法律上是不明确的,也是不规范的,在审判实践中一般被视为预付款,即使认定为一种履约保证,这种保证也是单方的,它只对给付方形成约束,即给付方对收受方的保证。若收受方违约,只能退回原订金,得不到双倍返还；若给付方违约,收受方会以种种理由把订金抵作赔偿金或违约金而不予退还。

根据我国《民法通则》和《担保法》规定,定金与订金的区别主要表现在四个方面：

（1）交付定金的协议是从合同,依约定应交付定金而未付的,不构成对主合同的违反；而交付订金的协议是主合同的一部分,依约定应交付订金而未交付的,即构成对主合同的违反。

（2）交付和收受订金的当事人一方不履行合同债务时,不发生丧失或者双倍返还预付款的后果,订金仅可作损害赔偿金。

（3）订金的数额在法律规定上有一定限制,如《担保法》就规定定金数额不超过主合同标的额的20％；而订金的数额由当事人之间自由约定,法律一般不作限制。

（4）定金具有担保性质,而订金只是单方行为,不具有明显的担保性质。

可见定金和订金虽只一字之差,但其所产生的法律后果是不一样的,订金不能产生定金所有的四种法律效力,更不能适用定金罚则。

三、关于商品房定金与订金的区别

定金是指合同一方当事人根据合同的约定,预先付给另一方当事人一定数额的金额,以保证合同的履行,是作为债权担保而存在的。在买卖合同中,只要约定了定金条款,如果违约都要承担与定金数额相等的损失。换句话说,如果支付定金的一方违约,即丧失定金的所有权,定金归收取定金的一方所有。如果收取定金的一方违约,则应双倍返还定金。这种以定金方式确保合同履行的方法称为定金罚则。

在商品房销售中,定金罚则同样适用。但应在开发企业取得房屋合法的销售证件后,才能收取买房人的定金。消费者必须清楚开发商是否有资质,是否有权收取定金。在不具备资质的条件下,开发商如果因为市场的原因,提前向社会发售房产,则买受人认购时交纳的只为保留金,客户随时可以选择退房,保留金如数退还,对客户的约束力较小。

如果客户不想买了,即使收据上写的是定金,从法律意义上讲开发商也应退还。同时作为买受人,应该区分定金和订金的区别。订金只是预付款的一部分,起不到担保债权的作用,在开发商违约不签订合同的情况下,无法得到双倍的返还。

(资料来源:http://www.lawtime.cn/info/hetong/dingjin/20120626149629.html.)

六、违约责任的免除

违约责任的免除,是指违约方虽存在违约行为,但可免除其承担违约责任的情形。违约责任的免除主要包括两种情况:一是债权人放弃追究债务人的违约责任;二是存在免责事由。

免责事由,是指当事人双方在合同中预先约定的,旨在限制或免除其未来责任的条款。具体包括法定的免责事由和约定的免责事由。

(一)不可抗力

法定的免责事由就是指法律规定的免责事由,主要是指不可抗力。不可抗力是指不能预见、不能避免并不能克服的客观情况,包括自然事件和社会事件两大类。不可抗力的范围可以由当事人通过合同条款予以约定。因不可抗力不能履行合同的,根据不可抗力的影响,部分或者全部免除责任,但法律另有规定的除外。当事人迟延履行后发生不可抗力的,不能免除责任。当事人一方因不可抗力不能履行合同的,应当及时通知对方,以减轻可能给对方造成的损失,并应当在合理期限内提供证明。此外,还有其他的法定免责事由,如《合同法》第311条规定,货运合同的承运人能够证明货物的毁损、灭失是因货物本身的自然性质或者合理损耗以及托运人、收货人的过错造成的,不承担损害赔偿责任。

(二)免责条款

约定的免责事由,即免责条款,是指当事人通过合同约定的免除承担违约责任的事由,由当事人双方在合同中预先约定,旨在限制或免除其未来责任的条款。免责条款必须是合法的,否则无效。

七、缔约过失责任

缔约过失责任,是指在合同订立过程中,一方当事人因违背其应依据诚实信用原则所尽的义务,而导致另一方的信赖利益的损失,应承担的民事责任。缔约过失责任是指当事人在订立合同过程中,因过错违反依诚实信用原则负有的先合同义务,导致合同不成立,或者合同虽然成立,但不符合法定的生效条件而被确认无效、被变更或被撤销,给对方造成损失时所应承担的民事责任。

先合同义务,又称先契约义务或缔约过程中的附随义务,是指自缔约当事人因签订合同而相互接触磋商,至合同有效成立之前,双方当事人依诚实信用原则负有协助、通知、告知、保护、照管、保密、忠实等义务。

中国法院网记录这样一个案例:康某系某村村民,2012年10月,该村委会主任同康某签

订《林木承包合同》,约定村委会将该村内属于该村的树木400余棵交由康某看护管理,待成树后按五五分成。后村委会换届,村委会以该合同当时未经村民代表会议审议,严重违反法律和政策规定,侵害了集体权益为由诉至法院,请求判决《林木承包合同》无效。2014年6月,通州区法院认定该村委会对集体财产进行处置和分配未通过村民代表大会形成决议,符合合同法对合同无效的规定,故判决双方签订的《林木承包合同》无效。判决后康某不服,上诉至北京市第三中级人民法院,后二审法院判决驳回上诉,维持原判。同时二审法院认为,康某称村委会存在缔约过失,可另行主张权利。2015年,康某以该村委会为被告诉至法院,以该村委在与其签订合同时存在缔约过失,应对其损失程度赔偿责任为由,要求该村委会赔偿其各项损失4万余元。

上述案例中当事方违反先合同义务应当承担缔约过失责任,我国《合同法》第42条确立了缔约过失责任制度,该条规定,当事人在订立合同过程中有下列情形之一,给对方造成损失的,应当承担损害赔偿责任:①假借订立合同,恶意进行磋商;②故意隐瞒与订立合同有关的重要事实或者提供虚假情况;③有其他违背诚实信用原则的行为。可见缔约过失责任实质上是诚实信用原则在缔约过程中的体现。

(一)缔约过失责任的法律特征

1. 法定性

缔约过失责任是基于法律的规定而产生的一种民事责任。只有当事人的行为符合合同法第42条、第43条规定的情形之一,并给对方造成经济损失的,才应依法承担缔约过失责任。

2. 相对性

缔约过失责任只能存在于缔约阶段(也称先契约阶段),即合同订立的磋商阶段,而不能存在于其他阶段。同时,缔约过失责任也只能在缔约当事人之间产生。

3. 补偿性

缔约过失责任的补偿性,是指缔约过失责任旨在弥补或补偿缔约过失行为所造成的财产损害后果。我国《合同法》第42条,将损害赔偿作为缔约过失责任的救济方式,就是缔约过失责任补偿性的法律体现。缔约过失责任补偿性是民法意义上平等、等价原则的具体体现,也是市场交易关系在法律上的内在要求。

(二)缔约过失责任的构成要件

由于缔约过失责任采取的是过错责任原则,所以其构成要件应当包括客观要件和主观要件这两个方面。具体来说,缔约过失责任的构成要件有以下四个。

(1)缔约一方当事人有违反法定附随义务或先合同义务的行为。在缔约阶段,当事人为缔结契约而接触协商之际,已由原来的普通关系进入到一种特殊的关系(信赖关系),双方均应依诚实信用原则互负一定的义务,一般称之为附随义务,即互相协助、互相照顾、互相告知、互相诚实等义务。若当事人违背了其所负有的附随义务,并破坏了缔约关系,构成了缔约过失,才有可能承担责任。

(2)该违反法定附随义务或先合同义务的行为给对方造成了信赖利益的损失。如果没有损失,就不会存在赔偿问题。而所谓信赖利益损失,指相对人因信赖合同会有效成立而合同最终不成立或无效而受到的利益损失,这种信赖利益必须是基于合理的信赖而产生的利益,即在缔约阶段因为一方的行为已使另一方足以相信合同能成立或生效。若从客观的事实中不能对合同的成立或生效产生信赖,即使已经支付了大量费用,这是因为缔约人自身判断失误造成的,不能视为信赖利益的损失。

(3) 违反法定附随义务或先合同义务一方缔约人在主观上必须存在过错。这里的过错既包括故意也包括过失。无论是故意还是过失,只要在缔约阶段违反了附随义务,并对合同最终不能成立或被确认无效或被撤销负有过错,就应当承担缔约过失责任。并且责任的大小与过错的形式没有任何关系,这是因为缔约过失责任以造成他人信赖利益损失为承担责任的条件,其落脚点在于行为的最终结果,而非行为的本身。

(4) 缔约人一方当事人违反法定附随义务或先合同义务的行为与对方所受到的损失之间必须存在因果关系。即相对方的信赖利益损失是由行为人的缔约过失行为造成的,而不是其他行为造成的。如果这二者之间不存在因果关系,则不能让其承担缔约过失责任,这是该责任制度的内在要求。

以上四个要件缺一不可,否则就不能产生缔约过失责任。同时四要件间又是彼此联系的有机整体,缔约过失责任的认定必须严格按照这四个构成要件来进行。

(三) 行为类型

依照我国《合同法》第42条和43条规定,缔约过失行为主要有以下四种类型。

(1) 假借订立合同,恶意进行磋商。

所谓"假借"就是根本没有与对方订立合同的意思,与对方进行谈判只是个借口,目的是损害订约对方当事人的利益。此处所说的"恶意",是指假借磋商、谈判,而故意给对方造成损害的主观心理状态。恶意必须包括两个方面内容,一是行为人主观上并没有谈判意图,二是行为人主观上具有给对方造成损害的目的和动机。恶意是此种缔约过失行为构成的最核心的要件。

(2) 故意隐瞒与订立合同有关的重要事实或者提供虚假情况。

此种情况属于缔约过程中的欺诈行为。欺诈是指一方当事人故意实施某种欺骗他人的行为,并使他人陷入错误而订立的合同。而无论何种欺诈行为都具有两个共同的特点:①欺诈方故意陈述虚假事实或隐瞒真实情况。②欺诈方客观上实施了欺诈行为。《民通意见》第68条规定:一方当事人故意告知对方虚假情况,或者故意隐瞒真实情况(保持沉默者),诱使对方当事人作出错误意思表示的,可以认定为欺诈行为。

(3) 泄露或不正当地使用商业秘密。

泄露,是指将商业秘密透露给他人,包括在要求对方保密的条件下向特定人、少部分人透露商业秘密,以及使用不正当的手段获取的,其披露当然是违背权利人的意思的。不正当使用,是指未经授权而使用该秘密或将该秘密转让给他人。例如,将商业秘密用于自己的生产经营,由自己直接利用商业秘密的使用价值的行为或状态,或非法允许他人使用。无论行为人是否因此而获取一定的利益,都有可能构成缔约过失责任。

(4) 有其他违背诚实信用原则的行为。

也即包括除了前三种情形以外的违背先契约义务的行为。在缔约过程中常表现为一方当事人未尽到通知、协助、告知、照顾等义务而造成对方当事人人身或财产的损失的情形。

（四）赔偿范围

1. 固有利益

固有利益是合同法和侵权法共同保护的对象，它与正在缔结的合同本身无关，它是相对独立的。固有利益若受到侵害，即使合同成立并得到履行也无法恢复，因而必须通过缔约过失责任来予以救济。固有利益的损害在缔约过失责任中主要是于缔约之际未尽保护义务而致相对方人身权、财产权的损害，应由加害人承担全额赔偿责任，不存在是否以履行利益为最高限额的问题。

固有利益赔偿范围主要指赔偿身体、健康、生命丧失等的损害或损失。基本内容一般应包括医疗费、误工费、护理费、交通费、住宿费、住院伙食补助费和必要的营养费等赔偿。此外，致残的还应包括残疾人生活补偿补助费、残疾用具费损失、被扶养人扶养来源丧失的损失等赔偿；致死的还应包括丧葬费的损失、死者生前扶养的人扶养来源丧失的损失等赔偿。

2. 信赖利益

信赖利益的损失包括直接损失和间接损失。直接损失主要包括：①缔约费用，如为了订约而赴实地考察所支付的合理费用；②准备履约和实际履约所支付的费用，如运送标的物至购买方所支付的合理费用；③因缔约过失导致合同无效、被变更或被撤销所造成的实际损失；④因身体受到伤害所支付的医疗费等合同费用；⑤因支出缔约费用或准备履约和实际履行支出费用所失去的利息等。

间接损失主要包括：①因信赖合同有效成立而放弃的获利机会损失，亦即丧失与第三人签订合同机会所蒙受的损失；②利润损失，即无过错方在现有条件下从事正常经营活动所获得的利润损失；③因身体受到伤害而减少的误工收入；④其他可得利益损失。但目前我国合同法没有对缔约过失责任的损害赔偿范围作出明确的规定，有待在以后的立法中予以改进。

同步案例

甲房产开发公司在交给购房人张某的某小区平面图和项目说明书中都标明有一个健身馆。张某看中小区健身方便，决定购买一套商品房并与甲公司签订了购房合同。张某收房时发现小区没有健身馆。下列哪些表述是正确的？（　　）

A. 甲公司不守诚信，构成根本违约，张某有权退房

B. 甲公司构成欺诈，张某有权请求甲公司承担缔约过失责任

C. 甲公司恶意误导，张某有权请求甲公司双倍返还购房款

D. 张某不能滥用权利，在退房和要求甲公司承担违约责任之间只能选择一种

（资料来源：http://wenda.so.com/q/1444715703726383.）

本章小结

会展合同作为合同的种类之一,是从事会展活动的基础,它对于维护和保障会展活动秩序具有至关重要的作用。订立合同,必须遵循《合同法》的基本原则。订立合同的主体应该具有相应的民事权利能力和民事行为能力,会展合同的订立可以由代理人完成。会展合同的订立需要遵循合同订立的一般规定,合同订立一般经历要约与承诺两个阶段。会展合同成立后的结果可能存在有效、无效、可变更可撤销和效力待定四种情况。合同的履行要遵循全面原则和诚实信用原则,并发挥定金的担保作用。合同的变更、转让和终止要依法进行,合同的解除可依协议解除或依法定解除。违反合同约定要承担违约责任,赔偿损失。违约责任的免除要存在免责事由,具体包括免责条款和不可抗力条款。

关键概念

合同法　　合同的订立　　合同的效力　　合同履行　　合同的担保　　抗辩权　　合同解除　　会展合同　　违约责任

复习思考题

□复习题
1. 什么是合同?合同有哪些法律特征?
2.《合同法》的基本原则是什么?
3. 合同应具备什么条件才有效?
4. 合同的解除方式有哪些?什么是法定解除?

□思考题
试对当地会展合同履约情况作出评价。

章末案例解析

参展方河南 XS 食品股份有限公司与展会组展方某市酒类行业协会,2009 年 7 月 22 日签订《2009 年某全国商品交易会糖酒馆展位预定合同》一份,展会举办时间为 2009 年 10 月 27 日—31 日。

该合同主要约定,组展方为参展方预定 2009 年某全国商品交易会期间会展中心展位,一层 C 馆 C-277、278、279、280 号 9 平方米标准展位 4 间,展位费合计为 24000 元于同年 7 月 25 按"合同签订 3 天内"支付完毕。

合同签订后,参展方按照合同约定向组展方支付了全部展位费 24000 元,2009 年 8 月 17 日参展方收到组展方向其发出的"2009 年某全国商品交易会糖酒馆展位预定确认函"。但参展方于 2009 年 9 月 9 日从当天《大河报》C04 版报道得知组展方销售给参展方的展位并不是参展方需要的"2009 年秋季全国糖酒商品交易会"的展位。

2009 年 9 月 23 日《大河报》C06 版新闻后续报道组展方某市酒类行业协会会长表态愿意退还参展方展位费。参展方于 2009 年 10 月 3 日向组展方发出放弃参展并要求退还展位费的告知函,要求组展方某市酒类行业协会退还参展方展位费 24000 元。组展方则于 2009 年 6 月 1 日获得某全国商品交易会办公室向组展方颁发《第十五届某全国商品交易会暨消费品博览会招商授权书》,该授权书载明:"经'第十五届某全国商品交易会暨消费品博览会'组委会办公室研究,同意某市酒类行业协会为本届交易会室内 1C、1D 展厅糖酒食品专馆唯一招展单位,其招商范围确定为糖酒食品专馆。特此授权。"故认定 2009 年秋季糖酒交易会与 2009 年某全国商品交易会并不是同一个展会,事情发生变化后组展方已经积极为参展方安排展位,因此认为退还展位费无事实和法律依据,参展方最后未参展,其结果应由参展方自己承担。

【问题】

根据以上案例进行分析:

1. 该展位预定合同是否为有效合同?
2. 参展方能否以展位变更名义要求退还参展费 24000 元?

第四章

会展知识产权法律制度

学习目标

会展业与知识产权有着密切的联系,展览过程中产生和涉及大量的精神产品,其中大部分是知识产权法的保护对象。本章阐述了会展过程中有关知识产权的侵权行为以及对知识产权保护的相关法律问题。通过本章的学习,明确知识产权的概念、特征、作用及意义;认识会展业知识产权侵权的种类;了解侵犯商标权、专利权、著作权行为的内容,掌握侵犯知识产权应该承担的法律后果;树立尊重、保护知识产权的法律意识。

第一节 知识产权法概述

案例引导

**苹果公司、IP 申请发展有限公司与唯冠科技(深圳)
有限公司商标权权属纠纷上诉案**

2000 年,唯冠集团旗下的子公司分别在多个国家、地区注册了 iPad 商标,其中包括唯冠科技(深圳)有限公司(简称"深圳唯冠公司")在中国内地注册的 iPad 商标。2009 年,苹果公司通过 IP 申请发展有限公司(简称"IP 公司")与唯冠集团旗下一家子公司——台湾唯冠公司达成协议,约定将 iPad 商标以 3.5 万英镑价格转让给苹果公司。2010 年 4 月 19 日,苹果公司、IP 公司向深圳市中级人民法院起诉深圳唯冠公司,主张根据 IP 公司与台湾唯冠公司签订的《商标转让协议书》及相关证据,请求判令深圳唯冠公司 2001 年获准在计算机等商品上注册的"iPad"商标及其商标专用权归其所有及判令深圳唯冠公司赔偿其损失 400 万元。深圳市中级人民法院 2011 年 11 月 17 日作出一审判决,驳回了两原告的诉讼请求。苹果公司、IP 公司向广东省高级人民法院提出上诉。广东省高级人民法院最终促成双方以 6000 万美元达成调解。

(资料来源:http://www.chtow.com/nd.jsp?id=93&_np=2_3.)

【问题】
1. 什么是知识产权?
2. 本案具有什么重要意义?

一、知识产权概述

(一) 知识产权的概念

知识产权一词英文为"intellectual property",其原意为"知识(财产)所有权"或者"智慧(财产)所有权",也称为智力成果权。在中国台湾和香港,则通常称之为智慧财产权或智力财产权。根据我国《民法通则》的规定,知识产权是基于创造性智力成果和工商业标记依法产生的权利的统称,属于民事权利。从本质上说知识产权是一种无形财产权,它的客体是智力成果或者知识产品,是一种无形财产或者一种没有形体的精神财富,是创造性的智力劳动所创造的劳动成果。但并不是所有的智力创造、脑力劳动的成果都可以取得相应的权利,只有符合法律规定,经法定程序认可的那些智力劳动的成果,才可以最终获得知识产权,并受到国家法律的保护。知识产权保护的是权利,而不是产品。一个专利权可以被出售或转让,但是该专利权的产品并不受知识产权影响。因此有些人认为"知识垄断"是一个更合适的词。事实上,知识产权就是经政府授权对某些技术、设计或知识进行垄断。

(二) 知识产权的特征

1. 客体的无形性

客体的无形性是知识产权最本质的特征,是知识产权与有形财产权的根本区别所在。知识产权的客体是知识产品,它通常是创造性智力劳动的产物,其本质是一种信息。这种信息处于"专有领域",它能够使专有权人获得某种合法的市场垄断权,并凭借这种权利获取经济利益和阻止他人与自己展开竞争。当代西方学者将财产分为动产、不动产与知识财产。他们认为智力劳动的创造物之所以称为"知识"财产,在于该项财产与各种信息有关。人们将这些信息与有形载体相结合,并同时在不同地方进行大量复制,知识财产并不包含在上述复制中,而是体现在复制品所反映出的信息之中。

作为知识产品本质的信息,其根本特征是无形性。如专利权的客体是发明创造,这些发明创造无论是作为一种"新的技术方案"还是"新设计",向公众传达的都是一种信息,社会公众可依据这些信息来实施专利。著作权的客体是作品,作者意欲通过作品向人们表达自己的某种思想和情感。日本著作权法将作品定义为"文学、科学、艺术或音乐领域内,思想或情感创造性表达的产物";我国《著作权法实施条例》给"作品"下的定义是"文学、艺术和科学领域内具有独创性并能以某种有形形式复制的智力成果"。可见,作品的实质依然是信息。商标作为商标权的客体,是商品或服务来源的标志,它向社会公众传递诸如商品的制造者、产地、商品或服务的质量等方面的信息,消费者往往凭借商标作出适合自己的选择,生产者则依靠商标将自己与竞争对手的产品或服务区分开来。

2. 法律的确认性

一般立法保护知识产权主要有以下理由:①为了保护创造者对其创造的道义和经济权利以及公众利用这些创造的权利;②促进创造性及其结果的传播与应用,鼓励公平交易,从而促进经济和社会发展;③推动以外国直接投资、合资经营和授予许可证的形式转让技术,要对知识产权给予立法上的保护。

知识产权的取得不同于一般物权,一般物权的取得多数基于意思表示,由于知识产权是一种无形财产权,其保护相应的具有一定的难度,因此知识产权必须经国家法律确认。知识产权的基础是智力成果,但并非所有的智力成果都能转化为知识产权。例如商标权的取得必须具备显著性,并不得有法律禁止的情形;专利权的取得应该具备新颖性、创造性和实用性,商标权和专利权的取得还须经法定程序才能获得;著作权虽然可以自动取得,但是仍然必须具有独创性,不允许抄袭等行为。

3. 权利的专有性

专有性,即独占性或垄断性,除权利人同意或法律规定外,权利人以外的任何人不得享有或使用该项权利。这表明权利人独占或垄断的专有权利受严格保护,不受他人侵犯。只有通过"强制许可"、"征用"等法律程序,才能变更权利人的专有权。知识产权的客体是人的智力成果,既不是人身或人格,也不是外界的有体物或无体物,所以既不能属于人格权也不属于财产权。另一方面,知识产权是一个完整的权利,只是作为权利内容的利益兼具经济性与非经济性,因此也不能把知识产权说成是两类权利的结合。例如,说著作权是著作人身权(著作人格权或精神权利)与著作财产权的结合,是不对的。知识产权是一种内容较为复杂(多种权能)、具有经济的和非经济的两方面性质的权利。因而,知识产权应该与人格权、财产权并立而自成一类。

4. 法律权利的限制性

知识产权虽然是私权,虽然法律也承认其具有排他的独占性,但因人的智力成果具有高度的公共性,与社会文化和产业的发展有密切关系,不宜为任何人长期独占,所以法律对知识产权规定了很多限制。

首先,从权利的发生来说,法律为之规定了各种积极的和消极的条件以及公示的办法。例如专利权的发生须经申请、审查和批准,对授予专利权的发明、实用新型和外观设计规定有各种条件(专利法第22条、第23条),对某些事项不授予专利权(专利法第25条)。著作权虽没有申请、审查、注册这些限制,但也有著作权法第3条、第5条的限制。

其次,在权利的存续期上,法律都有特别规定。这一点是知识产权与所有权大不同的。有形财产权以有形物的存在为前提,有形物一旦发生灭失,所有人的权利也就随之消亡。而知识信息具有非损耗性的特征,且任何知识信息都不可能在完全隔断历史联系的情况下产生,因而具有"永续性"的特点。为了鼓励知识产品的传播与流通,促进科技、经济发展和社会全面进步,法律规定了知识产权的存续期限,知识产权只在这一法定期限内有效,有效期限一旦届满,权利就自行终止或消灭,这一权利即进入公有领域,成为整个社会的共同财富,任何人均可自由利用,而不产生侵权问题。

再次,权利人负有一定的使用或实施的义务。法律规定有强制许可或强制实施许可制度。对著作权,法律规定了合理使用制度。

5. 法律效力的地域性

从知识产权的起源看,原始知识产权是以封建君主授予的特权形式出现的,因而其法律效力只能局限在君主权力所及的范围内。到了现代,知识产权的这一特征仍然存在,这是由于各国经济、技术发展水平不同,历史、文化背景各异,因而为各国法律所认可的知识产品的范围和受保护程度也不尽相同,各国在对待知识产权的态度上也存在差异。例如,以美国为代表的发达国家提倡所有国家,无论它们的经济发展水平如何,都应实施强有力的知识产权保护措施,因为对于这些国家来说,知识产权能够促进经济增长,增加国际贸易收入,增进私人投资和技术转让,并且鼓励国民的创造性。相比之下,发展中国家则更相信知识是"人类共同的财富",而不是某个人或某个公司的专有权利。法律效力空间上的有限性特征在《巴黎公约》第 4 条所规定的专利独立性原则中得到了充分体现,按照独立性原则的要求,一个成员国批准或驳回一项专利,并不决定其他成员国是否对同一发明的申请案批准专利;同样,一个成员国撤销了一项专利或宣布它无效,也并不影响其他成员国就同一发明已经批准的专利继续有效,且各国知识产权保护的实体内容和保护范围均是独立的。

就此而言,知识产权有别于财产权。在一国获得知识产权后,权利人要想在其他国家也获得法律保障,就必须在其他国家按照该国法律规定申请保护,否则遭遇侵权时将带来很多不必要的麻烦,这是因为知识产权没有域外效力。

6. 不断扩张的开放性

科学技术的发展和社会的进步,不仅使知识产权传统权利类型的内涵不断丰富,而且使知识产权的外延不断拓展。根据 1994 年关贸总协定乌拉圭回合谈判缔结的《与贸易有关的知识产权协议》(简称"TRIPS 协议")、《建立世界知识产权组织公约》等国际公约和中国《民法通则》、《反不正当竞争法》等国内立法,目前学界公认的知识产权的范围主要包括以下内容:

(1) 著作权和邻接权。著作权,又称版权,是指文学、艺术和科学作品的作者及其相关主体依法对作品所享有的人身权利和财产权利。邻接权在著作权法中被称为"与著作权有关的权益"。

(2) 专利权,即自然人、法人或其他组织依法对发明、实用新型和外观设计在一定期限内享有的独占实施权。

(3) 商标权,即商标注册人或权利继受人在法定期限内对注册商标依法享有的各种权利。

(4) 商业秘密权,即民事主体对属于商业秘密的技术信息或经营信息依法享有的专有权利。

(5) 植物新品种权,即完成育种的单位或个人对其经授权的品种依法享有的排他使用权。

(6)集成电路布图设计权,即自然人、法人或其他组织依法对集成电路布图设计享有的专有权。

(7)商号权,即商事主体对商号在一定地域范围内依法享有的独占使用权。但是,对于科技成果奖励权、地理标志权、域名权、反不正当竞争权、数据库特别权利、商品化权等能否成为独立的知识产权,在理论界仍然存在较大分歧。

(三)知识产权的种类

知识产权的种类有广义和狭义两种划分标准,国际法和国内法是划分的根据。狭义的知识产权分类也就是根据国内法的分类,根据我国《民法通则》第5章第3节第94～97条界定,知识产权包括著作权或版权(第94条)、专利权(第95条)、商标专用权(第96条)、发现权、发明权和其他科技成果权(第97条)。

广义的知识产权,可以包括一切人类智力创造成果即世界知识产权组织所划定的范围,但给予保护的内容却由国内法确立。广义的知识产权分类也就是根据国际法的分类,主要是根据世界知识产权组织《建立世界知识产权组织公约》和《与贸易有关的知识产权协议》。

根据《建立世界知识产权组织公约》第2条第8款规定,知识产权可以分为如下8类:①关于文学艺术和科学作品的权利;②关于表演艺术家的演出、录音和广播的权利;③关于人们在一切领域内发明的权利;④关于科学发现的权利;⑤关于工业品外观设计的权利;⑥关于商标服务标志、商号名称和牌号权利;⑦关于制止不正当竞争的权利;⑧在工业、科学、文学和艺术领域里一切其他来自智力活动的权利。

由于发现本身不能在工农业生产中直接应用,即不具有财产性质,许多国家不把它作为知识产权的对象,只是民事权利关系对象,承认和保护其发现者的人身权和获得物质与精神奖励的权利,迄今为止,世界所有国家与条约都不承认科学发现的知识客体的地位。

按照《与贸易有关的知识产权协议》的规定,知识产权可分为:

1. 版权

版权保护应延及表达,而不延及思想、工艺、操作方法或数学概念的类别。其中,表演者、录音制品制作者及广播组织享有邻接权的保护。数据或其他材料的汇编,无论采用机器可读形式还是其他形式,只要其内容的选择或安排构成智力创作,即应予以保护。计算机程序,均应作为《伯尔尼公约》1971年文本所指的文字作品给予保护。

2. 商标

任何能够将一企业的商品或服务与其他企业的商品或服务区分开的标记或标记组合,均应能够构成商标。这类标记,尤其是文字(包括人名)、字母、数字、图形要素、色彩的组合,以及上述内容的任何组合,均应能够作为商标获得注册。该条约认定商标应以"标记应系视觉可感知"作为注册条件。该"标记应系视觉可感知"包括了立体商标,但排斥了嗅觉识别的"气味商标"和听觉识别的"音响商标"。

3. 地理标志

地理标志,是指其标示出某商品来源于某成员地域内,或来源于该地域中的某地区或某地方,该商品的特定质量、信誉或其他特征,主要与该地理来源相关联。

4. 工业品外观设计

工业品外观设计,是指独立创作的、具有新颖性或原创性的工业品外观设计。非新颖或

非原创,即与已知设计或已知设计特征之组合相比,无明显区别的外观设计不受保护。

5. 专利

一切技术领域中的任何发明,无论产品发明或方法发明,只要其新颖、含创造性并可付诸工业应用即为专利,受保护。

6. 集成电路布图设计(拓扑图)

依照《集成电路知识产权条约》为集成电路布图设计(拓扑图)提供保护。

7. 未披露过的信息

按照 TRIPS 协议第 39 条第 2 款规定,各成员国应该保护未披露过的信息。所谓"未披露过的信息"就是指商业秘密。TRIPS 协议还规定,"未披露过的信息"要符合下列三个条件:第一,在一定意义上,其属于秘密,就是说该信息作为整体或作为其中内容的确切组合,并非通常从事有关该信息工作领域的人们所普遍了解或容易获得的;第二,因其属于秘密而具有商业价值;第三,合法控制该信息之人,为保密已经根据有关情况采取了合理措施。

8. 协议许可证中对限制竞争行为的控制

与知识产权有关的某些妨碍竞争的许可证贸易活动或条件,可能对贸易具有消极影响,并可能阻碍技术的转让与传播。成员国可在与本协议的其他规定一致的前提下,采取适当措施防止或控制这类活动。这类活动包括诸如独占性条件、禁止对有关知识产权的有效性提出异议的条件或强迫性的一揽子许可证。

以上无论国内法还是国际公约,对知识产权的分类均说明:现代知识产权的内容和范围都在不断扩大,从而也证实了"知识就是生产力"这一辨证观点的正确性。

二、知识产权法概述

(一)知识产权法的定义及分类

知识产权法是指因调整知识产权的归属、行使、管理和保护等活动产生的社会关系的法律规范的总称。

知识产权法可分为两大类,一类是属于国内法,由各国自行制定。另一类是属于国际法,主要包括各国公认的国际条约、国际惯例,以及双边或多边签署的协议。针对由各国自行制定的知识产权法而言,知识产权法既是国内法,又是涉外法,这是由知识产权的地域性所决定的。在国内法中,知识产权法不是一个独立的法律部门,而是民法部门中的一个法律制度,而且有关知识产权的国际双边和多边条约,也是知识产权法的重要组成部分。从国际法的原则来讲,一个国家所缔结的国际条约(包括双边协定),除了该国特别声明保留的同时也允许保留的条款外,都应直接或间接地成为该国国内法的一个组成部分。

(二)我国知识产权法体系

我国的知识产权保护制度的筹备、酝酿,始于 20 世纪 70 年代末期,是伴随我国的改革开放而起步的。1982 年出台的《商标法》是我国内地的第一部知识产权法律,标志着我国的知识产权保护制度开始建立。随着 1984 年《专利法》、1990 年《著作权法》的出台,我国知识产权保护制度初步形成。从 20 世纪 70 年代末至今,中国做了大量卓有成效的工作,走过了一些发达国家通常需要几十年甚至上百年时间才能完成的立法路程,建立起了比较完整的知识产权保护法律体系,在知识产权的立法和执法方面取得了举世瞩目的成就。

我国目前的知识产权法律制度包括两大部分,一部分是我国自行制定的知识产权法律法规,属于国内法。另一部分是国际法,主要包括我国参加的有关知识产权保护的国际公约,以及签署的双边或多边知识产权保护协议。

1. 法律、法规和行政规章

从国内法部分来看,我国现行的知识产权法律、法规和行政规章主要包括:

(1)《中华人民共和国商标法》,1982年8月23日通过、1983年3月1日施行;1993年2月22日第一次修正,1993年7月1日施行;2001年10月27日第二次修正,2001年12月1日施行。2013年8月30日第三次修正,2014年5月1日施行。

《中华人民共和国商标法实施条例》,1983年3月10日颁发、施行(时称《中华人民共和国商标法实施细则》),1988年1月3日第一次修订,1993年7月15日第二次修订,1995年4月23日第三次修订,2002年8月3日第四次修订,更名为《商标法实施条例》,2002年9月15日起施行。2014年4月29日第五次修订,并自2014年5月1日施行。

(2)《中华人民共和国专利法》,1984年3月12日通过,1985年4月1日施行;1992年9月4日第一次修正,1993年1月1日施行;2000年8月25日第二次修正,2001年7月1日施行;2008年12月27日第三次修正,2009年10月1日施行。

《中华人民共和国专利法实施细则》,1985年1月19日批准、公布,1985年4月1日施行;1992年12月12日第一次修订,1993年1月1日施行;2001年6月15日第二次修订,2001年7月1日施行;2002年12月28日通过对第101条和第108条的修改,2003年2月1日施行。2009年12月30日通过《国务院关于修改〈中华人民共和国专利法实施细则〉的决定》,2010年2月1日起施行。

(3)《中华人民共和国民法通则》,1986年4月12日修订通过,1987年1月1日施行。

(4)《中华人民共和国技术合同法》,1987年6月23日通过,1987年12月1日施行;经修改并入1999年3月15日通过的合同法(第18章技术合同),1999年10月1日施行。

(5)《中华人民共和国药品行政保护条例》,1992年12月12日批准,1992年12月19日发布,1993年1月1日施行。

《药品行政保护条例实施细则》,1992年12月30日发布,1993年1月1日施行;2000年4月14日修改通过,予以发布施行。

(6)《农业化学物质产品行政保护条例》,1992年12月26日发布,1993年1月1日施行。

《农业化学物质产品行政保护条例实施细则》,1992年12月26日发布,1993年1月1日施行。

(7)《中华人民共和国著作权法》,1990年9月7日通过,1991年6月1日施行;2001年10月27日第一次修正;2010年2月26日第二次修正,2010年4月1日起施行;2012年3月《著作权法》的第三次修改草案发布,目的在于征集法律界专家、学者的意见。

《中华人民共和国著作权法实施条例》,1991年5月30日发布,1991年6月1日施行;2002年8月2日修订,2002年9月15日起施行。

(8)《中华人民共和国计算机软件保护条例》,1991年6与4日发布,1991年10月1日施行;2001年12月20日修改后重新公布,2002年1月1日施行。

(9)《实施国际著作权条约的规定》,1992年9月25日发布,1992年9月30日施行。

(10)《中华人民共和国反不正当竞争法》,1993年9月2日通过,1993年12月1日施行。

(11)《中华人民共和国知识产权海关保护条例》,1995年7月5日发布,1995年10月1日施行;2003年11月26日通过修改,12月2日公布,2004年3月1日施行。

《中华人民共和国海关关于〈中华人民共和国知识产权海关保护条例〉的实施办法》,2004年5月25日发布,自2004年7月1日起施行。2009年2月17日修改通过,2009年7月1日起施行。

(12)《中华人民共和国特殊标志管理条例》,1996年7月13日发布、施行。

(13)《中华人民共和国刑法》,1997年3月14日修订,1997年10月1日施行;此后,颁布了九个修正案。

(14)《中华人民共和国植物新品种保护条例》,1997年3月20日发布,1997年10月1日施行。

《中华人民共和国植物新品种保护条例实施细则(农业部分)》,1999年6月16日发布、施行;2007年8月25日修订,2008年1月1日施行。

《中华人民共和国植物新品种保护条例实施细则(林业部分)》,1999年8月10日发布、施行。

(15)《传统工艺美术保护条例》,1997年5月20日发布、施行。

(16)《集成电路布图设计保护条例》,2001年3月28日颁布,2001年10月1日施行。

《集成电路布图设计保护条例实施细则》,2001年9月18日公布,2001年10月1日施行。

(17)《中华人民共和国技术进出口管理条例》,2001年12月10日公布,2002年1月1日起施行。

(18)《奥林匹克标志保护条例》,2002年2月4日公布,2002年4月1日施行。

(19)《中华人民共和国对外贸易法》,1994年5月12日发布,1994年7月1日施行,2004年4月6日修订,2004年7月1日起施行。

2. 最高人民法院有关的司法解释

(1)《最高人民法院关于审理非法出版物刑事案件具体应用法律若干问题的解释》,1998年12月17日公布,1998年12月23日起施行。

(2)《最高人民法院关于审理涉及计算机网络著作权纠纷案件适用法律若干问题的解释》,2000年11月22日通过,自2000年12月21日起施行;2003年12月23日第一次修正,自2004年1月7日起施行;2006年11月20日第二次修正,2006年12月8日起施行。

(3)《最高人民法院关于人民法院对注册商标权进行财产保全的解释》,2001年1月2日公布,自2001年1月21日起施行。

(4)《最高人民法院关于审理植物新品种纠纷案件若干问题的解释》,2000年12月25日通过,自2001年2月14日起施行。

(5)《最高人民法院关于对诉前停止侵犯专利权行为适用法律问题的若干规定》,2001

年6月7日公布,2001年7月1日起施行。

(6)《全国法院知识产权审判工作会议:关于审理技术合同纠纷案件若干问题的纪要》,2001年6月15日通过,2001年6月19日印发。

(7)《最高人民法院关于审理专利纠纷案件适用法律问题的若干规定》,2001年6月22日公布,自2001年7月1日起施行。

(8)《最高人民法院关于审理涉及计算机网络域名民事纠纷案件适用法律若干问题的解释》,2001年7月17日公布,自2001年7月24日起施行。

(9)《最高人民法院关于开展涉及集成电路布图设计案件审判工作的通知》,2001年10月30日通过,2001年11月16日公布。

(10)《最高人民法院关于民事诉讼证据的若干规定》,2001年12月21日公布,并自2002年4月1日起施行。

(11)《最高人民法院关于审理商标案件有关管辖和法律适用范围问题的解释》,2002年1月9日公布,自2002年1月21日起施行。

(12)《最高人民法院关于诉前停止侵犯注册商标专用权行为和保全证据适用法律问题的解释》,2002年1月9日公布,自2002年1月22日起施行。

(13)《最高人民法院关于涉外民商事案件诉讼管辖若干问题的规定》,2002年2月25日公布,自2002年3月1日起施行。

(14)《最高人民法院关于行政诉讼证据若干问题的规定》,2002年7月24日公布,自2002年10月1日起施行。

(15)《最高人民法院关于审理著作权民事纠纷案件适用法律若干问题的解释》,2002年10月12日公布,自2002年10月15日起施行。

(16)《最高人民法院关于审理商标民事纠纷案件适用法律若干问题的解释》,2002年10月12日公布,自2002年10月16日起施行。

3. 最高人民检察院的有关规定

《最高人民检察院、公安部关于经济犯罪案件追诉标准的规定》,2001年4月18日发布实施。

4. 国际公约与条约

从国际法部分来看,我国目前已经加入的知识产权国际组织和国际条约主要有:

(1)《建立世界知识产权组织公约》,我国于1980年6月3日加入该《公约》。

(2)《保护工业产权巴黎公约》,我国于1985年3月19日加入该《公约》。

(3)《保护集成电路知识产权的华盛顿条约》,我国于1989年5月26日签字加入。

(4)《商标国际注册马德里协定》,我国于1989年10月4日加入。

(5)《商标国际注册马德里协定有关议定书》,1995年12月1日对中国生效。

(6)《保护文学和艺术作品伯尔尼公约》,我国于1992年10月15日加入。

(7)《世界版权公约》,1992年10月30日对中国生效。

(8)《保护录音制品制作者防止未经许可复制其录音制品公约》,我国于1992年11月7日加入。

(9)《专利合作条约》(PCT),我国于1994年1月1日成为该《条约》的第64个成员方,

中国专利局同时成为 PCT 的受理局、国际检索局和国际初审局。

（10）《商标注册用商品和服务国际分类尼斯协定》（简称《尼斯协定》），我国于 1994 年 8 月 9 日加入该《协定》。

（11）《国际承认用于专利程序的微生物保存布达佩斯条约》（简称《布达佩斯条约》），我国于 1995 年 7 月 1 日参加该《条约》。

（12）《建立工业品外观设计国际分类洛迦诺协定》（简称《洛迦诺协定》），我国于 1996 年 9 月 19 日参加该《条约》。

（13）《专利国际分类斯特拉斯堡协定》（IPC），我国于 1997 年 6 月 19 日加入该《协定》。

（14）《保护植物新品种国际公约》，我国于 1999 年 4 月 23 日加入。

（15）《与贸易有关的知识产权协定》（TRIPs），我国于 2001 年 12 月 11 日加入该《协议》。

三、会展知识产权的界定及其类别

（一）会展知识产权的界定

会展知识产权实际上就是与会展有关的知识产权。严格地说，它不能成为一个独立的法律概念。之所以称之为"会展知识产权"，是因为在会议或展览的举办过程中所涉及的知识产权因所处的特殊环境和条件使其比一般知识产权更复杂。它们既包括参会主体或参展商所拥有并带入现场的知识产权，如与会者的论文、创新课题、研究成果甚至表演，展品的专利权、商标权，还有这些内容的申请权，以及著作权、登记权等；又包括一些会展主办方或聘用方自身拥有的知识产权，如会展的设计理念及其表现形式、展台搭建的设计方案与布置、会议或展览的标志（logo）以及各会展单位自己的名称等。同时，在会展这样一个举办时间通常较短的特殊时期，对知识产权的保护方式也与一般知识产权有所不同。我国目前对于会展知识产权的保护主要注重的是展览，已颁布的一系列规范性文件也都是"展会知识产权保护"，而非"会展知识产权保护"。

会展行业属于服务贸易领域，是信息产业的生力军，在国际贸易中扮演着重要的角色。中国加入 WTO 后，会展业蓬勃发展，"会展经济"全面形成，并每年以 20% 以上的速度递增。就展览项目数而言，中国仅落后于全球第一的美国，展览场馆数量则居世界第三，排在美国和英国之后。2010 年上海世博会的召开，更使中国会展业达到了一个新高峰，中国迎来了一个前所未有的"大会展时代"。会展知识产权包括展会本身的知识产权和展品知识产权。展览会本身的知识产权包括展览会的设计理念、展台搭建设计、展览会的 logo 及名称。展品知识产权包括展品的专利权、商标权、著作权等。

（二）会展知识产权的类别

会展知识产权的类别，包括以下三类。

（1）展品设计：包括专利、商标、著作权、其他知识产权、未申请专利的新产品。

（2）展台设计：展台设计是为提高参展企业的公司形象，宣传公司产品，在指定区域范围内搭建成的能体现公司形象的建筑物形象设计方案。方案由专业的展览设计公司设计并搭建。其侵权行为有两种情况，第一种是参展商拷贝其他参展商的展台设计，略加修改成为自己的展台；第二种情况较为复杂，涉及又一利益主体——展台设计搭建商，参展商以种种借口不让他们的方案中标,然后转手将扣留下来的设计图纸或方案提交给第三方抄袭使用,或略有改动使用。

(3) 展具设计:展具设计所涉及的知识产权主要是专利、商标,其中又以专利居多。随着展具设计专利申请的增加,展会中的展具设计知识产权侵权也随之增加。

虽然会展业的发展有目共睹,但是展会知识产权侵权的现象也屡见不鲜。如"2007上海汽车零部件工业展览会"冒充"2007上海国际车展会"的网址和内容,导致300多家参展商损失两三百万元参展费;2008年3月6日德国汉诺威国际电子通讯展上,51家中国企业的电子产品被控侵犯MP3专利;2009年第23届中国国际陶瓷工业展期间,一家企业被指侵犯广州从化新科轻工设备厂的实用新型专利和外观专利权;2010年3月举行的东莞国际家具展上,帝标家具侵犯东莞楷模家居用品制造有限公司的系列专利产品等,展会知识产权侵权问题已成为阻碍会展业进一步发展的瓶颈。中国会展业是伴随中国经济的快速发展而产生的新兴行业,由于法规不健全和极少数企业的急功近利的行为,难免会产生知识产权纠纷。这种现象出现的直接结果就是扰乱了会展业的市场秩序。因此制定和完善展览行业有关知识产权保护法律法规就显得十分重要。

四、会展知识产权的特点及类型

(一) 会展知识产权的特点

会展知识产权大多形成于会展举办之前,通常具有综合性、复杂性和急迫性的特点。

1. 综合性

综合性是指在会展这样一个信息传递与交流的平台,主办方、承办方、参展商或与会者所拥有的不同类型的知识产权有可能汇集在同一个场所。不同的会展主题,权利人携带的知识产权种类与形态也各不相同。对这些智力成果的保护不仅仅是某个知识产权行政管理部门的职责,它需要各个相关知识产权管理部门共同到场、携手共管。

2. 复杂性

复杂性是指在会展中除了各种知识产权汇集一处,需要权利主体自我防范和加强保护外,知识产权的侵权行为也表现得形形色色。一些首次携智力成果参加会展的权利人还涉及不同知识产权的优先权的确定问题。而对于一些展会特有的知识产权形态,由于目前相关法律、法规的缺失,在认定与保护上还存在着一定障碍。另外,会展知识产权的综合性也是决定其复杂性的重要因素。

3. 急迫性

急迫性首先指会展的举办期往往较短,与会者来去匆匆,一些会展期间的知识产权有可能需要在这段时期内得到有关部门的认定或临时保护。其次是在此期间若发生知识产权纠纷,权利人都迫切希望得到及时处理和解决,而按照我国现行法律程序的设置,往往难以做到。

(二) 会展知识产权的形态

虽然会展知识产权的种类超越不了现有知识产权法所限定的范畴,但在表现形式上,它们还是与传统知识产权有所不同。归纳起来,可分为以下几种。

1. 会展无形资产权

会展无形资产权主要包括各类会展的名称权、会展的特有标志和会徽的专有权、知名会展的品牌效应等。会展的会徽或特有标志(logo)目前能够依据商标法进行注册登记并获得专用权。特别是一些经过多年培育、精心打造已经形成品牌效应的知名展览或会议的标志，所蕴含的无形资产价值足以给拥有者到来巨大经济利益。然而，对于会展名称，尤其是知名会展的名称则既不能像商标一样进行注册，也不能像一般企业名称那样通过工商登记而得到法律保护。于是，一些假冒、仿冒知名会展名称进行招展、办展，甚至骗展的情况便时有发生。

2. 会展创意成果权

会展创意主要是指对某个具体会展项目的创作思路、表现方式的构思和设计。奇思妙想的会展创意成果不仅仅只富有美感，好的创意被运用在具体的会议、论坛或展览中时将提升会展的品位，吸引更多的参与者，在行业竞争中为主办方带来更好的效果和更高的收益。因此，会展创意成果具有智力劳动成果和经济价值的双重属性。它们的形式也不仅仅是简单的设计图纸、文字说明或音像资料等，有时还可以通过其他物质载体加以呈现，最终表现为不同种类的知识产权。所以，创意成果带来的价值常常大于其自身的实用性价值。目前的问题是，由于会展从业人员知识产权意识薄弱和相关法律的缺位，对会展创意成果权的保护还不够明确。一些权利人的创意常常被剽窃、抄袭或无偿使用。

3. 参展项目知识产权

参展项目包括展品、展板、展台、展具、产品及照片、视听资料，以及其他相关宣传资料等。这些内容涉及的知识产权类型可以是专利、注册商标、版权、软件著作权或其他知识产权，它们分属于参展商、承办方和主办方，这也体现了会展知识产权的综合性和权利人的复杂性。其中最容易发生的是侵权问题。

4. 会展项目构成要素的知识产权

有些会展项目的外在表现形式与一般同类项目没有太大区别，但其内部构件或组合等关键要素可能享有知识产权。如展品操作系统或控制系统的软、硬件及其组合，某些会议或论坛的声讯系统、光电设备的设计方案或软件著作权等。这些隐蔽的构成要素正成为当前会展中的新型侵权对象。

5. 会展项目交易许可权，特别是知名会展项目

为加快相对落后地区会展业发展步伐，一些知名会展的名称及其项目，包括举办模式等通过合作办展(办会)或许可使用该知名会展名称，抑或直接买断等方式成为交易的对象。此类交易包含了会展项目所有者高度的知识产权内容，是会展业特有的智力成果转让形式。

五、会展知识产权纠纷的主要表现

知识产权在会展业发展过程中，主要表现为以下九种现象。

(一) 仿冒展会项目

对于国内展会组展商而言，主要存在展会项目被仿冒的风险。一些品牌会展项目的所有者，最为关心的是展会项目如何不要被仿冒和克隆。在他们看来，形成品牌的展会和已经

成型的展会都应当算作拥有"展会创意"的知识产权而受到保护,光有对展会会标的注册不够,还应对展会的名称进行保护。

(二) 品牌移植纠纷

对于国外展会组织者而言,主要存在品牌移植中国引发的纠纷。国外一些名牌展会向中国国内进行移植的时候,通常需要寻找国内的合作伙伴,有关方面在继续使用原品牌展览会名称、标记的过程中,就有对原展会品牌无形资产(知识产权)给予认定的问题,不排除一旦合作破裂,会引发知识产权的纠纷。实践经验表明,这个问题正是双方在合作时应当给予明确规定的一个重要而关键的法律内容。

(三) 品牌交易缺乏标准

对于会展项目交易者而言,品牌交易缺乏标准是一个难题。会展行业资本运作频繁,展会项目的买卖交易逐渐增多,对于这种会展项目所有权的转移和交易,必然会涉及会展项目的品牌无形资产(知识产权)的转移和交易,但由于操作的程序与规范还没有及时出台,特别是市场交易价值的标准制定参考依据不足,而使市场显得比较混乱。

(四) 出国组展商被投诉

出国展览组展商比较注重的是在国外参加展览会时,如何处理中国参展商被外商投诉展品侵权或软件及著作权侵权而引发的知识产权纠纷。对此,组展商认为,对出展企业提出一般性的关于遵守知识产权的要求并不难,真正的难点在于很难保证和控制所有参展展品都不出问题。所以,他们希望划定责任界限,一旦出现这方面的纠纷,要由有关参展商承担责任,而不要追溯到组展商。

(五) 组展商欺骗性宣传

国内展会参展商最害怕的是被组展商欺骗性的宣传所误导,从而参加了一些名不副实的冒牌展览会,甚至被骗展,结果是白花钱、没效果。不过,值得研究的是,这种展会的假冒宣传问题是否真正属于知识产权保护的范畴,骗展是否侵犯了知识产权,目前尚无明确的定论。

(六) 抄袭设计方案

展台设计搭建商在展台设计投标时最怕的是,参展商以种种借口不让他们的方案中标,然后却又转手将扣留下来的设计图纸或方案提交给第三方抄袭使用或略有改动使用。

(七) 新型展具被仿制

一些已经广泛使用的标准展具和一些近期开发出来的新型展具确实是进行过专利注册登记的。因此,如果仿制这些展具,就会涉及侵权的问题。但是从本质看,这种侵权只是一种与会展业有着间接关系的制造业方面的知识产权问题。

(八) 被外商投诉

国家有关知识产权的主管部门,除了负责总体上的宣传、教育和管理工作以外,当前更为关注的是如何减少外商的指责和投诉。因此,当展览会成为发生投诉事件较多的一种场合的时候,他们就会对展览会主办者提出要求,必须千方百计地采取措施,防止发生类似事件。

（九）管理依据模糊

目前，全国还没有成立统一会展业协会组织的管理和监督机构，各领域的行业协会基本上由对口上级职能部门管理，专业职能较为明显，会展方面的职能管理处于弱势。另外，已有的会展行业协会对会展业知识产权保护的相关问题重视程度不一。

六、会展知识产权法律状况

（一）国内与会展有关的知识产权法律法规现状

我国目前业已制定的知识产权法律、法规已有十余部，所加入的相关国际公约和条约也已有十多个，它们共同构成了我国知识产权的法律体系。但在法律层面上还没有专门的会展知识产权保护法，这方面的国际规约也并不多见。在国务院行政法规层面，与会展知识产权有关的主要有《中华人民共和国专利法实施细则》、《中华人民共和国商标法实施条例》等，这些都为行政机关执行有关法律做了更加具体的规定，多为程序性的条款。还有一类是对一些新型知识产权做了单独性规定，如《计算机软件保护条例》等。但是目前还没有出台专门针对会展行业知识产权保护的行政法规。

在中央的主管部门中，最早的是对外贸易经济合作部《关于进出口商在广交会期间加强商标工作的通知》（〔1994〕外经贸管原函字第272号）的规定，要求进出口商会除在广州交易会期间指派专人负责商标工作外，在参加其他各类对外经济贸易展览会期间，应配合主办单位和组团单位做好本商会会员企业间的商标使用协调、检查工作。1995年9月1日，对外贸易经济合作部《关于在各类对外经济贸易展览会期间加强商标管理工作的通知》要求各类对外经济贸易展览会期间，各参展企业必须严格遵守《关于对外贸易中商标管理的规定》。中国出口商品交易会（广交会）也出台了《涉嫌侵犯知识产权的投诉及处理办法》。2007年商务部《关于加强境外参展组展知识产权保护工作的函》建立知识产权侵权责任追究制度，对于在境外展览期间，因知识产权侵权造成恶劣后果的，视情对国内参展企业或组展单位给予必要的处罚。

但是这些文件不是正式的行政规章，效力等级比较低，基本属于一事一议型的。真正对会展活动起规范作用的法律文件是国务院有关职能部门在各自管辖范围内制定的知识产权行政规章。主要包括：《驰名商标认定和保护规定》，国家工商行政管理总局2003年4月发布；《国家知识产权局展会管理办法》，国家知识产权局2005年12月发布；《展会知识产权保护办法》，由商务部等四部、局2006年1月联合发布；《国家工商行政管理总局驰名商标认定工作细则》，国家工商行政管理总局2009年4月发布。其中，与会展知识产权保护联系最密切的当属商务部等四部、局2006年联合发布的《展会知识产权保护办法》。

在地方层面上的会展知识产权保护的探索走在了中央前面，如广东省知识产权局、省外经贸厅、省工商行政管理局、省版权局于2002年联合发布了《关于加强会展中知识产权保护工作的意见》，以及广州市知识产权局、工商行政管理局和版权局于2006年9月28日发布的《广州市展会知识产权保护工作实施意见》。截至目前，北京市、上海市、浙江省义乌市、广东省广州市和深圳市、湖北省武汉市、山东省济南市、福建省厦门市等地，先后针对会展知识产权保护工作制定了相关的办法。制定了比较综合性、系统性行政规章和其他规范性法律文件的有《北京市展会知识产权保护办法》(2007年)、《义乌市展会知识产权保护办法》(2008年)、《广州市展会知识产权保护办法》(2009年)、《济南市展会知识产权保护办法(试行)》(2013年)、《厦门市展会知识产权保护办法》(2015年)。

1. 关于对会标的保护

一些展览会的会标是按照商标的概念进行注册登记的。一旦有人使用相同的或类似的图案作为其他展览会的会标,就可以被认定侵犯了原有会标的知识产权。

但实际情况往往是,几乎不会有人直接地使用或明显地仿冒别人的会标,而一般只是在展会题目、展出内容等方面进行重复。在这种情况下,《商标法》的有关规定就不够用了。况且在展览会的招展过程中,会标给人留下的印象和会标在展览会中的地位还远不及展览会名称和标题文字的作用。而由于展会内容和展会标题其文字部分(包括英文的文字缩写)是无法进行注册登记以排他使用的,所以单纯的会标注册几乎无法防止展会名称被仿冒和展会内容被克隆现象的不断发生,因此,展会名称(包含英文名称和缩写)应被有关法律纳入保护范畴。

2. 关于对设计的保护

对于展台搭建的设计方案和图纸被抄袭的问题,需要进行具体分析。从法理上说,设计方案、设计图纸也应当是具有著作权性质的保护对象,因此可以比照《著作权法》进行规范。但是,由于实际上对违法行为的取证很难,对抄袭行为的界定也很不容易,所以相关的诉讼成本和执法成本都会很高。目前可以采取的一种可行的方式是,展台搭建的设计方在向业主方进行投标时先与其签订附加的保密协议,以此对可能发生的抄袭行为加以适当的约束和预防。如何在展览行业知识产权保护条例上体现尚待研讨。

3. 关于对专利的保护

在展览会上如果发生参展商的展品侵犯他人专利等知识产权的纠纷,从本质上说这仍属于产品本身侵权的问题,而展览会只不过成为一个侵权行为被利用的平台而已。对于这种侵权厂商、侵权产品与被侵权者之间的纠纷,完全可以通过相关的诉讼、仲裁或调解加以解决。同样,如果在搭建展台所使用的展具、道具方面出现了侵权纠纷,也可以如同产品侵权一样进行处理。

那么作为展览会的组织者(无论是国内展会组织者还是出展项目组织者)对于参展商展品的侵权问题又应当怎么办呢?首先,还是要积极协助有关部门按照法律、法规进行处理。至于是否追溯组展商的责任,目前由此而对展览会组织者进行处罚的判例尚不多见。因此法律界、会展实务界今后对这样的问题还需要进行进一步具体的、深入的探讨。

4. 关于对会展品牌的保护

关于会展项目的品牌保护问题是一个非常复杂的问题。一个会展品牌在国内外市场上的竞争,归根到底是自主知识产权的竞争,除了展会名称外,还是策划理念和办展特色的完美结合。品牌展会在不断增强开发能力的过程中打造了独有的资源与无形资产,也就是"核心竞争力"。在一段时间内,这种竞争力会引领企业的长足发展。由于目前会展项目的品牌并不能进行商标注册,所以单独地对会展品牌进行保护是比较困难的。但是如果在涉及会展项目品牌的使用、合作、交易等相关环节上通过具体的协议、合同对当事双方的行为加以规定和管理,然后再按照《合同法》和《民法通则》对协会、合同进行约束,则是比较可行的。

从长远考虑,也应开发我国会展行业品牌保护的相关管理规定和法律条款。

至于个别组展商冒用他人旗号进行招展或者直接发生携款潜逃的骗展事件,违反了《民法通则》关于民事行为的一般法律原则,有些更涉嫌触犯了国家的《刑法》,如何在有关保护知识产权的法律上体现,这些也是需要分辨清楚的。

(二)我国与国外会展知识产权立法比较

1. 会展知识产权与WTO有关协定的联系

会展,具有服务产业的属性和可贸易性。会展服务随着其国际化程度的日益加深,已经成为现代服务贸易型新兴产业,与WTO中的服务贸易协定和知识产权协定有着密切联系。我国加入WTO时承诺对外开放的服务贸易领域中就包括了"会议服务"。

截至2010年初,我国已有31家单位成为全球展览业协会(UFI)会员,39个展览会得到其认证。2002年5月起至目前为止,我国有25家单位加入了"国际大会及会议协会组织"(ICCA)。2010年9月,由上海市旅游局和北京市旅游局共同倡议发起的ICCA中国委员会在上海正式成立。

在国际会议服务方面,我国应遵循WTO中《服务贸易总协定》(GATS)的一系列规定。虽然我国没有承诺开放"展览服务",但服务贸易的国门已经敞开,各类大型国际会议和展览在我国各主要城市正不断地举办着,所以会展与国际相关公约的联系已成为必然。

GATS的内容并不涉及知识产权保护问题,但是会展业涉及的内容却与知识产权有着密切联系,如某些展览可以是科技创新成果的展示,某些会议或论坛可以是科学或技术研究成果的发表、研讨或论证。这些内容都可能包含着主办方、参加者的智力成果。特别是当快速发展的信息产业成为现代会展业最核心的要素时,会展业与其他部门广泛而复杂的交叉特质使其在许多流通环节也都涉及知识产权保护问题。因此,当我国的会展业面向国际市场时,不论是否走出国门,GATS和TRIPs都将紧紧相随。

2. 会展发达国家和地区的会展知识产权法律分析

大多数发达国家由于知识产权法律体系比较完善,会展产业已非常成熟,这些国家与会展有关的知识产权保护总体上呈现以下几个特点。

(1)与会展有关的知识产权被规范在一般知识产权法中。

会展发达国家对于会展方面的知识产权保护基本都通过成文法或判例的方式被吸收在知识产权法律体系中。如日本,在其专利、实用新型和外观设计立法中,都对"展示"行为进行了规范;新加坡《著作权法》将未经著作权人许可而"将任何物品在公共场所展出"直接规定为侵权。

(2)行业协会及专业组织的自律性规定发挥着重要作用。

会展发达国家还通过行业协会或特别机构制定自律性规则,加强对展览举办期间的知识产权保护。最具代表意义的是全球展览业协会(UFI)给展览专业主体提出的《关于展会期间知识产权保护的建议》。目前,我国一些地方性展会知识产权保护办法已或多或少地采纳了该建议中的内容。

(3)知识产权的客体越来越宽泛。

发达国家为使本国法更加适应国际贸易和国内产业政策的需要,不断通过行政手段,如发布《专利审查指南》或通过判例扩大其知识产权保护范围。最典型的是美国"商业方法专利"的认定,虽然美国专利法并没有改变其专利保护的范围,但是美国联邦巡回上诉法院1998年通过判例确认了"商业方法专利"这一新型专利形式。随着网上虚拟会展的快速发展,会展业有可能遭遇包括"商业方法专利"在内的新型知识产权的挑战。我国应当对这一动态加强关注。

在注册商标方面,越来越多的国家和地区对商标的保护范围也在不断扩大。如根据我国香港特别行政区的《商标条例》及《商标规则》,声音商标、气味商标都可以在我国香港地区实现注册。特定情况下,申请人通过办理一定手续甚至可以注册"颜色商标"。

(4)知识产权管理权相对集中。

国外知识产权行政管理部门大多相对集中,以便于及时调整产业政策和有效执法。如美国的专利和商标事务就统一由美国专利商标事务局管理;德国的专利与商标局统一管理专利、商标和集成电路布图设计等事务。在日本,专利与商标管理权由日本特许厅掌管;我国香港地区的知识产权署更是集注册商标、专利、外观设计及版权特许等多项管理事务于一体,是名副其实的知识产权管理机构。相比之下,我国现行知识产权管理体制就比较松散,在会展知识产权的管理上凸显其管理效率低下。

(5)法律救济手段严厉而有效。

大部分发达国家对知识产权侵权行为设定的处罚力度都比较大。许多国家或地区直接规定假冒和侵犯知识产权的行为属于犯罪,应承担刑事责任。如2008年修订后的日本专利法,就将专利侵权行为的刑期由原来的判处5年以下徒刑或50万日元罚金,改为判10年以下徒刑或1000万日元以下罚金。在香港,如果在未曾注册的商标上使用了注册标记,即构成犯罪,将受到罚款处罚。

另外,许多国家设定的禁令制度在处理会展知识产权侵权行为时,起到了快速、有效阻止侵权的重要作用。特别是德国在展会知识产权侵权案件中使用的"诉前临时禁令"令许多国家羡慕不已。

3. 我国会展知识产权在法律及制度层面上存在的问题

我国作为发展中国家,对会展知识产权保护的立法虽然不可能也不必要完全向发达国家看齐,但确实有许多值得向它们学习和借鉴的地方。

首先,我国现行知识产权法律还不够完善。如会展名称权目前还得不到明确的法律保护;某些具有创意的会展项目被他人效仿时还无法追究其责任;展会中某些隐蔽性侵犯知识产权的认定与处置还处于空白状态等等。由于我国全国性会展行业协会至今尚未建立起来,还无法制定出权威性的行业自律规则,包括对会展期间的知识产权保护。而一些地方性会展行业协会制定的自律性规则影响力却十分有限。

其次,我国在打击侵权违法方面的力度和速度不够。虽然我国三部重要的知识产权法自2001年以来都进行了重大修订,加大了对侵权违法行为的打击力度,但在执法过程中由于行政执法与司法程序设计上的缺陷,使许多展会中的知识产权侵权纠纷最终得不到满意解决,甚至不了了之,权利人维权过程困难重重。商务部的《展会知识产权保护办法》虽然对侵犯展会知识产权行为制定了临时处置措施,但由于这种处置权属于行政权力,且尚无与之配套的相应法律,所以处置力度和效果都受到影响。

再次，我国知识产权管理体制存在一定缺陷。长期以来，我国的知识产权分属不同的行政管理机构。部门分割往往使信息资源不能有效共享、沟通渠道不畅、执法力度不大。特别是在会展举办期间，不同类型的知识产权有可能同时集中在一个场所，各知识产权管理部门若工作程序、执法方法不同，必将导致管理效率低下，甚至出现扯皮现象。

第二节 商标权管理法律制度

案例引导　"乔丹"商标争议行政纠纷案宣判

2016年12月8日，最高人民法院对再审申请人迈克尔·杰弗里·乔丹（以下简称"迈克尔·乔丹"）与被申请人国家工商行政管理总局商标评审委员会（以下简称"商标评审委员会"）、一审第三人乔丹体育股份有限公司（以下简称"乔丹公司"）商标争议行政纠纷10件案件进行了公开宣判。其中，在涉及"乔丹"商标的3件案件中，法院认定乔丹公司的3件"乔丹"商标应予撤销，并判令商标评审委员会重新作出裁定；在其余7件案件中，法院依法认定再审申请人对拼音"QIAODAN"、"qiaodan"不享有姓名权，驳回了再审申请人的再审请求。

此前，针对乔丹公司的多件商标，迈克尔·乔丹向商标评审委员会提出撤销申请，商标评审委员会均裁定驳回申请。再审申请人不服提起行政诉讼。2015年，迈克尔·乔丹不服北京市高级人民法院作出的68件商标争议行政纠纷案件的二审判决，向最高人民法院申请再审。2015年12月，最高人民法院裁定提审了此次公开宣判的10件案件，裁定中止了其他8件案件的审查，驳回了再审申请人在另外50件案件中的再审申请。

最高人民法院在本次公开宣判的10件案件中，依法确定了迈克尔·乔丹主张的姓名权保护的"姓名"范围。在涉及"乔丹"商标的3件案件中，最高人民法院认定争议商标的注册损害了迈克尔·乔丹对"乔丹"享有的在先姓名权，因乔丹公司对于争议商标的注册具有明显主观恶意，乔丹公司的经营状况，以及乔丹公司对其企业名称、有关商标的宣传、使用等情况均不足以使得争议商标的注册具有合法性，故认定乔丹公司的3件"乔丹"商标应予撤销，判令商标评审委员会重新作出裁定。在其余7件案件中，最高人民法院依法认定再审申请人对拼音"QIAODAN"、"qiaodan"不享有姓名权，驳回了再审申请人的再审请求。

（资料来源：http://www.cnipr.com/sfsj/pljx/201701/t20170111_200705.htm.）

【问题】
1. 什么是商标权？
2. 该案的裁决有何现实意义？

一、商标的概念与特征

(一)商标的概念

世界知识产权组织(World Intellectual Property Organization,WIPO)认为,商标是将某商品或服务标明是某具体个人或企业所生产或提供的商品或服务的显著标志。根据《中华人民共和国商标法》(2013年修正),商标是能将自己的商品或服务与他人的商品和服务区分开的标志(包括文字、图形、字母、数字、声音、三维标志和颜色组合,以及上述要素的组合)。作为一种无形财产,商标同发明创造、作品、商业秘密、厂商名称以及植物新品种等其他无形财产一样,都是人类智力活动的成果。

(二)商标的特征

除了具备无形财产的一般特征外,商标还有其自身的固有特征。

1. 依附性

商标是商品或者服务的标志,它必须依附于相应的商品(包括商品本体、商品包装、商品宣传材料等)或者服务(包括服务场所、服务设施、服务人员的着装及服务的宣传材料等)而存在。

2. 区别性

商标是区别商品或者服务来源的标志,它必须具有区别不同生产经营者或者不同服务提供者的类似或者相同的商品或者服务的功能。任何一个生产经营者或者服务提供者,要想使自己生产经营或服务的利益最大化,必须设法使消费者在众多同类或者相同的商品或者服务中能够分辨并熟悉自己的商品或者服务,要想达此目标,最有效的办法,就是为自己的商品或者服务设计出区别于他人同类或相同的商品或服务的标志。

3. 可视(听)性

商标是由一定的人的视力、听力可以触及的要素所构成的。我国商标法规定:文字、图形、字母、数字、三维标志、颜色组合和声音,以及上述要素的组合为商标的构成要素。这些要素有一个共同的属性,即都能为人的视力或听力所触及,都属于可视(听)性标志。

(三)商标的分类

1. 平面商标和立体商标

平面商标是指以文字、图形或者文字、图形组合而成的标志。立体商标是指以商品形状或者其容器、包装的形状构成的三维标志。

2. 注册商标和未注册商标

注册商标是商标法保护的对象,其所有人享有商标专用权。未注册商标可以自行在市场上使用,但其使用人不享有商标专用权,一般情况下,任何人无权禁止他人使用未注册的相同商标,也无权阻止他人就未注册商标提出注册申请。

3. 商品商标和服务商标

服务商标是提供服务的经营者在其向社会提供的服务项目上使用的标记,也称为服务标记。

4. 集体商标和证明商标

集体商标，是指以团体、协会或者其他组织名义注册，供该组织成员在商事活动中使用，以表明使用者在该组织中的成员资格的标志。证明商标是指由对某种商品或者服务具有监督能力的组织所控制，而由该组织以外的单位或者个人使用于其商品或者服务，用以证明该商品或者服务的原产地、原料、制造方法、质量或者其他特定品质的标志。

二、商标权的概念与法律特征

（一）商标权的概念

商标权，又称商标专用权，是指商标所有人在法律规定的有效期限内，对其经商标主管机关核准注册的商标所享有的独占地、排他地使用和处分的权利。

（二）商标权的法律特征

商标权除具有知识产权共有的特征外，还同时具备以下法律特征。

（1）商标权的客体是识别商品服务项目的一种标记，而不是智力成果。

虽然商标图案的设计、选择是一种智力活动，设计精美的商标图案也确实称得上具有创造性的作品，但商标法所要保护的不是具有创造性的作品而是具有识别作用的商品的标记。所以商标权的客体是作为商品标记的商标。

（2）商标权的禁止权范围大于专用权范围。

商标权包括使用权和禁止权两个方面内容。使用权是指商标注册人拥有的在其核定使用的商品或服务上对其注册商标行使标记、使用、许可、转让、续展的权利。禁止权是指商标注册人享有禁止他人未经其许可，在相同或类似商品或服务上使用与其注册或未经注册的驰名商标相同或近似的标志以及其他法律规定的侵害其商标权的行为的权利。可见，禁止权的效力范围与使用权并不对等，要远大于使用权的范围。当然禁止权不得滥用，这也是我国知识产权法的一个基本原则。

（3）商标权是一种相对永久权。

虽然商标权的法定时间性是有限的，即注册商标只在规定的期限内有效，超过规定期限，又未办理续展手续的，商标权自行消灭。但在我国的知识产权法规中，只有商标权是可以续展的，如果商标权人愿意永久使用，只要其不间断地续展，就可以使之成为相对永久权。

三、商标的注册

在我国，取得商标权的唯一途径是商标注册。商标注册是指商标使用人为取得商标权，将其使用的商标向国家商标主管机关申请，经主管机关审核予以登记备案。我国的商标注册制度包括商标注册的原则、商标注册的条件、商标注册的程序等方面的法律规定。

（一）商标注册原则

1. 申请在先原则

申请在先原则是指两个以上申请人在同种或类似商品上以相同或近似的商标申请注册时，商标主管机关根据申请时间的先后，决定商标权的归属。如果两个以上人同一日申请的，根据使用在先的事实决定商标权归属。申请在先以申请日为标准，"申请日"是商标局收到申请书件的日期。申请人享有优先权的,其优先权日为申请日。

2. 自愿注册原则

该原则是指在通常情况下,商标使用人可自行决定其使用的商标是否申请注册。需要取得商标专用权的应将商标申请注册。但不注册的商标可以使用,只是不享有专用权,也不得与他人的注册商标相冲突。人用药品和烟草制品,必须使用注册商标,否则不得在市场上销售。

(二) 商标注册的条件

1. 商标的构成要素

(1) 区别性。商标标识必须能够将自然人、法人或者其他组织的商品与他人的商品区别开的标志,包括文字、图形、字母、数字、三维标志、颜色组合和声音等,以及上述要素的组合。

(2) 显著性。商标标识应当有显著特征,便于识别,必须能够将此商品或服务与他人提供的商品与服务区别开来。欠缺显著性特征的标志可以使用,但不能注册。

(3) 非冲突性。商标标识不得与他人在先取得的合法权利相冲突,不得侵犯他人的在先权利或合法利益。

2. 不得作为商标使用的情况

(1) 同中华人民共和国的国家名称、国旗、国徽、国歌、军旗、军徽、军歌、勋章等相同或者近似的,以及同中央国家机关的名称、标志、所在地特定地点的名称或者标志性建筑物的名称、图形相同的。

(2) 同外国的国家名称、国旗、国徽、军旗等相同或者近似的,但经该国政府同意的除外。

(3) 同政府间国际组织的名称、旗帜、徽记等相同或者近似的,但经该组织同意或者不易误导公众的除外。

(4) 同"红十字"、"红新月"的标志、名称相同或者近似的。

(5) 与表明实施控制、予以保证的官方标志、检验印记相同或者近似的,但经授权的除外。

(6) 带有民族歧视的。

(7) 带有欺骗性,容易使公众对商品的质量等特点或者产地产生误认的。

(8) 有害于社会主义道德风尚或者有其他不良影响的。

县级以上行政区划的地名或者公众知晓的外国地名,不得作为商标。但是,地名具有其他含义或者作为集体商标、证明商标组成部分的除外;已经注册的使用地名的商标继续有效。

3. 禁止作为商标注册但可以使用的标志

(1) 仅有本商品的通用名称、图形、型号的。

(2) 仅直接表示商品的质量、主要原料、功能、用途、重量、数量及其他特点的。

(3) 其他缺乏显著特征的。

但上述标志经过使用取得显著特征,并便于识别的,可以作为商标注册。

4. 不予注册的商标标志

（1）以三维标志申请注册商标的，仅由商品自身的性质产生的形状、为获得技术效果而需有的商品形状或者使商品具有实质性价值的形状的。

（2）就相同或者类似商品申请注册的商标是复制、模仿或者翻译他人未在中国注册的驰名商标，容易导致混淆的。

（3）就不相同或者不相类似商品申请注册的商标是复制、模仿或者翻译他人已经在中国注册的驰名商标，误导公众，致使该驰名商标注册人的利益可能受到损害的。

（4）未经授权，代理人或者代表人以自己的名义将被代理人或者被代表人的商标进行注册，被代理人或者被代表人提出异议的。

（5）就同一种商品或者类似商品申请注册的商标与他人在先使用的未注册商标相同或者近似，申请人与该他人具有前款规定以外的合同、业务往来关系或者其他关系而明知该他人商标存在，该他人提出异议的。

（6）商标中有商品的地理标志，而该商品并非来源于该标志所标示的地区，误导公众的（已经善意取得注册的除外）。

（三）商标注册程序

商标注册是一种商标法律程序。由商标注册申请人提出申请，经商标局审查后予以初步审定公告，没有人提出异议或提出异议经裁定不成立的，该商标即注册生效，受法律保护，商标注册人享有该商标的专用权。一个商标从申请到核准注册，需一年至一年半的时间。

合理选择注册方式有两种。一种是自己到所在地政府工商行政管理局商标局申请注册；另一种是委托一家经验丰富的商标代理组织代理服务。

1. 商标查询

商标查询属于商标注册准备阶段的一项重要工作，有利于提高商标注册的把握。商标查询是指商标注册申请人或其代理人在提出注册申请前，对其申请的商标是否与在先权利商标有无相同或近似的查询工作。查询不是商标申请注册的必经程序，查询的范围以查询之日起已进入商标局数据库的注册商标和申请中商标为限，并且不含处于评审状态的在先权利信息，结果不具法律效力，仅仅作为参考，并不是商标局核准或驳回该申请的依据。

2. 提出申请

商标申请人可以是自然人、法人或者其他组织，也可以是与中国签订协议或与中国共同参加国际条约或按对等原则办理的国家的外国人、外国企业。只要他们在生产经营活动中，对其商品或者服务需要取得商标专用权的，都可以向商标局申请商标注册。

商标注册申请人应当按规定的商品和服务项目分类表填报使用商标的商品类别、商品名称和服务项目，提出注册申请。商标注册申请人可以通过一份申请就多个类别的商品、服务申请注册同一商标。商标注册申请等有关文件，可以以书面方式或者数据电文方式提出。

两个以上的自然人、法人或者其他组织可以共同向商标局申请注册同一商标，共同享有和行使该商标专用权。

3. 商标审查

商标审查分形式审查和实质审查。

(1) 商标形式审查(3~4个月),确立申请日十分重要,由于我国商标注册采用申请在先原则,一旦发生申请日的先后成为确定商标权的法律依据,商标注册的申请日以商标局收到申请文件的日期为准,商标局收到商标申请书对于符合形式要件的申请书发放受理通知书。

商标注册申请人自其商标在外国第一次提出商标注册申请之日起6个月内,又在中国就相同商品以同一商标提出商标注册申请的,依照该外国同中国签订的协议或者共同加入的国际条约,或者按照相互承认优先权的原则,可以享有优先权。

商标在中国政府主办的或者承认的国际展览会展出的商品上首次使用的,自该商品展出之日起6个月内,该商标的注册申请人可以享有优先权。

(2) 商标实质审查(12个月),商标实质审查是商标注册主管机关对商标注册申请是否合乎商标法的规定所进行的检查、资料检索、分析对比、调查研究并决定给予初步审定或驳回申请等一系列活动。在此期间,在该商标未获准注册以前,请不要在使用中标注注册标记,可以标记"TM"。

在审查过程中,商标局认为商标注册申请内容需要说明或者修正的,可以要求申请人作出说明或者修正。申请人未作出说明或者修正的,不影响商标局作出审查决定。

4. 初审公告

商标的审定是指商标注册申请经审查后,对符合《商标法》有关规定的,允许其注册的决定,并在商标公告中予以公告。初步审定的商标自刊登初步审定公告之日起3个月没有人提出异议的,予以核准注册,发给商标注册证,并予公告。

5. 商标异议的处理

对驳回申请、不予公告的商标,商标局应当书面通知商标注册申请人。商标注册申请人不服的,可以自收到通知之日起15日内向商标评审委员会申请复审。商标评审委员会应当自收到申请之日起9个月内作出决定,并书面通知申请人。有特殊情况需要延长的,经国务院工商行政管理部门批准,可以延长3个月。当事人对商标评审委员会的决定不服的,可以自收到通知之日起30日内向人民法院起诉。

四、商标权的内容

(一) 专用权

专用权是指商标权主体对其注册商标依法享有的自己在指定商品或服务项目上独占使用的权利。注册商标的专用权,以核准注册的商标和核定使用的商品为限。商标权人的独占使用权并不是绝对的,而是有一定条件的:①商标权人只能在商标注册国范围内享有独占使用权,即具有地域的限制;②商标权只在商标注册时所核定使用的商品范围内有独占使用权,如果他人将该注册商标使用在其他不同类别的商品上,则商标权人不具有独占使用权。

(二) 许可权

许可权是指商标权人可以通过签订商标使用许可合同许可他人使用其注册商标的权利。许可使用权不同于商标转让权,它只是注册商标使用权的转移,而不是注册商标所有权的转移。注册商标的许可使用有一般许可和独占许可之分。一般许可是指许可人在同一地域范围内和同一类别的商品上允许两个以上的被许可人使用其注册商标,而且许可人也可以在该地域范围内使用该注册商标；独占许可是指许可人在规定的地域范围内和指定的商品上只允许一个被许可人独家使用，且许可人也不得在该地域范围内使用该注册商标。根据《商标权》第43条的规定，商标注册人可以通过签订商标使用许可合同，许可他人使用其注册商标。许可人应当监督被许可人使用其注册商标的商品质量。被许可人应当保证使用该注册商标的商品质量。经许可使用他人注册商标的，必须在使用该注册商标的商品上标明被许可人的名称和商品产地。许可他人使用其注册商标的，许可人应当将其商标使用许可报商标局备案，由商标局公告。商标使用许可合同未经备案不得对抗善意第三人。

（三）转让权

商标转让权是指商标权人依法享有的将其注册商标依法定程序和条件，转让给他人的权利。商标权人可以根据自己的意愿，按照一定的法定程序将自己的注册商标有偿或无偿地转让给他人，由他人享有商标专用权。商标权的转让有多种形式，如全部转让与部分转让、合同转让与继承转让、有偿转让与无偿转让等。转让注册商标的，转让人和受让人应当签订转让协议，并共同向商标局提出申请。转让注册商标的商标注册人对其在同一种商品上注册的近似的商标，或者在类似商品上注册的相同或者近似的商标，应当一并转让。未一并转让的，由商标局通知其限期改正；期满不改正的，视为放弃转让该注册商标的申请，商标局应当书面通知申请人。转让注册商标经核准后，予以公告，受让人自公告之日起享有商标专用权。受让人应当保证使用该注册商标的商品质量。注册商标的转让不影响转让前已经生效的商标使用许可合同的效力，但商标使用许可合同另有约定的除外。

（四）续展权

续展权是指商标权人在其注册商标有效期届满时，依法享有申请续展注册，从而延长其注册商标保护期的权利。注册商标的有效期为10年，自核准注册之日起计算。注册商标有效期满，需要继续使用的，应当在期满前12个月内办理续展手续；在此期间未能提出申请的，可以给予6个月的宽展期。每次续展注册的有效期为10年，自该商标上一届有效期满次日起计算。宽展期满仍未提出申请的，注销其注册商标。

（五）标示权

商标注册人使用注册商标，有权标明"注册商标"字样或者注册标记。在商品上不便标明的，可以在商品包装或者说明书以及其他附着物上标明。

（六）禁止权

商标禁止权是指商标权人依法享有的禁止他人不经过自己的许可而使用注册商标和与之近似的商标的权利。根据《商标法》第57条的规定，注册商标权人有权禁止他人未经许可在同一种商品或者类似商品上使用与其注册商标相同或者近似的商标，商标禁止权的范围比商标专用权的范围广。事实上，禁止权是独占使用权的一种延伸。禁止权主要包括两个方面内容：一是商标权人有权禁止他人以相同或近似的商标在同种或类似商品上使用；二是商标权人对于侵犯其商标权的行为，如擅自制造、销售和使用其注册商标等，可以依法请求法律保护。

同步案例

甲公司在汽车产品上注册了"山叶"商标,乙公司未经许可在自己生产的小轿车上也使用"山叶"商标。丙公司不知乙公司使用的商标不合法,与乙公司签订书面合同,以合理价格大量购买"山叶"小轿车后售出,获利 100 万元以上。下列哪一说法是正确的?(　　)

A. 乙公司的行为属于仿冒注册商标
B. 丙公司可继续销售"山叶"小轿车
C. 丙公司应赔偿甲公司损失 100 万元
D. 工商行政管理部门不能对丙公司进行罚款处罚

(资料来源:2014 年司法考试真题试卷三第 19 题。)

五、展会期间的商标管理

随着各类交易会、展览会、洽谈会、博览会等(以下简称"各类对外经济贸易展览会")的不断增加,参展外贸企业的商标侵权行为时有发生。此类事件不仅损害了商标所有人的合法权益,同时也对我国外贸企业形象造成了极坏的影响。主办单位和参与组团、主管机构的不断变化,也使商标管理工作遇到了一些新情况、新问题。因此,为整顿外贸经营秩序,保护商标所有人的合法权益,加强对各类对外经济贸易展览会参展企业商标使用的管理和监督,明确主办单位、组团单位、参与机构、参展企业等各方在各类对外经济贸易展览会期间的商标管理职责,根据原对外经贸易经济合作部和国家工商行政管理局《关于对外贸易中商标管理的规定》及其他有关文件,1995 年 9 月 1 日原对外经济贸易合作部发布了《关于在各类对外经济贸易展览会期间加强商标管理工作的通知》,对会展期间的商标管理工作做了明确的规定。

(一)商标管理规定

在各类对外经济贸易展览会期间,各参展企业必须严格遵守《关于对外贸易中商标管理的规定》。严禁参展企业未经许可展出带有他人注册商标的样品,或使用他人注册商标对外报价、成交;严禁将客户提供的不能确定商标归属的样品及非展品在展台上摆放或用作宣传,否则一经查出所用商标属侵权商标,将追究有关参展企业的责任。属联营或以代理销售名义使用他人摊位参展的企业造成的侵权行为,其责任由参展企业和摊位所有人共同承担。

各参展企业应接受各类对外经济贸易展览会主办单位、组团单位及进出口商会的商标核查,服从上述部门的指导、监督,并为核查提供方便,按要求如实反映与所涉及的商标有关的签约、供货、库存、出运等方面情况;同时,商标所有人应提高商标自我保护意识,发现其他参展企业未经许可使用本企业注册商标的,应及时上报各有关主办单位、组团单位及其他有

关部门。

1. 主办单位要采取措施加强展会商标管理

(1) 指派专人参与管理。各主办单位应指派熟悉商标法规、规章的人员参与对外经济贸易展览会的商标管理工作。开幕前,各主办单位须向参展企业明确商标法规及有关文件规定,并要求遵照执行;严禁参展企业将冒用他人注册商标或商标归属不清的展品带入展销。在有条件的情况下,主办单位可在筹展期间,对参展企业所携样品的商标使用情况预先进行普查,防止商标侵权行为的发生。

(2) 查处商标侵权行为。在各类对外经济贸易展览会期间,对于检查和经他人举报发现的商标侵权行为,各主办单位在调查核实后,应及时协助商标所有人予以制止,并将商标侵权行为、商标纠纷发生及处理情况通知有关组团单位;对于在对外经济贸易展览会期间出现的难以判定和解决的商标纠纷,主办单位应做好协调工作,要求当事人暂停与商标纠纷有关的展销、洽谈活动。

在对外经济贸易展览会结束后一个月内,各主办单位须将对外经济贸易展览会期间商标管理工作情况如实向对外贸易管理职能部门报告。

2. 组团单位要加强展会期间商标使用的检查、管理和协调

对外经济贸易展览会组团单位要加强对参展企业商标使用的检查、管理并负责协调、处理本团参展企业间发生的商标纠纷和商标侵权行为,认真支持、配合主办单位的有关商标工作,维护参展企业的商标权益。

在大型对外经济贸易展览会期间,应派专职商标管理人员参加,指导参展企业依法使用商标,杜绝商标侵权事件的发生。

3. 进出口商会配合做好展会期间商标使用的检查、协调

各进出口商会除在广州交易会期间根据对外贸易经济合作部《关于进出口商会在广交会期间加强商标工作的通知》(〔1994〕外经贸管原函字第 272 号)的规定,指派专人负责商标工作外,在参加其他各类对外经济贸易展览会期间,应配合主办单位和组团单位做好本商会会员企业间的商标使用协调、检查工作。

(二) 展会期间商标侵权行为和纠纷的处理

1. 商标侵权行为的处理

各主办单位对于商标侵权的参展企业,有权没收其侵权物品,并要求其就侵权商品来源、成交、库存等情况作出书面说明;对于情节严重的商标侵权企业,可给予通报批评,取消当事人参加此类对外经济贸易展览会资格,取消该企业参展资格,扣减该企业下一届参展摊位等处罚;组团单位对于本团商标侵权的参展企业可依据权限予以处罚。对严重的商标侵权行为,各有关单位可报商务部,由商务部按有关规定处理。根据《展会知识产权保护办法》第 27 条,对有关商标案件的处理请求,地方工商行政管理部门认定侵权成立的,应当根据《商标法》、《商标法实施条例》等相关规定进行处罚。

2. 涉外商标纠纷的处理

对于外贸企业在参加由外国机构组织的境外各类对外经济贸易展览会期间发生的商标纠纷,属于我国外贸企业之间的商标纠纷,由组团单位带回国内解决,不得对外造成不良影

响;属于外贸企业与国外企业间发生的商标纠纷,组团单位应在各有关驻外经商机构的领导下,尽快予以解决,尽量减少对外影响,并及时将情况向对外贸易管理职能部门报告。

(三)展会期间商标管理的监督

根据《展会知识产权保护办法》第19条的规定,展会投诉机构需要地方工商行政管理部门协助的,地方工商行政管理部门应当积极配合,参与展会知识产权保护工作。地方工商行政管理部门在展会期间的工作可以包括:①接受展会投诉机构移交的关于涉嫌侵犯商标权的投诉,依照商标法律法规的有关规定进行处理;②受理符合《商标法》第52条规定的侵犯商标专用权的投诉;③依职权查处商标违法案件。

六、注册商标的法律保护

(一)注册商标侵权行为

根据我国《商标法》的规定,我国法律保护的主要是注册商标。在现实生活中,违法行为人通常侵犯商标权人的注册商标专用权,一般不侵犯、也很难侵犯商标权人的注册商标所有权或持有权、续展权、转让权、许可权、标记权、请求权。

根据我国《商标法》的规定,有下列行为之一的,均属侵犯注册商标专用权。

(1)未经商标注册人的许可,在同一种商品上使用与其注册商标相同商标的行为。行为人只要未经注册商标权人的许可,在同一种商品使用与其注册商标相同商标行为的,就构成侵犯他人注册商标专用权的行为。这种未经注册商标权人许可而使用他人注册商标的行为是侵犯注册商标专用权行为的主要表现形式。

(2)未经商标注册人的许可,在同一种商品上使用与其注册商标近似的商标,或者在类似商品上使用与其注册商标相同或者近似的商标,容易导致混淆的行为。行为人只要未经注册商标权人的许可,在同一种商品上使用与其注册商标近似商标行为的,或者在类似商品上使用与其注册商标相同或者近似商标行为的,就构成侵犯他人注册商标专用权的行为。

(3)销售侵犯注册商标专用权的商品的行为。这是一种独立于生产侵权商品之外的侵犯注册商标专用权行为,它不包括生产者的销售行为。在民事责任的适用上采用"过错推定"原则,即首先推定所有销售侵犯注册商标专用权商品的行为都构成违法,都应该承担法律责任,此时不考虑当事人主观是否有过错。但是为了体现公平,《商标法》第64条第2款规定了销售侵犯注册商标专用权商品的销售者赔偿责任的免责条件,即"销售不知道是侵犯注册商标专用权的商品,能证明该商品是自己合法取得并说明提供者的,不承担赔偿责任"。

(4)伪造、擅自制造他人注册商标标识或者销售伪造、擅自制造的注册商标标识的行为。伪造他人注册商标标识是指未经商标权人许可,模仿其注册商标的标识并进行印制的行为。擅自制造他人注册商标标识是指未经商标权人同意而印制其注册商标标识的行为。不论行为人的主观心理状态如何,只要其实施了伪造、擅自制造他人注册商标标识的行为,或者实施销售伪造、擅自制造注册商标标识的行为,就构成侵犯注册商标专用权。

(5)未经商标注册人同意,更换其注册商标并将该更换商标的商品又投入市场的行为。这种行为又称之为反向假冒行为、撤换商标行为。所谓反向假冒是指经营者合法取得他人拥有注册商标的商品后,未经商标注册人同意,擅自更换其注册商标并将该更换商标后的商品又投入市场的行为。构成这种侵权行为必须具备两个要件：一是行为人未经商标所有人同意而擅自更换商标；二是撤换商标的商品又投入市场进行销售。在商标反向假冒行为中，擅自除去他人的注册商标，在该商品上粘贴自己的商标销售，不仅违反对注册商标专用权保护的法律规定，也影响商标的本质功能，使原商品的注册商标难以有效发挥其识别作用，引起商品流通秩序的混乱。同时，商标反向假冒行为人擅自更换他人的注册商标，妨碍了原商品生产者扩大其商标知名度和提高产品市场占有的份额，这亦违背公平竞争、诚实信用的商业道德与法律原则。

（6）故意为侵犯他人商标专用权行为提供便利条件，帮助他人实施侵犯商标专用权的行为。比如故意为侵犯他人注册商标专用权行为提供仓储、运输、邮寄、隐匿等便利条件的行为，行为上有主观的故意，客观上也给注册商标人造成了损害。

（7）给他人的注册商标专用权造成其他损害的行为。根据我国《商标法实施条例》第52条和《最高人民法院关于审理商标民事纠纷案件适用法律若干问题的解释》第1条的规定，有下列行为的构成对他人的注册商标专用权造成其他损害的行为。

① 在同一种或者类似商品上，将与他人注册商标相同或者近似的标志作为商品名称或者商品装潢使用，误导公众的。我国《商标法》第57条第（1）、（2）项的规定不包括将与他人注册商标相同或者近似的标志在同一种或者类似商品上作为商品名称或者商品装潢使用。但是，如果行为人将与他人注册商标相同或者近似的标志在同一种或者类似商品上作为商品名称或者商品装潢使用，可能会误导公众，造成相关公众对该商品的误认，给他人的注册商标专用权造成损害。因此，在同一种或者类似商品上，将与他人注册商标相同或者近似的标志作为商品名称或者商品装潢使用，误导公众的，属于《商标法》第57条第（7）项规定的给他人注册商标专用权造成其他损害的行为。

② 故意为侵犯他人注册商标专用权行为提供仓储、运输、邮寄、隐匿等便利条件的。这种侵权行为属于民法中的帮助侵权，即国际上通称的"共同侵权"。这种侵权行为以主观故意为构成要件，即明知行为人实施的是侵犯他人注册商标专用权行为，而仍然为其提供上述便利条件。

③ 将与他人注册商标相同或者近似的文字作为企业的字号在相同或者类似商品上突出使用，容易使相关公众产生误认的。我国《商标法》第57条第（1）、（2）项的规定不包括将与他人注册商标相同或者近似的文字作为企业的字号在相同或者类似商品上突出使用。但是，如果行为人将与他人注册商标相同或者近似的文字作为企业的字号在相同或者类似商品上突出使用，可能会使相关公众误认为该企业与该商标权人之间存在特定的联系，从而产生对两个商品的误认，给他人的注册商标专用权造成损害。因此，将与他人注册商标相同或者近似的文字作为企业的字号在相同或者类似商品上突出使用，容易使相关公众产生误认的，属于《商标法》第57条第（7）项规定的给他人注册商标专用权造成其他损害的行为。

④ 复制、模仿、翻译他人在中国注册的驰名商标或者其主要部分在不相同或者不相类似商品上作为商标使用，误导公众，致使该驰名商标所有人或者持有人的利益可能受到损害的。

⑤ 将与他人注册商标相同或者近似的文字注册为域名，并且通过该域名进行相关商品交易的电子商务，容易使相关公众产生误认的。如果行为人将与他人注册商标相同或者近似的文字注册为域名，并且通过该域名进行相关商品交易的电子商务，可能会使相关公众误

认为该域名注册人与该商标权人之间存在特定的联系,从而产生对两种商品的误认,给他人的注册商标专用权造成损害的,法律规定该行为也属于给他人注册商标专用权造成其他损害的行为。

此外,将他人注册商标、未注册的驰名商标作为企业名称中的字号使用,误导公众,构成不正当竞争行为的,依照《中华人民共和国反不正当竞争法》处理。

(二)注册商标侵权责任

《商标法》第61条规定,对侵犯注册商标专用权的行为,工商行政管理部门有权依法查处;涉嫌犯罪的,应当及时移送司法机关依法处理。

1. 行政责任

1) 侵犯注册商标专用权的行政责任

侵犯注册商标专用权行为的行政责任包括:责令立即停止侵权行为,没收、销毁侵权商品和主要用于制造侵权商品、伪造注册商标标识的工具。违法经营额5万元以上的,可以处违法经营额5倍以下的罚款,没有违法经营额或者违法经营额不足5万元的,可以处25万元以下的罚款。对五年内实施两次以上商标侵权行为或者有其他严重情节的,应当从重处罚。销售不知道是侵犯注册商标专用权的商品,能证明该商品是自己合法取得并说明提供者的,由工商行政管理部门责令停止销售。

违反《商标法》第6条"法律、行政法规规定必须使用注册商标的商品,必须申请商标注册,未经核准注册的,不得在市场销售"规定的,由地方工商行政管理部门责令限期申请注册,违法经营额5万元以上的,可以处违法经营额20%以下的罚款;没有违法经营额或者违法经营额不足5万元的,可以处1万元以下的罚款。

将未注册商标冒充注册商标使用的,或者使用未注册商标违反《商标法》第10条(禁止用作商标标识的8种情形)规定的,由地方工商行政管理部门予以制止,限期改正,并可以予以通报,违法经营额5万元以上的,可以处违法经营额20%以下的罚款;没有违法经营额或者违法经营额不足5万元的,可以处1万元以下的罚款。

违反《商标法》第14条第5款中的"生产、经营者不得将'驰名商标'字样用于商品、商品包装或者容器上,或者用于广告宣传、展览以及其他商业活动中"规定的,由地方工商行政管理部门责令改正,处10万元罚款。

2) 商标代理机构违法行为的行政责任

《商标法》第68条规定,商标代理机构有下列行为之一的,由工商行政管理部门责令限期改正,给予警告,处1万元以上10万元以下的罚款;对直接负责的主管人员和其他直接责任人员给予警告,处5000元以上5万元以下的罚款;构成犯罪的,依法追究刑事责任:

(1) 办理商标事宜过程中,伪造、变造或者使用伪造、变造的法律文件、印章、签名的;

(2) 以诋毁其他商标代理机构等手段招徕商标代理业务或者以其他不正当手段扰乱商标代理市场秩序的;

(3) 违反本法第19条第3款、第4款规定的。

商标代理机构有前款规定行为的,由工商行政管理部门记入信用档案;情节严重的,商标局、商标评审委员会并可以决定停止受理其办理商标代理业务,予以公告。

3) 从事商标工作的国家机关工作人员的行政责任

从事商标注册、管理和复审工作的国家机关工作人员玩忽职守、滥用职权、徇私舞弊,违法办理商标注册、管理和复审事项,收受当事人财物,牟取不正当利益,尚不构成犯罪的,依法给予处分。

2. 民事责任

侵害商标权的民事责任形式主要有以下三种。

1) 停止侵害

停止侵害即对正在实施的或将要实施的侵权行为责令停止。停止侵害的措施主要包括:责令立即停止销售;收缴并销毁侵权商标标识;消除现存商品上的侵权商标;收缴直接专门用于商标侵权的模具、印版和其他作案工具;侵权商标与商品难以分离的,责令并监督销毁侵权物品。

2) 消除影响

消除影响这种方式主要适用于因侵权行为而损害了被侵权人长期努力经营而取得的良好名声。一般说来,在什么范围内造成不良影响,就应责令侵权人在该范围之内予以消除。

3) 赔偿损失

赔偿损失对赔偿数额的确定,《商标法》第63条规定,侵犯商标专用权的赔偿数额,按照权利人因被侵权所受到的实际损失确定;实际损失难以确定的,可以按照侵权人因侵权所获得的利益确定;权利人的损失或者侵权人获得的利益难以确定的,参照该商标许可使用费的倍数合理确定。对恶意侵犯商标专用权,情节严重的,可以在按照上述方法确定数额的1倍以上3倍以下确定赔偿数额。赔偿数额应当包括权利人为制止侵权行为所支付的合理开支。权利人因被侵权所受到的实际损失、侵权人因侵权所获得的利益、注册商标许可使用费难以确定的,由人民法院根据侵权行为的情节判决给予300万元以下的赔偿。

商标代理机构违反诚实信用原则,侵害委托人合法利益的,应当依法承担民事责任,并由商标代理行业组织按照章程规定予以惩戒。

3. 刑事责任

根据我国《刑法》规定,侵犯注册商标权构成犯罪的刑事责任有以下几种:

(1) 未经商标权人许可,在同一种商品上使用与其注册商标相同的商标,情节严重的,处3年以下有期徒刑或者拘役,并处或者单处罚金;情节特别严重的,处3年以上7年以下有期徒刑,并处罚金。

(2) 销售明知是假冒注册商标的商品,销售金额较大的,处3年以下有期徒刑或者拘役,并处或者单处罚金;销售金额巨大的,处3年以上7年以下有期徒刑,并处罚金。

(3) 伪造、擅自制造他人注册商标标识或者销售伪造、擅自制造的注册商标标识,情节严重的,处3年以下有期徒刑、拘役或者管制,并处或者单处罚金;情节特别严重的,处3年以上7年以下有期徒刑,并处罚金。

(4) 单位犯上述(1)至(3)项之罪的,对单位判处罚金,并对其直接负责的主管人员和其他直接责任人员,依照各条款的规定处罚。

(5) 商标代理机构违反《商标法》第68条规定,构成犯罪的,依法追究刑事责任。

(6) 从事商标注册、管理和复审工作的国家机关工作人员玩忽职守、滥用职权、徇私舞弊,违法办理商标注册、管理和复审事项,收受当事人财物,牟取不正当利益,构成犯罪的,依法追究刑事责任。

同步案例

佳普公司在其制造和出售的打印机和打印机墨盒产品上注册了"佳普"商标。下列未经该公司许可的哪一行为侵犯了"佳普"注册商标专用权?（　　）

A. 甲在店铺招牌中标有"佳普打印机专营"字样,只销售佳普公司制造的打印机

B. 乙制造并销售与佳普打印机兼容的墨盒,该墨盒上印有乙的名称和其注册商标"金兴",但标有"本产品适用于佳普打印机"

C. 丙把购买的"佳普"墨盒装入自己制造的打印机后销售,该打印机上印有丙的名称和其注册商标"东升",但标有"本产品使用佳普墨盒"

D. 丁回收墨水用尽的"佳普"牌墨盒,灌注廉价墨水后销售

(资料来源:2015年司法考试真题试卷三第19题。)

第三节　专利权管理法律制度

案例引导　GSM/CDMA双模式移动通信方法专利侵权纠纷案

浙江华立通信集团有限公司(以下简称"华立公司")系专利号为ZL02101734.4号、名称为"一种GSM/CDMA双模式移动通信的方法"的发明专利独占许可的被许可人。

华立公司认为深圳三星科健移动通信技术有限公司(以下简称"三星公司")制造、戴钢销售的SCH-W579手机的技术方案与其专利权所记载的技术方案相同,请求法院判令三星公司停止侵权、赔偿华立公司经济损失人民币5000万元;戴钢停止销售侵权手机。

一审法院全部支持了华立公司的诉讼请求。二审中,浙江省高级人民法院认为,产品界面演示展现的操作步骤可以由不同的技术方案实现,准确确定被诉侵权产品采用的技术方法,判定其是否在专利保护范围,仍需要借助于专业技术部门的技术检测。

因此,法院同意了三星公司的技术鉴定申请。

技术鉴定结论表明,SCH-W579手机采有的技术方案与专利权利要求1所记载的部分必要技术特征不相同,两者采用的技术手段和实现的功能不相同,达到的GSM/CDMA双模式移动通信的效果不相同,因此法院认定两者是不相同的技术方案,SCH-W579手机并未采用涉案专利权利要求1所记载的专利方法,未落入涉案专利权的保护范围,不构成专利侵权。判决撤销原审判决,驳回华立公司的诉讼请求。

(资料来源:http://www.chtow.com/nd.jsp? id=93&_np=2_3.)

【问题】

1. 什么是专利权?
2. 该案的裁决有何现实意义?

一、专利权的概念及其法律特征

(一)专利权的概念

专利权是专利法的核心内容。它是指法律赋予专利权人对某项发明创造在法定期限内享有的专有权。

我国专利法规定了三种专利:发明、实用新型、外观设计。

(二)专利权的法律特征

专利权属于知识产权的一种,与有形财产相比,有以下法律特征。

1. 专有性

专有性,也称独占性,它有两层含义:一是指任何单位和个人未经专利权人许可不得进行以生产、经营为目的的制造、使用、许诺销售、销售、进口其专利产品,或者使用其专利方法以及使用、许诺销售、销售、进口依照该专利方法获得的产品;二是指同一内容的发明创造,国家只授予一项专利权。

2. 地域性

地域性,就是对专利权的空间限制。它是指一个国家或一个地区所授予和保护的专利权仅在该国或地区的范围内有效,对其他国家和地区不发生法律效力,其专利权是不被确认与保护的。如果专利权人希望在其他国家享有专利权,那么必须依照其他国家的法律另行提出专利申请。除非加入国际条约及双边协定另有规定之外,任何国家都不承认其他国家或者国际性知识产权机构所授予的专利权。

3. 时间性

时间性,即指专利权具有一定的时间限制,也就是法律规定的保护期限。各国的专利法对于专利权的有效保护期均有各自的规定,而且计算保护期限的起始时间也各不相同。我国《专利法》第42条规定:发明专利权的期限为二十年,实用新型专利权和外观设计专利权的期限为十年,均自申请日起计算。

4. 法律授予性

一项发明创造只有经过国务院专利行政部门审批,才能获得专利权。

二、专利权的取得、期限、终止和无效

(一)专利权的取得

发明、实用新型、外观设计并非自动成为专利法的保护对象,只有具备专利权实质条件的发明、实用新型、外观设计经专利行政部门审查,确认其符合专利法规定的条件,才能依法定程序取得专利权。

1. 取得专利权的实质条件

1)发明、实用新型取得专利权的条件

一项发明或者实用新型获得专利权应具备的实质条件是新颖性、创造性和实用性。

(1)新颖性。新颖性是指该发明或者实用新型不属于现有技术;也没有任何单位或者个人就同样的发明或者实用新型在申请日以前向国务院专利行政部门提出过申请,并记载在申请日以后公布的专利申请文件或者公告的专利文件中。

(2)创造性。创造性是指同申请日以前已有的技术相比,该发明有突出的实质性特点和显著进步,该实用新型有实质性特点和进步。

(3)实用性。实用性是指该发明或者实用新型能够制造或者使用,并且能够产生积极效果。

2)外观设计取得专利权的条件

授予专利权的外观设计,应当不属于现有设计,即申请日以前在国内外为公众所知的设计;也没有任何单位或者个人就同样的外观设计在申请日以前向国务院专利行政部门提出过申请,并记载在申请日以后公告的专利文件中。

授予专利权的外观设计与现有设计或者现有设计特征的组合相比,应当具有明显区别。

授予专利权的外观设计不得与他人在申请日以前已经取得的合法权利相冲突。

2. 取得专利权的程序条件

1)专利申请的提出

(1)申请要求。

申请发明或者实用新型专利的,应当提交请求书、说明书及其摘要和权利要求书等文件。

第一,请求书应当写明发明或者实用新型的名称,发明人的姓名,申请人姓名或者名称、地址,以及其他事项。

第二,说明书应当对发明或者实用新型作出清楚、完整的说明,以所属技术领域的技术人员能够实现为准;必要的时候,应当有表示要求保护的产品的形状、构造或者其结合的附图。摘要应当简要说明发明或者实用新型的技术要点。

第三,权利要求书应当以说明书为依据,清楚、简要地限定要求专利保护的范围。

申请外观设计专利的,应当提交请求书、该外观设计的图片或者照片,以及对该外观设计的简要说明等文件。申请人提交的有关图片或者照片应当清楚地显示要求专利保护的产品的外观设计。其中,外观设计的简要说明应当写明外观设计产品的名称、用途,外观设计

的设计要点,并指定一幅最能表明设计要点的图片或者照片。省略视图或者请求保护色彩的,应当在简要说明中写明。

(2) 申请日的确定。

专利申请日是国务院专利行政部门收到专利申请文件的日期。确定专利申请日时应当注意以下问题。

第一,如果申请文件是邮寄的,以寄出的邮戳日为申请日;邮戳日不清晰的,除当事人能够提供证明的外,以专利局收到专利申请文件的日期为专利申请日。

第二,专利申请人享有优先权的,以优先权日为申请日。优先权有国际优先权和国内优先权之分。国际优先权,是指申请人自发明或者实用新型在外国第一次提出专利申请之日起12个月内,或者自外观设计在外国第一次提出专利申请之日起6个月内,又在中国就相同主题提出专利申请时享有的优先权。国内优先权是指申请人自发明或者实用新型在中国第一次提出专利申请之日起12个月内,又向国务院专利行政部门就相同主题提出专利申请时享有的优先权。

(3) 申请的原则。

第一,单一性原则。专利申请的单一性原则,是指一份专利申请文件只能就一项发明创造提出专利申请,即"一申请一发明"原则。

第二,先申请原则。先申请原则,是指两个或两个以上的人分别就同样的发明创造申请专利的,专利权授予先申请者。

第三,优先权原则。专利申请人就其发明创造自第一次提出专利申请后,在法定期限内,又就相同主题的发明创造提出专利申请的,根据有关法律规定,其在后申请以第一次申请的日期作为其申请日。申请人的这一权利为优先权,首次提出专利申请的日期为优先权日。申请人要求优先权的,应当在申请的时候提出书面声明并且在三个月内提交第一次提出的专利申请文件的副本;未提出书面声明或者逾期未提交专利申请文件副本的,视为未要求优先权。

2) 专利申请的审查

(1) 初步审查,又称形式审查。专利行政部门在受理发明专利申请后,应当对该申请在形式上是否符合专利法的规定进行审查。专利行政部门在初步审查后,应将审查意见通知申请人,要求其在指定的期限内,陈述意见或者补正;申请人期满未答复的,其申请视为撤回。申请人陈述意见或者补正后,专利行政部门仍认为不符合专利法规定的形式要求的,应当予以驳回。

(2) 早期公开。专利行政部门经初步审查认为符合专利法要求的,自申请日起满18个月,即行公布。专利行政部门可以根据申请人的请求早日公布其申请。申请人请求早日公布其发明专利申请的,应当向专利行政部门声明。专利行政部门对该申请进行初步审查后,除予以驳回的外,应当立即将申请予以公布。

(3) 实质审查。对发明专利申请的实质审查,是指对申请专利的发明的新颖性、创造性、实用性等实质要件进行审查。

发明专利申请自申请日起3年内,专利行政部门可以根据申请人随时提出的请求,对其申请进行实质审查;申请人无正当理由逾期不请求实质审查的,该申请即被视为撤回。同时,专利行政部门认为必要的时候,可以自行对发明专利申请进行实质审查,但应当通知申请人。

专利行政部门对发明专利申请进行实质审查后,认为不符合专利法规定的,应当通知申请人,要求其在指定的期限内陈述意见,或者对其申请进行修改;无正当理由逾期不答复的,该申请即视为撤回。发明专利申请经申请人陈述意见或者进行修改后,专利行政部门仍然认为不符合专利法规定的,应当予以驳回。

3) 专利申请的审批

发明专利申请经实质审查没有发现驳回理由的,由国家专利行政部门作出授予发明专利权的决定,发给发明专利证书,同时予以登记和公告。发明专利权自公告之日起生效。

实用新型和外观设计专利申请经初步审查没有发现驳回理由的,由国务院专利行政部门作出授予新型专利权或外观设计专利权的决定,发给相应的专利证书。实用新型和外观设计专利权自公告之日起生效。

国务院专利行政部门设立专利复审委员会。专利申请人对国务院专利行政部门驳回申请的决定不服的,可以自收到通知之日起3个月内,向专利复审委员会请求复审。专利复查委员会复审后,作出决定,并通知专利申请人。

(二) 专利权的期限

专利权的期限,是指专利权发生法律效力,受法律保护的期间。在法律保护期间,除法律另有规定外,任何单位或者个人未经专利权人许可,不得使用其专利中所保护的发明创造成果,而一旦超过这个期限,该专利便进入公有领域,成为全人类的共同财富,任何人都可以自由无偿地使用。按我国《专利法》的规定,发明专利权的期限为20年,实用新型和外观设计专利权的期限为10年,均自申请日起计算。

(三) 专利权的终止

专利权的终止,是指专利权因法定事由的发生而失去法律效力。专利权终止分为正常终止和非正常终止。根据我国《专利法》的规定,专利权终止的原因有以下几种:①保护期届满;②未按规定缴纳专利年费;③书面声明放弃专利权;④专利权无人继承。专利权在期限届满前终止的,由国家专利主管机关登记和公告。专利权终止后,受该项专利权保护的发明创造便成为全社会的共同财富,任何人都可以自由而无偿地使用。

(四) 专利权无效

专利权无效,是指在专利权授予之后,被发现其具有不符合专利法及其实施细则中有关授予专利权的条件,并经专利复审委员会复审确认并宣告其无效的情形,被宣告无效的专利权视为自始不存在。

根据《中华人民共和国专利法实施细则》规定,专利权"无效宣告请求的理由"即导致专利权无效的"情形",包括以下几个方面。

1. 主题不符合专利授予条件

主题不符合专利授予条件包括发明、实用新型的主题不具备新颖性、创造性或实用性;外观设计专利的主题不具备新颖性或者与他人在先取得的合法权利相冲突。

2. 专利申请中的不合法情形

说明书没有充分公开发明或者实用新型;授权专利的权利要求书没有以说明书为依据;专利申请文件的修改超出规定的范围;专利权的主题不符合发明、实用新型或外观设计的定义;同时申请的协商授权原则;授权专利的权利要求书不清楚、不简明或者缺少解决其技术问题的必要技术特征。

3. 违反法律强制性规定的情形

违反法律强制性规定的情形包括违反国家法律、社会公德或者妨害公共利益的情形;科学发现、智力活动的规则和方法,疾病的诊断和治疗方法,动物和植物品种,用原子核变换方法获得的物质,对平面印刷品的图案、色彩或者二者的结合作出的主要起标识作用的设计等法律规定不授予专利权的情形。

4. 重复授权的情形

两个以上的申请人分别就同样的发明创造申请专利的,专利权授予最先申请的人,即一个发明创造只向一个人(最先申请的人)授予专利权。

发明、实用新型和外观设计出现上述情形不能取得专利权,已经取得专利权的,可以宣告其无效。

三、专利实施的限制

专利权的限制有两类:一是专利实施的强制许可,二是不视为侵犯专利权的行为。

(一) 专利实施的强制许可

强制许可也称非自愿许可,是指国家专利主管机关,根据法定事实,不经专利权人许可,允许他人实施发明或者实用新型专利。专利实施的强制许可有以下几种情形。

1. 具备实施条件的单位或个人申请

专利法规定,有下列情形之一的,国务院专利行政部门根据具备实施条件的单位或者个人的申请,可以给予实施发明专利或者实用新型专利的强制许可:①专利权人自专利权被授予之日起满三年,且自提出专利申请之日起满四年,无正当理由未实施或者未充分实施其专利的;②专利权人行使专利权的行为被依法认定为垄断行为,为消除或者减少该行为对竞争产生的不利影响的。

2. 国家紧急状态、非常情况或社会公益目的

法律规定,在国家出现紧急状态或者非常情况时,或者为了公共利益的目的,国务院专利行政部门可以给予实施发明专利或者实用新型专利的强制许可。

3. 公共健康目的

为了公共健康目的,对取得专利权的药品,国务院专利行政部门可以给予制造并将其出口到符合中华人民共和国参加的有关国际条约规定的国家或者地区的强制许可。

4. 从属专利权人的申请

一项取得专利权的发明或者实用新型比前已经取得专利权的发明或者实用新型具有显著经济意义的重大技术进步,其实施又有赖于前一发明或者实用新型的实施的,国务院专利行政部门根据后一专利权人的申请,可以给予实施前一发明或者实用新型的强制许可。

在依照前款规定给予实施强制许可的情形下,国务院专利行政部门根据前一专利权人的申请,也可以给予实施后一发明或者实用新型的强制许可。

国务院专利行政部门作出的给予实施强制许可的决定,应当及时通知专利权人,并予以登记和公告。给予实施强制许可的决定,应当根据强制许可的理由规定实施的范围和时间。强制许可的理由消除并不再发生时,国务院专利行政部门应当根据专利权人的请求,经审查后作出终止实施强制许可的决定。

取得实施强制许可的单位或者个人不享有独占的实施权,并且无权允许他人实施。取得实施强制许可的单位或者个人应当付给专利权人合理的使用费,或者依照中华人民共和国加入的有关国际条约的规定处理使用费问题。付给使用费的,其数额由双方协商;双方不能达成协议的,由国务院专利行政部门裁决。

(二)不视为侵犯专利权的行为

1. 专利权用尽

专利权人自己或者许可他人制造、进口的专利产品售出后,任何人使用、许诺销售或者销售该产品的,不再需要经过专利权人的许可,不构成侵犯专利权。

2. 先用权人的实施

在专利申请日以前已经制造相同产品、使用相同方法或者已经做好制造、使用的必要准备的,可以在原有范围内继续制造相同产品、使用相同方法。实施者的这种权利称为先用权。行使先用权的行为,不视为侵犯专利权。

3. 临时过境

外国运输工具临时通过我国领陆、领水或领空,为运输工具其自身需要在装置和设备中使用有关专利的,无须得到我国专利权人的许可,不构成专利侵权。

4. 为科学研究而使用

专为科学研究和实验目的,使用专利产品或者专利方法的,不构成专利侵权。

5. 行政审批的需要

为提供行政审批所需要的信息,制造、使用、进口专利药品或者专利医疗器械的,以及专门为其制造、进口专利药品或者专利医疗器械的。

四、专利权的保护

(一)专利权的保护范围

发明或者实用新型专利权的保护范围以其权利要求的内容为准,说明书及附图可以用于解释权利要求的内容。

外观设计专利权的保护范围以表示在图片或者照片中的该产品的外观设计为准,简要说明可以用于解释图片或者照片所表示的该产品的外观设计。

(二)侵犯专利权纠纷的解决途径

1. 协调

未经专利权人许可,实施其专利,即侵犯其专利权,引起纠纷的,由当事人协商解决。

2. 诉讼

不愿协商或者协商不成的,专利权人或者利害关系人可以向人民法院起诉,也可以请求管理专利工作的部门处理。管理专利工作的部门处理时,认定侵权行为成立的,可以责令侵权人立即停止侵权行为,当事人不服的,可以自收到处理通知之日起十五日内依照《中华人民共和国行政诉讼法》向人民法院起诉;侵权人期满不起诉又不停止侵权行为的,管理专利工作的部门可以申请人民法院强制执行。

3. 调解

对专利侵权纠纷进行处理的管理专利工作的部门应当事人的请求,可以就侵犯专利权的赔偿数额进行调解;调解不成的,当事人可以依照《中华人民共和国民事诉讼法》向人民法院起诉。

(三)侵犯专利权的诉讼时效

侵犯专利权的诉讼时效为2年,自专利权人或者利害关系人得知或者应当得知侵权行为之日起计算。

发明专利申请公布后至专利权授予前使用该发明未支付适当使用费的,专利权人要求支付使用费的诉讼时效为2年,自专利权人得知或者应当得知他人使用其发明之日起计算,但是,专利权人于专利权授予之日前即已得知或者应当得知的,自专利权授予之日起计算。

(四)侵犯专利权的法律责任

1. 行政责任

根据我国《专利法》的规定,假冒他人专利的,除依法承担民事责任外,由管理专利工作的部门责令改正并予以公告,没收违法所得,可以并处违法所得四倍以下的罚款;没有违法所得的,可以处20万元以下的罚款。

违反本法规定向外国申请专利,泄露国家秘密的,由所在单位或者上级主管机关给予行政处分。构成犯罪的,依法追究刑事责任。

侵夺发明人或者设计人的非职务发明创造专利申请权和本法规定的其他权益的,由所在单位或者上级主管机关给予行政处分。

管理专利工作的部门违反规定,参与向社会推荐专利产品等经营活动,情节严重的,对直接负责的主管人员和其他直接责任人员依法给予行政处分。从事专利管理工作的国家机关工作人员以及其他有关国家机关工作人员玩忽职守、滥用职权、徇私舞弊,尚不构成犯罪的,依法给予行政处分。

2. 民事责任

侵犯他人专利权应当承担民事责任的方式如下。

1)停止侵权

停止侵权是指侵权人应当立即停止擅自制造、使用、许诺销售、销售、进口专利产品或者使用专利方法以及使用、许诺销售、销售、进口依该专利方法直接获得的产品的专利侵权行为。采取这种处理方式的目的在于防止侵权人继续进行侵权活动,避免给权利人或者利害关系人造成更多的损失。

2) 赔偿损失

专利权是一种无形财产,当这种财产受到侵犯,并给权利人造成经济上的损失时,专利权人或者利害关系人有权依法要求侵权人赔偿经济损失。

赔偿损失的计算方法:

(1) 以专利权人因侵权行为受到的实际经济损失作为损失赔偿额。

(2) 以侵权人因侵权行为获得的全部利润作为损失赔偿额。

(3) 参照专利许可使用费的倍数合理确定损失赔偿额(该倍数法律规定为1~3倍,由法官根据具体案情确定)。赔偿数额还应当包括权利人为制止侵权行为所支付的合理开支。

(4) 权利人的损失、侵权人获得的利益和专利许可使用费均难以确定的,人民法院可以根据专利权的类型、侵权行为的性质和情节等因素,确定给予1万元以上100万元以下的赔偿。

3) 消除影响

消除影响主要是责令侵权人通过新闻媒介,如在报纸、杂志上发表声明,或者在广播、电视中发表讲话、声明,承认其侵权行为,并作出不再侵权的保证。

管理专利工作的部门违反规定,参与向社会推荐专利产品等经营活动的,由其上级机关或者监察机关责令改正,消除影响,有违法收入的予以没收。

3. 刑事责任

我国《刑法》第216条规定:假冒他人专利,情节严重的,处三年以下有期徒刑或者拘役,并处或者单处罚金。由此可知,假冒他人专利犯罪的重要构成要件是"情节严重"。如何认定"情节严重",最高人民检察院、公安部2001年4月在《关于经济犯罪案件追诉标准的规定》里将假冒专利罪的追诉标准确定为:①违法所得数额在10万元以上的;②给专利权人造成直接经济损失数额在50万元以上的;③虽未达到上述数额标准,但因假冒他人专利,受到行政处罚两次以上,又假冒他人专利的;④造成恶劣影响的。

违反本法规定向外国申请专利,泄露国家秘密,构成犯罪的,依法追究刑事责任。

从事专利管理工作的国家机关工作人员以及其他有关国家机关工作人员玩忽职守、滥用职权、徇私舞弊,构成犯罪的,依法追究刑事责任。

五、展会的专利权保护措施

随着会展经济快速发展,在规模和数量不断增长的各类展会上,屡有参展企业和专利权人的合法权益受侵犯。例如,在2015年第十七届全国(青岛)医疗器械博览会暨医院采购大会上,一些参展商为了标榜自家医疗器械"高大上",编造一个专利号码印在宣传册上招摇过市。随着"一带一路"战略的提出,中国企业正在加快"走出去"的步伐。但是,很多企业海外专利布局不够,在未形成保护伞的情况下就到国外进行推广、销售,俗称"裸奔",导致近年来海外专利纠纷呈增长趋势。中国有些企业在海外参展,产品一展出就因涉嫌侵权被下架,有些甚至因为涉嫌触犯当地的刑法遭遇扣押,提升企业参加国际展会的知识产权保护能力刻不容缓。

对标有专利标识的产品或者技术,会展主办方应当查验其专利权有效证明或者专利许可合同。未提供专利权有效证明或者专利许可合同的,会展主办方应当拒绝其以专利产品、专利技术名义参展。会展主办方未履行查验职责,致使假冒专利产品、专利技术参展,将由专利工作部门责令改正。

展会投诉机构需要地方知识产权局协助的,地方知识产权局应当积极配合,参与展会知识产权保护工作。地方知识产权局在展会期间的工作可以包括:①接受展会投诉机构移交的涉嫌侵犯专利权的投诉,依照专利法律法规的有关规定进行处理;②受理展出项目涉嫌侵犯专利权的专利侵权纠纷处理请求,依照专利法第57条的规定进行处理;③受理展出项目涉嫌假冒他人专利和冒充专利的举报,或者依职权查处展出项目中假冒他人专利和冒充专利的行为,依据专利法第58条和第59条的规定进行处罚。地方知识产权局在通知被投诉人或者被请求人时,可以即行调查取证,查阅、复制与案件有关的文件,询问当事人,采用拍照、摄像等方式进行现场勘验,也可以抽样取证。

地方知识产权局收集证据应当制作笔录,由承办人员、被调查取证的当事人签名盖章。被调查取证的当事人拒绝签名盖章的,应当在笔录上注明原因;有其他人在现场的,也可同时由其他人签名。

对涉嫌侵犯发明或者实用新型专利权的处理请求,地方知识产权局认定侵权成立的,应当依据专利法第11条第1款关于禁止许诺销售行为的规定以及专利法第57条关于责令侵权人立即停止侵权行为的规定作出处理决定,责令被请求人从展会上撤出侵权展品,销毁介绍侵权展品的宣传材料,更换介绍侵权项目的展板。对涉嫌侵犯外观设计专利权的处理请求,被请求人在展会上销售其展品,地方知识产权局认定侵权成立的,应当依据专利法第11条第2款关于禁止销售行为的规定以及第57条关于责令侵权人立即停止侵权行为的规定作出处理决定,责令被请求人从展会上撤出侵权展品。在展会期间假冒他人专利或以非专利产品冒充专利产品,以非专利方法冒充专利方法的,地方知识产权局应当依据专利法第58条和第59条规定进行处罚。

地方知识产权局并非对所有对侵犯专利权的投诉或者处理请求都要受理。当出现如下情况时,将不予受理:①投诉人或者请求人已经向人民法院提起专利侵权诉讼的;②专利权正处于无效宣告请求程序之中的;③专利权存在权属纠纷,正处于人民法院的审理程序或者管理专利工作的部门的调解程序之中的;④专利权已经终止,专利权人正在办理权利恢复的。

同步案例

2010年3月,甲公司将其研发的一种汽车零部件向国家有关部门申请发明专利。该专利申请于2011年9月公布,2013年7月3日获得专利权并公告。2011年2月,乙公司独立研发出相同零部件后,立即组织生产并于次月起持续销售给丙公司用于组装汽车。2012年10月,甲公司发现乙公司的销售行为。2015年6月,甲公司向法院起诉。下列哪一选项是正确的?(　　)

A. 甲公司可要求乙公司对其在2013年7月3日以前实施的行为支付赔偿费用
B. 甲公司要求乙公司支付适当费用的诉讼时效已过
C. 乙公司侵犯了甲公司的专利权
D. 丙公司没有侵犯甲公司的专利权

(资料来源:2015年司法考试真题试卷三第18题。)

第四节　著作权管理法律制度

案例引导　韩寒与北京百度网讯科技有限公司侵害著作权纠纷案

韩寒为当代知名青年作家,其在百度文库中发现有多位网友将其代表作《像少年啦飞驰》(以下简称"《像》书")上传至百度文库,供用户免费在线浏览和下载,其多次致函经营百度文库的北京百度网讯科技有限公司(以下简称"百度公司")协商处理未果。

韩寒认为百度公司侵犯了其《像》书的信息网络传播权,向北京市海淀区人民法院提起诉讼,请求立即停止侵权、采取有效措施制止侵权,关闭百度文库,赔礼道歉,赔偿经济损失 25.4 万元并承担律师费、公证费等。百度公司强调百度文库属于信息存储空间,其中的文档由网友贡献,百度公司收到韩寒投诉后,及时删除了投诉链接和相关作品,并将投诉作品纳入文库反盗版系统正版资源库,采用技术措施预防侵权,不存在过错,不应承担侵权责任。

北京市海淀区人民法院审理后认为,百度公司经营百度文库,一般不负有对网络用户上传的作品进行事先审查、监控的义务,但并不意味着百度公司对百度文库中的侵权行为可以不加任何干预和限制。考虑到涉案作品为知名作家的知名作品,韩寒曾于 2011 年 3 月作为作家代表之一就百度文库侵权一事与百度公司协商谈判,百度公司理应知道韩寒不同意百度文库传播其作品,也应知道百度文库中存在侵犯韩寒著作权的文档,百度公司对韩寒作品负有较高的注意义务。

对于负有较高注意义务的《像》书侵权文档,百度公司消极等待权利人提供正版作品或通知,未能确保其反盗版系统正常运行之功能,也未能采取其他必要措施制止该侵权文档在百度文库传播,主观上存在过错,故判决百度公司赔偿韩寒经济损失 39800 元及合理开支 4000 元。

该判决一审生效。

(资料来源:http://www.cnipr.net/article_show.asp? article_id=15564.)

【问题】
1. 什么是著作权?
2. 本案的裁决有何启示?

一、作品的概念与特征

(一) 作品的概念

作品是著作权法保护的对象,是著作权赖以产生和存在的基础,因此作品在著作权法中

处于非常重要的地位。根据我国现行《著作权法》第3条的规定，作品，包括以下列形式创作的文学、艺术和自然科学、社会科学、工程技术等作品：①文字作品；②口述作品；③音乐、戏剧、曲艺、舞蹈、杂技艺术作品；④美术、建筑作品；⑤摄影作品；⑥电影作品和以类似摄制电影的方法创作的作品；⑦工程设计图、产品设计图、地图、示意图等图形作品和模型作品；⑧计算机软件；⑨法律、行政法规规定的其他作品。

国务院法制办公室2014年6月6日的《中华人民共和国著作权法（修订草案送审稿）》将《著作权法实施条例》中关于作品的定义上升为法律规定；将"电影作品和以类似摄制电影的方法创作的作品"更名为"视听作品"，取消相关权客体"录像制品"的规定；增加"实用艺术作品"，赋予其25年的保护期；将"计算机软件"修改为"计算机程序"，以文字作品保护计算机文档。《著作权法》（2014年修订草案送审稿）第5条规定，作品，是指文学、艺术和科学领域内具有独创性并能以某种形式固定的智力表达。作品包括以下种类：①文字作品；②口述作品；③音乐作品；④戏剧作品；⑤曲艺作品；⑥舞蹈作品；⑦杂技艺术作品；⑧美术作品；⑨实用艺术作品；⑩建筑作品；⑪摄影作品；⑫视听作品；⑬图形作品；⑭立体作品；⑮计算机程序；⑯其他文学、艺术和科学作品。

（二）作品的特征

作品有以下几个特征：①作品是通过某种载体，表达作者思想情感，如作者的思想、风格、手法、技巧等的智力成果。②作品必须具有独创性。独创性又称原创性，是指作品必须由作者通过独立构思和创作而产生。世界知识产权组织曾经对此作出解释，独创性是指作品为作者自己的创作，完全不是或基本不是从另一作品抄袭而来的。只要作品是作者独立完成的，即可视为独创性，至于其价值、用途和社会评论则无关紧要。③作品还应当具有可复制性。可复制性是指作品可以通过一定的物质载体所固定并可以被复制多份。这种复制并不改变作品的内容，经手工、机械、电子等方式对作品进行再现，如通过录音、录像、印制、复印等方式进行重复性利用。大陆法系的国家著作权法一般不要求必须有固化的外形，只要有客观的表现形式，能被感知和复制即可。因此，不能被复制的智力成果原则上不是著作权法意义上的作品。

知识链接

国务院法制办公室2014年6月6日
《中华人民共和国著作权法》（修订草案送审稿）

作品包括以下种类：①文字作品，是指小说、诗词、散文、论文等以文字形式表现的作品；②口述作品，是指即兴的演说、授课等以口头语言形式表现的作品；③音乐作品，是指歌曲、乐曲等能够演唱或者演奏的带词或者不带词的作品；④戏剧作品，是指戏曲、话剧、歌剧、舞剧等供舞台演出的作品；⑤曲艺作品，是指相声小品、快板快书、鼓曲唱曲、评书评话、弹词等以说唱为主要形式表演的作品；⑥舞蹈作品，是指通过连续的动作、姿势、表情等表现思想情感的作品；⑦杂技艺术作品，是指杂技、魔术、马戏、滑稽等通过连续的形体和动作表现的作品;⑧美术作品,是指绘画、书法、雕塑等以线条、色彩或者其他方式构成的有审美意义的平面或者立体的造型艺术作品;⑨实用艺术作品,是指玩具、家具、饰品等具有实用功能并有审美意义的平面或者立体的造型艺术作品;⑩建筑作品,是指以建筑物或者构筑物形式表现的有审美意义的作品,包括作为其施工基础的平面图、设计图、草图和模型;⑪摄影作品,是指借助器械在感光材料或者其他介质上记录客观物体形象的艺术作品;⑫视听作品,是指由一系列有伴音或者无伴音的连续画面组成,并且能够借助技术设备被感知的作品,包括电影、电视剧以及类似制作电影的方法创作的作品;⑬图形作品,是指为施工、生产绘制的工程设计图、产品设计图,以及反映地理现象、说明事物原理或者结构的地图、示意图等作品;⑭立体作品,是指为生产产品、展示地理地形、说明事物原理或者结构而创作的三维作品;⑮计算机程序,是指以源程序或者目标程序表现的、用于电子计算机或者其他信息处理装置运行的指令,计算机程序的源程序和目标程序为同一作品;⑯其他文学、艺术和科学作品。

二、著作权的概念及其分类

著作权是指基于作者创作的文学、艺术和科学作品依法所产生的权利。著作权的概念在理论上有广义和狭义之分。狭义的著作权是指各类作品的作者依法对其作品享有的权利,其内容包括著作人身权和财产权两个方面。广义的著作权除狭义的著作权外,还包括作品传播者依法享有的权利,也即著作邻接权或与著作权有关的权利。邻接权主要指表演者权、录音制作者权、播放组织权,在我国还包括图书、报纸、期刊出版权。另外,作为著作权的主体,除了创作作品的(自然人)作者外,还可以是作者以外的其他公民、法人或其他组织。

根据《伯尔尼公约》和我国《著作权法》规定,著作权的内容主要有著作人身权和著作财产权两大类。

（一）著作人身权

著作人身权是指作者对其作品享有的各种与人身相联系而没有直接财产内容的权利。具体包括:

1. 发表权

发表权是作者依法决定作品是否公之于众和以何种方式公之于众的权利。它是著作权中的首要权利,也是产生其他权利的基础。

2. 署名权

署名权是作者决定是否表明身份以及如何表明身份的权利,它是确认创作人具体身份的重要法律依据。我国现行《著作权法》第 11 条第 4 款规定,如无相反证明,在作品上署名的公民、法人或者其他组织为作者。

我国著作权法对一些作品的著作权归属做了特别规定,如著作权由法人或其他组织享有的职务作品,其署名权仍归作者享有。

作者的署名权具有永久性,其保护期不受限制;同时,署名权不得转让、继承,作者生前对署名权专有,死后署名权亦不得转让或继承。

需要指出的是,当作者的作品署名发表后,其他任何人以出版、广播、表演、翻译、改编等形式进行传播和使用时,必须注明原作品作者的名字。

3. 保护作品完整权

保护作品完整权是指修改作品以及禁止歪曲、篡改作品的权利。保护作品完整权是修改权的延伸或一种体现,但它在内容上比修改权更进了一步。这项权利不仅禁止他人对作品进行修改或进行修改时歪曲、篡改作品,而且禁止他人在再创作和再现作品的活动时对作品做歪曲性的改变。如以改编、注释、翻译、制片、表演等方式使用作者的作品时,须尊重作者原意,谨防侵权。

保护作品完整权的保护期不受限制。作者死后,保护作品完整权由作者的继承人或者受遗赠人行使;无人继承又无人受遗赠的,则由著作权行政管理部门保护。

(二)著作财产权

1. 使用权

使用权是指以复制、发行、出租、展览、表演、放映、播放、网络传播、摄制、改编、翻译、修改、追续等方式使用作品的权利。具体包括以下内容:

(1)复制权,即以印刷、复印、录制、翻拍以及数字化等方式将作品固定在有形载体上的权利。

(2)发行权,即以出售、赠与或者其他转让所有权的方式向公众提供作品的原件或者复制件的权利。

(3)出租权,即有偿许可他人临时使用视听作品、计算机程序或者包含作品的录音制品的原件或者复制件的权利,计算机程序不是出租的主要标的的除外。

(4)展览权,即公开陈列美术作品、摄影作品的原件或者复制件的权利。

(5)表演权,即以演唱、演奏、舞蹈、朗诵等方式公开表演作品,以及通过技术设备向公众传播作品或者作品的表演的权利。

(6)播放权,即以无线或者有线方式公开播放作品或者转播该作品的播放,以及通过技术设备向公众传播该作品的播放的权利。

(7)信息网络传播权,即以无线或者有线方式向公众提供作品,使公众可以在其个人选定的时间和地点获得作品的权利。

(8)改编权,即将作品改变成其他体裁和种类的新作品,或者将文字、音乐、戏剧等作品制作成视听作品,以及对计算机程序进行增补、删节,改变指令、语句顺序或者其他变动的权利。

(9)翻译权,即将作品从一种语言文字转换成另一种语言文字的权利。

(10)追续权,即美术、摄影作品的原件或者文字、音乐作品的手稿首次转让后,作者或者其继承人、受遗赠人对原件或者手稿的所有人通过拍卖方式转售该原件或者手稿所获得的增值部分,享有分享收益的权利,该权利专属于作者或者其继承人、受遗赠人。

(11)应当由著作权人享有的其他权利。

2. 许可使用权

著作权的法定许可制度是指在一些特定的情形下,对未经他人许可而有偿使用他人享有著作权的作品的行为依法不认定为侵权的法律制度。

著作权的法定许可是对著作权人权利的一种限制措施。与著作权的合理使用一样,著作权的法定许可著作权的法定许可一般也需要符合以下三个条件:

第一,使用的作品是已经发表的作品。

第二,使用必须符合《著作权法》规定的具体情形。

第三,使用的过程中不得侵犯著作权人的精神权利,不得影响作品的正常使用。

除此之外,在著作权的法定许可中,虽然使用他人享有著作权的作品事先不需要征得著作权人的许可,但是必须向著作权人支付报酬。这是著作权的法定许可与著作权的合理使用最主要的区别。

我国现行《著作权法》在第23条、第32条第2款、第42条第2款、第43条中对著作权的法定许可做了明文规定。与其他国家著作权法关于法定许可的规定相比较,我国《著作权法》规定了一个前提条件,即作者声明保留权利者除外,这是我国《著作权法》对法定许可的特殊规定。在《2014年修订草案送审稿》中,根据相关国际公约和社会各界意见,将现行《著作权法》五类著作权法定许可进行调整,保留教科书和报刊转载法定许可,将广播电台电视台的两项法定许可合并为一项,取消录音法定许可。法定许可包括:①教科书的法定许可。为实施国家义务教育编写教科书,可以不经著作权人许可,在教科书中汇编已经发表的短小的文字作品、音乐作品或者单幅的美术作品、摄影作品、图形作品。该项法定许可必须符合以下条件:第一,使用的目的必须是为实施九年制义务教育或国家规划而编写、出版教科书,不属于九年制义务教育的大专院校的教科书就不适用法定许可;第二,使用的内容只能限于已发表的作品片段或者短小的文字作品、音乐作品或者单幅的美术作品、摄影作品。②报刊转载的法定许可。该项法定许可必须符合以下条件:第一,被转载、摘编的是发表在报刊上的作品;第二,能够转载、摘编的主体同样是报社、期刊社。其他媒体如出版图书的出版社的使用不适用法定许可。值得注意的是,有权发表不得转载、摘编声明的是著作权人,而不是刊登作品的报刊。实践中,许多报纸杂志经常声称"未经本刊同意,不得转载和摘编本刊发表的作品"。此类声明必须经过著作权人的授权才有效。③播放已发表作品的法定许可。该项法定许可必须符合以下条件:第一,播放的主体是广播电台、电视台;第二,播放的内容是已经出版的录音制品以及已发表的作品,但是不包括电影作品和录像制品。

3. 转让权

转让权是指著作权人将著作权中的全部或部分财产权有偿或无偿地移交给他人所有的法律行为。转让的标的不能是著作人身权,只能是著作财产权中的使用权,可以转让使用权中的一项或多项或全部权利。转让作品使用权的,应当订立书面合同。但是,美术等作品原件所有权的转移,不视为作品著作权的转移,美术作品原件的展览权由原件所有人享有。

4. 获得报酬权

获得报酬权是指著作权人依法享有的因作品的使用或转让而获得报酬的权利。获得报酬权通常是从使用权、使用许可权或转让权中派生出来的财产权,是使用权、使用许可权或转让权必然包含的内容。但获得报酬权有时又具有独立存在的价值,并非完全属于使用权、

使用许可权或转让权的附属权利。如在法定许可使用的情况下,他人使用作品可以不经著作权人同意,但必须按规定支付报酬。此时著作权人享有的获得报酬权就是独立存在的,与使用权、使用许可权或转让权没有直接联系。

(三)相关权

相关权,是指与著作权有关的权利,即作品传播者所享有的专有权利。《著作权法》(2014 年修订草案送审稿)修改部分了现行《著作权法》的章节名称。将"出版、表演、录音录像、播放"修改为"相关权",这就在立法上为这类权利定名为相关权,从而告别了曾经的"邻接权"这一称谓。根据《著作权法》(2014 年修订草案送审稿),相关权包括出版者权、表演者权、录音制作者权、广播组织权。这种权利是以他人创作为基础而衍生的一种传播权,虽不同于著作权,但与之相关,故称为相关权。

其基本内容包括:出版者对其出版的图书和期刊享有的权利,表演者对其表演享有的权利,录音制作者对其制作的录音制品享有的权利,广播电台、电视台对其制作的广播、电视节目享有的权利。

1. 出版者的权利——版式设计权

出版,是指复制并发行。本法所称的版式设计,是指对图书和期刊的版面格式的设计,包括对版心、排式、用字、行距、标题、引文以及标点符号等版面布局因素的安排。出版者有权许可他人使用其出版的图书、期刊的版式设计。出版者的权利保护期为 10 年,自使用该版式设计的图书或者期刊首次出版后次年 1 月 1 日起算。

2. 表演者的权利

表演者,是指以朗诵、歌唱、演奏以及其他方式表演文学艺术作品或民间文学艺术的人或者演出单位。表演者对其表演享有下列权利:

(1)表明表演者身份;

(2)保护表演形象不受歪曲;

(3)许可他人以无线或者有线方式播放其现场表演;

(4)许可他人录制其表演;

(5)许可他人复制、发行、出租其表演的录制品或者该录制品的复制品;

(6)许可他人在信息网络环境下通过无线或者有线的方式向公众提供其表演,使该表演可为公众在其个人选定的时间和地点获得。

以上第(1)项、第(2)项规定的人身权利保护期不受限制;第(3)项至第(6)项规定的财产权利保护期为 50 年,自该表演发生后次年 1 月 1 日起算。被许可人以上第(3)项至第(6)项规定的方式使用作品,还应当取得著作权人许可。

如当事人无相反书面约定,视听作品中的表演者权利由制片者享有,但表演者享有表明表演者身份的权利。制片者聘用表演者摄制视听作品,应当签订书面合同并支付报酬。表演者有权就制片者使用或授权他人使用该视听作品获得合理报酬,合同另有约定除外。

3. 录音制作者的权利

录音制品是指任何对表演的声音和其他声音的录制品。录音制作者是指录音制品的首次制作人。录音制作者对其制作的录音制品享有许可他人复制、发行、出租、在信息网络环境下通过无线或者有线的方式向公众提供录音制品使公众可以在其个人选定的时间和地点获得该录音制品的权利。录音制作者享有的财产权利保护期为50年,自录音制品首次制作完成后次年1月1日起算。

被许可人复制、发行、出租、通过信息网络向公众传播录音制品,还应当取得著作权人、表演者许可。将录音制品用于无线或者有线播放,或者通过技术设备向公众传播,表演者和录音制品制作者共同享有获得合理报酬的权利。

4. 广播电台、电视台的权利

广播电视节目是指广播电台、电视台首次播放的载有内容的信号。广播电台、电视台有权禁止未经其许可的以下行为:①其他广播电台、电视台以无线或者有线方式转播其广播电视节目;②录制其广播电视节目;③复制其广播电视节目的录制品;④在信息网络环境下通过无线或者有线的方式向公众转播其广播电视节目。

广播电台、电视台的权利保护期为50年,自广播电视节目首次播放后的次年1月1日起算。

三、著作权的归属

著作权主体或著作权人,是指依法对文学、艺术和科学作品享有著作权的人。根据我国现行《著作权法》第9条的规定,著作权人包括:作者或其他依照本法享有著作权的公民、法人或者其他组织。在一定条件下,国家也可能成为著作权主体。

(一)著作权的主体

1. 著作权的原始主体

原始主体是作品的创作者,其享有著作人身权和著作财产权。一般情况下,著作权的原始主体为作者,但在特殊情况下,作者以外的自然人或组织也可能成为著作权的原始主体,比如职务作品、委托作品中的雇主、出资人等。

(1)作者首先是自然人。我国现行《著作权法》第11条规定,创作作品的公民是作者。

(2)法人、非法人单位在特定条件下也视为作者。我国现行《著作权法》第11条规定:由法人或其他组织主持,代表法人或其他组织意志创作,由法人或其他组织承担责任的作品,法人或其他组织视为作者。

2. 著作权的继受主体——其他著作权人

继受主体是指通过受让、继承、受赠或法律规定的其他方式取得全部或一部分著作权的人。

(1)作者的继承人。

(2)受遗赠人。当国家、集体或法定继承人以外的其他公民接受作者遗赠取得著作权中的使用权和获得报酬权时,即成为著作权法律关系的主体。

(3)根据遗赠抚养协议享有著作权的人。

(4)因合同而取得著作权的人。这里主要有两种情况:

第一,依委托合同取得著作权。《著作权法》第17条规定,受委托创作的作品,著作权的归属由委托人和受托人通过合同约定。如合同约定著作权由委托人享有,委托人即成为作者之外的"其他著作权人"。

第二,著作权的转让。著作权人可以将其享有的著作权中的财产权利的全部或部分转让给他人,著作财产权的受让人也是著作权的主体。

(5) 著作权的特殊主体——国家。一般有下列情况:第一,购买著作权;第二,接受赠送;第三,法人或其他组织变更、终止后没有其权利义务的承受人的,其著作权中的财产权利由国家享有。

3. 外国著作权人

(1) 任何外国人的作品首先在中国境内出版的,即在我国享有著作权。

(2) 外国人的作品虽未在我国境内首先出版,但是根据其所属国同中国签订的协议或者共同参加的国际条约享有著作权。我国参加了《伯尔尼公约》和《世界版权公约》,凡是公约成员国国民的著作权都能在我国受到保护。

(3) 未与我国签订协议或者共同参加国际条约的国家的作者以及无国籍人的作品首次在中国参加的国际条约的成员国出版的,或者在成员国和非成员国同时出版的,在我国享有著作权。

(二) 特殊作品的著作权归属

1. 演绎作品的著作权归属

以改编、翻译、注释、整理等方式利用已有作品而产生的新作品为演绎作品。演绎创作所派生出来的新作品,其著作权由演绎者享有。但行使著作权时,不得侵犯原作品的著作权。首先,对作品进行演绎创作应得到作者的同意;其次,演绎创作时应当保持原作品的完整性,要在演绎作品上标明原作品及作者;再次,演绎者享有的著作权仅限于演绎作品,而不延及原作品,因而演绎者不得妨碍原作者或其他人对原作品的利用。对第三人而言,使用演绎作品须获得演绎者和原作者双重许可,并支付报酬。

2. 合作作品的著作权归属

两人以上合作创作的作品为合作作品。合作作品的著作权由合作作者共同享有。没有参加创作的人,不能成为合作作者。合作者行使著作权应以协商一致为基础,在意见不一致的情况下,任何一方无正当理由不得阻止他方行使著作权,但是所得收益应当合理分配给所有合作作者。可以分割使用的合作作品的著作权具有双重性,合作者对合作作品整体享有著作权,各位作者对各自创作的部分享有独立的著作权并可以单独行使其著作权。但是单独行使著作权不得影响对合作作品整体的利用。他人侵犯合作作品著作权的,任何合作作者可以以自己的名义提起诉讼,但其所获得的赔偿应当合理分配给所有合作作者。

3. 汇编作品的著作权归属

汇编若干作品、作品的片段或者不构成作品的数据或者其他材料,对其内容的选择或者编排体现独创性的作品,为汇编作品。汇编作品著作权由汇编人享有。使用汇编作品应当取得汇编作品的著作权人和原作品著作权人许可,并支付报酬。在行使汇编作品著作权时,不得侵犯原作品的著作权。汇编作品中具体作品的著作权仍归其作者享有,作者有权单独行使著作权。

4. 视听作品的著作权归属

如无相反书面约定,视听作品的著作权由制片者享有。但编剧、导演、摄影、作词、作曲等作者享有署名权。制片者使用剧本、音乐等作品摄制视听作品,应当取得作者的许可,并支付报酬。编剧、作词、作曲等作者有权就制片者使用或授权他人使用该视听作品获得合理报酬,合同另有约定除外。视听作品中可以单独使用的剧本、音乐等作品,作者可以单独行使著作权,但不得妨碍视听作品的正常使用。

5. 职务作品的著作权归属

职务作品,是指公民为完成法人或其他组织的工作任务二创作的作品,在欧美国家,又称其为雇佣作品,是指雇员在雇佣关系下所创作的作品。在职务作品的归属上,现行《著作权法》第16条依据作品创作完成的不同情形,做出了两种不同的规定。

第一,职务作品著作权的一般归属。根据现行规定,职务作品的著作权在一般情况下归创作作品的作者所有,但法人或者其他组织有权在其业务范围内优先使用。在职务作品完成两年内,未经单位同意,作者不得许可第三人以与单位使用的相同方式使用该作品。又据《著作权法实施条例》第12条,在职务作品完成的两年内,如果作者经过单位的同意,许可第三人以与单位使用的相同方式使用作品,则有关的收益由作者与单位按约定的比例分配。作品完成两年的期限,自作者向单位交付作品之日起计算。

第二,职务作品的特殊归属。一些特殊的职务作品,如工程设计图、产品设计图、地图、计算机软件等职务作品,创作作品的作者享有署名权,除此之外的其他权利由法人或其他组织享有。同时,法人或其他组织应当给予作者奖励。值得注意的是,按照现行规定,这些特殊的职务作品,作者不仅不享有经济权利,而且不享有除署名权之外的其他精神权利。可以说,作者的精神权利也受到了很大的限制。

为了鼓励创作,《著作权法》(2014年修订草案送审稿)确立了职务作品的权利归属当事人约定优先的原则,同时针对不同的法定情形规定了相对方的权利。其第20条规定:职工在职期间为完成工作任务所创作的作品为职务作品,其著作权归属由当事人约定。当事人没有约定或者约定不明的,职务作品的著作权由职工享有,但工程设计图、产品设计图、地图、计算机程序和有关文档,以及报刊社、通讯社、广播电台和电视台的职工专门为完成报道任务创作的作品的著作权由单位享有,作者享有署名权。依本条第二款规定,职务作品的著作权由职工享有的,单位有权在业务范围内免费使用该职务作品并对其享有两年的专有使用权。依本条第二款规定,职务作品由单位享有的,单位应当根据创作作品的数量和质量对职工予以相应奖励,职工可以通过汇编方式出版其创作的作品。

6. 委托作品的著作权归属

委托创作作品著作权归属由委托人和受托人约定。如无约定或者约定不明的,著作权由受托人享有,但委托人在约定的使用范围内可以免费使用该作品。当事人没有约定使用范围的,委托人可以在委托创作的特定目的范围内免费使用该作品。

7. 美术摄影作品的著作权归属

美术作品的原件,本身就具有很高的收藏价值。因此,在作品原件的周转过程中,明确作品原件的归属于作品著作权的归属,就是非常重要的。就一件作品的原件而言,存在着两个权利。第一个权利是作者就有形的物,如手稿(纸张)、画稿(画布或纸张)等所享有的权

利。这是作者享有的有形财产权，作者可以占有和处分有关的纸张、画布等物品。也正是基于这样的权利，作者可以出卖作品的原件，从而获得相应的收益。第二个权利是作者就作品上所体现的作品享有的著作权，这是作者所享有的无形财产权。作者可以通过合同的方式转让自己的著作权，可以用合同的方式许可他人以不同的方式使用自己的作品，甚至还可以通过继承而由继承人享有有关的著作权。正是因为作品的原件，尤其是美术组品的原件，具有上述两个特征，所以作品原件的转移，并不意味着作者就作品所享有的著作权的转移。对于美术作品著作权的权利归属，我国现行《著作权法》第 18 条规定：美术等作品原件所有权的转移，不视为作品著作权的转移，但美术作品原件的展览权由原件所有人享有。《著作权法》(2014 年修订草案送审稿) 第 22 条规定：作品原件所有权的移转，不产生著作权的移转。美术、摄影作品原件的所有人可以展览该原件。作者将未发表的美术或者摄影作品的原件转让给他人，受让人展览该原件不构成对作者发表权的侵犯。

8. 匿名作品的著作权归属

匿名作品，或称作者身份不明的作品，是指作者隐去姓名，其中包括不具名或不写明其真实姓名的作品。我国《著作权法》对匿名作品同其他作品一样实行保护。作者身份不明的作品，其著作权除署名权外由作品原件的所有人行使。作者身份确定后，其著作权由作者或者其继承人行使。作者身份不明且作品原件的所有人经尽力查找无果的；或作者身份确定但经尽力查找无果的保护期尚未届满的作品，使用者可以向国务院著作权行政管理部门申请提存使用费后使用作品。

（三）著作权的保护期限

参照《著作权法》(2014 年修订草案送审稿) 第 28、29、30 条的规定，作者的署名权、保护作品完整权的保护期不受限制。

（1）自然人的作品，其发表权、著作权中的财产权利的保护期为作者终身及其死亡后 50 年。如果是不可分割的合作作品，其保护期计算以最后死亡的作者为准。

（2）法人或者其他组织的作品、著作权由法人或者其他组织享有的职务作品，其著作权中的财产权利的保护期为首次发表后 50 年。但作品自创作完成后 50 年内未发表的，著作权法不再保护。

（3）视听作品，其著作权中的财产权利的保护期为首次发表后 50 年，但作品自创作完成后 50 年内未发表的，著作权法不再保护。

（4）实用艺术作品，其发表权的保护期为 25 年，但作品自创作完成后 25 年内未发表的，本法不再保护；其著作权中的财产权的保护期为首次发表后 25 年，但作品自创作完成后 25 年内未发表的，著作权法不再保护。

（5）作者身份不明的作品，其著作权中的财产权的保护期为 50 年。作者身份确定后适用著作权法的有关规定。

以上几款所称的保护期，自作者死亡、相关作品首次发表或者作品创作完成后次年 1 月 1 日起算。

> **知识链接**
>
> **国务院法制办公室 2014 年 6 月 6 日**
> **《中华人民共和国著作权法》（修订草案送审稿）**
>
> 草案送审稿新增两类作品的著作权保护期限：①实用艺术作品，其发表权的保护期为 25 年，但作品自创作完成后 25 年内未发表的，本法不再保护；其著作权中的财产权的保护期为首次发表后 25 年，但作品自创作完成后 25 年内未发表的，本法不再保护。②作者身份不明的作品，其著作权中的财产权的保护期为 50 年，自该作品首次发表后次年 1 月 1 日起算。作者身份确定后适用以上规定。

四、违反著作权的行为及其法律责任

对著作权进行法律保护，是著作权立法根本目的之所在。著作权法律保护由出版商本位发展到作者本位，经历了一个漫长的历史过程，著作权的法律保护制度由此逐步得以发展完善。

我国现行《著作权法》的立法宗旨：一方面保护作者个人利益，尊重作者的人格和愿望；另一方面鼓励传播智力作品，满足和丰富全体人民的精神生活，促进整个社会的发展，协调作者个人利益与社会利益的关系。现行《著作权法》第 1 条明确规定：为保护文学、艺术和科学作品作者的著作权，以及与著作权有关的权益，鼓励有益于社会主义精神文明、物质文明建设的作品的创作和传播，促进社会主义文化和科学事业的发展与繁荣，根据宪法制定本法。《著作权法》（2014 年修订草案送审稿）第 1 条则进一步规定：为保护文学、艺术和科学作品作者的著作权，以及传播者的相关权，鼓励有益于社会主义精神文明、物质文明建设的作品的创作和传播，促进社会主义文化、科学和经济的发展与繁荣，根据宪法制定本法。在著作权受到侵犯的时候，著作权的法律保护就需要发挥其应有作用了。

（一）违反著作权的行为

著作权侵权行为，是指未经著作权人的同意，又无法律上的根据，擅自对著作权作品进行使用以及其他以非法手段行使著作权的行为。

侵犯著作权人的行为可以分为直接侵权和间接侵权两种。直接侵权是不法行为直接侵犯受著作权法所保护的作品，如未经授权复制、发行权利人的作品。间接侵权是不法行为未直接侵犯受著作权法保护的作品，但为侵权行为提供条件，从而对著作权造成侵害，如出售非法复制的图书、影碟等。

我国现行《著作权法》将侵权行为和违法行为采取列举式的规定，而《著作权法》（2014 年修订草案送审稿）修改为概括式，扩大了权利人主张权利的范围。

1. 侵权行为

现行《著作权法》第 47 条规定，有下列侵权行为的，应当根据情况，承担停止侵害、消除

影响、赔礼道歉、赔偿损失等民事责任：

(1) 未经著作权人许可，发表其作品的；

(2) 未经合作作者许可，将与他人合作创作的作品当作自己单独创作的作品发表的；

(3) 没有参加创作，为谋取个人名利，在他人作品上署名的；

(4) 歪曲、篡改他人作品的；

(5) 剽窃他人作品的；

(6) 未经著作权人许可，以展览、摄制电影和以类似摄制电影的方法使用作品，或者以改编、翻译、注释等方式使用作品的，本法另有规定的除外；

(7) 使用他人作品，应当支付报酬而未支付的；

(8) 未经电影作品和以类似摄制电影的方法创作的作品、计算机软件、录音录像制品的著作权人或者与著作权有关的权利人许可，出租其作品或者录音录像制品的，本法另有规定的除外；

(9) 未经出版者许可，使用其出版的图书、期刊的版式设计的；

(10) 未经表演者许可，从现场直播或者公开传送其现场表演，或者录制其表演的；

(11) 其他侵犯著作权以及与著作权有关的权益的行为。

现行《著作权法》第 48 条规定，下列侵权行为的，应当根据情况，承担停止侵害、消除影响、赔礼道歉、赔偿损失等民事责任；同时损害公共利益的，可以由著作权行政管理部门责令停止侵权行为，没收违法所得，没收、销毁侵权复制品，并可处以罚款；情节严重的，著作权行政管理部门还可以没收主要用于制作侵权复制品的材料、工具、设备等；构成犯罪的，依法追究刑事责任：

(1) 未经著作权人许可，复制、发行、表演、放映、广播、汇编、通过信息网络向公众传播其作品的，本法另有规定的除外；

(2) 出版他人享有专有出版权的图书的；

(3) 未经表演者许可，复制、发行录有其表演的录音录像制品，或者通过信息网络向公众传播其表演的，本法另有规定的除外；

(4) 未经录音录像制作者许可，复制、发行、通过信息网络向公众传播其制作的录音录像制品的，本法另有规定的除外；

(5) 未经许可，播放或者复制广播、电视的，本法另有规定的除外；

(6) 未经著作权人或者与著作权有关的权利人许可，故意避开或者破坏权利人为其作品、录音录像制品等采取的保护著作权或者与著作权有关的权利的技术措施的，法律、行政法规另有规定的除外；

(7) 未经著作权人或者与著作权有关的权利人许可，故意删除或者改变作品、录音录像制品等的权利管理电子信息的，法律、行政法规另有规定的除外；

(8) 制作、出售假冒他人署名的作品的。

而《著作权法》(2014 年修订草案送审稿)则进一步明确和强化了对侵权行为的惩罚，其第 77 条规定，下列侵权行为，可以由著作权行政管理部门责令停止侵权行为，予以警告，没收违法所得，没收、销毁侵权制品和复制件，非法经营额五万元以上的，可处非法经营额一倍以上五倍以下的罚款，没有非法经营额、非法经营额难以计算或者非法经营额五万元以下的,可处二十五万元以下的罚款;情节严重的,著作权行政管理部门可以没收主要用于制作侵权制品和复制件的材料、工具、设备等;构成犯罪的,依法追究刑事责任:

(1) 未经著作权人许可,复制、发行、出租、展览、表演、播放、通过网络向公众传播其作品的,本法另有规定的除外;

(2) 未经表演者许可,播放、录制其表演,复制、发行、出租录有其表演的录音制品,或者通过网络向公众传播其表演的,本法另有规定的除外;

(3) 未经录音制作者许可,复制、发行、出租、通过网络向公众传播其录音制品的,本法另有规定的除外;

(4) 未经广播电台、电视台许可,转播、录制、复制其广播电视节目的,本法另有规定的除外;

(5) 使用他人享有专有使用权的作品、表演、录音制品或者广播电视节目的;

(6) 违反本法第五十条规定使用他人作品的;

(7) 未经许可,使用权利人难以行使和难以控制的著作权或者相关权的,本法第七十四条第一款规定的情形除外;

(8) 制作、出售假冒他人署名的作品的。

2. 违法行为

《著作权法》(2014年修订草案送审稿)第78条规定,下列违法行为,可以由著作权行政管理部门予以警告,没收违法所得,没收主要用于避开、破坏技术保护措施的装置或者部件;情节严重的,没收相关的材料、工具和设备,非法经营额五万元以上的,可处非法经营额一倍以上五倍以下的罚款,没有非法经营额、非法经营额难以计算或者非法经营额五万元以下的,可处二十五万元以下的罚款;构成犯罪的,依法追究刑事责任:

(1) 未经许可,故意避开或者破坏权利人采取的技术保护措施的,法律、行政法规另有规定的除外;

(2) 未经许可,故意制造、进口或者向他人提供主要用于避开、破坏技术保护措施的装置或者部件,或者故意为他人避开或者破坏技术保护措施提供技术或者服务的;

(3) 未经许可,故意删除或者改变权利管理信息的,本法另有规定的除外;

(4) 未经许可,知道或者应当知道权利管理信息被删除或者改变,仍然复制、发行、出租、表演、播放、通过网络向公众传播相关作品、表演、录音制品或者广播电视节目的。

(二) 法律责任

著作权侵权行为和违法行为发生以后,侵权行为人和违法行为人就须承担法律责任。依照我国著作权法规定,侵犯著作权行为人、著作权违法行为人应承担的法律责任主要有民事责任、行政责任、刑事责任。

1. 民事责任

知识产权法是民法的一个组成部分,而著作权是民事权利中的一种,由此侵犯著作权或者相关权的行为人应当依法承担停止侵害、消除影响、赔礼道歉、赔偿损失等民事责任(具体法律规定见《著作权法》(2014年修订草案送审稿)第72条)。

2. 行政责任

关于行政责任,现行《著作权法》第48条规定,可以由著作权行政管理部门责令停止侵权行为,没收违法所得,没收、销毁侵权复制品,并可处以罚款;情节严重的,著作权行政管理部门还可以没收主要用于制作侵权复制品的材料、工具、设备等;根据(2014年修订草案送审稿)的规定,在行政法律责任方面,根据著作权行政执法的实践需要,一方面在《著作权法实施条例》规定的基础上提高了罚款的数额,将罚款的倍数由非法经营额的三倍提高为五倍,将十万元提高为二十五万元;另一方面增加了著作权行政管理部门的执法手段,特别是查封扣押权。(具体法律规定见现行《著作权法》第48条;《著作权法》(2014年修订草案送审稿)第77、78、79条)。

3. 刑事责任

我国1997年修改颁布的《刑法》的第三章第七节《侵犯知识产权罪》中规定了著作权侵权的刑事责任,以此完善我国著作权法律保护的体系。

《刑法》第217条规定,以营利为目的,有下列侵犯著作权情形之一,违法所得数额较大或者有其他严重情节的,处三年以下有期徒刑或者拘役,并处或者单处罚金;违法所得数额巨大或者有其他特别严重情节的,处三年以上七年以下有期徒刑,并处罚金:

(1) 未经著作权人许可,复制发行其文字作品、音乐、电影、电视、录像作品、计算机软件及其他作品的;

(2) 出版他人享有专有出版权的图书的;

(3) 未经录音录像制作者许可,复制发行其制作的录音录像的;

(4) 制作、出售假冒他人署名的美术作品的。

《刑法》第218条规定:以营利为目的,销售明知是本法第二百一十七条规定的侵权复制品,违法所得数额巨大的,处三年以下有期徒刑或者拘役,并处或者单处罚金。

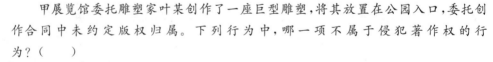

同步案例

甲展览馆委托雕塑家叶某创作了一座巨型雕塑,将其放置在公园入口,委托创作合同中未约定版权归属。下列行为中,哪一项不属于侵犯著作权的行为?( )

A. 甲展览馆许可乙博物馆异地重建完全相同的雕塑
B. 甲展览馆仿照雕塑制作小型纪念品向游客出售
C. 个体户冯某仿照雕塑制作小型纪念品向游客出售
D. 游客陈某未经著作权人同意对雕塑拍照纪念

(资料来源:2014年司法考试真题试卷三第17题。)

(三) 损害公共利益

现行《著作权法》第 48 条规定：有下列侵权行为的，……，同时损害公共利益的，可以由著作权行政管理部门责令停止侵权行为，没收违法所得，没收、销毁侵权复制品，并可处以罚款；情节严重的，著作权行政管理部门还可以没收主要用于制作侵权复制品的材料、工具、设备等。据此，对著作权侵权行为人实施行政处罚的前提有二：一是构成民事侵权，二是损害公共利益。但何为"损害公共利益"，我国《著作权法》并未作出明确规定。下面结合展会知识产权保护的特点，进一步明确展会场合知识产权侵权行为损害公共利益的判断标准。

1. 著作权法中公共利益的含义

著作权法是调整因作品的创作、传播和使用过程中所发生的各种社会关系的法律规范的总称，其调整的核心即围绕着作品所产生的利益关系。作品所产生的利益关系应分为两类：一类是作品的传播对社会文化、科学事业产生的积极影响，即科学文化传播的公共利益；另一类是作品的传播对市场经济秩序产生的积极影响，即市场经济秩序的公共利益。从著作权法维系著作权人利益和社会公共利益平衡的角度来说，著作权法所指的公共利益是指科学文化传播的公共利益；但从侵权行为对市场经济秩序的影响的角度来说，著作权法所指的公共利益是指市场经济秩序的公共利益。

2. "损害公共利益"的界定

向公众提供作品是产生公共利益的基础，但行为人只有实施了现行《著作权法》第 48 条规定的侵权行为，如未经著作权人许可实施复制、发行、表演、放映等行为，才有可能"损害公共利益"，进而受到行政处罚。作品在复制、发行、表演、放映过程中涉及三类群体的利益，具体包括作品的创作者、传播者和使用者。在正常情况下，作品的创作者、传播者、使用者这三者会形成一个良性的循环，即作品创作者创作作品，作品的传播者依法传播作品，最终由作品的使用者欣赏作品。但侵权盗版书籍的出现必然会打破上述循环：盗版书籍必然会影响作品使用者对作品的正常使用，在使用者对市场丧失信心后，作品合法传播者的市场份额必然会受到一定的影响，最终作品创作者的经济利益也必然会受到影响。创作者经济利益的损失必然会影响其创作的热情，作品传播的良性循环会由此而中断。上述良性循环所依赖的是市场经济秩序，而侵权行为实质上破坏了正常的市场经济秩序，损害的是市场经济秩序的公共利益。

就损害程度而言，"损害公共利益"的侵权行为对市场经济秩序的影响应大于一般的民事侵权行为，但又小于著作权刑事犯罪行为。首先，侵权后果轻微的著作权侵权行为并非损害公共利益的行为。其次，构成刑事犯罪的著作权侵权行为并非著作权法所指的损害公共利益的行为。本小节所指的损害公共利益的侵权行为并非构成刑事犯罪的侵权行为，其对经济秩序的影响应小于构成刑事犯罪的侵权行为。

3. "损害公共利益"的侵权行为在展会场合中的判断

展会中经常出现的"损害公共利益"的侵权行为有未经许可的发行、表演和放映等公开传播行为，在现行《著作权法》第 48 条中体现为：①未经著作权人许可，复制、发行、表演、放映、广播、汇编、通过信息网络向公众传播其作品的；②出版他人享有专有出版权的图书的；③未经表演者许可，复制、发行录有其表演的录音录像制品，或者通过信息网络向公众传播

其表演的;④未经录音录像制作者许可,复制、发行、通过信息网络向公众传播其制作的录音录像制品的;⑤未经许可,播放或者复制广播、电视的;⑥未经著作权人或者与著作权有关的权利人许可,故意避开或者破坏权利人为其作品、录音录像制品等采取的保护著作权或者与著作权有关的权利的技术措施的;⑦未经著作权人或者与著作权有关的权利人许可,故意删除或者改变作品、录音录像制品等的权利管理电子信息的;⑧制作、出售假冒他人署名的作品的。而《著作权法》(2014年修订草案送审稿)则进一步明确规定:①未经著作权人许可,复制、发行、出租、展览、表演、播放、通过网络向公众传播其作品的;②未经表演者许可,播放、录制其表演,复制、发行、出租录有其表演的录音制品,或者通过网络向公众传播其表演的;③未经录音制作者许可,复制、发行、出租、通过网络向公众传播其录音制品的;④未经广播电台、电视台许可,转播、录制、复制其广播电视节目的;⑤使用他人享有专有使用权的作品、表演、录音制品或者广播电视节目的;⑥违反本法第50条规定使用他人作品的;⑦未经许可,使用权利人难以行使和难以控制的著作权或者相关权的;⑧制作、出售假冒他人署名的作品的。

展会的开放性、集中交易性以及展会的广告宣传作用决定了展会侵权行为很可能会损害公共利益。展会的开放性越强、交易量越大、广告宣传功能越强,在展会期间发生的侵权行为越有可能损害公共利益。以展会的广告宣传功能为例,如果参展方未经许可销售质量低劣的侵权复制件,那么在市场中可能会形成对著作权人消极的评价。这类行为无疑会对著作权人的市场份额产生影响,必然会损害市场经济秩序的公共利益。

具体而言,展会的开放性、集中交易性、广告宣传功能具体体现为以下几个方面的要素:①展会的规模;②展会的持续时间;③展会的受众范围及参与人数;④未经许可公开提供作品或其他受保护客体的数量、次数或持续时间;⑤作品或其他受保护客体的受欢迎程度。为方便行政机关著作权执法,建议通过地方立法的形式明确判断"损害公共利益"时的考量因素。具体而言,行政机关应综合考虑以上五点因素判断侵权行为是否损害了公共利益。

第五节 展会知识产权保护

案例引导

2003年第八届中国国际建筑贸易博览会上,在展览会开幕的第一天,会展主办方就收到了浙江某知名装饰品公司和德国某品牌卫浴公司的公函,两家公司声称有十几家参展企业的产品侵犯了他们的专利权,要求主办方给予妥善处理,否则立即申请法院进行证据保全,进场扣押被控侵权企业的参展产品。

作为主办方的法律顾问单位,上海市汇锦律师事务所受托全权处理此事。律师首先请两家公司出示他们的专利权属文件,两家公司出示的专利权属文件表明他们的专利均是外观设计专利。按照专利法的规定,"外观设计专利权被授予后,任何单位或者个人未经专利权人许可,都不得实施其专利,即不得为生产经营目的制造、许诺销售、销售、进口其外观设计专利产品"。律师认为参展企业单纯地展览商品属于许诺销售行为,是一种销售的要约邀请,并不在专利法明确禁止之列,而参展企业一旦在展会上与客户达成订单则属于销售行为,构成对专利权人的侵权。

鉴于此,如果两家企业与其他企业僵持下去,则两家企业暂时并不能控告其他企业侵权,任由其他企业大肆宣传产品,两家企业的利益显然将受到损害,而其他企业也不能在展会上销售其产品,有动辄遭受侵权控诉之虞,处于进退两难的境地。因此律师建议两家企业邀请上海市知识产权局执法部门出面与其他企业共同协商由其他企业撤除在展会上可能侵权的产品,两家企业不在展会中追究其他企业的责任,最终事情得以妥善解决,展会圆满结束。

(资料来源:根据《会展财富》杂志整理。)

【问题】

目前中国展会知识产权存在哪些问题?

一、展会与知识产权的关系

会展业与知识产权有着密切的联系,一方面,展会是现代企业发布新产品、新技术的展示与交易平台,是知识产权的集散地。另一方面,展会由于产生和涉及大量极具经济价值的精神产品,难免成为知识产权侵权事件的高发地。中国加入世界贸易组织以后,会展行业日益成为展示我国知识产权保护现状的重要窗口。

(一)展会是知识产权的集散地

会展业与知识产权有着密切的联系,展览过程中产生和涉及大量的精神产品,其中大部分是知识产权法的保护对象。在一个展览会中,可能涉及的精神产品包括展台设计、商标权、专利权、著作权、广告手册、宣传标语、图片、产品外观设计等。在展览过程中还可能会使用到他人的一些产品,如现场演示用软件或背景音乐等。

首先,参加展览的产品一般都是最先进的成果,其中很大一部分具备专利性。当某些产品被发明以后,发明人通常会想办法实施。实施专利包括展示自己的发明成果,寻找资助人,或推销自己已经生产出来的专利商品。展会提供了一个很好的展示和销售的平台。一方面,发明人将最先进的产品带过来,特别是高、精、尖端技术产品的展示与推广,对于推动社会发展和方便生产与生活起到了积极作用;另一方面由于参展商、参观者、媒体等的介入,使得发明人的成果迅速传播,吸引若干投资人、购买人,促进专利技术转化为生产力,由此实现专利的社会效益和经济效益。

其次,在展会上,特别是知名的展会,会有许多拥有驰名商标的企业参展。一个好的展会,就像一个巨大的精神盛宴;一个著名的商标就是那个精致的菜肴。所以任何展会的组办者都希望参展商是一些驰名商标的所有者,那些讲信誉、效益好的企业的参与,无形中会给展会主办方带来莫大声誉,而参展商也会从中获得更多的经济效益。

最后，一个展会的成功举办，都与其独特的创意、展台的设计及宣传有着密切联系。好的创意与设计能收到良好的效果，它能够吸引人们的眼球、引起人们参与的欲望，包括参展和购买的冲动，只有这样才能体现会展存在的意义。

同时，任何会展的举办都离不开广告业的参与，没有广告业的介入，这个展会将是没有生气、没色彩的。广告在宣传产品、推销产品与服务、强化人们对某些产品的记忆上功不可没。

以上种种，都有一共同点，即它们都属于精神产品的范畴，都是人们智力成果的表现形式。通过展会这个平台，权利人展示并宣传了自己的精神产品、智力成果，便于更大程度地推销自己的产品，从而获得更多的利益，同时展会也通过办展，扩大了自己的影响力，得到更多的参展费及其他相关费用，可见它们之间的关系是非常密切的，二者相辅相成，共同构建了一个崭新的经济运行模式，为企业及国家的发展作出应有的贡献。

（二）展会也是知识产权侵权的多发地

随着会展业的发展、会展经济的繁荣，随之产生了许多相关的问题，其中之一就是我国参展企业普遍不重视的知识产权问题。会展知识产权包括展会本身的知识产权和展品知识产权。展览会本身的知识产权包括展览会的设计理念，展台搭建设计，展览会的 logo 及名称。展品知识产权包括展品的专利权、商标权、著作权等。知识产权侵权纠纷几乎是国内外所有展会所面临的共同难题。在我国，由于知识产权保护工作起步较晚，各种与展会相关的侵权行为一直缺乏法律界定和处理规范，因此会展业成为知识产权侵权纠纷的"多发地"和知识产权保护工作的重点环节。会展中常见的知识产权问题包括：侵犯专利权的问题；侵犯注册商标权的问题；侵犯他人版权的行为；侵犯商号权、知名商品的行为；假冒他人商标、专利的行为；冒充商标、专利的行为等。这些侵权行为使得会展的展示平台受到一些质疑，侵权纠纷造成的影响非常恶劣。很多国外的厂商不敢轻易到国内来参展，因为他们担心知识产权没有得到很好的保护。在国内的专业展会上，很多参展商采取了封闭式的办法。在入口处，参展商会仔细盘问来者的身份。更有甚者在入口处挂牌，上书"不欢迎同行"。尽管如此，一些名牌产品依然不能避免被复制的命运。也有些企业为保护自己的知识产权不被侵犯转而运用其他营销模式而放弃参展。

中国会展业还处于市场化、产业化的初级阶段，整体经营、管理、技术水平还不高，经验不足，尤其是在制度和行业组织的建设上还有待进一步提升。面对加入 WTO 后的国际化挑战，中国的会展业还有很长的路要走。首先，我们要完善会展业知识产权保护的法律制度，充分考虑细节，不给侵权者留有钻空子的空间；其次，组展商要制定具体的展览现场知识产权保护措施，对侵权行为及时取证，并取消其参展资格；最后，对于持有技术产品的参展商而言，要加强其自我保护意识的宣传和提醒，做好知识产权的防范工作，不到万不得已，不要把关键技术透露出去，以免产生不必要的麻烦和纠纷。

二、展会知识产权侵权行为的主要表现

在会展业的各个环节中，存在大量具有知识产权的创意劳动，作为一个新兴行业，由于相关法规不健全，以及一些企业急功近利的违规行为，出现很多侵犯知识产权的现象，扰乱了会展业市场秩序。

目前,会展知识产权侵权主要有三种情况:国内展会组展商项目被仿冒;国内展会参展商被组展商欺骗;展台设计搭建商设计方案被抄袭。针对上述侵权情况,我国已经制定的相关法律主要有:《商标法》《著作权法》《专利权法》,以及《合同法》中有关条款等。对于《商标法》明确保护的商标,一般企业不会进行仿冒,而是在展会题目、展出内容等方面加以模仿。这种情况下,《商标法》相关规定就不足以保护被侵权者了。而会展内容和标题的文字部分无法进行注册登记,所以"会标注册"几乎无法防止展会名称的仿冒和内容被复制。具体来看,展会中的侵权行为可分为以下几类。

（一）展会名称和徽标的侵权

展会名称是用来表明该会展举办地、举办规格、举办范围的标志。会展名称对会展业的参加主体都具有非常重要的意义。一些组展商经过多年努力拼搏,创造并经营了不少好品牌的展会,这些展会的名称已经深入人心。一些大型的、著名的展会还经常会有自己的标志或 logo,这些标志本身就是一种无形资产。它使得展览会的品牌效应日益凸显,规模越来越大、参展商越来越多、知名度也越来越高,这些展览会标志的商业运作价值也随之越来越突出。

我国每年举办的展会项目超过 4000 个,平均每天有 10 个以上的展会在举办。但相当部分展会规模小、周期短、生命力不强,而且重复办展、时间密集、秩序混乱等问题也比较突出。很多有名气、效果好的展会经常会遭到仿冒,不法行为人往往利用人们对知名展会的信任心理,将他人已经成名的展会名称和徽标拿来直接使用,以欺骗的手段达到其敛财的目的。这种侵权行为的危害是严重的:首先,造成了某个行业在选题、内容、招展书、展刊、宣传册等,甚至除了账号、联系人完全一样的同名展泛滥于市,直接影响了展会品牌的建立。其次,极易造成骗展的事实,两三个人租一间办公室,参展商招得来就接着办,招不来就散伙。最后,对展会服务产品的侵权,对展会标志、展板、展具、展台设计等创意和设计进行仿冒。

例如,上海世博会期间发生的"世博第一案"系展会标志侵权的典型案例。2002 年初至 2003 年上半年,上海弘辉房产公司（以下简称"弘辉公司"）在其开发销售房产项目的过程中,擅自使用与上海世博会申办会标（以下简称"申博徽标"）相近似的图文组合标识作为其楼盘标志,将上海世博会的中英文主题词作为其宣传材料,并将其楼盘取名为"士博汇弘辉名苑"。上海世博会事务协调局以弘辉公司侵权为由,于 2004 年 5 月向上海市第二中级人民法院提起诉讼。

该案经上海市第二中级人民法院审理认定:

(1)弘辉公司使用的楼盘标志侵犯了上海世博会事务协调局对申博徽标所享有的特殊标准权利。从社会公众的一般注意力分析,弘辉公司使用的楼盘标志与申博徽标在整体的布局、文字的布局以及主体部分的图形方面皆具有相似点,上述相似点互相结合,则容易使得社会公众对两者产生误认,或者认为两者之间具有某种特定关系,故弘辉公司的使用与申博徽标相似的楼盘标志,侵犯了上海世博会事务协调局享有的申博徽标特殊标志权利。

(2)弘辉公司使用"城市,让生活更美好"这一主题词,其行为性质为擅自以复制、发行的方式对上海世博会主题词进行商业性使用,侵犯上海世博会事务协调局对上海世博会主题词的著作权。

(3)弘辉房产公司的楼盘名称使用了与"世博会"读音一致的"士博汇",显系借助"中国

2010年上海世界博览会"之名,以提升其楼盘的知名度,获取更大之商业利益。故其楼盘名称侵犯了上海世博会事务协调局对"中国2010年上海世界博览会"享有的专有名称权及对"上海世博会"所享有的特殊标志权。弘辉公司不服,上诉至上海市高级人民法院,上海市高级人民法院最终判决驳回弘辉公司上诉,维持原判。

之所以会出现这种现象,主要源于大多品牌展览会不能依据国内相关法律申请展会知识产权的保护。如国家商标管理局规定,通用字符不得用于商标注册,所以像中国、国际、机械、展览会等通用字符,就不能申请注册"中国国际机械展览会",而只能申请相关的logo,作为商标来进行展会的知识产权保护。另外,根据国务院《特殊标志管理条例》的规定,特殊标志可以到工商行政管理部门备案,获得行政保护。但一般博览会、展览会的标志许多不具备特殊标志的特征,因而无法受该条例保护;即使符合特殊标志的部分,所得到的也仅仅是单纯的行政保护,相比国家立法保护而言其保护力度远远不足。

这类侵权在国内相关法律中的保护不完善,故需比照相关国际规则来对其进行认定。关于会展名称的保护问题,ICASA和ICEA(注:ICASA是国际信用评估与监督协会的简称;ICEA则是国际诚信企业协会的简称)在《ICE8000国际信用监督体系会展名称注册与保护规则》中有明确规定。

该规则的第二章是对会展名称的注册与证书管理的有关规定,其对于会展名称的注册条件规定如下:

(1)具有首创性或唯一性。该会展名称由申请人首次创造和使用,或者虽不是首次创造和使用但以前使用该会展名称的单位已经不存在或连续两年不使用该名称。具体条件是:选择两家主流搜索引擎以该会展名称为关键字进行搜索时,在搜索结果的前50页(如果未超过50页,以实际页数为限)中符合以下情况之一:①没有同名且主办单位不同的展览会、博览会、论坛等会议。②有同名且主办单位不同的展览会、博览会、论坛等会议,但是申请人提供了相关主办单位同意申请人申请的书面证明或合同。③有同名且主办单位不同的展览会、博览会、论坛等会议,但是申请人提供了能够显而易见地证明申请名称的会展早于该同名会展的证据。

(2)申请人应当为该会展的主办方,或者得到主办方的权利转让许可;会展主办方在一家以上的,应当得到全部主办方的权利转让许可。

(3)该会展名称不违反国际公认法律原则及公共道德。

(4)该会展名称不与世界信用组织(WCO)已注册或备案的其他知识产权重复。

(5)申请人保证该会展名称在申请注册时未侵犯其他单位或个人的知识产权。

(6)申请人承诺遵守本规则,并附加良心誓言条款。

同时该规则还规定:诚信是基本的商业道德之一,未经会展名称证书所有人的许可而故意使用或故意变相使用已注册的会展名称,属于违反诚信商业道德的行为……、任何单位或个人未经会展名称证书所有人的同意,不得故意使用或故意变相使用该名称,否则,协会将根据证书所有人的申请,采取以下措施:……对失信事实进行调查,然后将调查到的客观事实以协会名义发布声明或道德谴责公告;……然后依据调查的客观事实对失信人进行永久曝光或联合曝光;……协助证书所有人追究侵权人的法律责任。

由此可见,形成品牌的展会应当算作拥有展会创意的知识产权而受到保护,仅有对展会会标的注册是不够的,还应对展会的名称进行保护。例如,中国电子国际展览广告有限责任公司成立至今已成功地举办了数十届国际广告新媒体新技术新设备新材料展示交易会。期间,他们用了很长时间进行国内、国际市场调研,并与多个国家相关部门和企业进行沟通,为此花费了大量时间、人力、物力来做前期市场调研。但是当他们到工商管理部门进行展会注册时,只获得了会标注册,而展会的名称却得不到保护,从而出现了与该会展名称一样的展会就多达十几个。这方面的知识产权法律在我国是空白。

品牌与展会有很大关系,对于具有品牌的展会应该参照"驰名商标"的保护原则,只要办出了特色,办出了声誉,就应受到法律的保护,法律保护的是品牌后面的商誉、形象。这些商誉、形象是辛辛苦苦经营得来的,不允许其他展会经营者通过剽窃、假冒等不正当手段挪用,搭顺风车。当展会经营者或参展商遇到侵权行为打官司时,要学会运用策略原则,交替使用《知识产权法》和《反不正当竞争法》。会展业是一个开放的、正与世界接轨的行业,为使行业建立起有序的竞争秩序,参展商和会展经营者必须拿起法律武器。对不法侵权的行为人,受害企业应该不畏艰难烦琐,充分利用各种有效渠道维权,这样才能对侵权行为起到震慑作用。

（二）展台设计方案侵权

展台设计是展览工作的重要组成部分,展会中经过精心设计与布置的展台会给展览会增添亮丽的风景,为展会贸易创造良好的环境。展台设计也反映了参展企业的形象,表达了参展企业的意图,设计独特的展台能为参展商带来更多的经济效益。但也有一些参展商为了图省钱常将别人的设计略加修改而变成自己的展台设计,这实际上也构成了知识产权的侵权。因为,展会作为一种特殊的公众场合,展台设计在符合新颖性、美观性、合法性三个要素后,一经使用便进入知识产权保护的领域。对于展台搭建的设计方案和图纸被抄袭的问题,需要进行具体分析。从法理上说,设计方案、设计图纸也应当是具有著作权性质的保护对象,因此可以比照《著作权法》进行规范。

（三）展会软件侵权

展会中出现的软件侵权主要表现为在展会现场以演示为目的的电脑使用盗版软件和展品本身使用盗版软件以及销售盗版光盘等现象。这类侵权在《展会知识产权保护办法》中并无相应的法律规定,故需比照《计算机软件保护条例》及国际公约的相关规定对其进行认定。

（四）展会专利侵权

由于专利权具有强烈的专有性和排他性,未经权利人许可他人均不得为生产经营目的擅自使用、生产、销售或进出口专利产品及假冒他人专利,否则即构成侵权。因为专利涉及的范围最广且又相对比较容易被识别,所以在展会中这类侵权存在的数量最多,其主要有展品侵权、外观设计专利侵权以及新产品被抢先申请专利等。

例如,"2013(西安)婚纱摄影器材展"期间,山东金东框业有限公司(以下简称为"金东公司")发现万通数码科技有限公司(以下简称"万通公司")涉嫌侵犯其主要产品专利权。接到投诉后,执法组赶赴现场对金东公司的专利权属及保护内容进行了解审核,确认其专利的合法有效性,通过对比金东公司专利授权书与被请求人万通公司展出的实物,确认被请求人展出的60余件展品与专利授权书中明确的权利要求等同,侵权事实成立。

展会期间,专利侵权的事件时有发生。通常在展会上所展出的产品或者技术都是具有该时段先进性的代表产物,发明人一般也处于两难境地:一方面要借用会展的平台展示自己的先进技术,宣传自己超凡的产品,拓展自己的广大市场;另一方面又清醒地认识到展会上暗藏杀机,有多少双眼睛在盯着这些产品,有多少人在觊觎自己的技术,从而提心吊胆、小心翼翼地保护着这些产品或技术。在展会上出现的各种侵犯专利权的行为已经使得不少参展商要么望展兴叹,要么干脆有新产品、新技术也不会拿到展会上展出。当然也有不少人假借参展、参观为名,行剽窃、盗窃之实,这些行为不仅扰乱了会展的经济秩序,更重要的是对企业,甚至国家的形象造成负面影响。关于对专利的保护,在展览会上如果发生参展商的展品侵犯他人专利等知识产权的纠纷,从本质上说这仍属于产品本身侵权的问题,而展览会只不过成为一个侵权行为被利用的平台而已。

(五)展会商标侵权

商标也和专利一样具有专有性和排他性,一旦申请注册后其他人未经许可不得使用。商标侵权也曾在展会中大量存在,尤其是仿冒一些国际知名品牌商标的侵权行为。随着企业知识产权意识的增强,这类侵权行为在大型的知名展会中已逐步减少,但在一些小型的或较低档的展览会中还存在。参展商直接使用他人的注册商标行为并不常见,但是使用一些相似、近似商标的行为却屡见不鲜,甚至有人将他人的注册商标用"模糊概念"装扮自己的产品,混淆视听,用以欺骗其他参展商和消费者。

例如,2012年11月27日至30日,原告(徐州工程机械集团有限公司等系涉案平地机商品的生产商及平地机上注册商标权人及"徐工集团"字号的权利人)、被告(青州装载机厂有限公司系专业生产挖掘机的企业,不具有生产平地机的能力)均参加了在上海新国际博览中心举办的第六届中国国际工程机械、建筑机械、工程车辆及设备博览会。在该展会上,原告发现被告将原告的平地机产品上的"徐工集团"标识更换为被告的图文标识,将原告的平地机生产商铭牌更改为被告的生产商铭牌,作为被告生产的商品样品进行展出。原告认为,被告的行为不仅构成反向假冒的商标侵权行为,也构成不正当竞争,请求法院判令被告刊登声明、消除影响,并赔偿经济损失100万元及合理费用10万元。

上海市浦东新区人民法院经审理认为,被告虽更换了原告商品上的标识,并将更换了标识的商品作为自己商品的样品进行展出,但因未投入市场进行实际销售,故不构成反向假冒的商标侵权行为。被告该行为客观上导致消费者误认为被告具有生产高品质平地机的能力,构成引人误解的虚假宣传行为。判决被告刊登声明、消除影响,并赔偿原告损失15万元及合理费用2万元。

三、临时禁令等制度在会展知识产权保护中的应用

知识产权人除了可以请求行政机关处理知识产权纠纷外,还可以请求法院通过司法途径给予救济。法院在展会知识产权保护中的主要作用在于通过适用临时禁令、诉前财产保全、诉前证据保全等制度维护知识产权权利人的利益。展会的特点之一是展期短,就权利人而言,制止正在发生的侵权行为的权利,比就已经发生的侵权获得经济赔偿的权利更为重要。诉前财产保全措施与诉前证据保全措施固然能够提高权利人在展会结束后的诉讼侵权中获得胜诉及赔偿的可能性,却不能避免展会期间被申请人的侵权行为给权利人造成的损

失。申请获得临时禁令可以使权利人在诉讼完成之前有效地保护自己的权利,避免权利保护存在真空期。

(一)展会临时禁令制度的立法现状

我国通过对《著作权法》、《专利法》和《商标法》分别进行了修订,以 TRIPS 协议第 50 条为依据,规定了诉前责令停止侵权的临时措施。这些基本法中对临时禁令制度的相关规定同样应适用于展会场合,具体包括实体要件和程序要件两方面。

1. 临时禁令制度的实体要件

我国 2008 年新修订的《专利法》第 66 条第 1 款、《商标法》第 57 条第 1 款以及现行《著作权法》第 50 条第 1 款均只对临时禁令的适用条件做了原则性的规定:①权利人或者利害关系人有证据证明他人正在实施或者即将实施侵犯其知识产权的行为;②如不及时制止将会使其合法权益受到难以弥补的损害的。

最高人民法院的司法解释没有明确规定法院在作出临时禁令裁定时应依据何种标准,但规定了当事人申请复议时法院应考量的几个方面:①被申请人正在实施或即将实施的行为是否构成侵犯知识产权的行为;②不采取临时禁令,是否会给申请人的合法权益造成难以弥补的损害;③申请人提供担保的情况;④责令被申请人停止有关行为是否损害社会公众利益。

综上,权利人是否有证据证明他人正在实施或者即将实施侵犯其知识产权的行为,以及如不制止上述行为将会使权利人的合法权益受到难以弥补的损害,是法院在判断是否签发临时禁令时考虑的关键要素。

2. 临时禁令制度的程序要件

《专利法》、《商标法》以及《著作权法》均规定:①申请人提出申请时,应当提供担保;不提供担保的,驳回申请。②人民法院应当自接受申请之时起 48 小时内作出裁定;有特殊情况需要延长的,可以延长 48 小时。③裁定责令停止有关行为的,应当立即执行。当事人对裁定不服的,可以申请复议一次;复议期间不停止裁定的执行。④申请人自人民法院采取责令停止有关行为的措施之日起 15 日内不起诉的,人民法院应当解除该措施。⑤申请有错误的,申请人应当赔偿被申请人因停止有关行为所遭受的损失。临时禁令制度的设立,旨在在实体权益纠纷未决之前及时给予申请人有效救济,避免其合法权益遭受更大的损失。然而,我国现行法律和司法解释仅从原则上对临时禁令的适用作出了规定,在案件审理中缺乏具体标准和可操作性的规定,使临时禁令制度在知识产权保护过程中无法发挥应有的作用。

(二)展会场合临时禁令制度的完善

1. 展会场合临时禁令制度实体要件的完善

我国三大实体法中对临时禁令的实体要件做了两项原则性的规定:①权利人或者利害关系人有证据证明他人正在实施或者即将实施侵犯其知识产权权利的行为;②如不及时制止将会使其合法权益受到难以弥补的损害的。这两项要件可以归纳为两点,即"胜诉可能性"、"难以弥补的损失"。从比较法的角度出发,英美法系中"胜诉可能性"、"难以弥补的损失"的判断较多地依赖于法官的自由心证,法官的自由裁量权使其对于胜诉可能性、难以弥补的损失等抽象条件能够较好地进行认定。而在我国,法官的自由裁量权较小,对于过于抽象的要件,如果适用标准过于严苛,将使得相关制度形同虚设;如果适用标准过于宽松,则会导致制度滥用。鉴于此,笔者认为有必要对于上述原则性要件进行具体细化,使其在展会场合更具有可操作性。

第一,有证据证明他人正在实施或者即将实施侵犯其知识产权权利的行为。从临时禁令制度的出发点来看,申请人请求法院颁发临时禁令时,无须提供确切的证据清楚、全面地证明被申请人实施了侵权行为,只要提交初步证据能证明侵权行为存在即可。但我国司法实践中,在适用"被申请人正在实施或即将实施的行为是否构成知识产权侵权行为"时,往往在发布临时禁令的裁定书中认定被申请人的行为构成了知识产权侵权行为,依法应当停止侵权行为。于是,诉讼程序尚未启动时,法院已经对被申请人作出了实体判决,这是违背民事诉讼的公正性原则的。笔者认为,申请人在申请临时禁令时应当证明知识产权权利的有效性以及被控行为侵权的可能性。在展会场合,权利人在申请临时救济时,应提交知识产权权利证明,以及被申请人行为侵权的初步证据。

第二,如不及时制止将会使其合法权益受到难以弥补的损害的。一般而言,原告依现有事实证明的胜诉可能性程度越高,其证明无可挽回的损害的要求即越低。但不能简单地将难以弥补的损害作为依附于胜诉可能性的一个因素进行推定。如果侵权行为包括侵犯著作人身权的行为,如他人擅自歪曲、篡改作品的行为,若不及时禁止,将对作者的声誉造成损害,这种负面影响将是无形的,可能构成难以弥补的损害。是否造成难以弥补的损害还应当考虑是否可以通过赔偿损失的途径进行救济,如果是可以用金钱补偿的损失一般不应认为是难以弥补的;但如果是因赔偿数额巨大,或者是侵权人自己经济实力等原因,申请人有证据证明被申请人没有足够的偿付能力,则这种损失也是不可弥补的。据此,"难以弥补的损害"可以归纳为以下几种情形:①侵犯著作人身权的;②影响知识产权权利人市场份额的;③侵权行为如不及时制止损害后果将扩大的;④被申请人没有足够的赔偿能力的。

第三,对公共利益的考量。我国的《著作权法》、《专利法》和《商标法》并未明确规定审查此要件,而是在司法解释中作为复议时需要考量的因素之一。在美国的司法实践中,公共利益是明确考量的要素之一。以专利诉讼为例,如果案件涉及的专利牵涉公众健康、环保或其他重大社会公共利益,社会公共利益将对临时禁令的颁布起关键作用。

2. 展会场合临时禁令制度程序要件的完善

要求权利人申请禁令的同时提供担保,可以有效防止权利人的权利滥用,但难点在于申请担保的形式与担保的数额的确定。就担保的形式而言,我国法律仅规定"当事人提供保证、抵押等形式的担保合理、有效的,人民法院应当准予"。至于何种保证、抵押的担保形式是合理、有效的,没有具体明确。实际上,司法实践中法院也更倾向于现金担保或实物担保,这样能够更快速有效地认定担保的有效性,从而使法院倾向于颁布临时禁令。

就担保的数额而言,担保制度作为错误禁令的救济措施,目的在于弥补被申请人因此造成的损失。我国司法解释中列举了需要考量的几个因素:责令停止有关行为所涉及产品的销售收入,以及合理的仓储、保管等费用;被申请人停止有关行为可能造成的损失,以及人员工资等合理费用支出;其他因素。笔者认为,鉴于担保之目的在于全面赔偿被申请人因错误禁令而遭受的损失,因而这种损失不应当仅仅是直接的、有形的,还应该包括间接的、无形的损失。

四、展会中知识产权保护——欧洲的实践与经验

在经济全球化快速发展的新形势下,特别是随着中国经济的高速发展,越来越多的中国企业走向境外展会,展会已成为中国企业面向世界树立形象、推广品牌、展示实力的窗口。但由于缺乏对欧盟及其成员国关于展会知识产权保护的了解,近年来,中国企业在参展中不断遇到有关知识产权的纠纷。

(一)欧盟法律框架的协调

欧盟知识产权执法法律框架的协调有两大渊源——世界贸易组织(WTO)的《与贸易有关的知识产权协议》(TRIPS协议)和欧盟《知识产权执法指令》。

1. TRIPS协议

1994年4月15日,WTO在其制定的TRIPS协议中提供了知识产权保护的相关标准,它给WTO成员方知识产权保护工作提供了参考依据。

TRIPS协议是世界范围内的最佳法律实践的指导原则,提供了一般国际法规则框架及相互承认、保护知识产权和执行知识产权的基本原则。

协议特别关注了知识产权执法的相关问题,强调不但要从立法层面进行保证,并且需要关注法律适用和实际实施。

TRIPS协议规定了知识产权实施的一般义务、民事和行政程序及救济以及临时措施,还提供了关于采取边境措施的特别建议,并建议对恶意侵犯商标和著作权的行为进行刑事制裁。

2. 欧盟知识产权执法指令(EC 2004/48)

为了保证TRIPS协议在所有欧盟成员国民事司法领域的实施,欧盟颁布实施了《欧洲议会与欧盟委员会指令2004年4月29日第2004/48/EC号,关于知识产权的执行》。

指令将刑事问题与民事问题做了区分,主要目的是为执法措施提供一个统一的方法。在总结各国优秀实践经验方面,该指令也值得称道。

1) 证据收集方法

根据指令第7条(保全证据的措施),成员国应当保证,在对案件进行审理的法律程序开始之前,当权利人已经提供能支持其权利请求的合理证据时,主管司法当局依权利人申请应当命令采取及时有效的临时措施保全与所指控侵权相关的证据,并对上述资料负有保密义务。

此类手段可以包括没收侵权产品,并且在适当的情况下可以没收生产和/或配送侵权产品的材料、设备及相关文件。如果必要,可以在不通知另一方的情况下采取这些措施,尤其是当延迟执法可能会给权利所有人带来不可挽回的损失,或者存在证据被毁掉的风险时。

2) 初步禁令及扣押令

根据指令第9条(临时及预防措施)的规定,成员国应该保证当申请人提出要求时,司法机关可以:

(1)向被指控的侵权人发布禁止令,阻止任何即将发生的侵权行为,或暂时禁止被指控的侵权行为继续下去。如果侵权行为不停止,则按照国家法律再次罚款,或者使这种继续下

去的侵权行为受制于某种对权利所有人做出的赔偿保证。临时禁令也可以是针对中介机构的,如果中介机构向第三方提供了某种服务,并且第三方正在利用这种服务侵犯某种知识产权,也可以要求发放临时禁令。由中介机构提供服务,并且此类服务被第三方用于侵犯版权或相关权利的规定在欧盟指令2001/29/EC中有明确的规定。

(2) 为了防止怀疑侵犯了某种知识产权的产品进入商业领域或在商业渠道中流通,命令没收或上缴侵权产品。

在法国、德国、英国等一些国家,要求发放禁令是没有任何限制的,即使是在展会期间也可以取得禁令。而在另外一些国家情况则不尽相同,如意大利,禁令只能在展会之前取得。

(二)欧盟的保护机制

展会促使知识产权保护协调体系的建立成为一个亟待解决的问题。展会的组织者和参展商,已经意识到对知识产权相关问题进行具体管理的必要性。

参阅由国际展览业协会(UFI)在2008年2月编写的《展会知识产权的保护建议》,建议中明确提出展会组织者对以下行为作出保证。

(1) 在展会开始之前,组织者应该通过如下方式为参展商提供关于知识产权保护的资料:与登记/参展表一起发出的特别手册、组织方的网站、参展商手册或展会的通用条款。这些资料应该包含对参展商提出的建议,如:

① 参展商应该在贸易展会开始前保护并注册商标、专利或外观设计,以取得有效的权利(展览可能破坏新颖性)并能够利用所有形式的法律保护,不论是平时还是在展览期间。

② 为此,强烈建议向专利和商标专业律师咨询关于专利的注册方案、要求、手续及保护方面的相关知识,并获得相关建议。

③ 展会组织公司的知识产权负责人的具体联系方式,当地/国家知识产权组织、海关当局和专利及商标律师的联系方式均应提供给参展商。

④ 在展览之前,如果参展商认为另外一个参展商会侵犯他的权利,就应该向海关当局提出申请,海关因此可以阻止涉嫌侵权的商品的交付,对货物进行调查、采样并销毁侵权假冒品。

⑤ 参展商应该随身携带其专利权或商标权注册的初始文件或授权副本,防止展览期间可能出现的侵权。这种文件也包括任何已经做出的针对某个参加展会的侵犯专利权产品的判决。

(2) 为了帮助参展商解决在展会期间出现的知识产权投诉或侵权,组织者应该提供当地愿意为希望通过法律程序起诉某个被指控的侵权者的参展商提供代理服务的律师名单。

(3) 组织者在展会期间应该提供现场专家或电话在线专家(知识产权律师、海关当局),以便在展会期间向那些受知识产权侵权影响的个人提供法律建议、识别假冒品。

(4) 组织者应该能够提供中立的仲裁、仲裁员或法官,以帮助确定在展会期间是否有违反知识产权的行为或帮助解决与知识产权有关的纠纷。

(5) 组织者应该提供翻译,以便外国参展商发生纠纷时帮助进行沟通。

(6) 如果适当并且可能的话,组织者应该提供现场办公室,特殊服务点或接待处来应对在整个展会期间可能出现的任何知识产权要求或投诉。

(7) 为了保护参展商的产品在展会期间不被假冒,或者保护参展商的知识产权在展会期间不被侵犯,鼓励参展商提供他们的产品或服务受知识产权保护的证明。

法国、德国、西班牙等欧盟成员国,不禁止也不特别支持展会上进行知识产权执法。其他的一些欧盟成员国(如意大利)考虑到要保持博览会的"避风港"地位,在展会期间不会授权进行民事执法没收展品。只有非常极端的情况下刑事机构才会干预,而刑事机构是唯一有权没收侵权商品的机构。

(三)展会前保护知识产权的方法要点

(1)与展会组织者进行联系,了解他们是否对参展商的知识产权侵权行为提供监管服务,以及这一工作机制如何运作。

(2)确保在展会举办国家拥有合法有效的且已经注册的知识产权。

(3)确保拥有的知识产权没有与一项先行注册的知识产权相冲突,总体来说,确保拥有的知识产权不侵犯他人的知识产权,为做到这一点,可利用免费数据库做一些检索。

(4)携带能够证明知识产权有效性的证书或文件。

(5)携带其他可以证明知识产权也曾受到侵害的文件(如法院针对竞争者的判决,或对其他竞争者或侵权者的书面警告文件)。

(6)聘请一名知识产权律师,以防止任何争议的产生。

(7)建议参展商明确指出其参展产品或服务受知识产权法保护。

(8)如果参展商得知竞争者将在展会上展出参展商享有知识产权的仿冒品,请与海关当局联系,以阻止被控侵权产品入境。

(9)由于专利的复杂性,将专利可能涉及的现有技术交由该领域的专家进行研究。

(10)确保不要忽略复杂产品任何一方面:例如在高科技产品中,如果不拥有高科技产品的内部零部件的知识产权,那么必须确保这些内部零部件的生产已经得到相关知识产权人的授权使用(对于实用新型和商标,上述问题同样必须加以考虑)。

(11)时刻考虑著作权和不公平竞争事宜。

(12)如有疑问,请与专业律所的知识产权顾问联系,就东道国的适用法律事先咨询。建议避免出现疏忽问题,从而导致货物因被控侵权而扣押,或展位被关闭。在许多情况下,展位会被立即关闭,参展公司的名字以及被关闭的理由都将向社会公开,毫无疑问这会对公司的盈利和信誉产生消极影响。

五、展会知识产权保护的措施展望

展会知识产权保护是一个很大的课题,会展业发达的国家,如德国和法国,其会展知识产权保护分三个层次:企业普遍法律意识、知识产权保护意识强;由大展览公司自发组织的行业协会形成较强的内部约束机制,企业一旦侵权就会遭到内部通报,从而影响其信誉;从政府层面来看,相关法律比较健全,这些国家虽然也依照《专利法》《商标法》等维护会展知识产权,但是行业发展成熟,相关案例较丰富。

从国内情况看,现在行业和管理方正对展品的知识产权提出保护办法,对于其他环节很少有法规涉及。整个会展行业缺乏诚信约束机制和知识产权保护自律机制;政府在会展知识产权保护方面的主体职责定位不明确;对会展设计方案、会展知名品牌及会展名称缺乏有效保护;对会展知识产权侵权案件缺乏有效的快速处理机制。而展会、展品、展具还有相关其他展览中的组成部分,都涉及知识产权保护。以展台为例,涉及展台搭建著作权的问题,本应该归为"著作权保护";而现实情况是被侵权方并不能够在"著作权保护"的框架中维权。

以科隆展会主题被侵权为例,一个展览的名字是不能够注册商标的,logo才能注册。从策划内容来讲,关键在于策划方案、文本是否具备知识产权所说的"著作权载体"性质,如果相关方案、文本不具备"著作权载体"的性质,是无法被保护的。因此,健全我国知识产权保护体系迫在眉睫。

(一)健全法律法规建立有序的市场竞争体制

首先,政府是政策、法律、法规等公共产品的提供者,针对我国展会知识产权方面法律规定不全面和保护力度不足造成的某些侵权现象,政府应及时制定相关的法律法规,尽快对一些现行法律法规没有规定的但又大量出现的展会侵权行为予以规定。在适用原则、适用场合上应当与上位法保持一致;明确政府相关部门在会展期间的具体职责;建立展前约束机制;明确展会投诉机构的主体资格及其法律地位;设立临时处置措施与纠纷快速处理机制及简易程序;收集知识产权统计信息;厘清长效管理与"展中"管理的关系。

其次,设立展会知识产权监督管理机构,为主办方和参展单位提供知识产权法律、政策咨询和服务,发布实施知识产权保护的相关公告,依法处理知识产权纠纷,对知识产权侵权行为严厉查处,营造良好的知识产权法律保护环境。

最后,可将展会中发生的知识产权侵权案例,选取较有影响力的汇编成册或进行通报,一方面可作为今后相似案件的参照;另一方面也可对企业起到警示作用。应建立和完善知识产权保护的行政执法程序、司法保护程序,发挥展会主办方和会展行业协会的作用,构建相互联动的知识产权立体保护体系。

(二)充分发挥行业协会的协调和约束作用

我国的会展行业协会要充分发挥其协调和约束作用,如进行协会成员的知识产权培训,协助知识产权执法部门查处会展中各种侵权案件,对侵权行为人进行惩戒,建立知识产权的自律制度,制定知识产权的自律规则,做好政府和企业间沟通,营造展会知识产权保护的良好环境。

(三)增强企业的知识产权保护意识

对企业而言,无论是组织者还是参展方,必须增强知识产权保护意识,善于通过多种途径解决知识产权纠纷。对于现行法律法规没有涉及的,但又迫切需要保护的一些智力成果,企业可以在现有的法律框架和体系范围内寻找解决的途径。比如针对展会标志,如果展会标志符合商标的要求,可以申请注册商标,参照《商标法》的有关规定保护,如果符合外观设计的要求,可申请专利保护,如果具备著作权的相关要素,则可用《著作权法》来进行保护,如果有些展会标志分别具有上述特点,则可以分别申请,综合保护,还可以申请反不正当竞争法上的保护等。

本章小结

中国会展业中的知识产权保护法律法规随着会展业的发展逐步完善,同时相关的问题的也日益暴露出来,在一定程度上而言,对中国知识产权的保护有益无害,这正是中国会展业迈向法制化、市场化、产业化及国际化的必经阶段。在揭示诸多问题之时,亦是中国会展业知识产权保护逐步完善之际。

第四章 会展知识产权法律制度

关键概念

知识产权　专利权　商标权　著作权　会展知识产权

复习思考题

□复习题
1. 什么是知识产权？它有哪些特征？
2. 会展知识产权的特点是什么？
3. 展会期间如何进行商标侵权行为和纠纷的处理？
4. 在会展领域中如何对商标权进行保护？
5. 侵犯著作权的行为有哪些？应承担什么样的法律责任？
6. 如何完善我国会展知识产权保护体系？

□思考题
试对当地会展知识产权侵权及保护现状作出评价。

分析提示：
(1) 当地会展知识产权重视情况；
(2) 当地会展知识产权侵权表现；
(3) 当地会展知识产权保护情况。

章末案例解析

煌龙公司与慧达公司均是生产制造大型除尘设备的企业，两家具有商业竞争关系。在2014年3月举办的广交会上，慧达公司发现煌龙公司向参展人员派发封面印有"煌龙环保机械设备有限公司"字样的宣传画册，该画册记载有煌龙公司的产品简介、工程案例、部分客户名称等内容。但是，细心的工作人员发现画册图片中展示产品和工程的照片是慧达公司的产品和工程照片，照片中的产品和工程是慧达公司生产安装的，并非煌龙公司生产。慧达公司认为煌龙公司的行为构成虚假宣传，遂向人民法院起诉，要求煌龙公司停止不正当竞争行为并赔偿经济损失50万元。

一审法院通过将被控侵权图片与慧达公司提供的图片进行比对，确实存在景物、拍摄角度、拍摄场景相同问题。但因慧达公司未能举证证明涉案图片中的工程产品是其特有产品，或者该产品具有独特的外观、装潢能区别于他人的产品，也未能举证已经造成相关公众的混淆或误解，遂判决驳回慧达公司的全部诉讼请求。

根据调查结果,该地址上的工程以及工程所在地的建筑物、场景等所有细节均与慧达公司提交的图片完全一致,说明煌龙公司"盗图"的产品和工程确系由慧达公司生产和安装。

二审法院通过将煌龙公司宣传册中的图片与慧达公司提供的图片进行比对,图片内摆设的物品、人物姿态、背景建筑物、景物等场景以及拍摄角度均完全相同,存在的细微差别仅在于煌龙公司将产品中的商标标识进行了编辑。

(资料来源:http://www.gd.chinanews.com/2015/2015-07-09/2/354935.shtml.)

【问题】

在被诉的经营者具备生产经营某一产品能力的情况下,其将他人同类产品的图片用于自己宣传画册,其行为是否构成侵权?

第五章

会展市场秩序管理法律制度

学习目标

通过本章的学习,需要学生了解广告、会展广告及广告法的概念,熟悉《广告法》的基本原则、会展活动中广告内容准则、广告监督管理的内容及广告法律责任,掌握虚假广告行为的界定以及广告行为规范;了解反不正当竞争的概念和特征,熟悉不正当竞争行为的监督检查,掌握《反不正当竞争法》所禁止的不正当竞争行为;了解产品质量及《产品质量法》的概念,熟悉产品质量监督管理制度及违反《产品质量法》的法律责任,掌握生产者、销售者的产品质量义务;了解消费者、会展消费者及消费者权益保护法的概念,熟悉消费者权益保护机构、争议解决的途径及侵犯消费者合法权益行为的法律责任,具备确定赔偿责任主体的能力,掌握消费者的权利和经营者的义务。

第一节 会展广告管理法律制度

案例引导 海口众多展览遭吐槽 主办方或涉嫌虚假宣传

2016年清明小长假,海南大大小小的展览"刷爆"朋友圈。稻草人展览、魔幻泡泡秀、昆虫动漫总动员,这三个展览都有不少市民带孩子前去。虽说是三个不同的展览,但是看过后市民都有同一个感受:这些展览的广告语和实际的内容相差太大,让人失望。在海口假日海滩稻草人展览现场,活动主办方展出的稻草人模型比

较简单,与微信推广的卡通形象相去甚远。这样的情景,让很多游客失望而归,甚至有些小孩都被吓哭了。而在海口万国大都会举行的魔幻泡泡展同样遭到家长们吐槽,在活动现场根本找不到微信推广上的精美舞台和精彩的表演,孩子们都很难拉起器具中的泡泡。对此,家长们纷纷直言上当了,希望工商部门能查明情况,保护消费者的合法权益。

稻草人展览场地提供方海口假日海滩旅游景区经理表示,当初考虑到丰富清明假期期间景区的旅游产品,满足市民游客的需求,就收取了活动主办方广西南宁北上广展览展示有限公司4000元的场地租赁费,支持他们的活动。但发现活动主办方疑似存在欺诈消费者的行为后,海口假日海滩旅游景区已经强制要求活动主办方撤离。据了解,魔幻泡泡展的活动主办方和稻草人展览的主办方一样,同为广西南宁北上广展览展示有限公司。工商部门表示,初步判定这些展览涉嫌虚假宣传。

阅读并思考:

1. 稻草人展览和魔幻泡泡展的主办方的行为是否违法?为什么?

2. 主办方北上广展览展示有限公司应如何承担法律责任?

(资料来源:http://news.163.com/16/0405/21/BJTTKQLT00014AED.html。)

一、会展广告概述

(一) 广告的概念及特征

1. 广告的概念

广告之意为广而告之,是指为了特定目的,通过媒体公开而广泛地向公众传递信息的宣传手段。广告有广义和狭义之分,广义的广告包括非经济广告和经济广告。非经济广告指主要目的在于推广而不是营利的广告,如行政事业单位及个人的各种公告、启事、声明等;狭义的广告仅指经济广告,又称商业广告,是指以营利为目的的广告,是商品生产者、经营者向消费者传递信息的重要手段,主要目的是扩大经济效益。

《中华人民共和国广告法》(以下简称《广告法》)第2条第1款中对广告的界定是"在中华人民共和国境内,商品经营者或者服务提供者通过一定媒介和形式直接或者间接地介绍自己所推销的商品或者服务的商业广告活动"。

2. 广告的法律特征

(1) 地域范围特征:在中华人民共和国境内。只要广告的制作、发布等环节发生在境内,就受我国广告法的约束。

(2) 广告主体特征:商品经营者或服务提供者,主要包括广告主、广告经营者、广告发布者以及广告代言人。主体类型包括自然人、法人和其他组织,自然人也属于广告法的主体范围,如实践中发布广告的个体工商户、在微博或微信做广告推广的个人等。

(3) 广告形式特征:通过一定媒介和形式直接或者间接地介绍。广告通过一定媒介和形式为公众知晓,介绍可以是直接或者间接,包括对自然人、法人或组织形象的介绍等间接的宣传方式。

（4）广告的营销特征：广告的目的是为了介绍自己所推销的商品或者服务，通过介绍来引起消费者注意，让消费者认可，从而购买其商品或服务，这样的广告属于商业广告范畴。营销特征是广告的本质特征，而付费特征只是一种现象。在实践中，确实存在着无偿的广告，即使是商业广告也有无偿的。有偿广告也存在不同的支付方式，并不一定都表现为货币支付。因此，在《广告法》新的修订中对广告的界定删掉了付费特征，而是更强调了广告的营销目的。

（二）会展广告的概念

会展广告是各种会展活动的宣传媒介和营销手段，是指会展活动中的商品经营者或服务提供者通过一定媒介和形式直接或者间接地介绍会展商品或服务信息，以达到一定目的的商业活动广告。

从会展广告涉及的活动范围来看，包括各种会展活动，即大型会议、展览会、博览会、体育赛事、各种节庆活动等。广告主包含会展活动的主办方、承办方、服务商、参展商、场馆方等。会展广告形式多样，有通过报纸、网络、广播、电视等媒体发布的展览、会议、节事活动广告，也有会展活动现场的展品广告、户外招牌、展板、橱窗海报、店内台牌、吊旗、会场内外的大型LED广告、条幅广告、移动人偶等。贯穿在各种大型会展活动中的广告手段数不胜数，小到口头广告，大到全方位、多层次的立体广告，形成强大的宣传推介攻势。

会展之于广告，充实了广告的内容，丰富了广告的形式。会展是广告的一种形式，大型展览会就是参展商展示企业形象、发布新产品的重要平台。从某种程度上说，会展是广告的一种，对于广告来讲，广告又是会展的一种。

二、广告法概述

（一）广告法的概念及立法

广告法是国家为了规范广告活动，保护消费者的合法权益，促进广告业的健康发展，维护社会经济秩序，发挥广告在市场经济中的积极作用而制定的，是调整广告活动过程中所发生的各种社会关系的法律规范的总称。

广告法有广义和狭义之分，广义的广告法，包括我国《广告法》以及其他有关广告管理和广告经营活动的行政法规、地方性法规、制度、原则、办法等规范性法律文件。狭义的广告法单指自2015年9月1日起施行的《广告法》，这是我国广告管理和广告活动的基本法律依据，不仅是一切广告活动都应遵守的共同性规则，也是制定其他广告法规、规章、条例、细则的立法依据。

我国《广告法》的立法过程是随着中国现代广告业的兴起逐步发展的。十一届三中全会后，随着国民经济政策的调整，广告活动开始全面复苏。1982年2月6日，国务院颁布了新中国成立以来第一个全国性、综合性的广告管理法规《广告管理暂行条例》。1995年2月1日起施行的《广告法》，标志着我国广告市场在法制化轨道上更进了一步。随着我国广告业的迅速发展和互联网的广泛应用，广告发布的媒介和形式都发生了较大变化，1995年实施的《广告法》对一些新问题、新情况缺乏规范，有关规定约束力不强，已不能完全适应广告业

发展的客观需要。2015年4月24日,广告法修订草案三审稿由中华人民共和国第十二届全国人大常务委员会第十四次会议表决通过,自2015年9月1日起施行。

知识链接　《广告法》对会展业的影响

近日,一则新闻引起了笔者的关注。广州佳美展览展示有限公司在上海政大喜马拉雅艺术中心外墙LED屏滚动播放"中国国际美博会"的宣传广告。此广告中涉及的申请方与主办方以及展览面积等均为虚假内容,违反了《广告法》的规定,上海市浦东新区市场监督管理局对该公司下达了罚款10万元的行政处罚决定书。查阅《广告法》的相关规定就会发现,该法对会展业影响颇大。

从一定程度上来讲,会展就是一个广告平台,不仅其本身承担着一定广告宣传功能,同时会展项目本身也需要广告宣传。熟悉会展业的朋友都知道,许多会展企业在进行广告宣传时往往为了牟取利益,蓄意利用夸张、诱导,甚至是虚假的广告骗取广大观众和展商的信任,这一行径不仅损害了消费者的利益,阻碍了行业的长远和健康发展,同时,也与我国当前提倡的"依法治国"背道而驰。然而2015年9月1日起正式实施的新《广告法》则弥补了会展业长期以来"无法可依"的漏洞,此次对广州佳美展览展示有限公司的处罚便是典型的"新法上任三把火",给业界敲了一记警钟。

纵观《广告法》,其中主要有三点规定对会展业产生较大影响:第一,会展行业经常使用的"国家级"、"最高级"、"最佳"等用语将被全面禁止,还明确禁止"使用或者变相使用国家机关、国家机关工作人员的名义或者形象"用于广告推广;第二,较多会展组织方在投放展会广告时往往喜欢引用数据,比如"上届展会接待观众总数达××万人次"、"预计本届展会成交额将达××万人民币"等,《广告法》规定对广告中使用数据、统计资料、调查结果、文摘、引用语等引证内容的,应当真实、准确,并标明出处,引证内容有适用范围和有效期限的,应当明确标示;第三,《广告法》专门增加了虚假广告构成条件的相关规定,一是内容虚假,二是以引人误解的内容误导消费者。

《广告法》至少在三个方面会对会展业产生有利影响:首先,它改变了业界"无法可依"的窘境,俗语说"无规矩不成方圆",每个行业都有其约束条例,会展业作为推动经济发展的新兴产业,又怎能例外;其次,《广告法》的实施有利于会展业环境的建设,有了法律的保护,那些擅长利用虚假广告骗取消费者信任从而牟取利益的企业将会得到应有的惩罚,惩恶才能扬善,这对于构建会展业的良性竞争环境是有好处的;最后,《广告法》的实施亦会强化会展产业本身的素质,没有那些所谓的虚假、夸张的广告宣传,企业将会更加注重以事实、品质赢得消费者的信任,对于提高行业整体发展水平是有利的。

然而,《广告法》虽然从长远来看对行业发展有利,但是我们仍应清醒地认识到其在实施上仍有难度。全国各地每年举办的各类展览会少则几千多则上万,执法工作人员不可能顾及每一个展会,而且很多企业在报纸、杂志、网络以及各类会刊上刊登的广告更是无法一一细查。所以,要想使《广告法》充分发挥净化市场的作用,在执法人员加大执法力度和人力投入的同时,业内同行和消费者也应增强维权意识,一旦发现有企业利用虚假宣传骗取利益的行为,要快速及时地向相关部门反映,尽早查出不法企业,保护自己和他人的合法权益。

(资料来源:http://www.183read.com/magazine/article_729543.html.)

(二)《广告法》的基本原则

《广告法》的基本原则是指反映广告法的本质和内容的指导思想,是制定、修改、解释、执行以及研究广告法的出发点。

1. 真实合法原则

《广告法》第 3 条规定:广告应当真实、合法,以健康的表现形式表达广告内容,符合社会主义精神文明建设和弘扬中华民族优秀传统文化的要求。

(1)真实性是广告法最基本的原则,指广告内容必须真实地传播有关商品或服务的客观情况。广告的真实性原则要求商品或服务真实存在,广告宣传的文字、图形等艺术表现形式真实,广告中使用的数据、统计资料、引用语等也应真实准确。

(2)合法性是指广告的内容、形式不得有法律禁止的情形,必须符合法律的规定,不能违背社会秩序和公共利益的要求。

2. 禁止虚假广告原则

《广告法》第 4 条规定:广告不得含有虚假或者引人误解的内容,不得欺骗、误导消费者。虚假广告是利用广告形式对所推销的商品或提供的服务进行欺骗性宣传,使广告的接受者产生误解,而作出错误的判断和选择。"广告主应当对广告内容的真实性负责。"

3. 公平、诚实信用原则

《广告法》第 5 条规定:广告主、广告经营者、广告发布者从事广告活动,应当遵守法律、法规,诚实信用,公平竞争。公平原则是我国所有民事活动都必须遵循的,广告活动中的公平包括广告主、广告经营者、广告发布者不能利用优势或对方没有经验而欺骗消费者,广告活动中各主体必须公平竞争。诚实信用原则是指广告活动中当事人以善意的方式正当行使权利和承担义务,以维护当事人之间及与社会利益之间的利益平衡关系。

同步案例　　郑州一会展企业涉嫌虚假宣传被列入"黑名单"

2016 年 8 月,郑州市会展办接到郑州享亚会展服务有限公司涉嫌虚假宣传的举报。经查,该公司承办的 2016 郑州中华幼教用品博览会(2016 第八届郑州享亚孕婴童产品博览会)在招商办展过程中,存在未经相关单位同意,冒用河南省教育

厅作为展会支持单位，虚构河南幼教商会、河南民办幼儿园协会等作为主办单位开展招展活动并印制虚假宣传资料的行为，已严重违反国家相关法规。该公司曾在2015年办展过程中出现过虚假宣传问题，已被约谈告诫并要求整改。鉴于该公司接连两次出现违规行为，市会展办决定按照相关规定，将该公司列入郑州会展行业"黑名单"，并责令其停止虚假宣传，严格规范办展行为，同时向涉及冒用的单位提交书面道歉。

阅读并思考：该企业在招商招展宣传中违反了《广告法》的哪些基本原则？

（资料来源：http://henan.qq.com/a/20160813/024110.htm.）

（三）《广告法》的调整范围

对于《广告法》的调整范围，就地域范围而言，是在中华人民共和国境内。就行为主体而言，广告法主要是调整广告活动中广告主、广告经营者、广告发布者、广告代言人相互之间的关系。就内容而言，《广告法》的调整范围包括商业广告和公益公告。

现阶段，与商业广告相比，我国公益广告的管理、激励措施不健全，公益广告的选题质量、制作水平不高，广告主与广告媒体发布公益广告的意识有待提升，这些突出问题制约了公益广告的进一步发展。为此，新修订的《广告法》扩大了调整范围，增加了对公益广告的规定。《广告法》第74条规定：国家鼓励、支持开展公益广告宣传活动，传播社会主义核心价值观，倡导文明风尚。大众传播媒介有义务发布公益广告。广播电台、电视台、报刊出版单位应当按照规定的版面、时段、时长发布公益广告。

三、广告内容准则

广告内容准则又称广告标准，是广告法基本原则的具体体现，是指发布广告的规范与限制，是广告在内容上应当遵循的基本准则，是判断广告能否发布的依据，也是工商部门对广告内容进行监督管理的依据。包括对广告内容的基本要求、广告内容的禁止性规定和特殊商品广告的特殊要求等。

（一）广告内容的一般准则

1. 广告内容的基本要求

（1）对商品或服务内容和赠送礼品表述的规定。《广告法》第8条第1款规定：广告中对商品的性能、功能、产地、用途、质量、成分、价格、生产者、有效期限、允诺等或者对服务的内容、提供者、形式、质量、价格、允诺等有表示的，应当准确、清楚、明白。广告主为了达到推销目的要进行客观明确表述，广告的文字、图像要清楚，能够让广告的接受者了解广告的意图，正确理解广告的本意，以不引起消费者误解为准。《广告法》第8条第2款规定：广告中表明推销的商品或者服务附带赠送的，应当明示所附带赠送商品或者服务的品种、规格、数量、期限和方式。如广告中提到"买一送一"、"来店有礼"等表述应明确赠送商品或者服务的各种信息。法律、行政法规规定广告中应当明示的内容，应当显著、清晰表示。

(2)《广告法》第 10 条规定:广告不得损害未成年人和残疾人的身心健康。具体包括以下内容:在制作、发布广告时要尊重他们的权利,维护他们的尊严;广告语言、文字、画面不得含有歧视、侮辱未成年人和残疾人的内容;有关未成年人和残疾人的饮食品、用具、器械等商品的广告,应当真实、明白、容易理解,明白无误地说明产品的性能、用途、使用方法,不得损害残疾人的身体健康。

(3)《广告法》第 11 条第 1 款规定:广告内容涉及的事项需要取得行政许可的,应当与许可的内容相符合。特殊商品或服务的广告内容需要取得行政许可,如药品、医疗器械、农药等广告,在发布前应当经过行政机关审查,否则不得发布。

(4)《广告法》第 11 条第 2 款规定:广告使用数据、统计资料、调查结果、文摘、引用语等引证内容的,应当真实、准确,并表明出处。引证内容有适用范围和有效期限的,应当明确表示。商品或服务的广告中使用的数据应当是根据科学的标准、方法、程序实验或测量所得,统计资料、调查结果应当是权威机构检测并出具的,引证的内容真实准确,且与广告内容匹配。同时,这些资料不能被断章取义、以偏概全地使用。

(5)《广告法》第 12 条规定:广告中涉及专利产品或者专利方法的,应当标明专利号和专利种类。未取得专利权的,不得在广告中谎称取得专利权。禁止使用未授予专利权的专利申请和已经终止、撤销、无效的专利作广告。

(6)《广告法》第 13 条规定:广告不得贬低其他生产经营者的商品或者服务。贬低是指给予不公正的评价,指对相同的或者近似的商品或服务捏造、散布虚假事实或对真实情况进行歪曲。广告中直接含有贬损其他企业产品和服务的内容;或是以诋毁的方法,给竞争产品或服务不公正的评价;进行不全面的比较,抬高自己,贬损他人;侵害竞争产品或服务的声誉,损害了竞争对手的合法权益等,均属于不正当竞争。

(7)《广告法》第 14 条规定:广告应当具有可识别性,能够使消费者辨明其为广告。大众传播媒介不得以新闻报道形式变相发布广告。通过大众传播媒介发布的广告应当显著标明"广告",与其他非广告信息相区别,不得使消费者产生误解。广播电台、电视台发布广告,应当遵守国务院有关部门关于时长、方式的规定,并应当对广告时长作出明显提示。识别性是指广告从内容和形式上都能直观辨别,不会被误认为是艺术性作品。广告不能以新闻发布会、新闻采访、新闻专题片等形式,通过采访人或被采访人,介绍企业商品或服务的情况。

2. 广告内容的禁止性规定

《广告法》第 9 条明确规定了广告内容不得有下列情形:

(1)使用或者变相使用中华人民共和国的国旗、国歌、国徽,军旗、军歌、军徽。

(2)使用或者变相使用国家机关、国家机关工作人员的名义或者形象。如企业不能用国家领导人视察工作时的形象或以领导人名义进行广告宣传。

(3)使用"国家级"、"最高级"、"最佳"等用语。广告中不能使用绝对化用语。

(4)损害国家的尊严或者利益,泄露国家秘密。如广告中不得使用漏绘南海诸岛、钓鱼岛或漏绘台湾岛的地图,不能错绘我国行政区域界限。

(5)妨碍社会安定,损害社会公共利益。如企业不得为了推销净水机夸大宣传自来水隐患重重,重金属危害着人们饮水健康,长期饮用含有重金属的水极有可能致癌等。

(6) 危害人身、财产安全,泄露个人隐私。
(7) 妨碍社会公共秩序或者违背社会良好风尚。
(8) 含有淫秽、色情、赌博、迷信、恐怖、暴力的内容。
(9) 含有民族、种族、宗教、性别歧视的内容。
(10) 妨碍环境、自然资源或者文化遗产保护。
(11) 法律、行政法规规定禁止的其他情形。

3. 虚假广告的界定

《广告法》第 28 条规定:广告以虚假或者引人误解的内容欺骗、误导消费者的,构成虚假广告。根据《广告法》规定,广告有下列情形之一的,为虚假广告:

(1) 商品或者服务不存在的,如主办方以虚构的展会招商招展。

(2) 商品的性能、功能、产地、用途、质量、规格、成分、价格、生产者、有效期限、销售状况、曾获荣誉等信息,或者服务的内容、提供者、形式、质量、价格、销售状况、曾获荣誉等信息,以及与商品或者服务有关的允诺等信息与实际情况不符,对购买行为有实质性影响的。宣传的虚假信息影响购买行为才是虚假,如果宣传信息虽然不真实,但未影响购买决策不构成虚假广告,如某商场宣传"十周年店庆,三折优惠",实际仅九年,但影响购买决策的是三折优惠,而非十年店庆,不构成虚假广告。

(3) 使用虚构、伪造或者无法验证的科研成果、统计资料、调查结果、文摘、引用语等信息作证明材料的。

(4) 虚构使用商品或者接受服务的效果的。

(5) 以虚假或者引人误解的内容欺骗、误导消费者的其他情形。

虚假广告是商业广告行为中很严重的违法行为,判断虚假广告的主要依据是两方面:一是内容虚假或引人误解;二是造成了欺骗、误导消费者的后果。

同步案例 广珏展览有限公司虚假广告宣传被立案调查

2013 年 12 月 11 日,珠海市体育中心展销会部分参展商到市信访局上访,主要反映上海广珏展览有限公司以"第九届珠海品牌服装食品博览会暨美食节"、"2013 中国珠海首届绿色商品博览会"等名义邀请商家参加展览会,但实际名为"中国海洋渔业及名优商品博览会",以 23 天展览期间的名义收取了参展商每个展位 13000 元费用,但实际展览时间为 19 天、17 天、11 天不等,没有依约定进行广告宣传等问题。

经了解,本次展览会是由广东省渔业协会和珠海市渔业协会主办,广东花城国际展览公司承办,上海广珏展览有限公司负责组织和招商。公安部门初步查证,在招商过程中,上海广珏展览有限公司以"珠海第九届大型品牌服装(食品)博览会"名义印制邀请函等宣传单张对外招商。上海广珏展览有限公司实际控制人黄桂泉等人使用未获政府审批的"珠海第九届大型品牌服装(食品)博览会"的宣传单为海洋渔业博览会招商,进行虚假宣传,涉嫌虚假广告。

阅读并思考:上海广珏展览有限公司的行为是否构成虚假广告?为什么?

(资料来源:http://www.0756zx.com/news/local/2513312.html.)

(二)特殊商品广告的准则

1. 药品、医疗器械、医疗广告

(1)不得作广告的情况。《广告法》第15条规定:麻醉药品、精神药品、医疗用毒性药品、放射性药品等特殊药品,药品类易制毒化学品,以及戒毒治疗的药品、医疗器械和治疗方法,不得作广告。

(2)根据《广告法》第16条第1款的规定,医疗、药品、医疗器械广告不得含有下列内容:表示功效、安全性的断言或者保证;说明治愈率或者有效率;与其他药品、医疗器械的功效和安全性或者其他医疗机构比较;利用广告代言人作推荐、证明;法律、行政法规规定禁止的其他内容。

2. 保健食品

保健食品是指具有特定保健功能或者以补充维生素、矿物质为目的的食品。保健食品本质是食品,适用特定人群食用,保健食品广告应当显著标明"本品不能代替药物"。

根据《广告法》第18条的规定,保健食品广告不得含有下列内容:表示功效、安全性的断言或者保证;涉及疾病预防、治疗功能;声称或者暗示广告商品为保障健康所必需;与药品、其他保健食品进行比较;利用广告代言人作推荐、证明;法律、行政法规规定禁止的其他内容。保健食品广告应当显著标明"本品不能代替药物"。

3. 烟草广告

烟草广告是指烟草制品生产者或者经销者发布的,含有烟草企业名称、标志,烟草制品名称、商标、包装、装潢等内容的广告。由于吸烟危害健康已成为社会共识,因此,我国广告法律法规对烟草广告作出了严格的限制。

《广告法》第22条规定:禁止在大众传播媒介或者公共场所、公共交通工具、户外发布烟草广告。禁止向未成年人发送任何形式的烟草广告。禁止利用其他商品或者服务的广告、公益广告,宣传烟草制品名称、商标、包装、装潢以及类似内容。烟草制品生产者或者销售者发布的迁址、更名、招聘等启事中,不得含有烟草制品名称、商标、包装、装潢以及类似内容。

4. 酒类广告

《广告法》第23条对酒类广告内容进行了限制性的规定,在酒类广告中不得含有下列内容:诱导、怂恿饮酒或者宣传无节制饮酒;出现饮酒的动作;表现驾驶车、船、飞机等活动;明示或者暗示饮酒有消除紧张和焦虑、增加体力等功效。

5. 教育、培训广告

根据《广告法》第24条的规定,教育、培训广告不得含有下列内容:对升学、通过考试、获

得学位学历或者合格证书,或者对教育、培训的效果作出明示或者暗示的保证性承诺;明示或者暗示有相关考试机构或者其工作人员、考试命题人员参与教育、培训;利用科研单位、学术机构、教育机构、行业协会、专业人士、受益者的名义或者形象作推荐、证明。

《广告法》对特殊商品包括涉农类农药、兽药、饲料及种子广告、投资理财类广告、房地产广告等广告内容也进行了规范,主要是对广告内容进行限制性的规定。会展活动涉及相关行业的广告,必须遵守《广告法》的规定。

四、广告行为规范

广告行为是指广告主、广告经营者、广告发布者以及广告代言人在设计、制作、发布广告的过程中所进行的法律行为。广告行为规范主要规范广告活动各方主体的行为。

(一)广告行为主体

广告主体主要包括广告主、广告经营者、广告发布者以及广告代言人。

1. 广告主

《广告法》第2条第2款对广告主的界定:本法所称广告主,是指为推销商品或者服务,自行或者委托他人设计、制作、发布广告的自然人、法人或者其他组织。广告主借助广告向社会公众推销商品或提供服务,树立自己的形象,是广告活动的发起者、投资者,是广告信息的发出者、广告效果的受益者、法律责任的承担者。

2. 广告经营者

《广告法》第2条第3款对广告经营者的界定:本法所称广告经营者,是指接受委托提供广告设计、制作、代理服务的自然人、法人或者其他组织。具体地讲,主要有下列几种类型。

(1) 广告公司:是专门从事广告业务的单位,是具有为广告主提供广告策划、市场调查、广告设计、制作、代理等综合服务能力的广告公司。

(2) 兼营广告的单位:是在其主营业务以外,利用本身媒介经营广告业务的单位,如利用电视、广播、报纸、期刊、场馆等媒介设计、制作、发布广告的电视台、广播电台、报社、期刊社、体育场馆、会展场馆等。

(3) 自然人:是指符合国家法律规定,从事广告设计和制作的公民。

3. 广告发布者

《广告法》第2条第4款对广告发布者的界定:本法所称广告发布者,是指为广告主或者广告主委托的广告经营者发布广告的自然人、法人或者其他组织。随着时代的发展,广告发布者已经不仅仅包括报社、电视台、电台和杂志社这几种传统媒介,而且包括专门提供其他类型媒介广告发布业务服务的企事业单位及自行发布广告作品的广告主,以及在自营媒介上发布广告作品的个体工商户,还有在微博、微信上发布广告的自然人等。

4. 广告代言人

《广告法》第2条第5款对广告代言人的界定:本法所称广告代言人,是指广告主以外的,在广告中以自己的名义或者形象对商品、服务作推荐、证明的自然人、法人或者其他组织。

(二)广告行为的一般规范

1. 广告合同制度

《广告法》第 30 条规定:广告主、广告经营者、广告发布者之间在广告活动中应当依法订立书面合同。广告合同是指广告主与广告经营者之间、广告经营者与广告经营者之间、广告经营者与广告发布者之间确立、变更、终止广告承办或代理关系的协议。广告合同的形式必须是书面的,订立广告合同必须按照法律规定的程序办理。

根据广告业务活动的内容,广告合同一般应具备下列主要条款。①合同主体。②标的和数量、质量。标的是指承办或代理的广告项目。数量指完成广告项目的多少。质量指广告项目规定要求的特征的总和。③广告费用。④广告项目完成的期限、地点和方式。⑤广告原材料的提供及规格、数量、质量、交付期限。⑥技术资料、图纸或广告作品提供的期限、质量、数量及保密要求。⑦广告项目的验收标准、办法、期限。⑧违约责任。⑨解决合同纠纷的方式以及补充约定。

2. 合理竞争规范

《广告法》第 31 条规定:广告主、广告经营者、广告发布者不得在广告活动中进行任何形式的不正当竞争。广告中的不正当竞争行为包括广告主夸大商品、服务的功能,欺骗误导消费者的行为;广告经营者利用回扣或给广告主、广告发布者提供种种便利条件承揽广告业务的行为;广告经营者以优厚条件互挖广告人才,获取广告经营信息和广告客户资源的行为等。

3. 涉及他人人身权利的规范

《广告法》第 33 条规定:广告主或者广告经营者在广告中使用他人名义或者形象的,应当事先取得其书面同意;使用无民事行为能力人、限制民事行为能力人的名义或者形象的,应当事先取得其监护人的书面同意。

他人包括自然人、法人和其他组织,在广告中使用他人名义或者形象涉及肖像权、名称权和姓名权。肖像权是公民在自己的肖像上所体现的以权利为内容的具体人格权。名称权,是指法人及特殊的自然人的组合体依法享有的决定、使用、改变自己的名称以及依法转让自己的名称,并不受他人侵犯的一项人格权。姓名权是公民依法享有的决定、使用、变更自己姓名并要求他人尊重自己姓名的一种人格权利。未经本人或其监护人同意,不得以营利为目的在广告中使用他人的名义或形象。广告中使用他人名义或者形象的,应当事先取得本人或监护人的书面同意,要有许可使用合同或权利人证明同意的书面凭证。

(三)广告主、广告经营者、广告发布者广告行为规范

1. 广告发布登记制度

《广告法》第 29 条规定:广播电台、电视台、报刊出版单位从事广告发布业务的,应当设有专门从事广告业务的机构,配备必要的人员,具有与发布广告相适应的场所、设备,并向县级以上地方工商行政管理部门办理广告发布登记。

2. 广告主委托对象的规定

《广告法》第 32 条规定:广告主委托设计、制作、发布广告,应当委托具有合法经营资格的广告经营者、广告发布者。

3. 广告业务的承接登记、审核、档案管理制度

《广告法》第34条第1款规定：广告经营者、广告发布者应当按照国家有关规定，建立、健全广告业务的承接登记、审核、档案管理制度。

(1) 承接登记制度：广告经营者、广告发布者对接受委托设计、制作、发布广告的有关证明文件等资料进行登记，目的是了解、记录广告主的基本情况，确认广告业务来源是合法的，并了解广告主是否有权利发布该广告。

(2) 审核制度：广告经营者、广告发布者对需要设计、制作、代理、发布广告的有关证明文件等资料进行审查、核对，目的是从源头上避免产生虚假广告。

《广告法》第34条第2款规定：广告经营者、广告发布者依据法律、行政法规查验有关证明文件，核对广告内容。对内容不符或者证明文件不全的广告，广告经营者不得提供设计、制作、代理服务，广告发布者不得发布。

(3) 档案管理制度：广告经营者、广告发布者对广告样件、广告证明文件和查验记录、广告审查情况记录、广告合同等进行保存备查，目的是在解决纠纷时提供证据，分清责任。

4. 诚信合作制度

(1)《广告法》第35条规定：广告经营者、广告发布者应当公布其收费标准和收费办法。

(2)《广告法》第36条规定：广告发布者向广告主、广告经营者提供的覆盖率、收视率、点击率、发行量等资料应当真实。

5. 禁止发布广告的情况

(1)《广告法》第37条规定：法律、行政法规规定禁止生产、销售的产品或者提供的服务，以及禁止发布广告的商品或服务，任何单位或者个人不得设计、制作、代理、发布广告。

(2) 有些产品或者服务是国家法律、行政法规规定允许生产、销售或提供的，但是禁止发布广告，如麻醉药品、精神药品、毒性药品、放射性药品等特殊药品，任何单位或者个人不得设计、制作、代理、发布广告。

(四) 广告代言人行为规范

广告代言人在广告中对商品、服务作推荐、证明，应当依据事实，符合法律、行政法规规定。

《广告法》第38条明确对广告代言人的代言行为进行了限制性规定：①不得为其未使用过的商品或者未接受过的服务作推荐、证明。无论广告代言人是作推荐还是作证明，都需要使用过商品、服务使用过。②不得利用不满十周岁的未成年人作为广告代言人。但是允许未成年人进行广告表演，表演是指未成年人不以自己名义、形象表明身份，让公众难以辨别其身份。③对在虚假广告中作推荐、证明受到行政处罚未满三年的自然人、法人或者其他组织，不得作为广告代言人。

(五) 保护未成年人的广告行为规范

未成年人一般指不满十八周岁的公民。其中，十周岁以上的未成年人是限制民事行为能力人，可以进行与他的年龄、智力相适应的民事活动，其他民事活动由其法定代理人代理或征得其法定代理人同意。不满十周岁的未成年人是无民事行为能力人，由其法定代理人代理民事活动。

《广告法》第39、40条在保护未成年人的广告行为方面作出了规定:①不得在中小学校、幼儿园内开展广告活动,不得利用中小学生和幼儿的教材、教辅材料、练习册、文具、教具、校服、校车等发布或者变相发布广告,但公益广告除外。②在针对未成年人的大众传播媒介上不得发布医疗、药品、保健食品、医疗器械、化妆品、酒类、美容广告,以及不利于未成年人身心健康的网络游戏广告。③针对不满十四周岁的未成年人的商品或者服务的广告不得含有下列内容:劝诱其要求家长购买广告商品或者服务;可能引发其模仿不安全行为。

(六)户外广告规范

户外广告泛指基于广告或宣传目的而设置的户外广告物,常出现在交通流量较高的地区。会展活动中有大量各种各样的户外广告,常见的有场馆LED户外广告灯箱、场馆路边广告牌、霓虹灯广告牌等,现在有些展会甚至有升空气球、飞艇等先进的户外广告形式。

1. 户外广告管理

《广告法》第41条规定:县级以上地方人民政府应当组织有关部门加强对利用户外场所、空间、设施等发布户外广告的监督管理,制定户外广告设置规划和安全要求。

2. 设置户外广告的限制性规定

根据《广告法》第42条的规定,有下列情形之一的,不得设置户外广告:①利用交通安全设施、交通标志的;②影响市政公共设施、交通安全设施、交通标志、消防设施、消防安全标志使用的;③妨碍生产或者人民生活,损害市容市貌的;④在国家机关、文物保护单位、风景名胜区等的建筑控制地带,或者县级以上地方人民政府禁止设置户外广告的区域设置的。

(七)新媒体广告规范

新媒体,是指相对于传统媒体而言新出现的媒体。新媒体是一个不断变化的概念,其内涵会随着传媒技术的进步而有所发展,当前的新媒体以计算机的发明和网络技术为最主要的标志,其与传统媒体在传播方式和内容形态上有巨大的差异。新媒体广告,是指在新媒体上投放的广告。主要包括网络广告、移动终端广告推送等。我国新媒体广告近年来发展迅猛,2015年新修订的《广告法》增加了新媒体广告规范。

1. 以电子信息方式推送广告规范

电子信息方式包括电话、短信、电子邮件、社交媒体平台、应用软件等方式。根据《广告法》第43条的规定,任何单位或者个人未经当事人同意或者请求,不得向其住宅、交通工具等发送广告,也不得以电子信息方式向其发送广告。以电子信息方式发送广告的,应当明确、如实地表明发送者的真实身份和联系方式,包括名称或姓名、电话、地址等,并向接收者提供拒绝继续接收的方式。法律禁止骚扰式推送的广告,是为了保护公民生活安宁权。

2. 互联网广告规范

《广告法》第44条明确规定:利用互联网从事广告活动,适用本法的各项规定。

(1)利用互联网发布、发送广告,不得影响用户正常使用网络。针对互联网广告有的满屏漂浮,不停弹出等情况,法律规定"在互联网页面以弹出等形式发布的广告,应当显著标明关闭标志,确保一键关闭"。

（2）场所或平台的提供者对利用其场所或平台进行的广告违法活动相对了解，因而负有监督责任。《广告法》第45条规定：公共场所的管理者或者电信业务经营者、互联网信息服务提供者对其明知或者应知的利用其场所或者信息传输、发布平台发送、发布违法广告的，应当予以制止。

五、广告的监督管理

广告的监督管理是国家为保护社会利益和消费者权益，对广告活动采取审查、监督、检查的办法来实现广告真实性的行为。

（一）广告综合监管体制

1. 行政监管

根据《广告法》第6条的规定，国务院工商行政管理部门主管全国的广告监督管理工作，县级以上地方工商行政管理部门主管本行政区域的广告监督管理工作。法律赋予工商行政管理部门广告监管职权和手段来促进和保障广告监管到位。

2. 部门配合

根据《广告法》第6条的规定，国务院有关部门在各自的职责范围内负责广告管理相关工作。县级以上地方人民政府有关部门在各自的职责范围内负责广告管理相关工作。食品药品监督管理、卫生行政等行业主管部门进行相关的广告审查，对广告内容进行专业技术认定；媒体管理部门配合工商部门，制定大众传播媒介广告发布行为规范。

3. 行业规范

《广告法》第7条规定：广告行业组织依照法律、法规和章程的规定，制定行业规范，加强行业自律，促进行业发展，引导会员依法从事广告活动，推动广告行业诚信建设。

4. 社会监督

（1）社会公众投诉举报权。《广告法》第53条第1款规定：任何单位或者个人有权向工商行政管理部门和有关部门投诉、举报违反本法的行为。

（2）消费者组织的监督权。《广告法》第54条规定：消费者协会和其他消费者组织对违反本法规定，发布虚假广告侵害消费者合法权益，以及其他损害社会公共利益的行为，依法进行社会监督。

（二）工商行政部门监管职责

1. 工商行政部门在广告监管中可以行使的职权

根据《广告法》第49条第1款规定，工商行政管理部门履行广告监督管理职责，可以行使下列职权：

（1）对涉嫌从事违法广告活动的场所实施现场检查；

（2）询问涉嫌违法当事人或者其法定代表人、主要负责人和其他有关人员，对有关单位或者个人进行调查；

（3）要求涉嫌违法当事人限期提供有关证明文件；

（4）查阅、复制与涉嫌违法广告有关的合同、票据、账簿、广告作品和其他有关资料；

（5）查封、扣押与涉嫌违法广告直接相关的广告物品、经营工具、设备等财物；

(6) 责令暂停发布可能造成严重后果的涉嫌违法广告;

(7) 法律、行政法规规定的其他职权。

《广告法》第 51 条规定:工商行政管理部门依照本法规定行使职权,当事人应当协助、配合,不得拒绝、阻挠。

2. 建立健全广告监测制度

《广告法》第 49 条第 2 款规定:工商行政管理部门应当建立健全广告监测制度,完善监测措施,及时发现和依法查处违法广告行为。

广告监测工作是广告监管日常工作的重要内容,广告监管机关通过监测发现违法广告、分析广告发布违法趋势,及时提出违法广告的社会识别预警和警示,制定监管措施。广告监测是对个案广告、类别广告、全部广告法律执行状况进行跟踪检查,广告监测工作包括监测数据的采集汇总、分析整理、监测信息发布等。

3. 工商行政部门在广告监管中应当履行的义务

(1) 保密义务。《广告法》第 52 条规定:工商行政管理部门和有关部门及其工作人员对其在广告监督管理活动中知悉的商业秘密负有保密义务。

(2) 受理投诉举报义务。《广告法》第 53 条规定:工商行政管理部门和有关部门应当向社会公开受理投诉、举报的电话、信箱或者电子邮件地址,接到投诉、举报的部门应当自收到投诉之日起 7 个工作日内,予以处理并告知投诉、举报人。

工商行政管理部门和有关部门不依法履行职责的,任何单位或者个人有权向其上级机关或者监察机关举报。接到举报的机关应当依法作出处理,并将处理结果及时告知举报人。

有关部门应当为投诉、举报人保密。

(三) 广告审查制度

广告审查是在广告发布前,由广告审查机关依法对广告内容是否合法、真实等进行的审查、核实活动。广告审查是为了尽可能地不使违法广告发布,健全违法广告发布的防范机制。

1. 广告审查范围

《广告法》第 46 条规定了一些特殊广告在发布前要经过审查。一是发布医疗、药品、医疗器械、农药、兽药和保健食品广告;二是法律、行政法规规定应当进行审查的其他广告,应当在发布前由广告审查机关对广告内容进行审查,未经审查,不得发布。

2. 广告审查程序

《广告法》第 47 条规定了广告审查的程序。

(1) 广告主提出申请:广告审查由广告主申请,依法向广告审查机关提交有关证明文件。证明文件通常包括:①广告主生产经营资格的证明文件;②广告主申请发布广告的商品合法性的证明文件;③广告内容真实、合法的证明文件;④其他法律、行政法规规定应当提交的证明文件。

(2) 广告审查机关进行审查:广告审查机关应当依法作出审查决定,并应当将审查批准文件抄送同级工商行政管理部门。广告审查机关应当及时向社会公布批准的广告。

《广告法》第 48 条规定:任何单位或者个人不得伪造、变造或者转让广告审查批准文件。

六、违反广告法的法律责任

(一) 违反广告内容准则规定的法律责任

在发布广告中违反法律对广告内容准则的规定,需要承担的法律责任主要是行政责任。即由工商行政管理部门对广告主、广告经营者、广告发布者进行处罚。行政处罚的种类有以下7种:警告;罚款;没收违法所得、没收非法财物;责令停产停业;暂扣或者吊销许可证,暂扣或者吊销执照;行政拘留;法律、行政法规规定的其他行政处罚。

1. 违反广告内容基本要求的法律责任

根据《广告法》第59条的规定,对违反广告内容基本要求的行为,由工商行政管理部门责令停止发布广告,对广告主处10万元以下的罚款;广告经营者、广告发布者明知或者应知有违法行为仍设计、制作、代理、发布的,由工商行政管理部门处10万元以下的罚款。广告不具有可识别性的,由工商行政管理部门责令改正,对广告发布者处10万元以下的罚款。

2. 发布法律禁止性广告的法律责任

根据《广告法》第57条的规定,发布广告中出现《广告法》第九条、第十条禁止性规定的内容,由工商行政管理部门责令停止发布广告,对广告主处20万元以上100万元以下的罚款,情节严重的,并可以吊销营业执照,由广告审查机关撤销广告审查批准文件、一年内不受理其广告审查申请;对广告经营者、广告发布者,由工商行政管理部门没收广告费用,处20万元以上100万元以下的罚款,情节严重的,并可以吊销营业执照、吊销广告发布登记证件。

3. 违反特殊商品广告准则的法律责任

根据《广告法》第58条第1款的规定,有违反特殊商品广告准则的行为,由工商行政管理部门责令停止发布广告,责令广告主在相应范围内消除影响,处广告费用1倍以上3倍以下的罚款,广告费用无法计算或者明显偏低的,处10万元以上20万元以下的罚款;情节严重的,处广告费用3倍以上5倍以下的罚款,广告费用无法计算或者明显偏低的,处20万元以上100万元以下的罚款,可以吊销营业执照,并由广告审查机关撤销广告审查批准文件、一年内不受理其广告审查申请。

《广告法》第58条第3款规定,广告经营者、广告发布者明知或者应知广告主有违法行为仍设计、制作、代理、发布的,由工商行政管理部门没收广告费用,并处广告费用1倍以上3倍以下的罚款,广告费用无法计算或者明显偏低的,处10万元以上20万元以下的罚款;情节严重的,处广告费用3倍以上5倍以下的罚款,广告费用无法计算或者明显偏低的,处20万元以上100万元以下的罚款,并可以由有关部门暂停广告发布业务、吊销营业执照、吊销广告发布登记证件。

(二) 发布虚假广告的法律责任

1. 民事责任

(1) 广告主承担主要的民事责任。《广告法》第56条第1款的规定,违反本法规定,发布虚假广告,欺骗、误导消费者,使购买商品或者接受服务的消费者的合法权益受到损害的,由广告主依法承担民事责任。广告经营者、广告发布者不能提供广告主的真实名称、地址和有效联系方式的,消费者可以要求广告经营者、广告发布者先行赔偿。

(2) 广告经营者、广告发布者、广告代言人承担连带责任。根据《广告法》第 56 条第 2、3 款的规定,关系消费者生命健康的商品或者服务的虚假广告,造成消费者损害的,其广告经营者、广告发布者、广告代言人应当与广告主承担连带责任。除此以外的商品或者服务的虚假广告,造成消费者损害的,其广告经营者、广告发布者、广告代言人,明知或者应知广告虚假仍设计、制作、代理、发布或者作推荐、证明的,应当与广告主承担连带责任。

承担民事责任的方式主要有停止侵害、赔偿损失、消除影响、恢复名誉、赔礼道歉等。

2. 行政责任

(1) 广告主的行政责任。《广告法》第 55 条第 1 款规定,违反本法规定,发布虚假广告的,由工商行政管理部门责令停止发布广告,责令广告主在相应范围内消除影响,处广告费用 3 倍以上 5 倍以下的罚款,广告费用无法计算或者明显偏低的,处 20 万元以上 100 万元以下的罚款;两年内有 3 次以上违法行为或者有其他严重情节的,处广告费用 5 倍以上 10 倍以下的罚款,广告费用无法计算或者明显偏低的,处 100 万元以上 200 万元以下的罚款,可以吊销营业执照,并由广告审查机关撤销广告审查批准文件、一年内不受理其广告审查申请。

(2) 广告经营者、广告发布者的行政责任。《广告法》第 55 条第 3 款规定,广告经营者、广告发布者明知或者应知广告虚假仍设计、制作、代理、发布的,由工商行政管理部门没收广告费用,并处广告费用 3 倍以上 5 倍以下的罚款,广告费用无法计算或者明显偏低的,处 20 万元以上 100 万元以下的罚款;两年内有 3 次以上违法行为或者有其他严重情节的,处广告费用 5 倍以上 10 倍以下的罚款,广告费用无法计算或者明显偏低的,处 100 万元以上 200 万元以下的罚款,并可以由有关部门暂停广告发布业务、吊销营业执照、吊销广告发布登记证件。

3. 刑事责任

根据《广告法》第 55 条第 4 款的规定,广告主、广告经营者、广告发布者有虚假广告行为,构成犯罪的,依法追究刑事责任。

(三) 违反广告行为规范的法律责任

1. 广告主、广告经营者、广告发布者违反广告行为规范的法律责任

(1) 行政责任。

①《广告法》第 60 条规定:广播电台、电视台、报刊出版单位未办理广告发布登记,擅自从事广告发布业务的,由工商行政管理部门责令改正,没收违法所得,违法所得 1 万元以上的,并处违法所得 1 倍以上 3 倍以下的罚款;违法所得不足 1 万元的,并处 5000 元以上 3 万元以下的罚款。

②《广告法》第 61 条规定:广告经营者、广告发布者未按照国家有关规定建立、健全广告业务管理制度的,或者未对广告内容进行核对的,由工商行政管理部门责令改正,可以处 5 万元以下的罚款。广告经营者、广告发布者未公布其收费标准和收费办法的,由价格主管部门责令改正,可以处 5 万元以下的罚款。

(2) 民事责任。

根据《广告法》第 69 条的规定,广告主、广告经营者、广告发布者有下列侵权行为之一

的,依法承担民事责任:①在广告中损害未成年人或者残疾人的身心健康的;②假冒他人专利的;③贬低其他生产经营者的商品、服务的;④在广告中未经同意使用他人名义或者形象的;⑤其他侵犯他人合法民事权益的。

承担民事责任的方式主要有停止侵害、赔偿损失、消除影响、恢复名誉、赔礼道歉等。

2. 广告代言人违反广告行为规范的法律责任

根据《广告法》第62条的规定,广告代言人在医疗、药品、医疗器械、保健食品广告中作推荐、证明的,为其未使用过的商品或者未接受过的服务作推荐、证明的,明知或者应知广告虚假仍在广告中对商品、服务作推荐、证明的,由工商行政管理部门没收违法所得,并处违法所得1倍以上2倍以下的罚款。

3. 新媒体广告违反广告行为规范的法律责任

(1) 根据《广告法》第63条第1款的规定,违反以电子信息方式发送广告规定的,由有关部门责令停止违法行为,对广告主处5000元以上3万元以下的罚款。

(2)《广告法》第63条第2款规定,利用互联网发布广告,未显著标明关闭标志,确保一键关闭的,由工商行政管理部门责令改正,对广告主处5000元以上3万元以下的罚款。

(3)《广告法》第64条规定,公共场所的管理者和电信业务经营者、互联网信息服务提供者,明知或者应知广告活动违法不予制止的,由工商行政管理部门没收违法所得,违法所得5万元以上的,并处违法所得1倍以上3倍以下的罚款,违法所得不足5万元的,并处1万元以上5万元以下的罚款;情节严重的,由有关部门依法停止相关业务。

(四) 违反广告监督管理制度的法律责任

1. 违反广告审查制度的法律责任

(1)《广告法》第65条规定,隐瞒真实情况或者提供虚假材料申请广告审查的,广告审查机关不予受理或者不予批准,予以警告,一年内不受理该申请人的广告审查申请;以欺骗、贿赂等不正当手段取得广告审查批准的,广告审查机关予以撤销,处10万元以上20万元以下的罚款,三年内不受理该申请人的广告审查申请。

(2)《广告法》第66条规定:违反本法规定,伪造、变造或者转让广告审查批准文件的,由工商行政管理部门没收违法所得,并处1万元以上10万元以下的罚款。

(3)《广告法》第67条规定:有本法规定的违法行为的,由工商行政管理部门记入信用档案,并依照有关法律、行政法规规定予以公示。

2. 不配合监督检查的法律责任

《广告法》第71条规定:违反本法规定,拒绝、阻挠工商行政管理部门监督检查,或者有其他构成违反治安管理行为的,依法给予治安管理处罚;构成犯罪的,依法追究刑事责任。

3. 广告监督管理部门违法的法律责任

(1)《广告法》第72条规定:广告审查机关对违法的广告内容作出审查批准决定的,对负有责任的主管人员和直接责任人员,由任免机关或者监察机关依法给予处分;构成犯罪的,依法追究刑事责任。

(2) 根据《广告法》第73条的规定,工商行政管理部门对在履行广告监测职责中发现的违法广告行为或者对经投诉、举报的违法广告行为,不依法予以查处的,对负有责任的主管人员和直接责任人员,依法给予处分。构成犯罪的,依法追究刑事责任。

工商行政管理部门和负责广告管理相关工作的有关部门的工作人员玩忽职守、滥用职权、徇私舞弊的,依法给予处分。构成犯罪的,依法追究刑事责任。

第二节 会展反不正当竞争法律制度

案例引导

北京毅博恩国际展览有限责任公司诉北京毅拓
国际展览有限责任公司虚假宣传案

原告北京毅博恩国际展览有限责任公司(以下简称"毅博恩公司")诉被告北京毅拓国际展览有限责任公司(以下简称"毅拓公司")虚假宣传纠纷一案,北京市朝阳区人民法院受理后,依法组成合议庭,公开开庭进行了审理。

原告毅博恩公司起诉称:我公司于2006年8月22日设立,经过六年多的发展,已成为中国举办国际展览行业的领军企业。毅拓公司于2013年1月11日设立,却在其公司网站(www.eastexpo.com.cn)上宣传其成立于2004年。毅拓公司大股东兼法定代表人王然,曾在我公司任经理工作六年,王然在从我公司离职后设立了毅拓公司,经营范围与我公司基本相同,两公司存在直接的市场竞争关系。我公司经过长期筹备,组织国内12家知名机床企业参加了2013年1月在印度班加罗尔市举办的2013年度国际机床展。但毅拓公司却在其使用的网站上将上述活动宣传为毅拓公司承办的项目,并将上述12家企业列为其客户进行虚假宣传。同时,毅拓公司在其网站上使用大量王然在我公司工作期间照片,作为毅拓公司举办海外展览的宣传。毅拓公司上述虚假宣传行为严重侵犯我公司的合法权益,故我公司诉至法院请求判令毅拓公司立即停止虚假宣传行为,在其公司网站公开澄清事实、赔礼道歉,并赔偿我公司经济损失。

法院审理认为:根据我国《反不正当竞争法》规定,经营者在市场交易中应当遵循诚实信用原则,不得利用广告或者其他方法,对商品的生产者、质量等作引人误解的虚假宣传。否则,应当构成不正当竞争行为。

本案中,毅博恩公司与毅拓公司均为会展咨询行业的从业者,二者属于同业经营者,存在竞争关系。毅拓公司在互联网上虚构公司成立时间、不当使用毅博恩公司承办展会及参展企业信息、虚假宣传所开展展览项目,上述宣传行为足以让该行业的客户对毅拓公司的从业经历、服务能力等产生误认,以达到有利于毅拓公司开拓业务的商业目的。毅拓公司的虚假宣传行为违反了市场竞争中的诚实信用原则,非法利用毅博恩公司通过既有展会承办经历所累积起的商誉,侵害了毅博恩公

司合法的市场占有份额。毅拓公司的行为已构成不正当竞争,应当承担相应的法律责任。

阅读并思考:

1. 什么是不正当竞争?不正当竞争行为有哪些?
2. 案例中的不正当竞争行为是什么?如何承担法律责任?

(资料来源:http://ipr.court.gov.cn/bj/bzdjz/201402/t20140220_363344.html.)

一、不正当竞争与反不正当竞争法概述

(一)竞争与不正当竞争

1. 竞争

现代意义上的竞争是指在商品经济条件下,商品的生产经营者为了实现自身经济利益最大化,相互之间的各种争胜行为。竞争的基本作用是给经营者以动力和压力,结果则是优胜劣汰。竞争是市场经济的产物,只要存在竞争,就难免会导致不正当竞争和垄断,这是由竞争的消极功能所决定的,有竞争才会有反不正当竞争的法律规范。

2. 不正当竞争

我国《反不正当竞争法》第2条中规定,本法所称的不正当竞争,是指经营者违反本法规定,损害其他经营者合法权益,扰乱社会经济秩序的行为。"不正当竞争"这个术语一般认为是出自1883年的《保护工业产权巴黎公约》,该公约规定,凡在工商活动中违反诚实经营的竞争行为即构成不正当的竞争行为。

不正当竞争行为的危害有:侵犯竞争者和消费者的权利;损害市场机制,破坏市场秩序;危害信用和社会公德。

3. 不正当竞争行为的特征

(1) 行为主体特定:不正当竞争行为的主体是经营者。《反不正当竞争法》第2条规定,本法所称的经营者,是指从事商品经营或者营利性服务的法人、其他经济组织和个人。

(2) 行为目的明确:经营者的不正当竞争行为是为了争取交易机会,争夺市场,主观上是出于故意。

(3) 行为方式违法:不正当竞争行为是经营者违反法律和市场交易原则的行为。

(4) 行为侵害客体:不正当竞争行为侵害的客体是其他经营者的合法权益和正常的社会经济秩序。不正当竞争行为除了损害其他经营者的合法权益之外,还制造市场混乱,破坏竞争的公平性,扰乱社会经济秩序。

(二)反不正当竞争法概述

1. 反不正当竞争法的概念及立法

反不正当竞争法有广义和狭义之分。广义的反不正当竞争法是指由国家制定并由国家强制力保证实施的,旨在调整国家在反对不正当竞争,维护公平、自由和有效竞争,保护其他

竞争者和消费者合法权益的活动中所产生的社会关系的法律规范的总称。狭义的反不正当竞争法仅指我国《反不正当竞争法》。

《反不正当竞争法》是市场经济发展的必然产物。我国现行的《反不正当竞争法》由1993年9月2日第八届全国人民代表大会常务委员会第三次会议通过，1993年9月2日中华人民共和国主席令第十号公布，自1993年12月1日起施行。《反不正当竞争法》的制定是为保障社会主义市场经济健康发展，鼓励和保护公平竞争，制止不正当竞争行为，保护经营者和消费者的合法权益。

我国的《反不正当竞争法》主要规范不正当竞争行为，但将部分限制竞争的行为纳入了调整范围。《反不正当竞争法》只适用于经营者的行为，而不适用于经营者以外的其他单位和个人的行为。

2. 市场交易的基本原则

《反不正当竞争法》第2条规定，经营者在市场交易中，应当遵循自愿、平等、公平、诚实信用的原则，遵守公认的商业道德。

（1）自愿原则：经营者在法律允许的范围内，可以根据自己的真实意愿，自主地从事市场交易活动，可以自主地决定设立、变更和终止特定的法律关系。经营者之间的交易关系反映双方真实的意思表示。

（2）平等原则：参与市场竞争的经营者在交易活动中的法律地位是平等的，享有平等的权利，在平等的基础上表达各自真实的意思，设定双方的权利义务。

（3）公平原则：经营者在竞争的交易活动中都应受到公正合理的待遇。公平原则与平等原则有着密切联系，只有在平等基础上展开竞争，竞争的过程及结果才称得上公平。

（4）诚实信用原则：经营者在竞争行为中要守信用重承诺，以诚实善意的方式从事交易。经营者应切实履行合同，不得有欺诈、胁迫他人等行为。

二、不正当竞争行为及其法律责任

根据《反不正当竞争法》第二章的规定，我国的不正当竞争行为可分为11类行为。主要包括市场混同行为、限购排挤行为、商业贿赂行为、虚假广告行为、侵犯商业秘密行为、低价竞销排挤竞争对手行为、搭售行为、不正当奖售行为、诋毁商誉行为、通谋投标行为、滥用政府权力限制竞争行为。

（一）市场混同行为

1. 市场混同行为的含义

市场混同行为也被称为欺骗性交易行为或假冒、仿冒行为，是指经营者采用假冒或仿冒商品识别性标志等混淆手段，从事市场交易，损害竞争对手的行为。

2. 市场混同行为的主要表现

根据《反不正当竞争法》第5条的规定，市场混同行为主要有以下四种表现形式。

（1）假冒他人的注册商标，是未经所有权人的同意在同一商品或类似商品上使用与注册商标相同或相类似的商标。

（2）擅自使用知名商品特有的名称、包装、装潢，或者使用与知名商品近似的名称、包

装、装潢,造成和他人的知名商品相混淆,使购买者误认为是知名商品。知名商品,是指在市场上具有一定知名度,为相关公众所知悉的商品。

(3) 擅自使用他人的企业名称或姓名。企业名称即商号,与商标的共同之处是在于它们的识别功能,不同之处在于商号是用来将一个企业区别于他企业,而商标是将一个企业的商品或服务区别于他企业。

(4) 在商品上伪造或者冒用认证标志、名优标志等质量标志,伪造产地,对商品质量作引人误解的虚假表示。质量标志是证明经营者的商品质量达到了一定水平的符号或标记。

3. 市场混同行为的法律责任

《反不正当竞争法》第21条规定:经营者假冒他人的注册商标,擅自使用他人的企业名称或者姓名,伪造或者冒用认证标志、名优标志等质量标志,伪造产地,对商品质量作引人误解的虚假表示的,依照《中华人民共和国商标法》《中华人民共和国产品质量法》的规定处罚。经营者擅自使用知名商品特有的名称、包装、装潢,或者使用与知名商品近似的名称、包装、装潢,造成和他人的知名商品相混淆,使购买者误认为是该知名商品的,监督检查部门应当责令停止违法行为,没收违法所得,可以根据情节处以违法所得一倍以上三倍以下罚款;情节严重的,可以吊销营业执照;销售伪劣商品,构成犯罪的,依法追究刑事责任。

同步案例　品牌展会遭仿冒　展览市场待净化

国内会展经济蓬勃发展,名目繁多的展会充斥市场,良莠不齐、真假难分,让企业无所适从。2014年8月15日中央电视台财经频道晚8点半经济信息联播节目播出了名为《蹊跷的展会》的10分钟调查节目。展会十几家上当企业根据中国家纺展主办方提供的相关信息联合在一起通过央视曝光,详细介绍了家纺展仿冒展会的来龙去脉。这已不是家纺展首次遭遇仿冒。同时,被仿冒的展会不仅仅是家纺展,一些展览效果好的品牌展会总是不断遭遇仿冒展会的侵扰,这让品牌展会名誉受损,被骗参展的企业更是直接遭受经济损失。

据展览行业业内人士介绍,目前行业骗展情况很普遍,一般分为三种情况:第一种属于展会主办方的招商手段不规范,展会实际情况与招展书不一致;第二种是主办方虽在早期规划了很好的展会方案,但后来的招展招商达不到预期,主办方展会前卷钱跑路;第三种是仿冒在行业内有影响力的展会,如8月15日中央电视台财经频道所报道的《蹊跷的展会》。

据中国国际家用纺织品及辅料博览会主办方介绍,仿冒在行业内有影响力展会的这种伎俩,会采用仿冒展会名称、展会logo(图标)、展会工作人员名字、展会平面图、展会申请表甚至展会网站等多种手段,如正规展会名称为"中国国际家用纺织品及辅料博览会",而假冒展会名称则是"中国(上海)家用纺织品及辅料展览会";正规展会logo为intertextile,假冒展会logo为intertextle;正规展会工作人员名字为"林泽文",假冒展会工作人员名字为"林则文"等等。

中国国际家用纺织品及辅料博览会主办方还透露,现在的展会一般都有行业协会或是权威机构作为主办单位。有些展览公司办展得不到主办单位的支持,为了骗取参展企业的信任,就编造一个子虚乌有的主办单位。如:本来这个行业只有一个"某某协会",但展览公司请不到该协会来主办展会,又要取得参展商的信任,就在招展书的主办单位一栏写上仅有一字之差的"某某学会",而参展商一般不会注意到这一字之别。

业内人士呼吁,在各种展览公司良莠不齐、鱼龙混杂的情况下,亟待成立一个具有监管职能的会展行业协会,加强对组展商的资质管理、制定展览评估体系、强化培训和诚信道德教育,以帮助企业提高会展管理水平。有的专家提出加强会展公司资质认证,对会展公司可以采取类似酒店的星级制度,规定新公司只能办一些小的展览;两三年后,如果他们办展较成功,就可以加星,提高等级。也有业内人士认为,要想降低"骗展"情况发生的可能性,关键是要使会展信息对称与透明。

对于企业如何防范"骗展",中国国际家用纺织品及辅料博览会主办方提出如下建议:第一,参展企业必须谨慎甄选,尤其是那些初次参展的企业,更要擦亮眼睛,明辨真伪,选择有品牌的展会,并要求对方出示展会批文,明确展会时间、地点、主办单位信息、了解往届展会情况等,经过多方考察方可作出决策;第二,在展会现场与主办单位工作人员取得联系,获得相应参展资料,保持与固定主办单位工作人员的联系,明确展会进度,获取更多展会信息;第三,品牌展会展位、展区、价格相对固定,企业不要轻易听信好的展位、折扣多多等谎言;第四,与已经参展或者曾经参展的同行朋友多交流,互相交换信息;第五,收到展位通知及付款通知后,与主办单位再次确认账号及付款方式。

阅读并思考:中国国际家用纺织品及辅料博览会遭仿冒的事件是否违反《反不正当竞争法》?

(资料来源:http://news.xinhuanet.com/expo/2014-08/27/c_126923458.htm.)

(二)限购排挤行为

1. 限购排挤行为的含义

限购排挤行为,是指公用企业或者其他依法具有独占地位的经营者,限定他人购买其指定的经营者的商品,以排挤其他经营者公平竞争的行为。

限购排挤行为的主体包括两类:一是公用企业,如电力、自来水、煤气和公共交通等企业;二是依法具有独占地位的经营者,在特定的市场上处于无竞争状态。

从其行为方式来看,限购排挤行为表现为利用自己所具有的近似垄断的地位,胁迫他人与自己进行强制性交易,购买其指定的经营者的商品。

2. 限购排挤行为的法律责任

《反不正当竞争法》第23条规定,公用企业或者其他依法具有独占地位的经营者,限定他人购买其指定的经营者的商品,以排挤其他经营者的公平竞争的,省级或者设区的市的监督检查部门应当责令停止违法行为,可以根据情节处以5万元以上20万元以下的罚款。被指定的经营者借此销售质次价高商品或者滥收费用的,监督检查部门应当没收违法所得,可以根据情节处以违法所得1倍以上3倍以下的罚款。

同步案例　　郑州国际会展中心被质疑垄断

2012年7月,郑州市民赵正军向省工商局寄发举报书,举报郑州香港会展管理有限公司(简称"香港会展公司")利用委托管理经营郑州国际会展中心之权利,涉嫌排他性,从事垄断经营。2005年10月25日,郑州市投资22亿元建起的国内一流展馆——郑州会展中心试营业。为了让郑州会展中心"飞得更高",郑州市以超前的意识,不惜血本请来了"国际一流"的会展管理公司。

2012年6月21日,香港会展公司向广大车展参与企业发出《告知函》称,2012年7月—12月,郑州会展中心只承接了由郑州尚格展览服务有限公司举办的"2012中国郑州国际汽车展览会"。在此期间,该中心不再签订任何乘用车为主的车展项目。

赵正军认为,《郑州市人民政府对重点支持展会实行认证的意见》第4项(5)款规定,市政府重点支持的展会,"避免3个月内重复办展",其他会展则没有规定保护期。而香港会展公司与"尚格展览公司"签订了6个月的保护协议,排斥其他经营者,系垄断行为。

赵正军说,香港会展公司经营管理着郑州会展中心,处于能够控制商品数量或其他交易条件,能够阻碍、影响其他经营者进入会展市场的支配地位。"尚格展览公司"举办的2012中国郑州国际汽车展览会,排挤了其他经营者的公平竞争,系《反不正当竞争法》第6条所禁止的。

阅读并思考:香港会展公司的行为是否构成不正当竞争?为什么?

(资料来源:http://www.zhanlanku.com/news/show-7480.html.)

(三)商业贿赂行为

1. 商业贿赂行为的含义

商业贿赂行为,是指经营者为排挤同行业竞争对手,达到商业成交目的以财物或其他手段向他人行贿或接受他人贿赂的行为。倘若经营者不是通过降低成本、提高质量等方式参与竞争,而是通过贿赂手段购买或者销售商品,那么必然违背竞争原则,扭曲市场关系,损害其他经营者的合法权益,构成不正当竞争。

商业贿赂行为有三个特征:①主体是经营者,贿赂对方单位或者个人;②目的是为销售商品或者购买商品,即为达到商业目的,通过贿赂手段,获取优于其他经营者的竞争地位;③商业贿赂手段是通过财物手段或其他手段。

2. 商业贿赂行为的表现形式

商业贿赂行为的主要表现形式是回扣,回扣具有以下特征。

(1) 账外暗中：账外是指不入正规财务账，暗中是指不在合同、发票中明确表示。即未在依法设立的反映其生产经营活动或者行政事业经费收支的财务账上按照财务会计制度规定明确如实记载，包括不记入财务账、转入其他财务账或者做假账等。

(2) 返还一定比例的价款：回扣是卖方返还买方的一定比例的商品价款。回扣不是卖方额外从别处拿出物品或金钱给予买方，回扣款是商品价款的一部分。

(3) 收受人为对方单位或个人：回扣是卖方退给买方单位或者个人的，它决定了回扣的方向，是卖方退给买方，方向固定，不包括买方给卖方。

商业贿赂的表现形式除了金钱回扣之外，还有提供免费度假、旅游、高档宴席、赠送昂贵物品、房屋装修以及解决子女、亲属入学、就业等多种方式。

《反不正当竞争法》第8条规定，经营者不得采用财物或者其他手段进行贿赂以销售或者购买商品。在账外暗中给予对方单位或者个人回扣的，以行贿论处；对方单位或者个人在账外暗中收受回扣的，以受贿论处。经营者销售或者购买商品，可以以明示方式给对方折扣，可以给中间人佣金；经营者给对方折扣、给中间人佣金的，必须如实入账。接受折扣、佣金的经营者必须如实入账。

3. 商业贿赂行为的法律责任

《反不正当竞争法》第22条规定，经营者采用财物或者其他手段进行贿赂以销售或者购买商品，构成犯罪的，依法追究刑事责任；不构成犯罪的，监督检查部门可以根据情节处以1万元以上20万元以下的罚款，有违法所得的，予以没收。

同步案例

2013年1月，根据上海市某区检察院提供的反映某国企Z国际会议展览有限公司涉嫌商业贿赂的线索，市工商局检查总队第五检查支队，对Z国际会议展览有限公司（以下简称"Z公司"）涉嫌商业贿赂案立案查处，在行业内引起了较大的震动。

该公司为多招揽业务，在与某客户企业开展业务的过程中，由业务员采用与第三方虚构业务，获取发票，套取现金的方式套出业务中的部分利润，以此资金向该客户企业相关员工的个人银行卡内支付"回扣"。自2010年4月至案发，当事人支付上述"回扣"金额166万余元，涉及16笔业务、65个团队，经营额共计5000余万元，获利近300万元。经过9个月的调查取证，检查总队依法对Z公司作出没收违法所得的行政处罚，并将涉嫌贪污的员工移送检察部门追究刑事责任。

阅读并思考：Z国际会议展览有限公司的行为是否属于不正当竞争行为？说明理由。

（资料来源：根据陈志臻、郭海峰《以"会展"之名　行违法之实——会展业商业贿赂案件线索挖掘和取证技巧》一文整理。）

（四）虚假广告行为

1. 虚假广告行为的含义

虚假广告行为，是指经营者利用广告或者其他方法，对商品的质量、制作成分、性能、用途、生产者、有效期限、产地等作引人误解的虚假宣传，以及广告的经营者在明知或者应知的情况下，代理、设计、制作、发布虚假广告。反不正当竞争法约束的广告主要是商业广告。

2. 虚假广告行为的法律责任

《反不正当竞争法》第24条规定：经营者利用广告或者其他方法，对商品作引人误解的虚假宣传的，监督检查部门应当责令停止违法行为，消除影响，可以根据情节处以1万元以上20万元以下的罚款。广告的经营者，在明知或者应知的情况下，代理、设计、制作、发布虚假广告的，监督检查部门应当责令停止专法行为，没收违法所得，并依法处以罚款。

（五）侵犯商业秘密行为

1. 侵犯商业秘密行为的含义

《反不正当竞争法》第10条中对商业秘密的界定：是指不为公众所知悉、能为权利人带来经济利益、具有实用性并经权利人采取保密措施的技术信息和经营信息。商业秘密具有不为公众知悉、秘密性、价值性和实用性的特征。

2. 侵犯商业秘密行为的表现

根据《反不正当竞争法》第10条的规定，侵犯商业秘密有以下几种行为表现：

（1）以盗窃、利诱、胁迫或者其他不正当手段获取权利人的商业秘密；

（2）披露、使用或者允许他人使用以前项手段获取权利人的商业秘密；

（3）违反约定或者违反权利人有关保守商业秘密的要求，披露、使用或者允许他人使用其所掌握的商业秘密；

（4）第三人明知或者应知以上违法行为，获取、使用或者披露他人的商业秘密，视为侵犯商业秘密。

3. 侵犯商业秘密行为的法律责任

《反不正当竞争法》第25条规定，侵犯商业秘密的，监督检查部门应当责令停止违法行为，可以根据情节处以1万元以上20万元以下的罚款。

 同步案例

北京东方鹿鸣国际展览有限公司诉北京博锐恒业国际展览有限公司等侵犯商业秘密纠纷案

原告北京东方鹿鸣国际展览有限公司诉称：被告北京博锐恒业国际展览有限公司是由被告赵颖、刘蕊共同投资设立的公司。被告赵颖于2006年10月13日至2007年8月31日在原告处任项目助理职务，负责太阳能行业展会项目的招商和服务工作；被告刘蕊于2006年9月15日至2007年6月在原告处任项目助理职务，负责五金及舞台乐器行业展会项目的招商和服务工作。赵颖在原告处工作期间,私自成立与原告北京东方鹿鸣国际展览有限公司有明显竞争关系的北京博锐恒业国际展览有限公司;同时被告赵颖、刘蕊恶意串通,利用职务之便大量盗取公司商业秘密、信息和财务信息,更为严重的是转移公司现有项目以及客户谋取一己私利,将公司即将收获的项目展览成果据为己有,严重损害了原告的合法权益。综上,原告请求法院判令:①三被告立即停止侵犯原告商业秘密;②三被告连带赔偿原告经济损失20万元。

经法院主持调解,各方当事人自愿达成如下协议:①被告北京博锐恒业国际展览有限公司、赵颖、刘蕊承诺自2009年1月1日起至2010年12月31日止,不再从事德国国际太阳能展览会(Intersolar)和欧洲太阳能光伏技术巡回展(European Photovoltaic Solar Energy Conference and Exhibition)的有关业务;②被告赵颖、刘蕊对原告北京东方鹿鸣国际展览有限公司对自己的培养表示感谢,并对自己的一些不当行为表示歉意;③本案诉讼费用2150元由被告北京博锐恒业国际展览有限公司、赵颖、刘蕊共同负担(于本调解协议签署之日交纳);④各方当事人对本调解协议均负有保密义务,不得对外进行披露。

阅读并思考:赵颖、刘蕊的行为是否属于不正当竞争行为?说明理由。
(资料来源:http://sifaku.com/falvanjian/22/zbbwp1a0190a.html.)

(六)低价竞销排挤竞争对手行为

低价竞销是一种不正当降价行为,是指为了排挤竞争对手或独占市场,生产企业低于生产成本销售商品,经销企业低于企业进货成本销售商品,扰乱正常的生产经营秩序,损害其他经营者合法权益的行为。低价竞销排挤竞争对手行为有两个特点:行为的目的是排挤竞争对手,价格一定低于生产成本或进货成本。《反不正当竞争法》第11条规定:经营者不得以排挤对手为目的,以低于成本的价格销售商品。

《反不正当竞争法》第11条规定了低于成本价格销售的例外情况:销售鲜活商品;处理有效期限即将到期的商品或者其他积压的商品;季节性降价;因清偿债务、转产、歇业降价销售商品。

低价竞销排挤竞争对手行为给被侵害的经营者造成损害的,应当承担民事责任。《反不正当竞争法》第20条规定:经营者违反本法规定,给被侵害的经营者造成损害的,应当承担损害赔偿责任,被侵害的经营者的损失难以计算的,赔偿额为侵权期间因侵权所获得的利润;并应当承担被侵害的经营者因调查该经营者侵害其合法权益的不正当竞争行为所支付的合理费用。被侵害的经营者的合法权益受到不正当竞争行为损害的,可以向人民法院提起诉讼。

(七)搭售行为

搭售行为是指经营者利用其经济优势,违背购买者的意愿,在销售一种商品或提供一种

服务时,要求购买者购买另一种商品或接受另一种服务,或者就商品或服务的价格、销售对象、销售地区等附加不合理的条件。这种行为违反了公平销售的原则,妨碍了市场的竞争自由。它影响了交易相对人自由选购商品的活动,还会导致竞争对手的交易机会相对减少的后果,因而是明显的不正当竞争行为。《反不正当竞争法》第12条规定:经营者销售商品,不得违背购买者的意愿搭售商品或者附加其他不合理的条件。

搭售行为的特点:①经营者具有并滥用市场优势;②以违背购买者意愿为基础;③搭配某种商品或附加其他不合理条件而销售商品;④在进行搭售时,有与其他厂商竞争的意图。

搭售行为给被侵害的经营者造成损害的,应当承担损害赔偿的民事责任。

(八) 不正当奖售行为

1. 有奖销售的含义

有奖销售是指经营者销售商品或者提供服务,附带性地向购买者提供物品、金钱或者其他经济利益的行为,目的是为了促进销售,而非引诱购买者与之交易,排挤竞争对手。有奖销售包括附赠式有奖销售和抽奖式有奖销售两种。

2. 不正当奖售行为的表现

根据《反不正当竞争法》第13条的规定,经营者不得从事下列有奖销售:

(1) 采用谎称有奖或者故意让内定人员中奖的欺骗方式进行有奖销售;

(2) 利用有奖销售的手段推销质次价高的商品;

(3) 抽奖式的有奖销售,最高奖的金额超过5000元。

3. 不正当奖售行为的法律责任

《反不正当竞争法》第26条规定,经营者违反本法规定进行有奖销售的,监督检查部门应当责令停止违法行为,可以根据情节处以1万元以上10万元以下的罚款。

同步案例　　中国婚博会广告涉嫌不正当竞争遭调查

2014年3月,号称由商务部、民政部、工商总局批准的中国(武汉)婚博会在武汉开展了大量的促销宣传活动。中国(武汉)婚博会的宣传广告除了宣传展会内容外,还以图文的方式展示大奖,包括雪佛兰乐风汽车、大屏幕彩电、滚筒洗衣机等。在不少写字楼电梯里,其印有"惊爆大奖"的广告十分吸引眼球:奖品包括两台汽车、50个iPad mini、100台彩电、100台冰箱、100台洗衣机。从广告不能看出以上奖品实物的具体品牌、型号和款式,也无从得知其实际价值。根据市场行情,彩电、滚筒洗衣机、冰箱的价格低于或高于5000元均有可能,而雪佛兰乐风汽车1.4MT～1.6AT的市场指导价在8.19万～10.19万元之间。在中国婚博会官方网站上,也有该广告内容。同时,从广告上看,均无法看出该促销活动的细则,比如,中奖方式、中奖率、兑奖期限、领奖方式,以及相关限制性条件等。据了解,中国婚博会的主办方为北京博万国际会展有限公司,有市民质疑,中国婚博会举办方设置的大奖超过5000元,涉嫌不正当竞争,建议工商部门介入调查。

阅读并思考:中国(武汉)婚博会的行为是否构成不正当竞争?说明理由。

(资料来源:http://news.sina.com.cn/s/2014-03-10/024929665711.shtml.)

(九)诋毁商誉行为

诋毁商誉行为,是指经营者捏造、散布虚假事实,损害竞争对手的商业信誉、商品声誉的行为。商业信誉是社会对企业的好评,商品声誉是社会公众对商品的好评,评价的高低往往影响企业的经济活动,甚至影响企业的生存和发展。而对商业信誉的破坏造成不正当竞争,不但影响交易秩序,而且也损害了消费者的交易安全感。

诋毁商誉行为的特点是以散布虚构的事实为手段,以达到损害竞争对手商业信誉、从中获利为目的;散布的内容是凭空捏造的虚假、不实之情;散布的方式可以是口头的,也可以是书面的;散布的途径可以是通过宣传媒介、邮寄,可以出现在广告中、订货会、产品发布会上;有特定的诋誉对象,言词有针对性或含沙射影。

诋毁商誉行为给被侵害的经营者造成损害的,应当承担民事责任。承担民事责任方式主要有停止侵害、赔偿损失、消除影响、恢复名誉、赔礼道歉等。

(十)通谋投标行为

1. 通谋投标行为的含义

通谋投标行为是指在招投标过程中,投标者相互串通或者投标者和招标者相互串通,抬高标价或者压低标价,排挤竞争对手,损害他人利益的行为。

2. 通谋投标行为的表现

根据《反不正当竞争法》第15条的规定,通谋投标行为主要有两种表现形式:

(1)投标者之间串通投标,抬高标价或者压低标价的行为。如投标者之间相互约定,一致抬高或者压低投标报价;投标者之间相互约定,在招标项目中轮流以高价位或者低价位中标。这种行为直接损害招标者的经济利益。

(2)投标者和招标者相互勾结,排挤竞争对手的行为。如招标者在公开开标前,开启标书,并将投标情况告知其他投标者,或者协助投标者撤换标书,更改标价;招标者向特定的投标者泄露其标底;招标者预先内定中标者,在确定中标者时以此决定取舍。这种行为,直接侵犯了其他投标者的正常活动和经济利益。

3. 通谋投标行为的法律责任

《反不正当竞争法》第27条规定:投标者串通投标,抬高标价或者压低标价;投标者和招标者相互勾结,以排挤竞争对手的公平竞争的,其中标无效;监督检查部门可以根据情节处以1万元以上20万元以下的罚款。

(十一)滥用政府权力限制竞争行为

1. 滥用政府权力限制竞争行为的含义

滥用政府权力限制竞争行为是指政府及其所属部门等国家机关,违反法律规定或违反授予的权限和职责,限定他人购买其指定的经营者的商品,限制其他经营者正当的经营活动行为,或者限制外地商品进入本地市场以及行政本地商品流向外地市场的行为。

2. 滥用政府权力限制竞争行为的表现

根据《反不正当竞争法》第7条的规定,实施此类不正当竞争行为的主体是政府及其所属部门,具体行为表现为两类。

(1) 限定交易行为:限定客户和消费者只能购买行政部门下属企业或挂靠企业生产或经营的商品;限定客户和消费者只能购买行政部门关系户的商品;限定客户和消费者接受指定单位的有偿服务;限制经营者正当的经营活动。

(2) 地区封锁行为:规定在本辖区内未经批准不得购买和销售某些外地商品;在本辖区边界或交通要道设置检查站,阻止外地商品进入本地和阻止本地紧俏商品及重要原材料运往外地;对进入本辖区的外地商品收取各种不合理的附加费等;借口保护本地工商企业,封锁市场信息。

3. 滥用政府权力限制竞争行为的法律责任

《反不正当竞争法》第30条规定:政府及其所属部门违反本法第七条规定,限定他人购买其指定的经营者的商品、限制其他经营者正当的经营活动,或者限制商品在地区之间正常流通的,由上级机关责令其改正;情节严重的,由同级或者上级机关对直接责任人员给予行政处分。被指定的经营者借此销售质次价高商品或者滥收费用的,监督检查部门应当没收违法所得,可以根据情节处以违法所得一倍以上三倍以下的罚款。

同步案例　　会展界值得关注的诉讼与判决

据报道,2009年10月11日至13日在上海国际会议中心由亚洲博文会展公司主办的"游戏开发者大会(含展会)——GDC 2009"受到了中国出版工作者协会游戏出版工作委员会的抵制。抵制方以发文号召及相关约束等方式,限制所属会员和有关人员参加GDC 2009的活动。与中国出版工作者协会游戏出版工作委员会有着合作关系(另行合作举办内容相近的活动)的北京汉威信恒展览有限公司也参与了上述行动。于是亚洲博文向上海市卢湾区人民法院起诉并获得一审胜诉。

本来具有官方背景的协会组织是要以行业整体利益和为行业内企业服务为自己利益所在和目标所求。但是,当行业协会自身(主要以协会总部或秘书处等机构为代表)拥有了会展项目,并且当这些项目与其他内容相似的会展项目产生利益冲突时,协会如果不能尊重会员企业选择的权利,而是为了自身利益而以协会名义采取措施,向自己的会展项目"转阀门"、"扳道岔",就难免会陷入带有"倾向性"、"强制性"的不正当竞争中。当协会项目真的比不过其他同类展会,或者协会所属会员不积极参加协会项目反而参加其他项目时,协会利益受到威胁,协会心态就可能扭曲,以致采用发文限制等下策,并且还被对手抓住把柄。看来法律意识淡薄也不能不说是一个致命因素。

阅读并思考:中国出版工作者协会游戏出版工作委员会的行为是否构成不正当竞争?说明理由。

(资料来源:http://www.cces2006.org/index.php/Home/Index/detail/id/3949.)

三、不正当竞争行为的监督检查

不正当竞争行为的监督检查,是指国家授权的行政机关,依照法律法规所赋予的职责和权力,运用行政的、经济的、法律的和舆论的手段,为防止和制止不正当竞争行为的发生,清除不正当竞争行为带来的不良影响及后果,而采取的监督检查的措施和行动。

(一)行政监督

1. 监督检查部门

(1)《反不正当竞争法》第3条规定:各级人民政府应当采取措施,制止不正当竞争行为,为公平竞争创造良好的环境和条件。县级以上人民政府工商行政管理部门对不正当竞争行为进行监督检查;法律、行政法规规定由其他部门监督检查的依照其规定。

(2)根据《反不正当竞争法》第16条的规定,县级以上监督检查部门包括物价、计量、技术监督、商品检验、人民银行等部门按各自职责对不正当竞争行为进行监督检查。

《反不正当竞争法》第18条规定:监督检查部门工作人员监督检查不正当竞争行为时,应当出示检查证件。

2. 监督检查部门的职权

根据《反不正当竞争法》第17条的规定,监督检查部门在监督检查不正当竞争行为时,有权行使下列职权。

(1)询问权:按照规定程序询问被检查的经营者、利害关系人、证明人,并要求提供证明材料或者与不正当竞争行为有关的其他资料。

(2)查询、复制权:查询、复制与不正当竞争行为有关的协议、账册、单据、文件、记录、业务函电和其他资料。

(3)检查权:检查与不正当竞争行为有关的财物,必要时可以责令被检查的经营者说明该商品的来源和数量,暂停销售,听候检查,不得转移、隐匿、销毁财物。

《反不正当竞争法》第19条规定:监督检查部门在监督检查不正当竞争行为时,被检查的经营者、利害关系人和证明人应当如实提供有关资料或者情况。

(二)社会监督

《反不正当竞争法》第4条规定:国家鼓励、支持和保护一切组织和个人对不正当竞争行为进行社会监督。国家机关工作人员不得支持、包庇不正当竞争行为。任何组织和个人都可监督举报不正当竞争行为。

第三节 会展产品质量法律制度

案例引导 谁来为展会产品的质量把关

人们通常认为,博览会上展出的应该都是企业的名优产品。然而,记者在一个全国性的博览会上却发现了不少假冒伪劣的展品。河北省雄县是我国华北地区最大的塑料包装生产基地,在这里举办的第二届全国包装制品博览会上展出了很多日常餐饮容器和外包装制品。

在一家销售保鲜膜的展位上,前来洽谈购买的客户络绎不绝。参展商极力向记者介绍桌上的一卷黄色保鲜膜样品,记者注意到这卷保鲜膜比起其他样品来颜色要深得多。专家说参展商保证"百分百质量好"的保鲜膜其实是国家早已明令禁止生产的PVC保鲜膜。这种保鲜膜在加热和焚烧时会产生有毒的"二噁英"气体,将对人体和环境造成严重的危害。本应禁止生产的产品,在这却能销售得很好。

在展会上,记者还发现了一个很奇怪的现象,很多展位都摆着印有同样知名企业标志的食品容器,而且参展商无一例外都说自己的是正宗产品。这些产品看上去做工非常粗糙,中间还混杂着很多黑色杂质。专家介绍,这些产品在生产时都加入了大量的劣质原材料,产品质量根本就达不到国家标准。

按照有关规定,展会主办方应该对参展商进行严格的资格审核,记者随即找到了展会现场负责人。负责人表示举办这个博览会集中在考察审核客商资质这块,具体对产品质量没有要求。

与记者同去的中国包装资源综合利用委员会专家指出了这个展会上存在的几大问题:"第一个就是产品质量问题,像这样的餐盒和托盘强度很差,卫生理化指标肯定不合格;第二个就是国家已经禁止的产品在会上还有展出;第三个就是三无产品;第四个就是标识比较混乱。"

阅读并思考:生产者、销售者对产品质量应承担哪些责任和义务?

(资料来源:http://www.zhongnongwang.com/news/show-18737.html.)

一、产品质量与产品质量法概述

(一)产品与产品质量

1. 产品

广义的产品,是指自然物之外的一切劳动生产物。但法律上所规定的产品,其范围小于广义的产品。我国《产品质量法》第 2 条第 2 款规定:"本法所称产品是指经过加工、制作,用于销售的产品。"同时,排除了初级农产品、未经加工的天然形成的物品、由建筑工程形成的房屋、桥梁、其他建筑物等不动产以及军工产品。

2. 展品

展品是指展览会、博览会等会展活动中,参展商向观众展示的产品。展览是参展商展示自己产品的重要平台,展品是展览会、博览会吸引观众参与的主要元素。观众参观的不是展览本身,而是在展览现场展示的参展产品。参展产品属于产品的范畴。

3. 产品质量

产品质量是产品所应具有的、符合人们需要的各种特性。国际标准化组织颁布的 ISO8402—1994 标准,将质量定义为"反映实体满足明确和隐含需要的能力的特性总和"。产品的质量包括适用性和安全性两个方面,产品质量问题也可以分为两类:①产品不适用,产生质量瑕疵;②产品不安全,产生产品缺陷。

(二) 产品质量法概述

1. 产品质量法的概念及立法

广义上的产品质量法,是调整在生产、流通、消费以及监督管理过程中,因产品质量而发生的各种经济关系的法律规范的总称。我国产品质量法的调整对象有两方面:一是产品质量责任关系,即生产者、销售者与消费者之间进行商品交易所发生的经济关系;二是产品质量监督管理关系,即管理机关执行产品质量监督管理职能而发生的经济关系。

我国对产品质量立法高度重视,国务院曾于 1986 年 4 月 5 日发布《工业产品质量责任条例》。第七届全国人民代表大会常务委员会第三十次会议于 1993 年 2 月 22 日通过了专门的《中华人民共和国产品质量法》(以下简称《产品质量法》),于同年 9 月 1 日开始实施。2000 年 7 月 8 日第九届全国人大常委会第十六次会议通过了修改产品质量法的决定,自 2000 年 9 月 1 日起施行。

此外,我国还有一系列与产品质量相关的或特殊产品质量管理的法律,如《标准化法》、《计量法》、《消费者权益保护法》、《食品安全法》、《药品管理法》等。

2. 产品质量法的适用范围

从空间上看,在中华人民共和国境内从事产品生产、销售活动,包括销售进口商品,必须遵守《产品质量法》。从主体上说,该法适用于生产者、销售者和消费者以及监督管理机构。从客体上说,该法只适用于生产、流通的产品,即各种动产,而不包括不动产。

3. 《产品质量法》与《消费者权益保护法》的关系

消费者权益的重要内容之一是产品质量保障,《消费者权益保护法》多处直接作出有关产品质量的规定或者与《产品质量法》相关的规定。《产品质量法》与《消费者权益保护法》内容上有一定交叉,各有分工,互相配合,共同构成市场经济法律体系的重要组成部分。

二、产品质量的监督管理

产品质量的监督管理,是指国家产品质量管理机关依法对产品质量进行监督、检查和管

理的活动,社会各界对产品质量监督活动,以及产品生产者、经营者依法进行的生产经营活动的总和。

(一)产品质量监督管理体制

1. 产品质量的行政监督部门

(1)产品质量监督部门:我国产品质量监督管理实行统一管理与分工管理、层次管理与地域管理相结合的原则。根据《产品质量法》第8条的规定,国务院产品质量监督部门主管全国产品质量监督工作。县级以上地方产品质量监督部门主管本行政区域内的产品质量监督工作。国务院和县级以上地方人民政府设立质量技术监督局,在全国省级以下质量技术监督系统实行垂直管理。

(2)有关部门:国务院有关部门在各自的职责范围内负责产品质量监督工作。县级以上地方人民政府有关部门,如工商行政管理部门在各自的职权范围内负责产品质量监督工作。

2. 产品质量的社会监督

(1)公民个人的监督权:《产品质量法》第22条,规定消费者有权就产品质量问题,向产品的生产者、销售者查询;向产品质量监督部门、工商行政管理部门及有关部门申诉,接受申诉的部门应当负责处理。

(2)社会组织的监督权:《产品质量法》第23条,规定保护消费者权益的社会组织可以就消费者反映的产品质量问题建议有关部门负责处理,支持消费者对因产品质量造成的损害向人民法院起诉。

(3)公众的检举权:《产品质量法》第10条,规定任何单位和个人有权对违反本法规定的行为,向产品质量监督部门或者其他有关部门检举。

知识链接　黑龙江省质监局严把展品质量关

2015年10月第二届中俄博览会(第26届"哈洽会")期间,黑龙江省质监局举全局之力为博览会保驾护航,为展会严把展品质量关。

该局工作人员在展会现场"八查八看":一查工业生产许可证(QS标志),看是否有伪造冒用生产许可证行为;二查"3C"认证标志,看是否有伪造或冒用认证标志行为;三查商品条码,看是否有冒用条码或一码多用现象;四查产品标签,看是否有伪造厂名厂址等不符合标签标准规定行为;五查定量包装净含量,看是否有计量违法行为;六查名牌、地理标志等产品,看是否有伪造冒用名牌和地理标志行为;七查产品质量,看是否有质量违法行为;八查产品标准,看是否有使用作废、过期标准或无标行为。

该局派出大型移动实验室,配备高、精、尖快速检验检测仪器设备及试剂,选派专业检验检测专家,在展会现场为消费者开展免费检验检测服务。免费检验参展商品的产品质量,免费检测定量包装商品的净含量,免费查询商品条码,免费查询"QS"、"3C"强制性认证等标志及编号的真伪。该局工作人员还现场受理消费者或用户的有关质量、计量、标准化、特种设备安全方面投诉举报,提供标准查询服务。

(资料来源:http://news.xinhuanet.com/local/2015-10/15/c_128319279.htm.)

(二)产品质量的监督管理制度

1. 产品质量检验制度

《产品质量法》第12条规定:产品质量应当检验合格,不得以不合格产品冒充合格产品。产品或者其包装上的标识,要有产品质量检验合格证明。产品质量检验机构必须具备相应的检测条件和能力,经省级以上人民政府产品质量监督部门或者其授权的部门考核合格后,方可承担产品质量检验工作。

2. 产品质量标准制度

产品质量标准可分为以下两种:

(1) 统一标准与约定标准。质量是合同的条款之一,当事人对此应有明确的约定。无明确约定的,按照国家标准、行业标准履行;没有国家标准、行业标准的,按照通常标准或者符合合同目的的特定标准履行。

(2) 强制性标准与一般性标准。《产品质量法》第13条规定:可能危及人体健康和人身、财产安全的工业产品,必须符合保障人体健康和人身、财产安全的国家标准、行业标准;未制定国家标准、行业标准的,必须符合保障人体健康和人身、财产安全的要求。禁止生产、销售不符合保障人体健康和人身、财产安全的标准和要求的工业产品。具体管理办法由国务院规定。保障安全、健康,这是最基本的要求,所以要实行强制性标准。除此之外,可实行一般性的、非强制性标准。

3. 质量认证制度

根据《产品质量法》第14条的规定,国家根据国际通用的质量管理标准,推行企业质量体系认证制度。参照国际先进的产品标准和技术要求,推行产品质量认证制度。企业根据自愿原则申请企业质量体系认证及产品质量认证。经认证合格的,由认证机构颁发相关认证证书,并准许企业在产品或者其包装上使用产品质量认证标志。

4. 产品质量监督检查制度

《产品质量法》第15条规定了产品质量监督检查制度,具体内容如下。

(1) 产品质量监督检查制度的实行方式:以抽查为主。监督抽查工作由国务院产品质量监督部门规划和组织。

(2) 抽查范围:可能危及人体健康和人身、财产安全的产品,或者影响国计民生的重要工业产品以及消费者、有关组织反映有质量问题的产品。

(3) 抽查样品方法:应当在市场上或者企业成品仓库内的待销产品中随机抽取。

(4) 监督检查规范:国家监督抽查的产品,地方不得另行重复抽查;上级监督抽查的产品,下级不得另行重复抽查。根据监督抽查的需要,可以对产品进行检验。

三、生产者、销售者的产品质量责任和义务

法律规定并要求生产者、销售者履行产品质量义务,是为了实现消费者的产品质量权利。把控住生产环节和流通环节,将治标与治本结合起来,产品质量才能得到基本的保障。

(一)生产者的产品质量责任和义务

1. 生产者应当对其生产的产品质量负责

产品应当符合内在质量的要求,符合适用性安全性要求,即为合格产品。《产品质量法》第26条规定,"产品质量应当符合下列要求:(一)不存在危及人身、财产安全的不合理的危险,有保障人体健康和人身、财产安全的国家标准、行业标准的,应当符合该标准;(二)具备产品应当具备的使用性能,但是,对产品存在使用性能的瑕疵作出说明的除外;(三)符合在产品或者其包装上注明采用的产品标准,符合以产品说明、实物样品等方式表明的质量状况"。前两项为默示担保条件,后一项为明示担保条件。

2. 产品或者其包装上的标识应当符合要求

《产品质量法》第27条规定,"产品或者其包装上的标识必须真实,并符合下列要求:(一)有产品质量检验合格证明;(二)有中文标明的产品名称、生产厂厂名和厂址;(三)根据产品的特点和使用要求,需要标明产品规格、等级、所含主要成份的名称和含量的,用中文相应予以标明;需要事先让消费者知晓的,应当在外包装上标明,或者预先向消费者提供有关资料;(四)限期使用的产品,应当在显著位置清晰地标明生产日期和安全使用期或者失效日期;(五)使用不当,容易造成产品本身损坏或者可能危及人身、财产安全的产品,应当有警示标志或者中文警示说明。裸装的食品和其他根据产品的特点难以附加标识的裸装产品,可以不附加产品标识"。

3. 特殊产品的包装必须符合特定要求

特殊产品,是指易碎、易燃、易爆、有毒、有腐蚀性、有放射性等危险物品以及储运中不能倒置和其他有特殊要求的产品,根据《产品质量法》第28条的规定,特殊产品的包装质量必须符合相应要求,依照国家有关规定作出警示标志或者中文警示说明,标明储运注意事项。

4. 禁止性规定

《产品质量法》第29~32条对生产者的行为做了禁止性规定:生产者不得生产国家明令淘汰的产品;不得伪造产地,不得伪造或者冒用他人的厂名、厂址;不得伪造或者冒用认证标志等质量标志;生产产品,不得掺杂、掺假,以假充真、以次充好,以不合格产品冒充合格产品。

(二)销售者的产品质量责任和义务

1. 作为的义务

作为的义务是行为人应当以作为方式履行的义务,应当用积极的行为实施法律规定的行为。销售者应当对其销售的产品质量负责,具体要求如下。

(1)进货验收义务:根据《产品质量法》第33条的规定,销售者应当建立并执行进货检查验收制度,验明产品合格证明和其他标识。

(2)保持产品质量的义务:根据《产品质量法》第34条的规定,在进货之后,销售者应当采取措施,保持销售产品的质量,如防止受潮、腐烂等。

(3) 产品标识的义务：根据《产品质量法》第 36 条的规定，销售的产品的标识应当符合有关规定。

2. 不作为的义务

不作为义务是行为人应当以不作为的方式履行的义务，应当消极不作为法律所禁止的危害社会的行为。《产品质量法》第 35、37~39 条规定了销售者不得违反的禁止性规范：销售者不得销售国家明令淘汰并停止销售的产品和失效、变质的产品；不得伪造产地，不得伪造或者冒用他人的厂名、厂址；不得伪造或者冒用认证标志等质量标志；销售产品，不得掺杂、掺假，不得以假充真、以次充好，以不合格产品冒充合格产品。

同步案例 逛展会需要注意啥？商品质量差成投诉热点

在宁波，展会最为集中的要数江东区。据初步统计，江东区每年承办展销会近 40 场，其中国际会展中心年均承办展会就达 20 场。而在 2014 年，江东区市场监管局受理涉及展销会的投诉，就达 54 起。商品质量差、假冒伪劣、虚假宣传、经营行为不规范，都是展会上投诉的热点。

不久前，宁波周女士在体育馆的食品展销会上购买了一些魔芋粉，回家后仔细一看，发现这次买的魔芋粉与前几次买的颜色有很大差别。周女士怀疑买到的是其他粉假冒魔芋粉，于是找到市场监管部门寻求帮助。根据周女士提供的线索，工作人员找到了销售该魔芋粉的摊主，该摊主称：魔芋粉是重庆土特产，这些魔芋粉都是他自己制作的，绝对正宗，只是没有打上相关标签而已。因一时难以鉴定真假，最后周女士选择了退货。

针对展会产品质量问题，2015 年，江东区市场监管局专门启动了专项整治行动。向 18 家展销会场地出租方及展销会的举办者发放《行政提示书》，要求严格审核参加展销会经营者的食品经营资格和营业执照，不给无照经营经营者提供经营场地。此外，市场监管部门也提醒消费者，前往展销会购买东西，首先，应了解并记住该展销会的举办者名称及联系方式，在购买东西时一定要做到精挑细选、货比三家，再决定购买；其次，购买东西要理性，需要多少买多少，并且一定要记下摊位的名称及联系电话，并索要购物凭证；最后，一旦发现问题，可以第一时间找相关参展商或是展销会的承办商要求维权。

阅读并思考：展会参展商对展品质量承担什么样的责任和义务？

(资料来源：http://news.cnnb.com.cn/system/2015/01/13/008244285.shtml.)

四、产品质量责任制度

(一)损害赔偿

1. 缺陷与瑕疵

产品质量责任以该产品是否存在质量问题为前提条件。在法律上，质量问题可分为瑕疵和缺陷。"瑕疵"指微小的缺点,仅指一般性的质量问题,如产品的外观、使用性能等方面。"缺陷"则是针对较为严重的质量问题而言,《产品质量法》第46条对缺陷的界定是"产品存在危及人身、他人财产安全的不合理的危险;产品有保障人体健康和人身、财产安全的国家标准、行业标准的,是指不符合该标准"。产品的设计、原材料采用等都可能发生缺陷。

瑕疵与缺陷的不同之处在于产品是否存在着危及人身、财产安全的不合理的危险。产品存在除危险之外的其他质量问题,属于瑕疵。产品有瑕疵,没有丧失产品原有的使用价值,消费者有知情权,可以自行决定是否接受。但是产品存在缺陷,原则上不应接受。

2. 产品瑕疵责任

(1) 承担瑕疵责任的条件。

根据《产品质量法》第40条的规定,售出的产品有下列情形之一的,需要承担瑕疵责任:不具备产品应当具备的使用性能而事先未作说明的;不符合在产品或者其包装上注明采用的产品标准的;不符合以产品说明、实物样品等方式表明的质量状况的。第一项为默示担保,后两项为明示担保。只要存在上述情形的,不论是否造成损害后果,都应当赔偿。

(2) 承担瑕疵责任的方式。

售出的产品有上述三种情形之一的,销售者应当负责修理、更换、退货;给购买产品的消费者造成损失的,销售者应当赔偿损失。

销售者负责修理、更换、退货、赔偿损失后,属于生产者的责任或者属于向销售者提供产品的供货者的责任的,销售者有权向生产者、供货者追偿。

3. 产品缺陷责任

(1) 生产者承担缺陷责任的条件。

对生产者实行严格责任制度,即无过错责任制度。不论生产者主观上是否有故意或过失,只要产品有缺陷,都要承担法律责任,责任主体为产品的生产者。《产品质量法》第41条规定,因产品存在缺陷造成人身、缺陷产品以外的其他财产损害的,生产者应当承担赔偿责任。生产者能够证明有下列情形之一的,不承担赔偿责任:未将产品投入流通的;产品投入流通时,引起损害的缺陷尚不存在的;将产品投入流通时的科学技术水平尚不能发现缺陷的存在的。这些情形不是由受害方证明而是由生产者证明。

产品缺陷而导致的损害赔偿,其性质为侵权责任,即侵害了消费者的财产权、人身权。承担产品缺陷责任的条件有三个:产品存在缺陷;造成消费者人身、财产损害;缺陷与损害之间存在因果关系。三个条件必须同时具备。

(2) 销售者承担缺陷责任的条件。

对销售者实行过错责任制度,只有因销售者主观故意或过失而导致产品缺陷引起损害的,销售者才承担法律责任。根据《产品质量法》第42条的规定,具体有两种情况:一是过错责任原则,由于销售者的过错使产品存在缺陷,造成人身、他人财产损害的,销售者应当承担赔偿责任;二是过错推定原则,销售者不能指明缺陷产品的生产者也不能指明缺陷产品的供货者的,销售者应当承担赔偿责任。

(3) 赔偿程序。

根据《产品质量法》第43条的规定,赔偿程序一是消费者对赔偿主体的选择。因产品存在缺陷造成人身、他人财产损害的,受害人可以向产品的生产者要求赔偿,也可以向产品的销售者要求赔偿。

二是生产者与销售者相互之间的追偿：属于产品的生产者的责任，产品的销售者赔偿的，产品的销售者有权向产品的生产者追偿；属于产品的销售者的责任，产品的生产者赔偿的，产品的生产者有权向产品的销售者追偿。

（4）赔偿范围。

第一，造成消费者人身伤害。《产品质量法》第44条第1款规定：因产品存在缺陷造成受害人人身伤害的，侵害人应当赔偿医疗费、治疗期间的护理费、因误工减少的收入等费用；造成残疾的，还应当支付残疾者生活自助费、生活补助费、残疾赔偿金以及由其扶养的人所必需的生活费等费用；造成受害人死亡的，并应当支付丧葬费、死亡赔偿金以及由死者生前扶养的人所必需的生活费等费用。

第二，造成消费者财产损失。《产品质量法》第44条第2款规定：因产品存在缺陷造成受害人财产损失的，侵害人应当恢复原状或者折价赔偿。受害人因此遭受其他重大损失的，侵害人应当赔偿损失。其他重大损失是指其他经济等方面的损失，包括可以获得的利益损失。

（5）诉讼时效。

《产品质量法》第45条规定：因产品存在缺陷造成损害要求赔偿的诉讼时效期间为二年，自当事人知道或者应当知道其权益受到损害时起计算。因产品存在缺陷造成损害要求赔偿的请求权，在造成损害的缺陷产品交付最初消费者满十年丧失；但是，尚未超过明示的安全使用期的除外。

（二）行政责任

生产者、销售者违反《产品质量法》，如有生产、销售不符合保障人体健康和人身、财产安全的国家标准、行业标准的产品；生产国家明令淘汰的产品；销售失效、变质的产品；在产品中掺杂、掺假，以假充真，以次充好，或者以不合格产品冒充合格产品；伪造产品产地，伪造或者冒用他人的厂名、厂址，伪造或者冒用认证标志等质量标志；产品标识或者有包装的产品标识不符合法律规定等行为；尚未构成犯罪的，需要承担行政责任。

产品质量监督部门、工商行政管理部门依照各自的职权，对违反产品质量法的行为可以责令纠正，并给予下列行政处罚：警告，罚款，没收违法生产、销售的产品和没收违法所得，责令停止生产、销售，吊销营业执照。

（三）刑事责任

生产者、销售者违反《产品质量法》，如有生产、销售不符合保障人体健康和人身、财产安全的国家标准、行业标准的产品的；在产品中掺杂、掺假，以假充真，以次充好，或者以不合格产品冒充合格产品；销售失效、变质的产品的；在广告中对产品质量作虚假宣传，欺骗和误导消费者等行为，构成犯罪的，依法追究刑事责任。

（四）产品质量争议处理

《产品质量法》第47条规定：因产品质量发生民事纠纷时，当事人可以通过协商或者调解解决。当事人不愿通过协商、调解解决或者协商、调解不成的，可以根据当事人各方的协议向仲裁机构申请仲裁；当事人各方没有达成仲裁协议或者仲裁协议无效的，可以直接向人民法院起诉。根据《产品质量法》第48条的规定，仲裁机构或者人民法院可以委托产品质量

检验机构,对有关产品质量进行检验。

第四节 会展消费者权益保护法律制度

案例引导　"奥伊玛"展会销售床垫　言而无信屡遭投诉

2015 年,上海市消费者权益保护委员会家具办连续接到多位消费者的投诉,反映在"中国婚博会"(婚芭莎)上购买的"奥伊玛"床垫未按规定时间送货并涉及虚假宣传,影响婚期及正常生活,令不少消费者叫苦不迭。

消费者严先生 2014 年 8 月份在世博展览馆举办的"中国婚博会"上订购了一套"奥伊玛"床垫,当场付款 1500 元,营业员承诺公司可无条件退货,还称公司在红星美凯龙沪南店设有专卖店,绝对放心。后来消费者要求退款,却遭到拒绝。

消费者朱先生在同一个展会上购买了"奥伊玛"床垫为儿子结婚所用,付清全款 4500 元,原定 2015 年 1 月份交货,但几次预约送货未果,经多次催促仍无结果,后来连电话都不接了,导致新房无法布置,眼看儿子的婚期迫近仍无音讯。

近年来,各种展览形式较为普遍,五花八门的婚博会更是层出不穷,如"冬季婚博会"、"秋季婚博会"等,由于促销方式较新颖,吸引了不少消费者。但是发生问题的不少,由于展览时间较短、流动性较强,一些不诚信的家具建材企业混迹其中,产品的售后服务不能保证,导致消费者投诉率上升。

阅读并思考:

1. 展览中会展消费者权利遭到侵犯,应通过什么途径来解决?
2. 展览会结束后,消费者损失由谁来赔偿?

(资料来源:http://news.to8to.com/article/110437.html.)

一、会展消费者概述

(一)消费者与消费者权益

1. 消费者的概念

消费是社会经济运行中最终的、必不可少的环节,是社会再生产的重要环节,包括生产消费和生活消费两个方面。生产消费是物质资料生产过程中对原材料的消耗,生活消费是人们为了满足个人或家庭生活需要对各种产品和服务的消耗。《中华人民共和国消费者权益保护法》(以下简称《消费者权益保护法》)所指的消费是生活消费,而不包括生产消费。

消费者是消费的主体,有广义和狭义之分,广义的消费者包括生产消费者和生活消费者,狭义的消费者单指为生活消费需要而购买、使用经营者所提供的商品或者接受服务的人。根据《消费者权益保护法》第2条的规定,"消费者为生活消费需要购买、使用商品或者接受服务,其权益受本法保护",消费者是指生活消费者。

2. 消费者的法律特征

(1) 消费者是自然人。《消费者权益保护法》是基于个人在经济活动过程中的弱势地位而进行特殊立法保护的,因此消费主体限定为自然人,企事业单位、社会组织不在该法保护之列。

(2) 消费者的消费性质属于生活性消费。消费者的生活消费是为了满足个人或家庭的生活需要,包括物质产品消费和服务消费。我们日常生活中购买食物、手机、衣服等属于物质产品消费,出门旅游、看电影、参观展会等属于服务消费。

(3) 消费者消费的客体包括商品和服务。商品的表现形式是实物,如家具、食物等,可以是成品,也可以是半成品或原料。服务不是以实物形式提供给消费者,而是以劳动的形式满足人们生活的需要,如餐饮服务、交通运输服务、展会服务等。

(4) 消费者的消费方式包括购买、使用(商品)和接受(服务)。购买、使用都是为了满足人们的生活消费。购买一般是人们按照商品价格以支付货币的形式来获得商品,但是支付货币也不是唯一支付手段,也可以通过提供其他等价支付形式如劳力、提供便利条件等来实现消费。商品或服务的购买者与使用者未必是同一人,消费者既可以是购买并直接使用商品或接受服务的人,也可以只是购买者而由他人使用商品或接受服务,还可以是使用他人购买商品的人或者接受他人购买服务的人。

(5) 消费者消费的客体是由经营者提供的。经营者是以营利为目的从事生产经营活动,向消费者提供产品或服务的公民、法人和其他经济组织。《消费者权益保护法》第3条规定:经营者为消费者提供其生产、销售的商品或者提供服务,应当遵守本法。经营者是与消费者相对应的法律主体。

3. 消费者权益

消费者权益,是指消费者依法享有的权利以及该权利受到保护时而给消费者带来的应得的利益。消费者权益可以理解为消费者权利与利益的合称,其核心是消费者的权利,并且在广义上,消费者的权利也包含了消费者的利益,消费者权利的有效实现是其利益实现的前提和基础。在我国,能够为消费者权利提供法律保障的主要是《消费者权益保护法》。

(二) 会展消费者的概念和法律特征

1. 会展消费者的概念

会展消费者一般是指在展览会、节事活动等会展活动中为个人或家庭生活消费需要购买、使用商品或接受服务的人。

2. 会展消费者的法律特征

会展消费者是在会展活动领域进行生活消费的消费者,具有消费者的一般特征。

(1) 会展消费者是自然人。会展活动的利益相关方主要包括主办方、承办方、场馆方、参展商、服务商和观众。观众既包括专业观众也包括普通观众,既包括为生产销售需要而进行参观、购买的企业、组织,也包括为生活休闲需要而参与的自然人消费者。会展消费者作

为消费者的一种类型,专指自然人消费者。

(2)会展消费者的消费性质属于生活性消费。会展活动中的消费包括生产消费和生活消费,如某酒店王经理通过参加国际厨具博览会采购到了酒店所需的设备,属于生产消费,王经理不是会展消费者。会展消费者的消费是为了满足个人或家庭的生活需要,而不是为了生产经营的需要。如李先生为儿子结婚在家具展上购买了一套衣柜,张女士一家购票进入青岛啤酒节现场喝啤酒、吃蛤蜊,都属于生活消费。

(3)会展消费者购买、使用的商品或接受的服务是由会展经营者、参展商提供的。会展经营者为参展商和观众提供会展服务,参展商为观众提供其生产的商品及相关服务。

(4)会展消费者购买商品或接受服务的消费行为是发生在展览会、节事活动等举办的过程中。

会展消费者的消费行为是基于会展活动产生的。会展活动的举办时间一般较短,一方面,有些展会的参展商鱼龙混杂,展品质量参差不齐,会展消费者的合法权益易被侵犯;另一方面,会展消费者往往是在消费后,才能判定会展产品或服务的好坏优劣,而当发现自己合法权益受到侵害时,会展活动可能已经结束,不能像一般消费品那样及时得到保修、保换或退赔,合法权益难以保障。这些特点说明会展消费者相对于其他消费者而言,在消费购买会展产品与接受服务中存在着很多不确定因素,合法权益更易受损。因此,保护会展消费者的合法权益是促进会展业发展所不能忽视的重要问题。

二、消费者权益保护法概述

(一)消费者权益保护法的概念及特征

1. 消费者权益保护法的概念

消费者权益保护法有广义和狭义之分,广义的理解是指调整在保护消费者权益过程中发生的经济关系的法律规范的总称,即指所有有关保护消费者权益的法律、法规。广义的概念实际上是指保护消费者权益的法律体系,包括《消费者权益保护法》、《产品质量法》、《价格法》、《反不正当竞争法》等。狭义的理解是指我国人大常委会颁布的《消费者权益保护法》,我们通常所说的是狭义的解释。消费者权益保护法是经济法的一个很重要的部门法。

我国现行的《消费者权益保护法》是1993年10月31日第八届全国人大常委会第四次会议通过,自1994年1月1日起施行的。2009年8月27日,第十一届全国人民代表大会常务委员会第十次会议进行了第一次修正。2013年10月25日,中华人民共和国第十二届全国人民代表大会常务委员会第五次会议进行了第二次修正,该次修法主要从四方面完善消费者权益保护制度,如强化经营者义务、规范网络购物等新的消费方式、建立消费公益诉讼制度等。2014年3月15日,由全国人大修订的新版《消费者权益保护法》正式实施。

2. 消费者权益保护法的特征

《消费者权益保护法》与其他法律相比较具有如下特征。

(1)《消费者权益保护法》专门对消费者权利进行特殊保护。该法保护的唯一主体是消费者,没有像其他法律遵从民法中权利义务对等的惯例,只规定了消费者的权利,而对经营者只规定义务,充分体现了国家对消费者的特殊保护。这是《消费者权益保护法》区别于其他法律的重要特征。《消费者权益保护法》所保护的消费者权利包括两种：一是人身权利，即消费者对其生命、健康、名誉、安全等不受经营者非法侵害的权利；二是财产权利，即消费者所享有的财产在交易过程中不受非法侵害的权利。

（2）《消费者权益保护法》中多为强制性、禁止性规范。强制性规范是指法律规范所确定的权利、义务具有绝对肯定的形式，不允许当事人之间相互协议和任何一方予以变更。禁止性规范是指规定不得为一定行为的规范。《消费者权益保护法》以保护消费者利益为己任，通过采用强制性和禁止性规范的形式来体现这种倾斜。

（3）《消费者权益保护法》是一部集原则性规定与操作性规定、实体规范与程序规范于一体的综合性法律规范。该法既对消费者的权利、国家保护消费者的职责等做了原则性规定，又对保护消费者的规范做了具体可操作的规定；既有消费者权利和经营者义务的实体规定，又对消费纠纷的解决程序做了明确规定，在内容上是实体法与程序法的统一。

（二）消费者权益保护法的适用范围

消费者权益保护法的适用范围是指该法的效力所及的时间、空间和主体范围。根据我国《消费者权益保护法》第2条、第3条和第54条的规定，该法适用范围为以下几种情况。

第一，消费者为生活消费需要购买、使用商品和接受服务，其权益受该法保护。

第二，经营者为消费者提供其生产、销售的商品或者提供服务，应当遵守该法。

第三，农民购买、使用直接用于农业生产的生产资料，参照该法执行。本法之所以将农民购买、使用直接用于农业生产的生产资料纳入我国消费者权益保护法的调整范围，是因为我国农民的经济能力处于弱势，尤其是伪劣农用生产资料严重侵害了农民的经济利益，且农民受侵害后缺乏适当的法律途径寻求保护，因而，将该类社会关系纳入了我国消费者权益保护法的范围。

（三）消费者权益保护法的基本原则

《消费者权益保护法》的基本原则是指贯穿于消费者权益保护法之中的，保护消费者利益的基本准则。我国消费者权益保护法的基本原则包括以下几项。

1. 自愿、平等、公平、诚实信用原则

《消费者权益保护法》第4条规定：经营者与消费者进行交易，应当遵循自愿、平等、公平、诚实信用的原则。这一原则主要是经营者在与消费者进行交易时，应当遵守的基本规则。消费者权益保护法要求双方在法律规定的原则下进行正常的交易，尽量不发生或少发生消费者权益被侵害的问题。

2. 国家保护原则

《消费者权益保护法》第5条第1、2款规定：国家保护消费者合法权益不受侵害。国家采取措施，保障消费者依法行使权利，维护消费者合法权益。保护消费者权益，除了立法上的倾斜外，更需要各部门严格执法做保障。

3. 合理消费原则

《消费者权益保护法》第5条第3款规定：国家倡导文明、健康、节约资源和保护环境的消费方式，反对浪费。这一条主要针对人民生活水平提高后，铺张浪费不断增多的现象而制定。十八大以后，国家对生态文明建设有非常明确的要求，要求把节约资源、保护环境作为

必须要坚持的一项基本国策,节约环保已成为人们公认的消费新理念,这一原则体现了国家引导合理消费、反对浪费的立法思路。

4. 全社会共同保护消费者合法权益原则

《消费者权益保护法》第 6 条规定:保护消费者的合法权益是全社会的共同责任。国家鼓励、支持一切组织和个人对损害消费者合法权益的行为进行社会监督。大众传播媒介应当做好维护消费者合法权益的宣传,对损害消费者合法权益的行为进行舆论监督。

这一原则体现了保护消费者合法权益不仅需要行政监督,还需要社会监督。社会监督范围十分广泛,包括各种社会团体的监督、企事业单位的监督、各级消费者组织的监督、各种传播媒介的监督以及广大人民群众的监督,以切实保障消费者的合法权益不受侵害。消费者权益涉及社会经济生活的广泛领域,需要动员全社会的力量,发挥各方面的积极性,才能形成消费者权益保护的社会机制,使消费者权益保护法律制度落到实处。

三、会展消费者的权利

消费者权利是指消费者在购买、使用商品或者接受服务时依法享有的受法律保护的利益。消费者权利是法定权利,通常是一国的法律基于消费者的弱者地位而特别赋予的。会展消费者在会展活动中购买、使用商品或者接受会展服务时,同样享有相关权利。

《消费者权益保护法》中规定了消费者享有安全保障权、知悉真情权、自主选择权、公平交易权、依法求偿权、结社权、获得知识权、受尊重权、监督批评权共 9 项权利。

(一)安全保障权

《消费者权益保护法》第 7 条规定:消费者在购买、使用商品和接受服务时享有人身、财产安全不受损害的权利。消费者有权要求经营者提供的商品和服务,符合保障人身、财产安全的要求。

安全保障权是会展消费者最基本的权利,包括人身安全权和财产安全权。会展消费者的人身安全权是指生命安全权和健康安全权不受侵害的权利。例如,张先生购票参加某音乐节活动,由于人多拥挤被踩伤,那么张先生的人身安全权就受到了侵犯。会展消费者的财产安全权是指财产不受损失的权利。财产安全不仅指展会中交易标的财产的安全,也包括消费者其他财产的安全。财产损失有时表现为财产在外观上发生损毁,有时则表现为价值的减少。近年来,有些展会盗窃事故频发,有不少消费者反映在展会上遭窃,财产安全权遭侵害。

(二)知悉真情权

《消费者权益保护法》第 8 条规定:消费者享有知悉其购买、使用的商品或者接受的服务的真实情况的权利。消费者有权根据商品或者服务的不同情况,要求经营者提供商品的价格、产地、生产者、用途、性能、规格、等级、主要成份、生产日期、有效期限、检验合格证明、使用方法说明书、售后服务,或者服务的内容、规格、费用等有关情况。

知悉真情权又叫了解权、知情权,是指消费者所享有的知悉其购买、使用的商品或者所接受服务的真实情况的权利。这项权利的设定旨在消除消费者和经营者的信息不对称给消费者带来的不利影响。

会展消费者有权知悉的情况具体分为两个方面：一是参展商品或会展服务的基本情况，主要指品名称、服务内容、价格、包装、有效期限、生产日期、产地、生产经营者和售后服务；二是参展商品的技术指标，主要指认证标志、使用方法、主要成份、等级、规格、性能、用途等。对会展消费者来说，知情是消费活动中必不可少的，其意义在于：①充分了解展品或服务的真实情况，是会展消费者决定购买某种商品、接受某项服务的前提。②随着经济的发展，展会商品日益丰富，会展消费者有必要了解商品或服务的真实情况，再进行消费，以免上当受骗。

知识链接　　防展会购物骗局　　四招拆穿"大忽悠"

在某展会买的纯天然木耳回家泡过后竟然如烂泥一样；一袋海米里竟夹杂着玉米；3000元买的玉石竟是合成的，只值200多元……工商执法人员提醒消费者，在展会现场购买东西，一定要擦亮眼睛。

1．"以貌取物"要不得，别被样品所迷惑

于先生在某展会现场看到标称是纯天然的木耳，泡制的样品成色、弹性均属上品。但买回家后，木耳却难现展销会上的"风采"，泡后如同烂泥，细碎绵软，就到工商所投诉。

工商执法人员介绍，一般展会上的蘑菇、木耳等散包装的土特产销量较大，极易发生类似让消费者看"走眼"的情况。在展销会这类临时经营场所购物，要仔细确认商品质量，慎重购买，不要被样品等不实宣传所迷惑。特别是食品、药品、保健品、化妆品等对人身健康构成威胁的预包装商品，一定要打开包装检验，防止有猫腻。另外，购买干、腌制品要细看产品的外观色泽，颜色过于鲜艳的肉制品有可能添加过量的着色剂和防腐剂，不要为其外观好看而"以貌取物"。

2．出口产品是噱头，谨防里面有猫腻

前不久，工商执法人员接到20多位消费者的投诉，购买100元4袋、每袋2斤装的海米只有两头露出的地方是极少的海米，中间竟全是玉米。执法人员现场检查后发现，产品是经营者自己用塑封机包装的，却伪造成对日出口转内销产品。经营者本想只在最后一天出售，卖完就跑，没想到还是被发现了。执法人员当场查扣了其塑封机及1000斤玉米，经营者为20多位消费者退赔了货款。执法人员介绍，展会中不少经销商称其自制的产品是外商委托加工的，借以提高产品身价，误导消费者。

3．最后一天要稳住，撤展打折藏欺诈

前些天，一位消费者从一缅甸人手中买下一块玉石，因为是展会的最后一天，缅甸人把标价万元的玉石以3000元的价格卖给他。随后，消费者找人鉴定，竟发现那玉石是合成的，价值200元左右。后经工商、公安执法人员共同努力，解决了这一消费纠纷。

执法人员提醒，一些经营者利用消费者"最后一天肯定便宜"的惯性思维，于展会最初的几天宣称自己的商品只展不卖，但最后一天需返程，路途遥远，不便携带，

只好以极低的价格处理掉,引诱消费者以高价购买低价的商品。这类以次充好、以假充真的情况往往出现在玉器、翡翠等高档产品中。

4. 买完商品立即用,发现问题快投诉

展会一般周期短,外地参展商多,参展人员成分复杂。消费者买完商品后要立即检查,发现质量问题一定要第一时间去工商所投诉,展销会结束、销售商家撤离后,解决问题就比较困难。工商执法人员就遇到过这种情况,买完商品后没马上用,存放一年后发现问题才来投诉,参展商早就找不到了。虽说按规定还可以向展销会的举办者、柜台的出租者要求赔偿,但却因时间久,调查取证难,往往要费很大的周折。这类情况主要发生在服装、箱包等商品上,宣传单与实物出入较大。

另外,执法人员还提醒消费者,在各酒店、购物广场举办的特卖会,都是临时性的,也属展览业的范畴,也存在类似现象。在这些场所购物时,一定注意索要发票等相关证据,记清参展商个人或企业名称、摊位号,以备维权所需。

(资料来源:http://blog.sina.com.cn/s/blog_6c2ecf9e0100zhhu.html.)

(三)自主选择权

自主选择权是指消费者享有自主选择商品或者服务的权利。根据《消费者权益保护法》第9条的规定,消费者有权自主选择的内容包括:①自主选择提供商品或者服务的经营者;②自主选择商品品种或服务方式;③自主决定是否购买商品或接受服务;④自主选择商品或服务时,有权进行比较、鉴别和挑选。

会展消费者自主选择商品或者服务的权利包括两方面:一是对展会中商品的品种、服务方式及其提供者应有充分选择的余地;二是对于选择商品、服务及其提供者应有自由决定的权利而不受强制。会展消费者的自主选择权的行使不排除展商的介绍和推荐行为,介绍、推荐有助于消费者更多地了解商品和服务的真实情况,买与不买、接受与不接受取决于消费者的自由意志。实际生活中,损害会展消费者自由选择权的现象主要是参展商进行商品搭售或强买强卖等。

同步案例　　男子展会强买强卖　阻挠执法人员辱骂记者

2016年4月30日,南宁市民李女士在东葛望园路口的一个商品展销会上买玛卡,摊主在未经她同意的情况下直接把她选好的玛卡切片,并要求她花440元买下。后来李女士到药店去验证时发现这些玛卡只值160元左右。经记者到展销会上暗访发现,这个摊位有药托捧场并有强买强卖的嫌疑。当工商所执法人员到达现场后,该展销会负责人阻挠执法,并辱骂、推搡正在拍摄的记者,目前工商所已经对售卖玛卡的摊位下了整改通知书。

阅读并思考:该摊位侵犯了消费者的什么权利?

(资料来源:http://www.aiweibang.com/yuedu/112585250.html.)

(四)公平交易权

公平交易是指经营者与消费者之间的交易应在平等的基础上达到公正的结果。《消费者权益保护法》第10条规定:消费者享有公平交易的权利。消费者在购买商品或者接受服务时,有权获得质量保障、价格合理、计量正确等公平交易条件,有权拒绝经营者的强制交易行为。

对于会展消费者而言,公平交易权具体包括三个方面:

第一,会展消费者有权要求展会商品和服务的质量符合国家规定的标准或者与会展经营者、参展商约定的标准。如果商品或者服务不符合规定的质量要求,消费者有权要求更换、退货等。

第二,会展消费者有权要求会展经营者、参展商执行国家的价格政策、法规或按质论价,展会商品和服务有公平、合理的价格。

第三,会展消费者有权要求参展商计量准确、足量,有权查明度量衡是否准确,有权看秤、复秤,对不足分量者有权要求退货或退回多收的价款。

同步案例　展销会名贵药材低价卖存猫腻

2016年5月在武汉青山和平公园举行的展销会上,有多家名贵药材展位贱卖名贵药材,据消费者举报,名贵药材便宜卖的背后,有着不为人知的秘密。某消费者选购的"三七王",被卖家强行倒进了粉碎机。当着买家的面,卖家将名贵药材倒入进料口后,开启粉碎机会有响声,但这粉碎的是杂果而非名贵药材,因为名贵药材从旁门左道溜出,顾客最终拿走的粉末,是卖家早已准备好的粉碎杂果,消费者购买三七被强行粉碎后重量还增加了八克。"名贵药材"每千克动辄上千元,而杂果粉的成本可以忽略不计,无良商家牟取暴利。工商、食药执法人员闻讯赶往现场,发现密闭展台的正下方,藏着一名青年男子和百斤黄色粉末。食药执法人员现场暂扣了四种黄色粉末和一种药材,并对其抽样送检。

阅读并思考:该展商侵犯了消费者的什么权利?

(资料来源:http://hb.ifeng.com/a/20160526/4587427_0.shtml.)

(五)依法求偿权

《消费者权益保护法》第11条规定:消费者因购买、使用商品或者接受服务受到人身、财产损害的,享有依法获得赔偿的权利。依法求偿权简称为求偿权,也称索赔权。

享有求偿权的主体是因购买、使用商品或者接受服务而受到人身、财产损害的消费者,包括以下几种类型:①商品的购买者;②商品的使用者;③服务的接受者;④第三人。第三人是指除商品的购买者、使用者或者服务的接受者之外的,因为偶然原因而在事故现场受到损害的其他人。

会展消费者受到侵害,造成财产损失、人身损害、精神损害,均可纳入索赔的范围。会展消费者行使求偿权的途径,可以是与责任者自行协商直接提出损失赔偿请求或者请求消协调解,也可以是向管理机关、司法机关或者根据与责任者达成的仲裁协议向仲裁机关提出损失赔偿请求。侵犯会展消费者求偿权的行为有:经营者对消费者所受伤害应得到的补偿不予负担;对消费者索取赔偿采取拖延方式,甚至使用暴力或威胁等手段。

（六）结社权

《消费者权益保护法》第12条规定:消费者享有依法成立维护自身合法权益的社会组织的权利。这种建立消费者组织的权利,被称为结社权。包括两方面内容:一是有权要求国家建立代表消费者利益的职能机构;二是有权建立自己的组织,维护自身的合法权益。

我国《宪法》明确规定,公民享有结社的权利。消费者依法成立维护自身合法权益的社会团体,是公民结社权在消费者权益保护法中的具体化。由于经济力量对比悬殊、信息分布不均衡等原因,单个消费者无法与势力强大的经营者相抗衡。赋予消费者结社权旨在使处于弱者地位的个体消费者联合成一个合法存在的代表消费者群体利益的强有力的组织,通过行使结社权将分散的消费者组织起来后,这些作为消费者集合的社会团体参与到消费领域中会大大改变消费者与经营者之间的力量对比关系,从而有效地维护消费者的合法权益。

中国消费者协会和地方各级消费者协会是我国主要的消费者组织,是对会展消费者合法权益提供保护的社团组织。消费者组织可以形成对商品和服务的广泛的社会监督,向消费者提供消费信息和咨询服务,受理消费者的投诉,充当沟通政府和消费者之间的桥梁,支持受损害的消费者提起诉讼等。

（七）获得知识权

《消费者权益保护法》第13条规定:消费者享有获得有关消费和消费者权益保护方面的知识的权利。消费者应当努力掌握所需商品或者服务的知识和使用技能,正确使用商品,提高自我保护意识。获得知识权是消费者运动发展到一定程度的必然要求,是消费者自我觉醒的重要标志。

会展消费者获得知识权的具体内容包括两个方面:

第一,获得会展消费的有关知识。消费知识包括消费者在展会如何正确地选购商品、商品的一般价格构成、如何合理地使用产品、在发生突发事故时应如何处置、接受服务有关的知识以及公平交易的知识。

第二,获得会展消费者保护方面的知识。主要指消费者如何保护自己的法律知识,包括消费者权利、经营者的义务、消费者在其权益受侵害时应如何维护其权益、消费者在行使权利过程中应该注意哪些问题等。

（八）受尊重权

《消费者权益保护法》第14条规定：消费者在购买、使用商品和接受服务时，享有人格尊严、民族风俗习惯得到尊重的权利，享有个人信息依法得到保护的权利。

会展消费者的受尊重权分为消费者的人格尊严受尊重、民族风俗习惯受尊重和个人信息受保护三部分。人格尊严受尊重主要是指消费者在购买、使用商品和接受服务时所享有的姓名、名誉、荣誉、肖像等人格不受侵犯的权利。人格尊严不受侵犯是每一个公民依据《宪法》享有的神圣权利。消费者的民族风俗习惯获得尊重，是指在消费时其民族风俗习惯不受歧视、不受侵犯，并且经营者应当对其民族风俗习惯予以充分的尊重和理解。我国是一个多民族的国家，各民族在长期发展中形成了独特的风俗习惯，消费者在消费过程中，其民族风俗习惯也应当受到尊重。个人信息保护是一项宪法权利而非普通的民事权利。尊重消费者的人格尊严、民族习俗、保护个人信息，是社会文明进步的表现，也是尊重和保障人格的重要内容。

同步案例　　某商场搜身案

某天李某到市中心逛商场，在化妆品专柜前，李某让营业员赵某、钱某、孙某拿出几种化妆品进行挑选，因对商品不太满意，李某未购买即离开此柜台。营业员赵某、钱某在收化妆品时，认为少了一盒，怀疑李某拿走了，就在商场内找到李某，当众指责她偷了化妆品。李某否认，并要求见其经理。赵某就将李某带到了经理办公室，经理要求对其进行搜查，李某不同意。经理表示，如果不让搜身，就不放李某走。李某没有办法，只好把随身所带的小包和外衣让商场检查。商场的人没有搜出什么东西来，只好让李某离开。李某走出经理办公室的时候，很多人对其指指点点，李某也无法忍受众人异样的目光，并且对刚才脱下外衣让人搜查的情景感到屈辱。于是，李某向市人民法院提起诉讼，要求追究该商场的责任。

阅读并思考：根据《消费者权益保护法》，该商场侵犯了李某的哪些权利？如何承担责任？

（资料来源：http://www.docin.com/p-1542791910.html.）

知识链接　　一过"安检门"信息咋就泄露了

2016年4月29日上午，首都网络安全日暨网络与信息安全博览会在北京展览馆与公众见面。2016年的网络安全日以"网络安全同担，网络生活共享"为主题，由市公安局、市网络行业协会等单位主办。

在博览会360展区,一道模拟黑客攻击的"安检门"吸引了很多观众的视线。观众排队通过安检门后,姓名、身份证号、银行账户、账户最近交易资料、账户结余金额都出现在前方的魔镜上,这个"安检门"模拟的是现实生活中黑客盗刷银行卡的攻击,不设防的市民在互联网时代几乎变成了"网络透明人"。

360安全专家解释,实际上,存放手机钱包的安检框里存有一张具有NFC(近距离无线通信)功能的无线读卡器,旁边其实还有配套的信号接收器和电脑等设备,就像公交车刷卡器,只要银行卡靠近读卡器,就会将卡片的信息显示在读卡器上,安检门其实就是魔术师手中的障眼法。因此,就在观众将钱包放进安检框的那一刻,个人信息就已经被泄露了。

记者准备了几张银行卡让专家进行了测试。首先,并不是所有的银行卡都能被读取,像信用卡和早期使用的磁条卡是不能读取的,但是带有闪付功能的芯片卡,都被顺利读到姓名、卡号、身份证等详细信息。对于市民对银行卡复制和盗刷的担忧,360安全专家表示,安全人员已经对十多家银行所发的IC芯片储蓄卡和信用卡进行了测试,可读取内容多少不一,庆幸的是,目前还没有复制和盗刷银行卡的案例。当然,银行仍然需要尽快对该系统升级,尽量隐藏个人敏感信息,以免被不法分子窃取。随后,安全专家向记者展示了用于屏蔽读卡器信息的"卡套",从外表看只是一个普通的硬纸壳,但是把卡放在里面,不论读卡器距离多近,都读不出卡里的信息。专家给普通市民"支招",市民在闪付卡上包一张薄薄的锡纸也可以起到隔绝信号的作用。

(资料来源:http://china.huanqiu.com/hot/2016-04/8838857.html.)

(九) 监督批评权

《消费者权益保护法》第15条规定:消费者享有对商品和服务以及保护消费者权益工作进行监督的权利。消费者有权检举、控告侵害消费者权益的行为和国家机关及其工作人员在保护消费者权益工作中的违法失职行为,有权对保护消费者权益工作提出批评、建议。

会展消费者的监督权利包括以下几点:

第一,对于国家有关部门执行政策法规不力,或者在日常工作中不注意维护消费者合法权益的,消费者有权提出质询、批评或建议。

第二,对于生产经营者从事有损消费者利益的行为,消费者有权要求国家有关机关依法查处。消费者的利益受到损害时,有权通过报刊、电台、电视台等大众传播媒介进行声援,对有关的生产经营者和国家机关的违法失职行为予以曝光,进行批评。

四、会展经营者的义务

经营者的义务和消费者的权利是对立统一的概念。义务主体是经营者,具体包括生产者、销售者和提供服务者。经营者的义务是由法律规定的或者是与消费者约定的。经营者义务的履行由国家强制力保障,如果违背就要受到法律的制裁。

会展经营者与消费者进行交易,应当遵循自愿、平等、公平、诚实信用的原则。

（一）依法定或约定履行义务

《消费者权益保护法》第 16 条规定：经营者向消费者提供商品或者服务，应当依照本法和其他有关法律、法规的规定履行义务。

会展经营者及参展商依法定或约定履行义务的具体内容包括以下两个方面：

第一，会展经营者及参展商必须遵守相关法律规定，如《产品质量法》、《食品卫生法》、《药品管理法》、《商标法》、《反不正当竞争法》等。

第二，会展经营者及参展商应当履行与消费者的合同约定。经营者和消费者有约定的，应当按照约定履行义务，但双方的约定不得违背法律、法规的规定。这样规定的目的是为了保护消费者，因为经营者可能凭借自己的优势，制定一些不利于消费者的条款。

（二）接受消费者监督

《消费者权益保护法》第 17 条规定：经营者应当听取消费者对其提供的商品或者服务的意见，接受消费者的监督。为保障消费者监督批评权的实现，同时规定了经营者有接受消费者监督的义务。

会展经营者接受会展消费者监督的义务主要体现在以下两个方面：

第一，听取意见。会展消费者不仅在购买商品时，即使在不购买商品时，也有权对会展经营者、参展商、对展品提出意见和建议。会展经营者及参展商不仅应虚心听取意见，而且还应主动征求意见，并采取措施提高商品或服务的质量水平。

第二，接受监督。会展经营者和参展商不仅要接受会展消费者的监督，而且要接受社会监督。会展消费者对会展经营者及参展商提出意见、进行监督，不仅指商品和服务本身，还包括对经营者及其工作人员进行监督以及对商品环境问题也可提出意见，进行监督。

会展的举办者和参展商应该虚心听取消费者对商品和服务提出的意见和建议，努力提高商品和服务的质量，更好地为广大会展消费者服务。

（三）保障人身和财产安全

消费者享有安全保障权，与之对应的，经营者有保障消费者的人身和财产安全不受侵害的义务，具体包括以下两方面内容。

第一，《消费者权益保护法》第 18 条规定：经营者应当保证其提供的商品或者服务符合保障人身、财产安全的要求。对可能危及人身、财产安全的商品和服务，应当向消费者作出真实的说明和明确的警示，并说明和标明正确使用商品或者接受服务的方法以及防止危害发生的方法。宾馆、商场、餐馆、银行、机场、车站、港口、影剧院等经营场所的经营者，应当对消费者尽到安全保障义务。针对公共场所的人身伤害事件屡见不鲜，法律规定人员密集场所的经营者，应当对消费者尽到安全保障义务。这样规定有利于维护稳定和谐的社会秩序。

第二，《消费者权益保护法》第 19 条规定：经营者发现其提供的商品或者服务存在缺陷，有危及人身、财产安全危险的，应当立即向有关行政部门报告和告知消费者，并采取停止销售、警示、召回、无害化处理、销毁、停止生产或者服务等措施。采取召回措施的，经营者应当承担消费者因商品被召回支出的必要费用。

会展消费者在参加会展活动时，享有人身安全权和财产安全权。为保障会展消费者安全保障权的实现，需要会展经营者充分尽到安全保障的义务。首先，会展经营者要保障消费者的人身安全权，要为消费者提供安全的会展场所，进行有效的安全管理，制定自然灾害、火灾、公共卫生事件等突发事件的应急预案，做好消防安全管理，做好设施设备的安全检查。

其次,会展经营者要保障消费者的财产安全权,展馆由于规模越来越大,业务范围越来越广,治安情况也越来越复杂,对安全保卫工作的要求也越来越高,展会及节事活动都应设置专门的安保部门,并与当地公安机关配合,营造良好的治安环境。最后,会展经营者应严格审核参展商,要求参展商提供符合安全要求的展品。

> **同步案例　吴某诉某商业有限公司违反安全保障义务责任纠纷案**
>
> 　　2011年10月23日下午,吴某到某商业有限公司经营的商场购物,于当日15时许购物完毕后行走至商场底楼,被商场员工徐某(负责收集分散在各处的购物手推车然后推行至商场三楼处)推行的购物车撞倒后摔倒。后吴某被送到医院治疗。经鉴定,吴某构成九级伤残。吴某起诉要求该商场承担损害赔偿责任。
> 　　阅读并思考:商场违反了对消费者应承担的什么义务?该如何承担法律责任?
> 　　(资料来源:http://www.chinacourt.org/article/detail/2015/09/id/1710193.shtml.)

(四)提供真实信息

根据《消费者权益保护法》第20、21、28条的规定,经营者有向消费者提供真实信息的义务,这是为了保障消费者的知悉真实情况的权利。会展经营者及参展商应向会展消费者提供以下真实信息:

第一,会展经营者及参展商向会展消费者提供有关商品或者服务的质量、性能、用途、有效期限等信息,应当真实、全面,不得作虚假或者引人误解的宣传。会展经营者及参展商对会展消费者就其提供的商品或者服务的质量和使用方法等问题提出的询问,应当作出真实、明确的答复。

第二,会展经营者及参展商提供商品或者服务应当明码标价。

第三,会展经营者应当标明其真实名称和标记。租赁展会摊位的参展商,也应当标明其真实名称和标记。名称和营业标记是区别商品和服务的重要特征,它代表着一定的商业信誉。法律要求经营者标明真实名称和标记,是为了保护消费者的知情权和选择权,制止不正当竞争行为。

第四,采用网络方式提供商品或者服务的会展经营者,应当向消费者提供经营地址、联系方式、商品或者服务的数量和质量、价款或者费用、履行期限和方式、安全注意事项和风险警示、售后服务、民事责任等信息。

会展消费者对商品或服务正确地判断、评价、选择、使用、消费,均有赖于会展经营者及参展商提供必要的信息。为了克服信息不对称给会展消费者带来的不利影响,有必要要求会展经营者承担提供真实信息的义务。

(五)出具相应的凭证和单据

《消费者权益保护法》第22条规定:经营者提供商品或者服务,应当按照国家有关规定或者商业惯例向消费者出具发票等购货凭证或者服务单据;消费者索要发票等购货凭证或者服务单据的,经营者必须出具。

会展消费中购货凭证和服务单据通常表现为门票、发票、收据、保修单等形式,它是会展经营者与会展消费者之间签订的合同凭证,是会展消费者借以享受有关权利以及在其合法利益受到侵害时向会展经营者及参展商索赔的依据。在会展消费者利益受到侵害的情况下,有关凭证、单据便可作为仲裁、诉讼程序中确定当事人责任的直接证据。

(六)保证质量

商品、服务的质量是否符合法定或约定的要求,直接关系到消费者公平交易权能否实现。《消费者权益保护法》第23条规定了经营者保证商品和服务质量的义务。会展经营者及参展商保证商品和服务质量的义务体现在以下三个方面:

第一,会展经营者及参展商应当保证在正常使用商品或者接受服务的情况下其提供的商品或者服务应当具有的质量、性能、用途和有效期限;但会展消费者在购买该商品或者接受该服务前已经知道其存在瑕疵,且存在该瑕疵不违反法律强制性规定的除外。

第二,会展经营者及参展商以广告、产品说明、实物样品或者其他方式表明商品或者服务的质量状况的,应当保证其提供的商品或者服务的实际质量与表明的质量状况相符。如在展销会即将结束时,参展商往往会把参展样品处理掉,这时参展商就有义务向购买者讲清楚商品的新旧、性能、价格等质量状况。

第三,参展商提供的机动车、计算机、电视机、电冰箱、空调器、洗衣机等耐用商品或者装饰装修等服务,会展消费者自接受商品或者服务之日起6个月内发现瑕疵,发生争议的,由参展商承担有关瑕疵的举证责任。

(七)承担售后服务的责任

根据《消费者权益保护法》第24、25条的规定,会展经营者、参展商需要承担售后服务的责任,具体内容包括:

第一,参展商提供的商品或者服务不符合质量要求的,会展消费者可以依照国家规定、当事人约定退货,或者要求其履行更换、修理等义务。没有国家规定和当事人约定的,会展消费者可以自收到商品之日起7日内退货;7日后符合法定解除合同条件的,消费者可以及时退货,不符合法定解除合同条件的,可以要求参展商履行更换、修理等义务,并由参展商应当承担运输等必要费用。展会的很多参展商并非本地企业,展会结束后,消费者发现商品质量问题可能找不到该参展商,可以请求展会主办方协助由参展商履行售后服务的义务。

第二,网络展会参展商采用网络、电话、邮购等方式销售商品,会展消费者有权自收到商品之日起7日内退货,且无须说明理由,但下列商品除外:①消费者定作的;②鲜活易腐的;③在线下载或者消费者拆封的音像制品、计算机软件等数字化商品;④交付的报纸、期刊。其他根据商品性质并经会展消费者在购买时确认不宜退货的商品,不适用无理由退货。会展消费者退货的商品应当完好。参展商应当自收到退回商品之日起7日内返还消费者支付的商品价款。退回商品的运费由消费者承担,另有约定的,按照约定。

(八)保证公平交易

根据《消费者权益保护法》第16条第3款和第26条的规定,会展经营者有保证交易公

平的义务,这是为了保障消费者的自主选择权和公平交易权。具体内容包括:

第一,会展经营者及参展商向会展消费者提供商品或者服务,应当恪守社会公德,诚信经营,保障会展消费者的合法权益;不得设定不公平、不合理的交易条件,不得强制交易。

第二,会展经营者及参展商在经营活动中使用格式条款的,应当以显著方式提请会展消费者注意商品或者服务的数量和质量、价款或者费用、履行期限和方式、安全注意事项和风险警示、售后服务、民事责任等与消费者有重大利害关系的内容,并按照会展消费者的要求予以说明。会展经营者及参展商不得以格式条款、通知、声明、店堂告示等方式,作出排除或者限制消费者权利、减轻或者免除经营者责任、加重消费者责任等对消费者不公平、不合理的规定,不得利用格式条款并借助技术手段强制交易。格式条款、通知、声明、店堂告示等含有上述内容的,其内容无效。

(九)尊重消费者人格权

《消费者权益保护法》第27条规定:经营者不得对消费者进行侮辱、诽谤,不得搜查消费者的身体及其携带的物品,不得侵犯消费者的人身自由。2014年修订中新增了对消费者个人信息保护的条款,这是基于近年来消费者在购物和接受服务时,个人信息被泄露的情况时有发生。对个人信息保护的法律规定,一定程度上约束了经营者的行为。

根据《消费者权益保护法》第29条的规定,会展经营者收集、使用会展消费者个人信息,应当遵循合法、正当、必要的原则,明示收集、使用信息的目的、方式和范围,并经会展消费者同意。会展经营者收集、使用会展消费者个人信息,应当公开其收集、使用规则,不得违反法律、法规的规定和双方的约定收集、使用信息。

会展经营者及其工作人员对收集的会展消费者个人信息必须严格保密,不得泄露、出售或者非法向他人提供。会展经营者应当采取技术措施和其他必要措施,确保信息安全,防止会展消费者个人信息泄露、丢失。在发生或者可能发生信息泄露、丢失的情况时,应当立即采取补救措施。同时,法律也规定,会展经营者未经会展消费者同意或者请求,或者会展消费者明确表示拒绝的,不得向其发送商业性信息。

五、会展消费者合法权益的保护

(一)国家对会展消费者权益的保护

国家是公共权力的代表,保护消费者合法权益是其应尽的职责。国家保护由立法机关、行政机关、司法机关根据授权采取相应措施来实现。

1. 立法保护

根据《消费者权益保护法》第30条的规定,我国以立法的形式保护消费者的合法权益,表现在以下两个方面:

(1)国家除制定《消费者权益保护法》外,还颁布了《中华人民共和国产品质量法》、《中华人民共和国反不正当竞争法》、《中华人民共和国食品安全法》等配套法律,并制定颁布了一系列法规、命令、规章等加强对消费者合法权益的保护。

(2)国家制定有关消费者权益的法律、法规、规章和强制性标准,应当听取消费者和消费者协会等组织的意见。

2. 行政保护

行政保护是通过各级人民政府的行政执法和监督活动来实现的。各级人民政府是消费者权益保护的主要实施者,《消费者权益保护法》第31条规定:各级人民政府应当加强领导,组织、协调、督促有关行政部门做好保护消费者合法权益的工作,落实保护消费者合法权益的职责。各级人民政府应当加强监督,预防危害消费者人身、财产安全行为的发生,及时制止危害消费者人身、财产安全的行为。

《消费者权益保护法》第32条规定:各级人民政府工商行政管理部门和其他有关行政部门应当依照法律、法规的规定,在各自的职责范围内,采取措施,保护消费者的合法权益。有关行政部门应当听取消费者和消费者协会等组织对经营者交易行为、商品和服务质量问题的意见,及时调查处理。有关的行政部门在各自的职责范围内,通过行政执法来履行保护消费者合法权益的职责。工商行政管理部门是主要行政执法机关,物价管理部门、质量监督部门、卫生监督管理部门等在各自的职责范围内,采取措施,履行保护消费者合法权益的职责。

3. 司法保护

司法保护是指国家公安机关、检察机关和法院通过司法程序,对消费者的合法权益进行的保护。有关国家机关应当依照法律、法规的规定,惩处经营者在提供商品和服务中侵害消费者合法权益的违法犯罪行为。《消费者权益保护法》第35条规定:人民法院应当采取措施,方便消费者提起诉讼。对符合《中华人民共和国民事诉讼法》起诉条件的消费者权益争议,必须受理,及时审理。

(二)社会对会展消费者权益的保护

保护消费者合法权益是全社会的共同职责,国家鼓励、支持一切组织和个人对损害消费者合法权益的行为进行社会监督。在社会保护中,消费者组织尤其是消费者协会在保护消费者合法权益中发挥着重要的作用,大众传媒应当发挥舆论监督的作用。

1. 消费者组织的保护

根据《消费者权益保护法》第36～38条的规定,消费者协会和其他消费者组织是依法成立的对商品和服务进行社会监督的保护消费者合法权益的社会组织。消费者协会履行下列公益性职责:向消费者提供消费信息和咨询服务;参与制定有关消费者权益的法律、法规、规章和强制性标准;参与有关行政部门对商品和服务的监督、检查;就有关消费者合法权益的问题,向有关部门反映、查询、提出建议;受理消费者的投诉,并对投诉事项进行调查、调解;投诉事项涉及商品和服务质量问题的,可以委托具备资格的鉴定人鉴定;就损害消费者合法权益的行为,支持受损害的消费者提起诉讼或者依法提起诉讼,通过大众传播媒介予以揭露、批评。消费者协会应当认真履行保护消费者合法权益的职责,听取消费者的意见和建议,接受社会监督。同时,消费者组织不得从事经营活动和营利性活动,不得以营利为目的向社会推荐商品和服务。

各种消费者组织是消费者依法结社权的具体体现,而这些消费者组织又能够帮助消费者更好地实现其获得知识权、依法求偿权、监督批评权等权利。当前消费者问题层出不穷,消费者组织发挥的作用也将越来越大。

2. 舆论监督

舆论监督主要表现为通过广播、电视、报刊和互联网等大众传播媒介,对侵害消费者合法权益的行为进行批评,揭露经营者的违法行为,对其他经营者可以起到警示和教育作用。同时,大众媒体也会进行消费知识的普及。通过宣传,可以使广大消费者提高警惕,提高鉴别能力和自我保护能力。

知识链接　中消协:上半年投诉近半涉及质量问题

2016年7月,中消协在其官网发布了2016年上半年全国消协组织受理投诉情况分析报告。报告显示,2016年上半年全国消协组织共受理消费者投诉258555件,解决203198件,投诉解决率78.6%,为消费者挽回经济损失16244万元。

1. 商品类投诉最多

2016年上半年,消费者的哪一类投诉最多?根据中消协统计,商品类投诉有153467件,占到投诉总量的59.4%,较2015年同期增长了5.9%。服务类投诉有93773件,占投诉总量的36.3%,较2015年同期增长了0.7%。其他类投诉有11315件,占投诉总量的4.3%。

从投诉性质分析,质量问题仍是投诉大头,占48.4%;其次是售后服务问题,占22.7%;紧随其后的是合同问题,占11.0%。产品质量、售后服务和合同问题,占到投诉总量的八成以上。此外,价格问题占4.5%,虚假宣传问题占3.0%,安全问题占2.1%,假冒问题占1.7%,计量问题占0.8%,人格尊严占0.2%,其他问题占5.6%。

2. 展销会商品质量成投诉热点

"岁末感恩"、"厂家直销"、"大甩卖"……近年来,各地展销会不断,参展商大多以低价作为卖点,吸引了众多消费者前往选购。然而,与此同时,针对展销会的投诉也在增加,主要反映在展销会上的一些商品存在着虚假宣传和假冒劣质等问题。

中消协指出,参展商都宣称所售商品为正品、厂家直销、价格最低,对消费者极具吸引力,有些消费者也确实能够买到物美价廉的商品。但有些不合格的商品也经常混杂在展销会上,消费者发现问题想要维权时,发现展销会已经结束,无法联系到商家,无处维权。

据了解,由于展销会举办的时间较短、参展商流动性较大、售后服务制度不健全等,导致消费者在维权过程中困难重重。对此,中消协提醒,依据新修正的《中华人民共和国消费者权益保护法》第43条规定,消费者在展销会、租赁柜台购买商品或者接受服务,其合法权益受到损害的,可以向销售者或者服务者要求赔偿;展销会结束或者柜台租赁期满后,也可以向展销会的举办者、柜台的出租者要求赔偿。

"消费者应该详细了解展销会组办方的资质和信誉,不要被过度夸大宣传和低价蒙蔽了双眼。"业内人士提醒,逛展销会最好选择编号齐全的正规展位,认准品牌名称、厂家、厂址,看清销售的产品与展位的标牌是否为同一厂家产品,以防被混入展会的"游击队"蒙骗。

(资料来源:http://lady.southcn.com/6/2016-07/29/content_152575678.htm。)

六、会展消费者权益争议的解决

(一) 争议解决的途径

会展消费者与经营者发生的消费者权益争议,从法律性质上看,属于平等主体之间的民事争议。根据《消费者权益保护法》第 39 条的规定,消费者和经营者发生消费者权益争议的,可以通过下列途径解决。

1. 与经营者协商和解

会展消费者与经营者双方在平等自愿的基础上,互相交换意见,协商解决权益争议。

2. 请求消费者协会或者依法成立的其他调解组织调解

消费者协会是专门保护消费者利益的社团组织。会展消费者利益受到侵害时,可以向消费者协会投诉,请求帮助。

3. 向有关行政部门投诉

会展消费者与经营者发生争议后,在与经营者协商得不到解决时,可以直接向有关行政部门投诉。地方各级有关行政管理部门如工商、物价、技术监督、卫生等部门在各自的职责范围内,履行保护消费者合法权益的职责。消费者向有关行政部门投诉的,该部门应当自收到投诉之日起 7 个工作日内,予以处理并告知消费者。

4. 根据与经营者达成的仲裁协议提请仲裁机构仲裁

会展消费者在合法权益受到损害时,还可以根据双方当事人之间达成的仲裁协议,将消费争议案件提交有关仲裁机构进行仲裁。

5. 向人民法院提起诉讼

向人民法院起诉是解决消费争议的司法手段。

(二) 承担损害赔偿责任主体的确定

法律根据不同情况,规定了赔偿主体及顺序。

1. 由生产者、销售者、服务者承担

有关生产者、销售者、服务者承担赔偿责任的规定在《消费者权益保护法》第 40 条作出了规定。

(1) 会展消费者在购买、使用商品时,其合法权益受到损害的,可以向销售者要求赔偿。销售者赔偿后,属于生产者的责任或者属于向销售者提供商品的其他销售者的责任的,销售者有权向生产者或者其他销售者追偿。

(2) 会展消费者或者其他受害人因商品缺陷造成人身、财产损害的,可以向销售者要求赔偿,也可以向生产者要求赔偿。属于生产者责任的,销售者赔偿后,有权向生产者追偿。属于销售者责任的,生产者赔偿后,有权向销售者追偿。

(3) 会展消费者在接受服务时,其合法权益受到损害的,可以向服务者要求赔偿。

2. 由变更后的企业承担

根据《消费者权益保护法》第 41 条的规定,会展消费者在购买、使用商品或者接受服务时,其合法权益受到损害,因原企业分立、合并的,可以向变更后承受其权利义务的企业要求赔偿。

3. 由营业执照的使用人或持有人承担

根据《消费者权益保护法》第 42 条规定,使用他人营业执照的违法经营者提供商品或者服务,损害会展消费者合法权益的,消费者可以向其要求赔偿,也可以向营业执照的持有人要求赔偿。

同步案例 到底该由谁来赔偿?

邓某在某市工业展览中心展览厅举办的名优商品展销会上买了一瓶麦香酒,饮用后双目失明。其家属去展览中心发现展销会已经结束。家属找到主办方市贸易信息公司反映情况,请求赔偿,遭到拒绝,并被告知这酒是 A 酒厂生产的,应由厂家负责。而厂家一直拖延不处理,经邓某家人投诉到工商部门后,工商部门责令 A 酒厂赔偿,A 厂称入不敷出,没钱赔偿。工商局检查其财务情况后发现 A 厂无营业执照,是借用 B 酒厂的,遂决定处罚 B 酒厂。又经调查,B 酒厂已经于 1 个月前并入 C 酒厂,工商局又令 C 酒厂赔偿。C 厂以"损害非本厂的酒造成,本厂不应负责"为由拒绝赔偿。

阅读并思考:邓某到底该找谁来赔偿?

4. 由展览会的举办者、柜台的出租者承担

《消费者权益保护法》第 43 条规定:消费者在展销会、租赁柜台购买商品或者接受服务,其合法权益受到损害的,可以向销售者或者服务者要求赔偿。展销会结束或者柜台租赁期满后,也可以向展销会的举办者、柜台的出租者要求赔偿。展销会的举办者、柜台的出租者赔偿后,有权向销售者或者服务者追偿。

同步案例 展销会商品存质量问题该向谁追责?

2014 年 3 月,济南举办的某次展销会上,来自全国各地的商家齐聚于此。郑女士看上一个成色很好的翡翠戒指。卖家说是紫罗兰镶玫瑰金钻石戒指,材质为天然缅甸 A 货翡翠,全手工精细雕刻,而且因为是做展销,所以价值 19000 元,比市场价要低很多。郑女士当时非常喜欢,便刷卡买下了。可是没戴多久就发现这块翡翠有一点掉色,于是拿到珠宝店咨询,工作人员说这是一块人工注胶的假翡翠,不但时间长了会脱色,长期佩戴还有害身体健康。于是郑女士赶紧想找卖家退货,但此时展销会已结束了,卖家也已撤柜。

阅读并思考:
1. 除了卖家外郑女士还能找谁索赔?
2. 该如何赔偿?
(资料来源:http://dsnb.e23.cn/shtml/dsnb/20141204/1374774.shtml.)

5. 由网络交易平台提供者承担

《消费者权益保护法》第44条规定:消费者通过网络交易平台购买商品或者接受服务,其合法权益受到损害的,可以向销售者或者服务者要求赔偿。网络交易平台提供者不能提供销售者或者服务者的真实名称、地址和有效联系方式的,消费者也可以向网络交易平台提供者要求赔偿;网络交易平台提供者作出更有利于消费者的承诺的,应当履行承诺。网络交易平台提供者赔偿后,有权向销售者或者服务者追偿。网络交易平台提供者明知或者应知销售者或者服务者利用其平台侵害消费者合法权益,未采取必要措施的,依法与该销售者或者服务者承担连带责任。

6. 由从事虚假宣传行为的经营者、广告的经营者或其他主体承担

《消费者权益保护法》第45条规定:消费者因经营者利用虚假广告或者其他虚假宣传方式提供商品或者服务,其合法权益受到损害的,可以向经营者要求赔偿。广告经营者、发布者发布虚假广告的,消费者可以请求行政主管部门予以惩处。广告经营者、发布者不能提供经营者的真实名称、地址和有效联系方式的,应当承担赔偿责任。

广告经营者、发布者设计、制作、发布关系消费者生命健康商品或者服务的虚假广告,造成消费者损害的,应当与提供该商品或者服务的经营者承担连带责任。

社会团体或者其他组织、个人在关系消费者生命健康商品或者服务的虚假广告或者其他虚假宣传中向消费者推荐商品或者服务,造成消费者损害的,应当与提供该商品或者服务的经营者承担连带责任。

七、违反消费者权益保护法的法律责任

消费者权益保护法中的法律责任是经营者违反保护消费者的法律规定或违反经营者与消费者约定的义务而依法应当承担的法律后果。侵害会展消费者合法权益的经营者、国家机关工作人员应当承担相应的民事责任、行政责任和刑事责任。

(一)经营者侵害消费者权益行为的民事责任

经营者和消费者同为平等的民事主体,经营者在经营过程中提供的商品或服务不符合约定,或者侵害消费者人身财产安全权利,应当向消费者承担的责任为民事责任。经营者应当承担的民事责任的情形如下。

1. 侵犯消费者人身权应当承担的民事责任

(1)侵害消费者人身安全权的民事责任。《消费者权益保护法》第49条规定:经营者提供商品或者服务,造成消费者或者其他受害人人身伤害的,应当赔偿医疗费、护理费、交通费等为治疗和康复支出的合理费用,以及因误工减少的收入。造成残疾的,还应当赔偿残疾生

活辅助具费和残疾赔偿金。造成死亡的,还应当赔偿丧葬费和死亡赔偿金。

(2) 侵犯消费者人格尊严权的民事责任。根据《消费者权益保护法》第50~51条的规定,经营者侵害消费者的人格尊严、侵犯消费者人身自由或者侵害消费者个人信息依法得到保护的权利的,应当停止侵害、恢复名誉、消除影响、赔礼道歉,并赔偿损失。经营者有侮辱诽谤、搜查身体、侵犯人身自由等侵害消费者或者其他受害人人身权益的行为,造成严重精神损害的,受害人可以要求精神损害赔偿。

2. 侵犯消费者财产权应当承担的民事责任

(1)《消费者权益保护法》第52条规定:经营者提供商品或者服务,造成消费者财产损害的,应当依照法律规定或者当事人约定承担修理、重作、更换、退货、补足商品数量、退还货款和服务费用或者赔偿损失等民事责任。

(2)《消费者权益保护法》第53条规定:经营者以预收款方式提供商品或者服务的,应当按照约定提供。未按照约定提供的,应当按照消费者的要求履行约定或者退回预付款;并应当承担预付款的利息、消费者必须支付的合理费用。

(3)《消费者权益保护法》第54条规定:依法经有关行政部门认定为不合格的商品,消费者要求退货的,经营者应当负责退货。

3. 欺诈应当承担的民事责任

《消费者权益保护法》第55条规定:经营者提供商品或者服务有欺诈行为的,应当按照消费者的要求增加赔偿其受到的损失,增加赔偿的金额为消费者购买商品的价款或者接受服务的费用的三倍;增加赔偿的金额不足五百元的,为五百元。法律另有规定的,依照其规定。

经营者明知商品或者服务存在缺陷,仍然向消费者提供,造成消费者或者其他受害人死亡或者健康严重损害的,受害人有权要求经营者依照本法第四十九条、第五十一条等法律规定赔偿损失,并有权要求所受损失二倍以下的惩罚性赔偿。

欺诈消费者的行为,是指经营者在提供商品或者服务中,采取虚假或者其他不正当手段欺骗、误导消费者,使消费者的合法权益受到损害。根据《侵害消费者权益行为处罚办法》第5条的规定,经营者提供商品或者服务不得有下列行为:①销售的商品或者提供的服务不符合保障人身、财产安全要求;②销售失效、变质的商品;③销售伪造产地、伪造或者冒用他人的厂名、厂址、篡改生产日期的商品;④销售伪造或者冒用认证标志等质量标志的商品;⑤销售的商品或者提供的服务侵犯他人注册商标专用权;⑥销售伪造或者冒用知名商品特有的名称、包装、装潢的商品;⑦在销售的商品中掺杂、掺假,以假充真,以次充好,以不合格商品冒充合格商品;⑧销售国家明令淘汰并停止销售的商品;⑨提供商品或者服务中故意使用不合格的计量器具或者破坏计量器具准确度;⑩骗取消费者价款或者费用而不提供或者不按照约定提供商品或者服务。《侵害消费者权益行为处罚办法》第16条规定:经营者有本办法第5条第①项至第⑥项规定行为之一且不能证明自己并非欺骗、误导消费者而实施此种行为的,属于欺诈行为;经营者有本办法第五条第⑦项至第⑩项、第6条和第13条规定行为之一的,属于欺诈行为。

同步案例

周某在广州保健食品展上某生物科技开发有限公司的展台购买了玛咖片三瓶,单价为198元,配料为玛咖粉。他从参展商处取得的玛咖片宣传资料上明确说明该产品具有保健食品功效,能延缓衰老、提高生育能力、抗疲劳、治疗贫血等。周某回家仔细看该产品的外标签上仅有普通食品的认证标识,并无保健食品的专属标示。周某以虚假宣传构成欺诈为由要求该展商退一赔三。该生物科技开发有限公司则认为,周某所说宣传内容是产品说明书内容,并不在产品包装中或影印在产品包装上,不构成欺诈。周某于是诉至法院。

阅读并思考:该案是否构成欺诈?该如何赔偿?

(二)经营者侵害消费者权益行为的行政责任

经营者侵害消费者权益的行为违反了有关法律的规定,如有在商品中掺杂、掺假、以假充真、以次充好的行为或者作引人误解的虚假宣传的行为,除承担相应的民事责任外,行政机关可以在自身职权的范围内,根据法律规定,追究经营者的行政责任。

根据《消费者权益保护法》第56条的规定,经营者承担行政责任的方式有:其他有关法律、法规对处罚机关和处罚方式有规定的,依照法律、法规的规定执行;法律、法规未作规定的,由工商行政管理部门或者其他有关行政部门责令改正,可以根据情节单处或者并处警告、没收违法所得、处以违法所得1倍以上10倍以下的罚款,没有违法所得的,处以50万元以下的罚款;情节严重的,责令停业整顿、吊销营业执照。

除依照法律、法规规定予以处罚外,处罚机关应当记入信用档案,向社会公布。

《消费者权益保护法》第59条规定:经营者对行政处罚决定不服的,可以依法申请行政复议或者提起行政诉讼。

(三)侵害消费者权益行为的刑事责任

依据《消费者权益保护法》第57条、第60条和第61条的规定,追究经营者刑事责任的情况主要包括以下几种:

第一,经营者违法提供商品或者服务,侵害消费者合法权益,构成犯罪的,依法追究刑事责任。

第二,以暴力、威胁等方法阻碍有关行政部门工作人员依法执行职务的,依法追究刑事责任;拒绝、阻碍有关行政部门工作人员依法执行职务,未使用暴力、威胁方法的,由公安机关依照《中华人民共和国治安管理处罚法》的规定处罚。

第三,国家机关工作人员玩忽职守或者包庇经营者侵害消费者合法权益的行为的,由其所在单位或者上级机关给予行政处分;情节严重,构成犯罪的,依法追究刑事责任。

本章小结

会展市场秩序是会展业健康发展的重要保障,本章主要学习会展市场秩序管理法律制度。会展企业及其从业人员在经营过程中,必须遵守广告管理、反不正当竞争、产品质量以及消费者权益保护等法律制度。

会展广告管理法律制度的内容包括广告内容准则、广告行为规范、广告的监督管理及违法广告法的法律责任。反不正当竞争法律制度的内容包括不正当竞争行为与法律责任以及不正当竞争行为的监督检查。会展产品质量法律制度包括产品质量的监督管理、生产者、销售者的产品质量责任和义务及产品质量责任制度。会展消费者权益保护法律制度包括会展消费者的权利、会展经营者的义务、会展消费者合法权益的保护、会展消费者权益争议的解决以及违反消费者权益保护法的法律责任。通过本章的学习,希望培养学生运用所学理论知识分析和解决会展市场秩序法律问题的能力。

关键概念

会展广告　广告内容准则　虚假广告　广告审查制度　不正当竞争　产品质量　会展消费者　会展消费者的权利　会展经营者的义务

复习思考题

1. 复习题

(1) 什么是会展广告?《广告法》对会展广告内容有哪些基本规范?

(2) 会展不正当竞争的行为有哪些?

(3) 展品生产者、销售者的产品质量义务有哪些?

(4) 会展消费者有哪些合法权益?如何理解?

(5) 国家和全社会如何实现对会展消费者合法权益的保护?

2. 思考题

展会主办方应当如何保护消费者合法权益?

章末案例解析

一、案例背景

上海万耀企龙展览有限公司诉广东智展展览有限公司虚假宣传纠纷案

英国 CWIEME 展览公司自 1996 年起在全球多个国家举办 CWIEME 展览会，在全球范围内具有很大影响力。上海万耀企龙展览有限公司（以下简称"万耀企龙"）于 2012 年经该公司授权，并经广东省对外经济贸易合作厅批准，在深圳会展中心成功举办了第一届深圳国际绕线设备展览会，并将继续在广东举办 2013 年国际绕线设备展览会。2012 年 3 月起，万耀企龙陆续在多个媒体发现广东智展展览有限公司在宣传其举办的同类型展会过程中存在多处虚假宣传内容。经调查，广东智展展览有限公司（以下简称"智展"）于 2012 年 6 月 5 日得到广东省对外经济贸易合作厅批准，由其单独在深圳会展中心主办"2012 深圳国际电机磁材、线圈工业、漆包线展览会"。

智展在推广展会过程中实施了以下行为：

(1) 在取得上述批复前以"2012 深圳国际绕线技术、电磁线、电子变压器展览会"、"2012 第三届深圳国际电磁线（漆包线）、绝缘材料展览会"等与批复内容不相符的名称宣传其展会，并在取得批复后仍然使用虚假展会名称对外宣传、印制会刊、入场券等。

(2) 擅自将香港智展国际有限公司、中国电器工业协会微电机分会等两个未经政府部门批准的单位列为该展会主办单位。

(3) 在多个行业内媒体上发布广告，宣称其为"华南地区唯一专业展会"、"中国唯一的电磁线、绝缘材料专业展会"。

(4) 在展会参观券上印有"众多相关展会同期举办，展出面积超 7 万平方"，并在官方网站陈述"展会规模达 8000 平方米"，而其经批准的展出面积实为 4000 平方米，其表述严重夸大了展出面积。

万耀企龙认为，智展的上述引人误解的虚假宣传行为，已经使部分参展企业误认为智展举办的展会为境外机构和行业协会举办、规模巨大且在行业内具有唯一性，而放弃参加万耀企龙所举办的同类型展览会，使得其展会的销售份额或收益大大减少，损害其合法利益，还势必对万耀企龙 2013 年展会的举办产生不利影响，造成其预期利益、商业机会的丧失。

（资料来源：http://www.pkulaw.cn/case_es/pfnl_125282021.html? match=Exact.）

二、案例分析

阅读并思考：广东智展展览有限公司的行为违反了哪些法律的规定？如何承担法律责任？

第六章

会展安全管理与风险防范法律制度

学习目标

通过本章的学习,需要学生了解会展安全管理与风险防范的具体范围,以及常见典型事故的起因与结果处理,明确会展安全管理与风险的内涵与外延,掌握会展治安保卫、消防安全和会展保险等法律制度,能够运用所学理论知识分析和解决会展中的安全管理与风险防范问题。

第一节 会展危机和会展安全管理

案例引导　　上海车展的危机处理

2003年4月20日至4月24日,在上海新国际博览中心隆重举行的"第十届上海国际汽车工业展览会"吸引了来自23个国家和地区的730家厂商参展,展出面积81000平方米,观众达到15万人次,中外媒体576家,记者3000多名。海内外媒体对上海车展投入了极大的热情,参与报道的记者人数之多,范围之广,关注程度之高也创下历届之最。主办方首次将开幕前一天设为媒体日,并首次建立起大型新闻中心。

车展主办方——上海国际展览公司(以下简称"国展")在 SARS(重症急性呼吸综合征)疫情压力之下,开始了一场没有硝烟的战争。根据市政府防治 SARS 的有关精神,主办单位专门成立了防范工作领导小组,在浦东卫生疾病防治控制中心的指导下,展览会期间采取了大量预防措施,如在现场设立医学观察站,加强展馆通风及消毒,控制观众流量,减少大型活动等。由于 SARS 疫情的严峻,上海市政府和外经贸委决定将本次车展展期由 8 天缩短至 5 天。因此,国展人员在耐心细致地做好参展商和观众工作后,面对众多媒体进行了广泛沟通及资料发放。最终,使得本次车展获得了意想不到的成功,同时为国际展览公司赢得了声誉。

【问题】

1. 上海车展处理危机采取了哪些措施?
2. 如何正确处理在会展中出现的危机?

一、会展危机

(一)会展危机的内涵

危机(crisis,crash)常被人们广泛运用于生活中的各个领域,关于危机的定义至少有六种。在会展领域中,危机的含义有两种:其一,危机是潜伏的祸害或危险,例如,三国时期的《与嵇茂齐书》中有言,"常恐风波潜骇,危机密发";唐代刘言史有诗曰,"危机险势无不有,倒挂纤腰学垂柳"。其二,危机是指严重困难的关头,如经济危机、核危机、危机公关等。

会展危机则指的是在会展活动中可能遇到的各种祸害、危险,或者在会展活动中处于某种严重困难的境地。而危机管理是一种专门的管理科学,它是为了对应突发的危机事件,抗拒突发的灾难事变,尽量使损害降至最低点而事先建立的防范、处理体系和对应的措施。对一个会展企业而言,在危机发生之前和危机发生之时能够及时采取有效措施,对危机进行预先防范和及时处理,尽量减少危机发生的可能性,尽量减轻危机所造成的不利影响,快捷有效地维护会展公司的根本利益。危机管理是对危机处理科学化、系统化的一种新型管理体系,它的要素有以下几个方面:

1. 危机监测

危机管理的首要一环是对危机进行监测。在企业顺利发展时期,企业就应该有强烈的危机意识和危机应变的心理准备,建立一套危机管理机制,对危机进行检测。企业越是风平浪静的时刻越应该重视危机监测,在平静的背后往往隐藏着杀机。

2. 危机预警

许多危机在爆发之前都会出现某些征兆,危机管理关注的不仅是危机爆发后各种危害的处理,而且要建立危机警戒线。企业在危机到来之前,把一些可以避免的危机消灭在萌芽之中,对于另一些不可避免的危机通过预警系统能够及时得到解决。这样,企业才能从容不迫地应对危机带来的挑战,把企业的损失减少到最低。

3. 危机决策

企业在调查的基础上制定正确的危机决策。决策要根据危机产生的来龙去脉,在对几种可行方案比较优缺点后,选出最佳方案。方案定位要准确、推行要迅速。

4. 危机处理

第一,企业确认危机。确认危机包括将危机归类、收集与危机相关信息、确认危机程度、以及找出危机产生的原因,辨认危机影响的范围和影响的程度及后果。

第二,控制危机。控制危机需要在确认为某种危机后,遏止危机的扩散使其不影响其他事物,紧急控制如同救火,刻不容缓。

第三,处理危机。在处理危机中,关键的是速度。企业能够及时、有效地将危机决策运用到实际中化解危机,可以避免危机给企业造成的损失。

(二)会展危机的特征和类型

1. 会展危机的主要特征

(1)意外性。

危机爆发的具体时间、实际规模、具体态势和影响深度,往往都是始料未及的。它令人感到意外和突然,也给人带来惊恐和不安。例如,2001年本·拉登突然发动了对美国的恐怖袭击,制造了骇人听闻的"9·11"事件。

(2)聚焦性。

我们处在信息化的时代里,各种信息在互联网中以惊人的速度传播。危机的信息传播比危机本身发展要快得多。媒体对危机来说,就像大火借了东风一样。

(3)破坏性。

由于危机常具有"出其不意,攻其不备"的特点,不论什么性质和规模的危机,都必然不同程度地给企业造成破坏,造成混乱和恐慌,而且由于决策的时间以及信息有限,往往会导致决策失误,从而带来无可估量的损失。

(4)紧迫性。

对企业来说,危机一旦爆发,其破坏性的能量就会被迅速释放,并呈快速蔓延之势,如果不能及时控制,危机会急剧恶化,使企业遭受更大损失。

(5)不确定性。

不确定性是危机的本质特征。任何公司企业的组织者都难以预料危机何时发生,从何处发起,危害有多大,范围有多广,持续时间有多长,损失有多少……真可谓"危机无处不在,危机随时都可能爆发"。

2. 会展危机的类型

(1)自然因素导致的危机。

危机是由自然因素引起的,诸如地震、海啸、飓风、暴雨、洪水、泥石流、滑坡等自然灾害。这些都是会展组织者无法抗拒的,属于不可控制的范畴,非人力所能为。

(2)社会因素导致的危机。

这类危机主要是指因社会宏观环境的变化而引发的危机。比如:政治动乱、恐怖活动、经济危机、通货膨胀、物价上涨、游行示威、罢工罢市,等等。

(3)运作因素导致的危机。

这类危机指的是在会展活动中,由于组织者经营管理不善,主办方财力不足,以及会展的合作人中途退出等因素造成会展活动陷入困境。

(4)安全因素导致的危机。

会展的危机除自然因素和社会因素之外,还有安全问题所引发的。例如,因为对会展场地和设施的排查力度不够而引起的盗窃、抢劫、爆炸等。还包括突发的食物中毒，观众参观时人流量太大所造成的房屋设施倒塌，以及火灾、漏水、漏电，等等。

二、会展安全管理

（一）会展安全管理的内涵

安全管理是管理科学的一个重要分支，它是为实现安全目标而进行的有关决策、计划、组织和控制等方面的活动；主要运用现代安全管理原理、方法和手段，分析和研究各种不安全因素，从技术上、组织上和管理上采取有力的措施，解决和消除各种不安全因素，防止事故的发生。会展安全管理的核心是会议场所和展览场馆的安全。会议场所和展览场馆是公共场所，人员密度大，人流量大，必须保障人员的人身安全，加之会展上存放了许多设备、财产、物资和资金，因此人、财、物、信息的安全都成为会展活动的基本需求。会展安全管理的内涵可以定义为保障场馆、宾客、员工的生命财产而进行的一系列安全管理活动。

安全管理应当实现的目标包括：参与人员的人身财产安全不受侵害；会展物品不受损坏；会展设备、场地不受损坏。

（二）会展安全管理体系

会展安全管理体系，顾名思义就是基于会展安全管理的一整套体系，包括软件和硬件两个方面。软件方面涉及思想、制度、教育、组织、管理；硬件方面包括安全投入、设备、设备技术、运行维护等。构建安全管理体系的最终目的就是实现会展企业安全、高效运行。

会展安全管理体系大致具有以下几个类别的要素：①安全文化及理念的树立；②管理层的承诺、支持与垂范；③安全专业组织的支持；④可实施性好的安全管理程序或制度；⑤有效而具有针对性的安全培训；⑥企业员工的全员参与。

第二节　会展治安保卫法律规制

案例引导　　巴黎博览会盗窃案　30万欧元珠宝不翼而飞

2014年5月12日，法国《费加罗报》报道：在巴黎博览会召开期间，两名陌生男子于5月11日悄然潜入会场，在偷走部分珠宝后迅速离开。次日，在经过调查之后，法国RTL电台证实此次失窃的珠宝总价值30万欧元（约合人民币258万元）。

据悉，巴黎博览会在凡尔赛门展览馆举行，盗窃案发生在当地时间5月11日晚10点30分左右。当时工作人员正在忙于拆除展台。两名窃贼冒充电工从而成功转移了珠宝商的注意力，并实施了盗窃行为。

报道指出，两名窃贼在没有使用任何武器的情况下，居然偷走了多件宝石、戒

指、项链,其总价值超过 30 万欧元。

【问题】

1. 为何会展中的珠宝会被盗?
2. 如何加强会展活动中的安全保障措施?

要维持展会的有序进行,会展的安保工作是展会顺利进行的重点环节。而维持好会展企业自身的治安保卫则是一项前提条件,因此会展安保工作主要有以下几个方面:

第一,按照企业管理要求,做好会展企业自身的治安保卫工作。

第二,布展及撤展期间的安保工作。在布展及撤展过程中,相关安保人员将进行现场管理,直至布展及撤展完毕。

第三,开展期间的安保工作。其中主要包括:①参展商物资的安全工作。为了确保开展期间参展商品的安全,安保人员将对展会现场进行全程电子监控。相关安保人员进行 24 小时的安全巡逻。②展会秩序的保障。为确保展会顺利、有序地进行,在展会现场相关安保人员共同负责展会现场秩序。③维护展会布展、开幕式、展期、撤展期间展厅、室内外治安,同时做好防火、防爆、防盗、防事故等工作。④负责展品在会展期间的安全及车辆疏导工作。⑤配合公安机关对展会活动的治安、消防工作进行检查、落实整改、消除安全隐患。⑥做好突发事件的应急预案以及防备工作。⑦做好展会期间的检票服务工作。

一、企事业单位内部治安保卫条例

要维持展会的有序进行,做好会展企业自身的治安保卫工作是一项前提条件。在我国,会展企业根据《企业事业单位内部治安保卫条例》来开展治安保卫工作。《企业事业单位内部治安保卫条例》是为了规范企业、事业单位(以下简称"单位")内部治安保卫工作,保护公民人身、财产安全和公共财产安全,维护单位的工作、生产、经营、教学和科研秩序,制定本条例。经 2004 年 9 月 13 日国务院第 64 次常务会议通过,自 2004 年 12 月 1 日起施行。

(一)会展企业内部治安保卫机构的设置

会展企业应当根据内部治安保卫工作需要,设置治安保卫机构或者配备专职、兼职治安保卫人员。会展企业的主要负责人对本单位的内部治安保卫工作负责。根据内部治安保卫工作需要,设置治安保卫机构或者配备专职、兼职治安保卫人员。治安保卫重点单位应当设置与治安保卫任务相适应的治安保卫机构,配备专职治安保卫人员,并将治安保卫机构的设置和人员的配备情况报主管公安机关备案。

(二)会展企业内部治安保卫工作的具体要求

会展企业内部治安保卫工作的具体要求包括:有适应会展企业具体情况的内部治安保卫制度、措施和必要的治安防范设施;会展企业范围内的治安保卫情况有人检查,重要部位得到重点保护,治安隐患及时得到排查;会展企业范围内的治安隐患和问题及时得到处理,发生治安案件、涉嫌刑事犯罪的案件及时得到处置。

（三）会展企业制定的内部治安保卫制度

会展企业制定的内部治安保卫制度应该包括：门卫、值班、巡查制度；工作、生产、经营、教学、科研场所的安全管理制度；现金、票据、印鉴、有价证券等重要物品使用、保管、储存、运输的安全管理制度；会展企业内部的消防、交通安全管理制度；治安防范教育培训制度；会展企业内部发生治安案件、涉嫌刑事犯罪案件的报告制度；治安保卫工作检查、考核及奖惩制度；存放有爆炸性、易燃性、放射性、毒害性、传染性、腐蚀性等危险物品和传染性菌种、毒种，以及武器弹药的单位，还应当有相应的安全管理制度；其他有关的治安保卫制度。

此外，会展企业制定的内部治安保卫制度不得与法律、法规、规章的规定相抵触。

二、大型群众性活动安全管理条例

会展企业在开展会展活动的全程都必须遵守我国《大型群众性活动安全管理条例》，该条例于2007年10月1日施行。这里所指的"大型群众活动"是指法人或者其他组织面向社会公众举办的每场次预计参加人数达到1000人以上的下列活动：体育比赛活动；演唱会、音乐会等文艺演出活动；展览、展销等活动；游园、灯会、庙会、花会、焰火晚会等活动；人才招聘会、现场开奖的彩票销售等活动。

考虑到影剧院、音乐厅、公园、娱乐场所等在其日常业务范围内举办的活动虽然符合大型群众性活动的特征，但是已通过相关部门的依法经营许可，其安全问题可以纳入日常公共安全进行管理，不必再作为大型群众性活动进行管理，明确了这类活动不适用本条例的规定。

（一）会展活动的申请和许可

我国公安机关对大型群众性活动实行安全许可制度，同样也适用于会展活动。我国《营业性演出管理条例》对演出活动的安全管理另有规定的，从其规定。举办会展活动应当符合下列条件：第一，会展活动承办者是依照法定程序成立的法人或者其他组织；第二，会展活动的内容不得违反宪法、法律、法规的规定，不得违反社会公德；第三，会展活动具有符合本条例规定的安全工作方案，安全责任明确、措施有效；第四，会展活动场所、设施符合安全要求。

如果会展活动的预计参加人数在1000人以上5000人以下的，由活动所在地县级人民政府公安机关实施安全许可；预计参加人数在5000人以上的，由活动所在地设区的市级人民政府公安机关或者直辖市人民政府公安机关实施安全许可；跨省、自治区、直辖市举办会展活动的，由国务院公安部门实施安全许可。

会展活动的承办者应当在活动举办日的20日前提出安全许可申请，申请时，应当提交下列材料：①会展活动承办者合法成立的证明以及安全责任人的身份证明；②会展活动方案及其说明，2个或者2个以上承办者共同承办大型群众性活动的，还应当提交联合承办的协议；③会展活动安全工作方案；④会展活动场所管理者同意提供活动场所的证明；⑤依照法律、行政法规的规定，有关主管部门对会展活动的承办者有资质、资格要求的，还应当提交有关资质、资格证明。

此外，对经安全许可的会展活动，承办者不得擅自变更活动的时间、地点、内容或者扩大会展活动的举办规模。承办者如果要变更会展活动时间，应当在原定举办活动时间之前向作出许可决定的公安机关申请变更,经公安机关同意方可变更。承办者变更会展活动地点、内容以及扩大会展活动举办规模的,应当依照本条例的规定重新申请安全许可。承办者取消举办会展活动的,应当在原定举办活动时间之前书面告知作出安全许可决定的公安机关,并交回公安机关颁发的准予举办会展活动的安全许可证件。

(二)违反会展活动规定的法律责任

会展活动承办者擅自变更大型群众性活动的时间、地点、内容或者擅自扩大会展活动的举办规模的,由公安机关处1万元以上5万元以下罚款;有违法所得的,没收违法所得。未经公安机关安全许可的会展活动由公安机关予以取缔,对承办者处10万元以上30万元以下罚款。承办者或者会展活动场所管理者违反本条例规定致使发生重大伤亡事故、治安案件或者造成其他严重后果构成犯罪的,依法追究刑事责任;尚不构成犯罪的,对安全责任人和其他直接责任人员依法给予处分、治安管理处罚,对单位处1万元以上5万元以下罚款。

在会展活动举办过程中发生公共安全事故,安全责任人不立即启动应急救援预案或者不立即向公安机关报告的,由公安机关对安全责任人和其他直接责任人员处5000元以上5万元以下罚款。

参加会展活动的人员有违反本条例第九条规定行为的,由公安机关给予批评教育;有危害社会治安秩序、威胁公共安全行为的,公安机关可以将其强行带离现场,依法给予治安管理处罚;构成犯罪的,依法追究刑事责任。

有关主管部门的工作人员和直接负责的主管人员在履行会展活动安全管理职责中,有滥用职权、玩忽职守、徇私舞弊行为的,依法给予处分;构成犯罪的,依法追究刑事责任。

三、治安管理处罚法

《中华人民共和国治安管理处罚法》经2005年8月28日十届全国人大常委会第17次会议通过,2012年10月26日十一届全国人大常委会第29次会议通过对其修正案。该法为维护社会治安秩序,保障公共安全,保护公民、法人和其他组织的合法权益作出了具体规定。该法同样也适用于会展治安之中。

第一,根据《中华人民共和国治安管理处罚法》第23条的规定,在会展活动中,有下列行为之一的,处警告或者200元以下罚款;情节较重的,处5日以上10日以下拘留,可以并处500元以下罚款:①扰乱机关、团体、企业、事业单位秩序,致使工作、生产、营业、医疗、教学、科研不能正常进行,尚未造成严重损失的;②扰乱车站、港口、码头、机场、商场、公园、展览馆或者其他公共场所秩序的;③扰乱公共汽车、电车、火车、船舶、航空器或者其他公共交通工具上的秩序的;④非法拦截或者强登、扒乘机动车、船舶、航空器以及其他交通工具,影响交通工具正常行驶的;⑤破坏依法进行的选举秩序的。

聚众实施前款行为的,对首要分子处10日以上15日以下拘留,可以并处1000元以下罚款。

第二,根据《中华人民共和国治安管理处罚法》第24条的规定,在会展活动中,有下列行为之一的,处警告或者200元以下罚款;情节严重的,处5日以上10日以下拘留,可以并处500元以下罚款:①强行进入场内的;②违反规定,在场内燃放烟花爆竹或者其他物品的;③展示侮辱性标语、条幅等物品的;④围攻工作人员的;⑤向场内投掷杂物,不听制止的;

⑥扰乱会展活动秩序的其他行为。

第三，根据《中华人民共和国治安管理处罚法》第25条的规定，在会展活动中，有下列行为之一的，处5日以上10日以下拘留，可以并处500元以下罚款；情节较轻的，处5日以下拘留或者500元以下罚款：①散布谣言，谎报险情、疫情、警情或者以其他方法故意扰乱公共秩序的；②投放虚假的爆炸性、毒害性、放射性、腐蚀性物质或者传染病病原体等危险物质扰乱公共秩序的；③扬言实施放火、爆炸、投放危险物质扰乱公共秩序的。

第四，根据《中华人民共和国治安管理处罚法》第26条的规定，在会展活动中，有下列行为之一的，处5日以上10日以下的拘留，可以并处500元以下罚款；情节较重的，处10日以上15日以下拘留，可以并处1000元以下罚款：①结伙斗殴的；②追逐、拦截他人的；③强拿硬要或者任意损毁、占用公私财物的；④其他寻衅滋事行为。

第五，根据《中华人民共和国治安管理处罚法》第38条、第39条的规定，举办文化、体育等会展活动，违反有关规定，有发生安全事故危险的，责令停止活动，立即疏散；对组织者处5日以上10日以下拘留，并处200元以上500元以下罚款；情节较轻的，处5日以下拘留或者500元以下罚款。

第六，根据《中华人民共和国治安管理处罚法》第52的规定，在会展活动中，有下列行为之一的，处10日以上15日以下拘留，可以并处1000元以下罚款；情节较轻的，处5日以上10日以下拘留，可以并处500元以下罚款：①伪造、变造或者买卖国家机关、人民团体、企业、事业单位或者其他组织的公文、证件、证明文件、印章的；②买卖或者使用伪造、变造的国家机关、人民团体、企业、事业单位或者其他组织的公文、证件、证明文件的；③伪造、变造、倒卖车票、船票、航空客票、文艺演出票、体育比赛入场券或者其他有价票证、凭证的；④伪造、变造船舶户牌，买卖或者使用伪造、变造的船舶户牌，或者涂改船舶发动机号码的。

第三节　会展消防安全法律规制

案例引导　中国-阿拉伯国家博览会的消防安全隐患清查工作

宁夏公安消防总队为圆满完成中国-阿拉伯国家博览会消防安全保卫工作，宁夏公安消防总队将全国统一开展的火灾隐患排查整治行动同"六大节会"消防安全保卫工作一并进行部署，摸排所有单位，特别是活动场所、住地消防安全状况，加大消防监督执法力度，督促消除各类火灾隐患。

宁夏公安消防部门已对所有被检查场所分类登记建档、全面排查、准确掌握了消防安全基本情况。制定了专项消防安全保卫方案和详细的灭火、应急疏散预案，严格落实"四个一遍"，即对建筑自动消防设施全面检查测试一遍，火灾隐患全面清查一遍，单位员工全面培训一遍，单位场所全面演练一遍，确保各项活动场所、住地消防安全状况整体良好。同时，宁夏公安消防总队分类别制定发布了8类单位场

所火灾隐患排查整治标准,自主研发社会单位消防安全自查自纠报告系统,依托宁夏消防网上线运行,积极动员督促社会单位对照标准开展消防安全自查自纠活动。

【问题】
1. 宁夏公安消防总队为何开展消防隐患排查行动?
2. 会展公司如何开展消防安全自查自纠活动?

一、会展消防的审批

会展消防是一项重要的安全事务,如果不能做好会展消防工作,势必影响到参展人员的生命安全。根据《中华人民共和国治安管理处罚法》、《中华人民共和国消防法》以及当地公安消防部门的相关规定,在开展会展活动过程中必须做好消防安全工作,从而保证整个会展活动安全进行。

根据我国法律规定,举办会展活动具有火灾危险的,应向公安消防机构申报,经消防安全检查合格后方可举办。在举办会展活动前10个工作日内,应到当地公安消防机构申报,并报送以下资料:①举办活动申请及有关文件;②活动地点平面位置图(可报示意图);③活动场所的平面布置图(可报示意图),必须注明疏散通道的数量、宽度、展台的位置、数量和布局方式及参加活动人员总数;④提供电照负荷说明及敷设方式和布线示意图;⑤消防安全管理制度、操作规程、灭火和应急疏散预案、灭火器材的配置、各类人员分工和消防安全责任制;⑥场所的房产契约或租赁承包合同书和消防安全责任书;⑦在室内举办应提供该建筑物的《建筑工程消防验收意见书》;⑧提供与活动有关的装修(装饰)说明。

公安消防机关在受理申报后3个工作日内前往举办地检查,在检查后2个工作日内发《消防安全检查意见书》。

二、会展防火法律规定

(一)防火安全职责

依据《消防法》第2条的规定,消防工作贯彻预防为主、防消结合的方针,按照政府统一领导、部门依法监管、单位全面负责、公民积极参与的原则,实行消防安全责任制,建立健全社会化的消防工作网络。因此,会展期间的防火工作实行消防安全责任制。

依据《消防法》第16条的规定,会展单位应当履行下列消防安全职责:①落实消防安全责任制,制定本单位的消防安全制度、消防安全操作规程,制定灭火和应急疏散预案;②按照国家标准、行业标准配置消防设施、器材,设置消防安全标志,并定期组织检验、维修,确保完好有效;③对建筑消防设施每年至少进行一次全面检测,确保完好有效,检测记录应当完整准确,存档备查;④保障疏散通道、安全出口、消防车通道畅通,保证防火防烟分区、防火间距符合消防技术标准;⑤组织防火检查,及时消除火灾隐患;⑥组织进行有针对性的消防演练;

⑦法律、法规规定的其他消防安全职责。

按照"谁主办、谁负责"的原则,会展主办(承办)单位负责人为展会防火责任人,各展团、摊位的负责人即为展团、摊位的防火负责人。会展各单位的防火负责人要认真贯彻落实《消防法》,积极开展防火工作,及时消除隐患,确保不发生火灾事故。会展防火责任人与展馆场地出租单位签订安全责任书,对会展期间的防火工作负责。

(二)具体的安全要求

第一,展馆内一律禁止吸烟,包括展场、摊位、办公室、仓库、走廊通道、天桥、楼梯与电梯、卫生间等,违者将视情节参照《消防法》第63条的规定给予处罚。吸烟者可到馆外设置的吸烟点吸烟。展厅内严禁电焊、气焊等明火作业。如有特殊动火要求必须报市公安消防局审批。

第二,根据《消防法》第16条的规定,会展期间要保障各展馆疏散通道、安全出口、消防车通道畅通无阻。

第三,根据《消防法》第11条、第12条的规定,建设单位应将建筑工程的消防设计文件报送公安机关消防机构审核,未经审核或经审核不合格的,建设单位不得施工。依据本规定,展会主办单位在布展前应携带上级主管部门的批文、消防审核申请报告、布展平面图、特种展位图及消防安全检查申报表等资料依法向市公安消防局申报消防审核。

第四,根据《消防法》第26条的规定,人员密集场所室内装修、装饰,应当按照消防技术标准的要求,使用不燃、难燃材料。

第五,根据《消防法》第28条的规定,各参展代表应自觉爱护展馆内的各种消防器材和设施,不得占用、堵塞、封闭疏散通道、安全出口、消防车通道。

第六,根据《消防法》第27条的规定,电气设备的安装应符合防火安全要求。会展期间,电器产品、燃气用具的安装、使用及其线路、管路的设计、敷设、维护保养、检测必须符合消防技术标准和管理规定。

第七,会展期间,下列危险品不准带入馆内:烟花、爆竹、汽油、煤油、酒精、天那水、氢气以及保卫部门认为可能威胁展馆安全的物品。展会闭幕后,所有化工展览样品应自行带出展馆。施工、机械操作表演确实需要用汽油、天那水、酒精等易燃液体或明火作业(电焊、气焊),事前必须报中心安保部审批,使用时派专人负责,确保安全。

第八,展览样品的包装箱、纸屑等杂物务必在展会开幕前及时清除,严禁将其存放在摊位内、柜顶或摊位板壁背后。

第九,会展期间,各参展代表应配合保卫人员做好以下清场工作:①清理摊位内的可燃杂物、火种和其他灾害隐患;②关闭本摊位的电源;③保管好贵重物品和关好门窗。

三、会展消防的法律责任

第一,根据《消防法》第58条的规定,会展承办者在会展期间有下列行为之一的,责令限期改正;逾期不改正的,责令停止施工、停止使用或者停产停业,可以并处罚款:①建筑工程的消防设计未经公安消防机构审核或者经审核不合格,擅自施工的;②依法应当进行消防设计的建筑工程竣工时未经消防验收或者经验收不合格,擅自使用的;③公众聚集的场所未经消防安全检查或者经检查不合格,擅自使用或者开业的。单位有上述行为的,依照上述规定处罚,并对其直接负责的主管人员和其他直接负责人员处警告或者罚款。

会展承办者在会展期间擅自举办大型聚会、焰火晚会、灯会等群众性活动,具有火灾危险的,公安消防机构应当责令当场改正;当场不能改正的,应当责令停止举办,可以并处罚款。单位有上述行为的,依照上述规定处罚,并对其直接负责的主管人员和其他直接责任人员处警告或者罚款。

第二,会展单位违反《消防法》第60条的规定,有下列行为之一的,责令改正,处5000元以上5万元以下罚款:①消防设施、器材或者消防安全标志的配置、设置不符合国家标准、行业标准,或者未保持完好有效的;②损坏、挪用或者擅自拆除、停用消防设施、器材的;③占用、堵塞、封闭疏散通道、安全出口或者有其他妨碍安全疏散行为的;④埋压、圈占、遮挡消火栓或者占用防火间距的;⑤占用、堵塞、封闭消防车通道,妨碍消防车通行的;⑥人员密集场所在门窗上设置影响逃生和灭火救援的障碍物的;⑦对火灾隐患经公安机关消防机构通知后不及时采取措施消除的。

在会展期间,会展营业性场所有下列情形之一的,责令会展承办者限期改正;逾期不改正的,责令停产停业,可以并处罚款,并对其直接负责的主管人员和其他直接责任人员处罚款:①对火灾隐患不及时清除的;②不按照国家有关规定配置消防设施和器材的;③不能保障疏散通道、安全出口畅通的。

第三,依据《消防法》第65条的规定,会展参展者生产、销售未经依照《产品质量法》的规定确定的检验机构检验合格的消防产品的,责令停止违法行为,没收产品和违法所得,依照《产品质量法》的规定从重处罚。维修、检测消防设施、器材的单位,违反消防安全技术规定,进行维修、检测的,责令限期改正,可以并处罚款,并对其直接负责的主管人员和其他直接负责人员处警告或者罚款。

第四,依据《消防法》第66条的规定,在会展期间,电器产品、燃气用具的安装或者线路、管路的敷设不符合消防安全技术规定的,责令限期改正;逾期不改正的,责令停止使用,可以并处1000元以上5000元以下罚款。

第五,会展单位违反《消防法》第62条、63条、64条的规定,在会展期间有下列行为之一的,处以警告、罚款或者10日以下拘留:①违反消防安全规定进入生产、储存易燃易爆危险品场所的;②违法使用明火作业或者在具有火灾、爆炸危险的场所违反禁令、吸烟、使用明火的;③阻拦报火警或者谎报火警的;④故意阻碍消防车、消防艇赶赴火灾现场或者扰乱火灾现场秩序的;⑤拒不执行火场指挥员指挥,影响灭火救灾的;⑥过失引起火灾,尚未造成严重损失的。

第四节　会展保险法律制度

案例引导　保险公司"不感冒"展览项目投保无门

长期以来,是否为展览项目投保是让主办方颇费心思的事。但复杂的投保过程,又常常使主办方"望保生叹"。

2012年,《大河报》一篇名为《200万玉石郑州会展中心被盗失主怀疑监守自盗》的报道,把郑州国际会展中心(以下简称"会展中心")推到舆论的风口浪尖。

首先,投保过程复杂烦琐。中国人寿财产保险股份有限公司北京市分公司工作人员在接受采访时表示,目前还没有针对展览项目的险种,如果展览项目的某一部分要投保,他们会先到展会举办的现场查看展馆的安保设施是否有保障,否则,他们不会接受该展览项目的保险业务。不愿承接展览项目投保业务还在于定价难。如珠宝展,如果为某一件展品投保,需要客户提供相关的鉴定证。展会期间,出于安全考虑,他们几乎像在展会现场上班一样,整天盯在那里。展品价值20%的保费也很紧张,珠宝展或奢侈品展的投保业务的风险系数很大,70%的保单会发生理赔事件。

而某机械类知名品牌展会主办方高层接受记者采访时则表示,一个展会只有3天到5天时间,但投保过程复杂烦琐,对于一个机械类的专业展来说,庞大的设备不会在展会期间不翼而飞,也就没有必要去找保险公司投保。

据了解,目前还没有展馆设施损失险、展品意外损失险等险种。参展商只针对展品运输、展台搭建购买保险。由于展会所涉及的环节较多,存在很多不确定因素,而且没有一个统一的计算标准,所以即使展览项目主办方有购买保险的需求,保险公司目前也没有相关的险种可供选择。

国外成熟的会展企业运作展览项目,通常都有很完备的预警机制。其中包括为展览项目投保,将不可预测的风险降到最低。在会展综合保险中,保险公司可以用附加条款的形式承保。当然,保险公司会设定赔偿上限,规定比较高的免赔额,并加收保险费。

其次,风险意识普遍淡薄。在发达国家,为会议和展览项目投保是常规做法。针对目前大多数主办方不主动投保这一现象,专家认为,这与需求方的风险意识不强有关系,同时,也与保险公司的供给短缺有很大关系。现阶段,中国的展览项目投保正处在发展之中。随着供给方与需求方降低风险的意识不断增强,展览项目投保业前景可期。从会展市场的角度讲,展览项目的各利益相关者都要具有风险意识。从保险供求的角度而言,供给方应该向会展市场提供定位明确、价格合理的保险产品;如果目前还没有的话,应该考虑有哪些现有成熟的保险产品可以推荐给需求方。相信展览项目投保会越来越受到重视。当展览项目各主体感到承担不起全部风险,自然就会投保,与保险公司共同分担风险。

最后,针对个案险种可创新。针对个案,创造一种行之有效的险种进行投保,成为会展业较为可行的投保方式。2012 年天津夏季达沃斯论坛与人保财险天津市分公司签订了保险合作协议。据了解,人保财险天津市分公司利用承保 2008 年、2010 年天津夏季达沃斯论坛的经验,坚持"量身打造、创新险种、绿色通道、专家服务"的保障原则,在以往综合保险的基础上,特别增设了"会展论坛组织者责任保险"。据天津市政府官员介绍,天津从 2008 年夏季达沃斯论坛筹备开始,便引入了保险服务的机制和相关措施。人保财险天津市分公司根据参会嘉宾特点、会议规模及相关情况,创新和完善保险的服务功能,努力做到量身定制。2012 年新增的"会议论坛组织者责任保险"责任险、食品卫生责任险、参会人员及工作人员的意外保险等,而"会议论坛组织者责任保险"是一个新产品,本次论坛是第一次亮相。此外,该公司还同时承保了本次会议的 700 多辆用车。

【问题】

1. 为何中国的保险公司不愿意投保会展活动?
2. 天津 2008 年夏季达沃斯论坛组织者买了什么保险?

保险立法目的在于规范保险活动,保护保险活动当事人的合法权益,加强对保险业的监督管理,促进保险事业的健康发展。我国于 1995 年 6 月 30 日通过《中华人民共和国保险法》,其后多次修正,我国现行的保险法在 2015 年 4 月 24 日第十二届全国人民代表大会常务委员会第十四次会议通过关于修改《中华人民共和国计量法》等五部法律的决定时,得到第三次修正。

一、保险的概念、性质、特征和立法的基本原则

(一)保险的概念

保险有社会保险和商业保险之分。我国《保险法》第 2 条规定:本法所称保险,是指投保人根据合同约定,向保险人支付保险费,保险人对于合同约定的可能发生的事故因其发生所造成的财产损失承担赔偿保险金责任,或者当被保险人死亡、伤残、疾病或者达到合同约定的年龄、期限等条件时承担给付保险金责任的商业保险行为。因此,本书重点介绍商业保险。

(二)保险的性质

第一,从经济学角度看,保险是一种经济行为。保险属于金融服务业,它提供的产品是无形的服务,保险人以营利为目的。

第二,从金融学角度看,保险是一种金融行为。保险人通过收取保险费聚集大量的社会资金,再对这些资金进行运作,实际上是在社会范围内起到了资金融通的作用。

第三,从法律角度看,保险是一种合同行为。保险是保险人和投保人之间的合同行为,保险合同明确规定了保险当事人双方的权利和义务。

第四,从宏观经济学角度看,保险是一种国民收入再分配机制。保险的运行机制是投保人共同交纳保险费,组成保险基金,当某一被保险人遭受损失时,他可以从保险基金中得到补偿。因此,从被保险人的角度看,保险在被保险人之间建立了收入再分配的机制。

第五,从微观经济学角度看,保险是一种危险损失转移机制。保险转移危险是指投保人在支付一定的保险费后,换取了未来经济上的稳定。也就是说,投保人用确定的支出(保险费)转移了未来不确定的危险损失。比如,投保人在交纳房屋保险费后,即使房屋发生火灾,被保险人在经济上也会得到一定的补偿。

(三)保险的基本特征

1. 经济性

保险是一种经济保障活动,是整个国民经济活动的一个有机组成部分。其保障的对象——财产和人身都直接或间接属于社会再生产中的生产资料和劳动力两大经济要素;其实现保障的手段,最终都必须采取支付货币的形式进行补偿或给付;其保障的根本目的,无论从宏观的角度还是微观的角度,都是为了发展经济。

2. 互助性

保险具有"一人为众,众为一人"的互助特性。它在一定条件下,分担了个别单位和个人所不能承担的风险,从而形成了一种经济互助关系。这种经济互助关系通过保险人用多数投保人缴纳的保险费建立的保险基金对少数遭受损失的被保险人提供补偿或给付而得以体现。

3. 补偿性

保险是投保人以缴纳保险费为代价,在将来发生保险事故时,由保险人对事故损失进行补偿的一种制度。在财产保险和人身保险中,保险的补偿性表现不尽相同,前者是对损失按照赔偿原则进行经济补偿,后者则是按约定金额进行给付。

4. 射幸性

射幸性也叫作保险的损益性。在保险中,投保人交付保险费的义务是确定的,而保险人是否承担赔偿或者给付保险金的责任却是不确定的,这都取决于不确定的危险是否发生。当保险事故发生时,保险人就要承担赔偿或给付保险金的责任,但如果保险事故没有发生,则保险人只收取保险费,而无保险责任。

(四)保险法的基本原则

1. 最大诚信原则

我国《保险法》第5条规定:保险活动当事人行使权利、履行义务应当遵循诚实信用原则。诚信原则是民法的基本原则之一,由于保险合同具有符合性(格式化)和射幸性(一方履行义务的偶然性)等特点,要求合同双方当事人最大程度遵守这一原则,即不互相隐瞒欺诈,以最大善意全面履行各自的义务。

对于投保人而言,遵循诚实信用原则,主要应承担两项义务:一是如实告知保险标的和被保险人的各种情况,其告知范围为足以影响保险人决定是否承保和提高保险费率的重要情况;二是履行义务,即向保险方作出承诺,保证在保险期内遵守作为或者不作为的某些规则或担保某一事项的真实性。

对于保险人而言,遵循诚实信用原则,主要承担两项义务:一是履行说明义务,订立保险合同时,保险人应向投保人说明保险合同的条款内容,特别是有关责任免除的条款,应当明确说明,未明确说明的,免责条款不发生效力;二是保险人应有足够的能力履行约定的支付保险金的责任,也有学者将此条表述为"弃权和禁止抗辩",指一方当事人如果在合同中放弃了某项权利,将来就不得反悔而向对方再申请这项权利,这主要适用于保险人和投保代理人。

2. 保险利益原则

保险利益原则,是指投保人对保险标的具有法律上承认的经济利益,投保人投保时必须对保险标的具有保险利益。保险利益在财产保险和人身保险中有不同的表现形式。

第一,财产保险的保险利益。财产保险的保险标的是财产及相关利益,其保险利益是指投保人对保险标的的经济利益,应具备三个条件:①必须是法律承认的合同利益;②必须是具有经济价值的利益;③必须是能够确定的利益。

第二,人身保险的保险利益。人身保险的保险标的是人的寿命和身体,其保险利益是指投保人对被保险人的寿命和身体所具有的利害关系。这种利害关系往往由保险法规定,主要包括:本人、配偶、子女、父母;与投保人具有赡养和抚养关系的家庭其他成员和近亲属;同意投保人为其投保的被保险人。此外,劳动关系、合作关系、债权债务关系的当事人之间,也可能产生保险利益。

3. 保险代位原则

保险人在代第三者向被保险人支付了赔偿金后,取代了被保险人向第三者要求索赔的权利。保险代位原则也有一个适用范围:①只适用于财产保险;②第三者是被保险人的家庭成员或者组成成员的,除了故意造成法律规定的保险事故外,保险人不得对其行使代位求偿的权利。保险代位的适用条件为:①保险标的所遭受的风险属于保险责任的范围内;②保险事故的发生是由第三者承担责任;③被保险人要求第三者赔偿;④保险人已经履行了赔偿责任后才可以代位;⑤保险人只能在其赔偿的金额限度内进行代位求偿。

4. 近因原则

保险人承担赔付保险金责任的前提是损害结果必须与危险事故的发生具有直接的因果关系。损害结果可能由单因或多因造成的。单因较简单,如果是保险事故,保险人就应当赔偿给付;多因较复杂,主要有以下情形。

第一,多因同时发生。如同时发生的都是保险事故,则保险人承担保险责任;如其中既有保险事故,也有责任免除的事故,保险人只承担保险事故造成的损失,如此时两种责任造成的损失无法计算,双方则协商决定赔付额。

第二,多因连续发生。两个以上灾害事故连续发生造成损害,一般以最近的、最有效的原因为主因,若主因属于保险事故,则保险人承担赔付保险金责任。但若后因是前因直接、自然的结果或合理的延续时,以前因为主因。对于侵权行为,发生保险事故后,保险人不得以此为由拒绝赔偿或给付。

第三,多因间断发生,造成损失的灾害事故先后发生,多因之间不关联,彼此独立。保险人视各个独立的危险事故是否属于保险事故,进而决定赔付与否。

5. 损害赔偿原则

对于保险合同约定的保险事故所造成的损害,保险人应当及时、准确履行赔偿或给付保险金责任,用于弥补被保险财产或保险人遭受的经济损失。损害赔偿原则主要体现在以下几个方面:

(1) 被保险人只有在保险合同的约定期限内,遭受约定的保险事故所造成的损害时,才能得到赔付。

(2) 赔付依据是被保险财产的实际损失或被保险人的实际损害,按照赔付和损失等量的原则进行。

(3) 按照权利义务对等原则发生保险事故时,投保方有施救义务,而保险方承担施救及其他合理费用,数额以保险金额为限。

(4) 索赔要求提出后,保险人应及时、准确地核定损失额,与索赔人达成赔付协议,履行赔偿或者给付义务。

二、保险合同的概念、要素和分类

我国《保险法》第10条规定:保险合同是投保人与保险人约定保险权利义务关系的协议。保险合同的当事人只能是投保人和保险人。

(一) 保险合同的基本要素

1. 保险合同当事人

我国《保险法》第10条第1款规定:保险合同是投保人与保险人约定保险权利义务的协议。根据该规定,保险合同的当事人为保险人和投保人。其中,保险人是指与投保人订立保险合同,并承担赔偿或者给付保险金责任的保险公司。投保人是指与保险人订立保险合同,并按照保险合同约定负有支付保险费义务的人。

2. 保险合同关系人

保险合同关系人,是指在保险事故或者保险合同约定的条件满足时,对保险人享有保险金给付请求权的人,包括被保险人和受益人。其中,被保险人是指其财产或者人身受保险合同保障,享有保险金请求权的人,投保人可以为被保险人。受益人则是指人身保险合同中由被保险人或者投保人指定的享有保险金请求权的人,投保人、被保险人也可以为受益人。

3. 保险利益和保险标的

《保险法》第12条规定:人身保险的投保人在保险合同订立时,对被保险人应当具有保

险利益。财产保险的被保险人在保险事故发生时,对保险标的应当具有保险利益。

在这里,保险利益是指投保人或者被保险人对保险标的具有的法律上承认的利益。保险标的是指作为保险对象的财产及其有关利益或者人的寿命和身体。

4. 保险金额和保险价值

保险金额,是指保险人承担赔偿或者给付保险金责任的最高限额。

保险价值,是指投保人与保险人订立财产保险合同时约定的保险标的的实际价值,即投保人对保险标的所享有的保险利益的货币价值。

确定保险价值的方式一般有两种:一是根据合同订立时保险标的的实际价值确定,即由当事人在订立合同时,在合同中约定并写明;二是根据保险事故发生时保险标的的实际价值确定。

在财产保险中,对保险价值的确定直接影响保险金额的大小。保险金额等于保险价值为足额保险;保险金额小于保险价值是不足额保险。根据《保险法》规定,保险金额不得超过保险价值,超过保险价值的,超过的部分无效,保险金额低于保险价值的,除合同另有约定外,保险人按照保险金额与保险价值的比例承担赔偿责任。

(二)保险合同的分类

根据不同的标准,保险合同可以做如下分类。

1. 财产保险合同与人身保险合同

财产保险合同,是指以财产及其有关利益为保险标的的保险合同,包括财产损失保险合同和责任保险合同等。财产损失保险合同是指以补偿财产的损失为目的的保险合同,其保险标的限于有形财产。在我国工程建设领域,常见的财产损失保险如建筑/安装工程一切险(物质损失部分)、货物运输险等。责任保险是指以被保险人对第三者依法应负的赔偿责任为保险标的的保险,又称为第三者责任险。

人身保险合同是以人的寿命和身体为保险标的的保险合同。根据人身保险合同,投保人向保险人支付保险费,保险人对被保险人在保险期间内因保险事故遭受人身伤亡,或者在保险期届满时符合约定的给付保险金的条件时,应当向被保险人或者受益人给付保险金。

人身保险合同可分为人寿保险合同、健康保险合同和伤害保险合同,在工程建设领域常见的人身保险种类主要包括工伤保险、建筑意外伤害保险等。

2. 强制保险合同与自愿保险合同

强制保险合同,又称法定保险合同,是指依据法律、行政法规的规定而强制实施的保险合同,如我国《建筑法》规定的建筑意外伤害险。

自愿保险合同,是指基于投保人自己的意思而订立的保险合同。在我国工程建设领域,建筑工程一切险、安装工程一切险以及相关职业责任险等,均属于自愿保险合同。投保人与保险人订立保险合同,应当遵循公平互利、协商一致、自愿订立的原则,除法律、行政法规规定必须保险的以外,保险公司和其他单位不得强制他人订立合同。

三、保险合同的内容和订立

（一）保险合同的内容

保险合同的内容，即确定保险合同当事人权利和义务的保险合同条款。依据不同的分类标准，可以把保险合同条款分为"法定条款"和"约定条款"。

法定条款是指法律规定应当具备的条款，法定条款构成保险合同的基本内容。约定条款则是投保人和保险人在法定条款外，就与保险有关的其他事项作出的约定。根据《保险法》第18条的规定，法定条款包括：①保险人的名称和住所；②投保人、被保险人的姓名或者名称、住所，以及人身保险的受益人的姓名或者名称、住所；③保险标的；④保险责任和责任免除；⑤保险期间和保险责任开始时间；⑥保险金额；⑦保险费以及支付办法；⑧保险金赔偿或者给付办法；⑨违约责任和争议处理；⑩订立合同的年、月、日。

此外，在合同的基本条款之外，当事人可以另外约定具有某些特定内容的条款，以使基本条款中具有弹性的条款所涉及的权利与义务更加明确。

法定条款并不是保险合同成立的必要条件，因为当保险合同的一项或多项法定条款没有约定或约定不明时，可以适用《合同法》或相关法律的有关规定加以确定。

（二）保险合同的订立

1. 投保与承保

保险合同的订立，应当经过投保和承保两个阶段。《保险法》第13条规定，投保人提出保险要求，经保险人同意承保，保险合同成立。其中，投保是投保人希望与保险人订立保险合同的意思表示，因此属于订立保险合同的要约；承保则是保险人同意投保人保险要约的意思表示，因此属于订立保险合同的承诺。

2. 当事人的告知和说明义务

第一，投保人的告知义务。在订立保险合同时，投保人应当将与保险标的有关的重要事实如实地告知保险人。如果投保人没有履行告知义务，根据《保险法》第16条的规定，投保人按其是故意还是过失，将分别承担如下不利法律后果：投保人故意或者因重大过失未履行前款规定的如实告知义务，足以影响保险人决定是否同意承保或者提高保险费率的，保险人有权解除合同。投保人因重大过失未履行如实告知义务，对保险事故的发生有严重影响的，保险人对于保险合同解除前发生的保险事故，不承担赔偿或者给付保险金的责任，但应当退还保险费。

第二，保险人的说明义务。《保险法》第17条还规定，保险合同中规定有关保险人责任免除条款的，保险人在订立保险合同时应当向投保人明确说明，未明确说明的，该条款不产生效力。

第三，保险合同的生效。《保险法》第14条规定：保险合同成立后，投保人按照约定支付保险费，保险人按照约定的时间开始承担保险责任。保险合同的生效，同样适用《合同法》关于合同生效的一般规定，即依法成立的保险合同自成立时生效，但法律另有规定或当事人另有约定的除外。

四、保险合同当事人的权利和义务

(一) 投保人的主要权利和义务

1. 交付保险费的义务

投保人应当按照约定的时间、地点、方式向保险人交付保险费。投保人如不按约定的时间交付保险费,则保险人可按照约定要求其交付保险费或者终止合同。

2. 如实告知的义务

在订立保险合同时,投保人负责将保险标的的有关情况如实向保险人陈述、申报或声明的义务。根据《保险法》的有关规定,投保人违反如实告知义务将承担相应法律后果,导致不能索赔或合同的解除。

3. 维护标的安全的义务

在合同成立后,被保险人有义务遵守国家有关消防、安全、生产操作、劳动保护等方面的规定,维护保险标的的安全,并根据保险人有关保险标的安全的建议对保险标的的安全维护工作进行改进。

4. 危险增加的通知义务

危险增加是保险合同当事人在缔约时预料的保险标的的危险在合同的有效期内其程度增加。在合同有效期内,一旦发生危险增加,被保险人应当按照约定及时通知保险人;针对危险增加的情况,保险人有权要求增加保险费或者解除保险合同。被保险人未履行此项义务的,因危险增加而发生的保险事故,保险人不承担赔偿责任。

5. 保险事故的通知义务

保险事故发生后,投保人、被保险人或者受益人应当及时通知保险人,以便保险人迅速地调查事实真相,收取证据,及时处理。

6. 出险施救的义务

根据《保险法》规定,在保险事故发生时,被保险人有责任尽力采取必要的措施,防止或减少保险标的的损失。被保险人为防止和减少保险标的的损失所支付的必要的、合理的费用,由保险人承担。

7. 提供单证的义务

根据《保险法》规定,保险事故发生后,按照保险合同请求保险人赔偿或者给付保险金时,投保人、被保险人或者受益人应当向保险人提供其所能提供的与确认保险事故的性质、原因、损失程度等有关的证明和资料。保险事故发生后,向保险人提供单证是投保人、被保险人或受益人的一项法定义务。

8. 协助追偿的义务

在财产保险中,由第三人行为造成保险事故的保险人在向被保险人履行赔偿金后,享有代位求偿权,即保险人有权以被保险人的名义向第三人索赔。《保险法》第46条规定:被保险人因第三者行为而发生死亡、伤残或者疾病等保险事故的,保险人向被保险人或者受益人给付保险金后,不享有向第三者追偿的权利,但被保险人或者受益人仍有权向第三者请求赔偿。《保险法》第61条规定:保险事故发生后,保险人未赔偿保险金之前,被保险人放弃对第三者请求赔偿的权利的,保险人不承担赔偿保险金的责任。保险人向被保险人赔偿保险金后,被保险人未经保险人同意放弃对第三者请求赔偿的权利的,该行为无效。被保险人故意或者因重大过失致使保险人不能行使代位请求赔偿的权利的,保险人可以扣减或者要求返还相应的保险金。

(二)保险人的主要权利和义务

1. 承担保险责任的义务

承担保险责任是保险人依照法律规定和合同约定应当承担的最重要、最基本的义务。保险人承担保险责任的范围如下。

(1)赔付保险金。

保险事故发生后,保险人依据保险合同向被保险人或受益人承担赔偿或给付保险金的责任。在财产保险中称为赔偿保险金,在人身保险中称为给付保险金。承担给付保险金义务时,保险金最高赔付额不超过合同规定的保险金额。

(2)施救费用。

《保险法》第57条规定:保险事故发生后,被保险人为防止或者减少保险标的的损失所支付的必要的、合理的费用,除合同另有约定外,由保险人承担,保险人所承担的费用数额在保险标的损失赔偿金额以外另行计算,最高不超过保险金额的数额。

(3)争议处理费用。

《保险法》第66条规定:责任保险的被保险人因给第三者造成损害的保险事故而被提起仲裁或者诉讼的,被保险人支付的仲裁费或者诉讼费用以及其他必要的、合理的费用,除合同另有约定外,由保险人承担。

(4)检验费用。

在我国,合理的检验费用由保险人承担。

2. 如实告知义务

法律规定:订立保险合同,保险人就保险标的或者被保险人的有关情况提出询问的,投保人应当如实告知。订立保险合同,保险人应当向投保人说明保险合同的条款内容;保险合同中规定有关保险人责任免除条款的,保险人在订立合同时应当向投保人明确说明,没明确说明的,该条款不产生效力。

3. 及时签发保险单证的义务

保险合同成立后,保险人应及时向投保人签发保险单或其他保险凭证,并载明当事人双方约定的内容。

4. 保密的义务

对保险标的和保险关系涉及的投保人、被保险人的情况具有保密的义务。

5. 积极施救的义务

保险人应允许利用自身拥有的专业技术,配合被保险人积极进行防灾防损工作。

(三)索赔时效

保险索赔时效,是一种消灭时效,指的是被保险人、受益人得知保险事故发生后,其索赔权经过一定时间没有行使便依法消灭。《保险法》第26条规定:人寿保险以外的其他保险的被保险人或者受益人,向保险人请求赔偿或者给付保险金的诉讼时效期间为二年,自其知道或者应当知道保险事故发生之日起计算。人寿保险的被保险人或者受益人向保险人请求给付保险金的诉讼时效期间为五年,自其知道或者应当知道保险事故发生之日起计算。

五、财产保险和人身保险

(一)财产保险

1. 业务内容

财产保险有广义和狭义之分。广义财产保险是指财产保险及其有关的经济利益和损害赔偿责任为保险标的的保险,狭义财产保险是指以物质财产为保险标的的保险。在保险实务中,后者一般称为财产损失保险。

《保险法》第95条规定,财产保险业务,包括财产损失保险、责任保险、信用保险、保证保险等保险业务。可保财产,包括物质形态和非物质形态的财产及其有关利益。以物质形态的财产及其相关利益作为保险标的的,通常称为财产损失保险如飞机、卫星、电厂、大型工程、汽车、船舶、厂房、设备,以及家庭财产保险等。以非物质形态的财产及其相关利益作为保险标的的,通常是指各种责任保险、信用保险等如公众责任、产品责任、雇主责任、职业责任、出口信用保险、投资风险保险等。但是,并非所有的财产及其相关利益都可以作为财产保险的保险标的。只有根据法律规定,符合财产保险合同要求的财产及其相关利益,才能成为财产保险的保险标的。

2. 保险费

同其他险种保险费一样,财产保险费的构成,是由一定保险金额,一定的保险费率,一定的保险期限构成的。其计算公式:

$$商业财产保险费 = 保险金额 \times 保险费率 \times 保险期限$$

保险费的数额与保险金额大小,保险费率的高低,保险期限的长短成正比例。保险金额越大,保险费率越高,保险期限越长,则保险费越多。

另外,商业财产保险费计算方法。

(1) 单一折算法,即将保险金额乘以保险费率,即得应收年保险费,其计算公式:

$$应收年保险费 = 保险金额 \times 年保险费率 \times 期限$$

(2) 复式计算法,即在单一计算法基础上考虑其他因素综合计算应收保险费的方法,其计算公式:

$$应收保险费 = 基本保险费 + (保险金额 \times 保险费率) + 第三责任保险固定保险费$$

3. 企业财产保险

企业财产保险是指以投保人存放在固定地点的财产和物资作为保险标的的一种保险,保险标的的存放地点相对固定处于相对静止状态。企业财产保险是我国财产保险业务中的主要险种之一,其适用范围很广,一切工商、建筑、交通、服务企业、国家机关、社会团体等均可投保企业财产保险,即对一切独立核算的法人单位均可适用。

(二)人身保险

人身保险,是以人的寿命和身体为保险标的的保险。当人们遭受不幸事故或因疾病、年老以致丧失工作能力、伤残、死亡或年老退休时,根据保险合同的约定,保险人对被保险人或受益人给付保险金,以解决其因病、残、老、死所造成的经济困难。

1. 人身保险的分类

1) 按保障范围分类

按保障范围分类,人身保险包括人寿保险、健康保险和人身意外伤害保险。人寿保险简称寿险,是一种以人的生死为保险对象的保险,是被保险人在保险责任期内生存或死亡,由保险人根据契约规定给付保险金的一种保险。健康保险是以人的身体为保险标的,以被保险人因疾病或意外伤害而导致的伤、病风险为保险责任,使被保险人因伤、病发生的费用或损失得到补偿的保险。人身意外伤害保险是以人的身体为保险标的,以被保险人遭受意外伤害导致的残疾(或死亡)为给付条件的保险。

2) 按投保方式分类

按投保方式分类,人身保险可以分为个人保险、联合保险、团体保险。个人保险是单人被保险人在自愿选择的基础上投保人身保险,保险对象为个人。联合保险是将存在一定利害关系的两个或两个以上的人视为同一个被保险人,如父母、夫妻、子女、兄弟姐妹或合作者等多人,作为联合被保险人同时投保的人身保险。团体保险是以一份总的保险合同承保某一机关、企业、事业单位或其他团体的全体或大多数成员的人身保险。

3) 按保险期限分类

按保险期限分类,人身保险可以分为长期业务、1年期业务和短期业务。长期业务是保险期限超过1年的人身保险业务。1年期业务是以人身意外伤害保险居多,健康保险也可以是1年期业务。短期业务是保险期限不足1年的人身保险业务。

4) 按实施方式分类

按实施方式分类,人身保险可以分为强制人身保险和自愿人身保险。强制人身保险也称为"法定人身保险",是国家通过立法规定强制实行的人身保险。自愿人身保险是人身保险双方当事人在公平自愿的基础上,通过订立人身保险合同自愿缔结保险关系的一种人身保险形式,保险公司可以选择被保险人和保险标的,投保人可以自由选择保险公司、投保的险种、保险期限和保险金额。

5) 按是否分红分类

按是否分红分类,人身保险可以分为分红保险和不分红保险。分红保险是指保险公司将其实际经营成果优于保守定价假设的盈余,按一定比例向保单持有人分配的人寿保险。不分红保险是指保单持有人不能分享保险公司经营成果的保险类型。

除上述分类外,人身保险还可按设计类型分为万能保险和投资连结保险等。

2. 人身保险的条款

1) 不可争条款

不可争条款又称不可抗辩条款,是指自人身保险合同订立时起,超过法定时限(一般是两年)后,保险人将不得以投保人在投保时违反如实告知义务、误告、漏告、隐瞒某些事实为理由,而主张合同无效或拒绝给付保险金。

2) 年龄误告条款

年龄误告条款主要是针对投保人申报的被保险人的年龄不真实,而真实年龄又符合合同约定限制的情况下而设立的,法律关于保险合同中一般均规定年龄误告条款,要求保险人按被保险人真实年龄调整。

3)宽限期条款

宽限期条款是指如果保险合同约定分期支付保险费,但投保人支付首期保险费后未按时交付分期保险费的,法律或合同规定给予投保人一定的宽限时间,在此期间,即使未交纳保险费,仍能保持保险合同效力。

4)保险合同效力中止和复效条款

保险合同效力中止是指保险合同在有效期间内,由于缺乏某些必要条件而使合同暂时失去效力,称为合同中止;一旦在法定或约定的时间内所需条件得到满足,合同可以恢复原来的效力,称为合同复效。

5)自杀条款

为了更好地保障投保人、被保险人、受益人的合法权益,保险人也出于维护自己的利益,在很多人寿保险合同中都将自杀列入保险条款,但规定在保险合同生效较长的期限后被保险人自杀行为,保险人才承担给付保险金责任,通常是二年,以防止被保险人预谋保险金而签订保险合同。

6)不丧失现金价值条款

这一条款是指现金价值不因保险合同效力的变化而丧失。

7)保单贷款条款

长期性人身保险合同在积累一定的保险费产生现金价值后,投保人可以在保险单的现金价值数额内,以具有现金价值的保险单作为质押,向其投保的保险人或第三者申请贷款。习惯上称为保单贷款或保单质押贷款。

8)自动垫缴保费条款

该条款规定,投保人未能在宽限期内交付保险费,而此时保单已具有现金价值,同时该现金价值足够缴付所欠缴的保费时,除非投保人有反对声明,保险人应自动垫缴其所欠的保费,使保单继续有效。

9)受益人条款

它是在人身保险合同中关于受益人的指定、资格、顺序、变更及受益人权利等内容的具体规定。

六、与会展相关的保险种类

(一)展览期间的风险分类

1. 物质损失风险

该风险包括各种财产和物质从运输、安装、参展、拆除、再运输的整个过程中,由于自然灾害或意外事故引起的直接经济损失。

2. 财务损失风险

该风险包括财产和物资在上述过程中遭受物质损失或会展所在地发生诸如战争、恐怖袭击、环境污染、疾病爆发等灾难性事件,导致会展推迟或取消,给组织者或参展者造成的损失。

3. 法律责任风险

该风险包括会展组织者或参展方在展览过程中由于疏忽或过失，造成其他方的财产损失或人身伤亡，根据法律规定需要承担的赔偿责任。

4. 人员损失风险

该风险包括组织者、参展方的员工或临时雇佣人员，在展览过程中由于自然灾害或意外事故受到的人身伤害（非展览期间的风险不在此列）。

（二）与会展相关的保险种类

1. 展品保险

展品保险属于特种财产保险，其保险金额宜采用定值保险的方式来确定。而其保险期限通常就是展览期限。另外，在保险合同条款的设计中，应适当减少附和性条款，同时增加协商性条款的比例，以适应不同展品的个性化保险需求。

2. 观展客意外伤害保险

观展客意外伤害保险是一种特种意外伤害保险，主要承保观展游客在操作展品时，因意外事故而遭到的人身伤害。由于其保险期限一般较短，所以保险费也会较低，这样，可由广大游客在购买参观票时自愿选购。

3. 策展人责任保险

会展运行的先进模式——策展人制度已在我国开始试行，策展成为一种新的职业。但在策展人的活动过程中也包含着风险，工作中的失误，会给参展商及其他相关方带来经济损失。策展人责任保险是职业责任保险的一种，能促进会展业的发展。

4. 会展设备安排与拆卸工程保险

随着会展规模的不断扩大，会展设备的安装越来越复杂，其安装过程的风险也越来越大。会展设备安装与拆卸工程保险，在一份保险合同中，同时承保会展设备的安装与拆卸，从而使办展方的安装会展设备过程和拆卸会展设备过程得到保障。

5. 会展融资信用保险

举办会展与其他经济活动一样，需要先投入一定的资金。而会展的规模越大，投入的资金将越多，因此，会展融资今后将越来越普遍。会展融资信用保险，能促进会展业的蓬勃发展。

6. 会展运输保险

会展运输保险是安排会展在运输和展览过程中的保险。在展品运输和取得提单后，按清册价办理会展保险手续，并取得保险单。保险期是从货物在国内仓库发运至运回仓库为止。分保业务可交由承包行代理。其他保险根据强制性的要求，以及实际需要视具体情况而定。

7. 会展中断保险

会展中断保险又称取消延迟保险，险种承保由于保险合同条款列明的意外事件的发生，导致预定的演出或活动不能如期举办。延迟举办或彻底取消时，举办方在筹备过程中已发生的费用，由承保人根据合同条款的约定进行赔偿。

本章小结

本章对会展安全管理与风险防范法律制度进行了介绍。本章的主要内容包括会展危机和会展安全管理、会展治安保卫法律规制、会展消防安全法律规制和会展保险法律制度。会展危机具有意外性、聚焦性、破坏性、紧迫性、不确定性,因此必须建立会展安全管理体系,这是基于会展安全管理的一整套体系,包括软件和硬件两个方面。要维持展会的有序进行,会展的安保工作是展会顺利进行的重点。而维持好会展企业自身的治安保卫则是一项前提条件,其次是维持好会展场地的安全。其中,会展消防是一项重要的安全事务,如果不能做好势必影响到参展人员的生命安全。最后为了保障会展的安全,还得注重会展保险的购买,如展品保险、观展客意外伤害保险、策展人责任保险等,如此才能将会展安全管理工作做好。

关键概念

会展安全　风险管理　治安保卫　消防安全　会展保险

复习思考题

□复习题

1. 如何正确处理在会展中出现的危机?
2. 如何加强会展活动中的安全保障措施?
3. 会展公司如何开展消防安全自查自纠活动?
4. 与会展相关的保险种类有哪些?
5. 简述投保人的主要权利和义务。

□思考题

试分析中国的保险公司不愿意投保会展活动的原因。

分析提示:

①保险公司的性质;
②会展活动的各种具体特征。

章末案例解析

2004年2月5日19时45分,正在北京市密云县密虹公园举办的密云县第二届迎春灯展中,因一游人在公园上跌倒,引起身后游人拥挤,造成踩死37人、踩伤15人的重大责任事故。事故发生后,中共中央和国务院高度重视,北京市委、市政府领导立即赶到事故现场指挥抢救受伤人员,组织善后处理工作,部署查明事故原因。

经查,导致事故发生的直接原因是:灯展安全保卫方案没有落实,负责云虹桥安全保卫的执勤人员没有到岗,现场缺乏对人流的疏导控制。主要原因:一是担任重点部位云虹桥保卫工作的密云县城关派出所没有履行安全保卫职责,有关人员擅自压缩执勤人员、推迟上岗时间,工作失职渎职。二是灯展主办单位、承办单位不落实安全保卫方案,有关部门职责落实不到位。三是灯展活动安全保卫小组没有要求负有安全工作责任的成员单位制定细化的安全保卫方案或防范措施;未设立现场指挥协调机构监督检查各部门工作落实的情况。

【问题】
1. 密云灯会是否属于大型群众性活动?
2. 我国适用密云灯会的安全立法有哪些主要内容?

(资料来源:根据张万春的《会展法》一书整理。)

第七章

会展纠纷解决法律制度

学习目标

通过学习,让学生了解会展纠纷的概念及类型,了解纠纷的解决方式,理解和解、调解、仲裁、诉讼的概念和基本内容,掌握和解、调解、仲裁、诉讼的基本原理与操作程序,知道运用和解、调解、仲裁、诉讼的方式解决会展纠纷案件。

第一节 会展纠纷概述

案例引导

2006年9月10日,某主办单位与某会展中心签订了一份会展合同,合同约定该主办单位于2006年12月1日至2007年10月31日租用该会展中心的1~3层展室,并约定租金为10000元。在签订合同时,由于双方疏漏,误将租金10000元写成1000元并签字盖章,后会展中心发现要求更改,主办单位认为白纸黑字,合同已签订就具有了法律效力,因此不同意改。

(资料来源:http://wenku.baidu.com/link?url=-wNsDP_8Ss-HOsk6uF517prVQ1mk_np_z6Sv3_3omdJYteswRWibh588jFVL-9HSyUatqUM6VGLYCp6P4A2Y8NzuqraNLewkiuaKCXD4M5K.)

【问题】

该纠纷可以通过哪些法律途径解决?

一、民事纠纷与会展纠纷

(一)民事纠纷

民事纠纷,又称为民事冲突、民事争议,是指平等主体之间发生的,以民事权利义务为内容的社会纠纷。民事纠纷具有以下特点。

第一,民事纠纷的主体之间法律地位平等。民事主体在进行民事活动时,他们之间不存在服从与隶属关系,无论是自然人、法人还是其他组织,法律赋予各个民事主体在民事活动中的地位是平等的。

第二,民事纠纷是对民事权利义务关系分配与承担的纷争。民事主体之间的争议源于他们之间民事权利义务关系的分配与承担。当民事主体认为民事权利义务关系分配不均或承担不当时则往往引发争议,民事权利义务的争议构成民事纠纷的内容,如果超出了此内容,则不属于民事纠纷。

第三,民事纠纷解决途径具有多样性。由于民事主体的法律地位平等的特点,使得民事主体在解决纠纷的方式上具备了多种选择的基础。基于私法自治原则,民事主体针对民事纠纷可以选择和解、调解、仲裁或者诉讼等方式。

第四,民事纠纷内容具有广泛性。民事纠纷既有人身性质的,又有财产性质的,更有生活琐事。诸如:侮辱诽谤、侵犯隐私、离婚、继承、所有权纠纷、债务纠纷、合同履行纠纷、民事责任认定纠纷、侵权纠纷等,包罗万象,烦琐复杂,几乎包括了人们生活中的各个方面的问题,只要没有上升到刑事犯罪的层面,都可以划分到民事纠纷的范畴。

(二)会展纠纷

会展纠纷是指参加会展活动的当事人之间在会展业各类活动及其辅助性活动过程中发生的主要因经济权利和经济义务的矛盾而引发的争议。与民事纠纷相比,会展纠纷也是平等主体之间发生的纠纷,其范畴属于民事纠纷,而不涉及行政和刑事责任,解决途径也具有多样化。但是会展纠纷还具有其自身的特点:

1. 纠纷主体的特定化

会展纠纷通常只发生在参加会展活动的平等主体之间。这与民事纠纷有所不同,民事纠纷主体可能是发生在有经济交往的主体之间,也可能是发生在婚姻家庭等具有人身关系的主体之间。

2. 纠纷内容的多样化

会展业经济活动中有关经济交往的每个方面几乎都会引起纠纷。不过会展纠纷与民事纠纷涉及的内容有所不同。民事纠纷涉及内容有人身性质,也有财产性质,而会展纠纷虽然在特定的情况下,也可能涉及人身权性质,比如侵犯知识产权的行为,或者侵犯人身权引发的纠纷,但主要涉及财产性质,而且这种具有财产性质的纠纷涉及会展业经济交往的各个方面。

二、会展纠纷的类型

会展纠纷的类型主要体现为因违约行为与因侵权行为引发的纠纷。违约行为已经在第

三章中学习,此处主要学习侵权行为。

1. 侵权行为的概念和特征

侵权行为是指行为人由于过错侵害他人的财产或者人身权益,违反法定义务,依法应当承担民事责任的行为,包括依照法律特别规定应当承担民事责任的其他致人损害的行为。

侵权行为的特征主要有:

(1) 侵犯他人人身权、财产权或利益的行为。行为的违法性是侵权行为的首要特征。由于侵权行为违反法律的强制性或禁止性规定,导致权利人的权利及人身利益遭受损失,作为侵权人必须为自己的侵权行为承担法律后果。

(2) 因行为人的过错而实施的行为。一般情况下,过错责任是我国认定侵权行为的主要归责原则,即行为人在实施侵权行为时,其主观上应有过错。但是法律有特别规定适用无过错归责原则时从法律。

(3) 违反法定义务行为。侵权行为虽然也是民事主体违反民事义务的行为,但是与违约行为不同的是,侵权行为违反的是法定义务,而违约行为违反的则是约定义务。例如,《最高人民法院关于审理人身损害赔偿案件适用法律若干问题的解释》第6条规定:从事住宿、餐饮、娱乐等经营活动或者其他社会活动的自然人、法人、其他组织,未尽合理限度范围内的安全保障义务致使他人遭受人身损害,赔偿权利人请求其承担相应赔偿责任的,人民法院应予支持。因此,从事住宿、餐饮、娱乐等经营活动或者其他社会活动的自然人、法人、其他组织就负有上述法定义务。

(4) 承担民事责任的行为。法律责任的形式有多种,如行政责任、民事责任和刑事责任。侵权行为所应承担的是民事责任,不能是其他。虽然刑事责任中的犯罪行为部分也侵犯了受害人的人身权或者财产权,与民事责任中的侵权表现类似,但是二者却有着本质的区别。刑事责任中的侵权是指已经达到犯罪的程度,需要进行刑事处罚的违法行为。而民事责任中的侵权则是没有达到犯罪程度,只需承担民事责任的一种违法行为。民事责任的种类主要有:停止侵害;排除妨碍;消除危险;返还财产;恢复原状;修理、重作、更换;赔偿损失;支付违约金;消除影响、恢复名誉;赔礼道歉。

2. 侵权行为侵害的对象

侵权行为所针对的对象是他人的物权、人身权和知识产权。

物权是指权利人依法对特定的物享有直接支配和排他的权利,包括所有权、用益物权和担保物权。物权的客体是物,物权主要是财产权,这种财产权表现为支配权和绝对权。

人身权是指民事主体依法享有的、与特定人身密不可分的、没有直接财产内容的民事权利。它表现为一种人格关系和身份关系。侵害人身权,是以人身权为侵害客体,直接造成人身伤害或者人格利益、身份利益损害的侵权行为。

知识产权是指公民、法人或者其他组织对其在科学技术和文学艺术等领域内,基于脑力劳动创造的成果(也叫智力成果),依法享有的专有权利。知识产权与其他财产权的不同点有:

第一,基于脑力劳动的成果,是无形财产权,因而是专有权。

第二,由国家专门机关进行认定,即确认性。

第三,具有时间性,法律对知识产权的保护规定一定的保护期限,知识产权只有在法定期限内有效,过期将被纳入公有领域,不再受保护。

第四,具有地域性。在一国所确认和保护的知识产权,只有在该国领域内发生法律效力,超出这个领域将得不到法律的保护。

3. 侵权责任的概念和特征

侵权责任,是指行为人实施一定的侵权行为所应当承担的民事法律后果。我国《民法通则》第106条规定:公民、法人由于过错侵害国家的、集体的财产,侵害他人财产、人身的,应当承担民事责任。可见,侵权人实施了侵犯他人人身权和财产权的,都将承担相应的法律责任。

侵权责任的特征包括以下几点:

(1) 侵权责任是民事主体因违反法定义务而应承担的法律后果。民事义务分为约定义务和法定义务两类,违反约定义务的民事主体应承担违约的民事责任;违反法定义务的民事主体则应承担侵权的民事责任。

(2) 侵权责任是以国家强制力保证实现的,当事人一般不得事先约定免除,其承担赔偿责任的范围也是法定的。

(3) 侵权责任以补偿性为主。侵权责任法的主要功能是"补偿",因侵权行为使权利人的权利或者利益遭受了不当损失,侵权行为人通过损害赔偿或恢复原状等方式,将该损害恢复到其受害前的状况,实为对受害人即权利人的一种经济补偿,这正是民事责任的重要特征之一。

(4) 侵权责任的形式主要是财产责任,但并非限于财产责任。《民法通则》规定了十种民事责任的方式,其中财产责任为主要方式,其他方式也可单独或合并使用,如停止侵害、赔礼道歉、消除影响等均为非财产责任。

侵权责任与违约责任虽然都是民事责任,但却存在着重大差别,主要是归责原则和免责条件不同。违约责任一般采取无过错责任原则,采取过错责任原则为例外;而侵权民事责任则一般采取过错责任原则,采取无过错责任原则和公平责任原则为例外。在违约责任中,除了法定的免责条件(如不可抗力)以外,合同当事人还可以事先约定不承担民事责任的情况,但当事人不得预先约定免除故意或重大过失的责任。而在侵权民事责任中,免责条件只能是法定的,当事人不得事先约定免责条件。

4. 侵权责任的构成要件

关于侵权责任的一般构成要件,我国学者有不同的看法。本书作者认为,一般侵权行为(基于过错责任原则认定的侵权行为)的构成包括以下四要件。

(1) 侵权行为。行为人的行为违反了法定义务,侵犯了他人的合法权益,因此具有违法性。侵权行为包括作为与不作为两种。作为是指法律要求行为人以一种积极的态度去实现他人的权利,如还债、履行义务等;不作为是指法律要求行为人对他人权利持一种消极的不作为义务,以不作为的行为方式为尊重他人权利的表现形式。如果行为人负有不作为的义务而作为的,则构成作为的侵权行为;反过来,如果行为人负有作为的义务而不作为的,则构成不作为的侵权行为。

(2) 损害事实。损害事实是指由侵权行为致使权利主体财产权、人身权受到损害,并造成财产和非财产利益损害的客观事实。该损害的特点是损害具有可补救性、损害具有确定性。

（3）因果关系。因果关系是指各种客观现象之间的关联，在侵权责任中，侵权行为是因，损害事实是果，这二者之间存在某种关联。如果二者的因果关系确定，那么行为人将可能承担民事责任，否则将不承担民事责任。

（4）主观过错。主观过错是指有侵权责任能力的人在实施侵权行为时，对行为的性质以及可能造成的损害结果的心理态度，这种心理态度有故意和过失之分。故意是指侵权人预见到损害后果的发生并希望或者放任该结果的发生的心理状态。过失是指侵权人对自己的行为后果应当预见或者轻信此后果可以避免的心理状态，分为疏忽的过失或者轻信的过失。

上述四个要件是构成一般侵权责任所必须具备的，缺一不可的内容。但是，如果是基于无过错责任原则认定的侵权责任，则不用考虑行为人主观上有无过错。

5．会展业侵权行为的表现

由于利益关系的驱使以及法律规范的欠缺，一些组展商、参展商，甚至参观者极易采取的侵权行为有以下几种。

（1）冒用其他会展名称进行欺骗性活动。

（2）侵犯他人的知识产权。利用会展，采用剽窃、假冒、仿冒等手段侵犯其他参展商的商标权、专利权和著作权，以图非法获利。

（3）采用诋毁等方式，侵犯其他企业的名誉权，达到推销自己产品的目的。

（4）采用剽窃、贿赂、回扣、引诱等方式，侵犯他人的商业秘密。

（5）兜售假冒伪劣产品，造成消费者人身或财产损失。

（6）因所有权、使用权等方面的原因而发生的争议。

（7）会展展品质量损害赔偿引发的争议。

（8）其他纠纷。除以上几种纠纷类型外，还会随经济社会发展而出现其他纠纷类型。

6．侵权行为民事责任的承担方式

侵权行为依法应当承担民事责任的方式主要有以下几种。

（1）停止侵害。侵权行为人终止其正在进行或者延续的损害他人合法权益的行为。

（2）消除危险。侵权行为人消除由其行为引起的现实存在的某种可能对他人合法权益造成损害的紧急事实状态。

（3）排除妨碍。侵权行为人在其行为造成的妨碍他人权利正常行使和利益实现的客观事实状态。

（4）消除影响。侵权行为人在其行为造成不良影响的范围内消除对受害人的不利后果。

（5）恢复名誉。侵权行为人采取适当方式使受害人的名誉恢复到未受到损害之前的状态。

（6）赔礼道歉。侵权行为人以口头或书面的方式向受害人承认错误，表达歉意的承担责任方式。

（7）赔偿损失。行为人违反民事义务致人损害后，以其财产赔偿受害人所受的损失。这是适用范围最广的承担责任方式。

三、会展纠纷的解决方式

民事纠纷按照是否利用国家的力量解决,可以分为自力救济、社会救济、公力救济三种方式。会展纠纷的解决方式也分为这三种。

自力救济又称私力救济,指纠纷主体依靠自己的力量解决纠纷,没有第三方协助或者主持解决纠纷。自力救济的方式有多种,如依法采取正当防卫和紧急避险,依法留置、变卖、合理拒收、拒付等,但典型方式是和解。

社会救济,也有人称为"第三法域"。它介于自力救济与公力救济之间,是指依靠社会力量来解决纠纷的方式,简称为"社会救济",其适用形式主要表现为调解和仲裁。

公力救济是指争议的各方当事人利用国家公权力解决民事纠纷的方式。当权利人的权利受到侵害或者有被侵害之虞时,权利人行使诉讼权,诉请人民法院依据民事诉讼法和强制执行程序保护自己的权利的措施。

因此,会展活动的当事人之间发生纠纷后,当事人之间可以和解解决,也可以通过调解或者仲裁解决,还可以采用民事诉讼的方式来解决。

（一）和解

和解是指民事活动的当事人之间发生了分歧,在自愿、互谅、友好的基础上,通过协商、谈判等方式,自愿达成和解协议,从而解决纠纷的一种方式。例如:甲公司与乙公司在履行合同过程时发生纠纷,甲、乙两公司在纠纷发生后,通过内部的协商,达成和解协议,合同得以顺利履行。

（二）调解

合同双方当事人发生了合同争议,彼此又不能达成和解,可以通过第三方主体在当事人之间进行斡旋,主持纠纷解决的一种方式。根据主持调解的第三方主体身份的不同,调解可以分为民间调解、人民调解、律师调解、行政调解、仲裁调解、司法调解等。

（三）仲裁

平等民事主体在发生合同纠纷或者其他财产权益纠纷时,依据当事人之间达成的仲裁协议或者仲裁条款,将纠纷提交仲裁机构仲裁的一种争议解决方式。

（四）诉讼

此处的诉讼仅指民事诉讼,是指纠纷当事人在纠纷发生后,将纠纷提交人民法院进行处理,人民法院在纠纷当事人和其他诉讼参与人的参加下,审理和解决纠纷案件的诉讼活动。

上述几种纠纷解决方式并非孤立适用,而是既可以逐个进行,也存在相互间的交错与重合。前者如当事人之间无法达成和解时,可以通过第三方主体进行调解或者根据当事人达成的仲裁协议仲裁,或者起诉等;后者如仲裁、诉讼程序中亦有和解、调解环节。根据《中华人民共和国仲裁法》的相关规定,当事人申请仲裁过程中,可以自行和解。达成和解协议的,可以请求仲裁庭根据和解协议制作裁决书,也可以撤回仲裁申请。仲裁过程中,仲裁庭征得仲裁当事人的共同同意,可以主持调解,达成调解协议的,仲裁庭制作调解书或者依据调解协议制作裁决书。根据《中华人民共和国民事诉讼法》《最高人民法院关于人民法院民事调解工作若干问题的规定》的相关规定,在诉讼过程中,当事人自行达成和解协议或者在法院主持下达成调解协议的,人民法院应予制作调解书。不过与其他第三方主体主持下进行调解不同,仲裁庭制作的调解书或者裁决书,或者人民法院制作的调解书,具有强制执行的法律效力。而其他主体主持下的调解协议不具有强制执行的法律效力。

第二节　会展纠纷的和解与调解

案例引导

赵家在展销会上购买高压锅一个,在正常使用中高压锅爆炸,儿媳妇被锅盖击中头部,抢救无效死亡。据负责高压锅质量检测的专家鉴定,高压锅爆炸的直接原因是高压锅的设计有问题,导致锅盖上的排气孔堵塞。赵家要求高压锅的生产者、销售者和展销会的举办者共同承担赔偿责任。

(资料来源:http://wenku.baidu.com/link?url=m6CiUDOf8PsZIx6E4QuZiDeUms-Bg6KFK2zZg_Q_rcYZoYez4kTQxWxSKhaSF_KrwY2Mc1QYGCuo9T1t9dotftPEBTqVJ5OmImn6MSiKcAu.)

【问题】
(1) 赵家能否与高压锅的生产者、销售者和展销会的举办者协商解决因高压锅爆炸产生的相关民事责任?
(2) 赵家与高压锅的生产者、销售者和展销会的举办者协商未果,能否请求人民调解委员会调解解决因高压锅爆炸产生的相关民事责任纠纷?
(3) 如果赵家与高压锅的生产者、销售者和展销会的举办者就爆炸产生的相关争议达成仲裁协议,提请仲裁,仲裁庭在仲裁过程中可否组织调解解决爆炸产生的民事责任纠纷?
(4) 如果赵家将高压锅的生产者、销售者和展销会的举办者列为被告起诉到法院,法院可否在审理过程中主持调解解决该民事责任纠纷?

会展纠纷的和解与调解相对于普通民事纠纷的和解与调解并无不同,因此,下文直接以纠纷的和解与调解为本节内容,有关纠纷的和解与调解的所有内容均适用于会展纠纷的和解与调解。

一、纠纷的和解

(一) 纠纷和解的概念

和解是指经济活动的当事人之间在经济权利义务关系方面发生了分歧,在自愿、互谅、友好的基础上,通过协商、谈判等方式,自愿达成和解协议,从而解决纠纷的一种方式。一般而言,当事人之间发生争议首先会进行协商以达成和解协议,这是属于私力救济的途径。

(二)纠纷和解的优点和缺点

纠纷和解的优点在于由于当事人有协商的愿望和进行协商的行为,所以在程序上简单、灵活,在结果上能够充分地反映当事人的意愿。当事人在纠纷发生以后,通过和解的方式解决纠纷是一种低成本、高效率、求合作的争议解决方式,也是最为理想的解决纠纷的方式。

纠纷和解的缺点在于如果当事人不履行业已达成的和解协议,协议本身不具有申请法院强制执行的法律效力。一方当事人一旦不遵守和履行和解协议,另一方则只能再通过其他的方式,如仲裁或者诉讼的方式解决其纠纷。

(三)纠纷和解协议及其法律效力

纠纷和解协议,又称纠纷私了协议,即纠纷和解当事人就双方的分歧通过协商达成了一致意见的协议。对于和解协议,双方当事人应本着诚实信用的原则自觉遵守和履行。一方不履行和解协议,另一方当事人可以向法院提起诉讼,可以根据约定的仲裁协议或者仲裁协议条款申请仲裁。

二、纠纷的调解

(一)纠纷调解的概念

纠纷的调解是指由第三方主体出面对纠纷的各方当事人进行斡旋调停,运用一定的法律规范和道德规范劝导冲突各方,促使发生纠纷的各方当事人,在互谅互让的基础上,依法自愿达成协议,由此解决纠纷的一种活动。纠纷的调解是民事纠纷调解机制的重要组成部分。

纠纷的调解与和解有许多共同之处。它们都属于非讼范畴,解决纠纷的核心都是当事人的合意。但是与纠纷的和解相比,纠纷的调解有以下特征。

(1)参与主体的不同。

纠纷的调解中,存在第三方主体,第三方主体具有中立性,对纠纷当事人进行斡旋调停,而和解则主要是纠纷当事人自己进行协商解决。

(2)斡旋余地不同。

调解方式下,争议双方当事人如果矛盾一时难以化解时,调解的第三方主体可以进行斡旋,使矛盾的双方有一个缓冲,便于矛盾的妥善解决;而和解方式下,一旦矛盾激化,由于没有第三方从中调停,缓冲的余地不大。

(3)范畴不同。

纠纷和解属于自力救济的范畴,而纠纷调解属于社会救济的范畴。

(二)纠纷调解的类型及其关系

调解的种类很多,会展纠纷的调解与普通的民事争议调解类型并无不同。因调解主体的不同,调解分为民间调解、人民调解、律师调解、行政调解、仲裁调解、法院调解等类型。

1. 民间调解

民间调解是由亲友乡邻或者同事朋友等民间人士出面对纠纷当事人进行居中调解达成

协议的一种纠纷解决方式,属于诉讼外调解。

2. 人民调解

人民调解是指在人民调解委员会主持下,以国家法律、法规、规章和社会公德规范为依据,对民间纠纷当事人进行调解、劝说,促使他们互相谅解,平等协商,自愿达成协议,消除纷争的一种争议解决方式,属于诉讼外调解。人民调解制度是独具中国特色的社会主义民主法律制度。

人民调解是由民间调解演变而来的,但因它克服了民间调解无组织、无章法的弊端,因此相对于民间调解发生了根本的变化。虽然两者调解的对象和效力是一致的,调解的方式、方法也有很多的相似之处,但两者有两点本质的区别:

其一,人民调解是由专门的群众自治组织——人民调解委员会主持的调解,而民间调解则是由亲友乡邻、同事朋友以公民个人的身份自发进行的调解。

其二,人民调解是依法进行的调解,由专门立法的《中华人民共和国人民调解法》进行规范,并且在调解具体纠纷时,还必须在查明事实、分清是非的基础上依法进行。这相对于民间调解的主持人单凭良心、凭经验所进行的调解就有很大差别。因此,人民调解与民间调解是两种性质不同的调解,不应混为一谈。

3. 律师调解

律师调解又叫律师主持调解,它作为近年来拓展的一项新的律师业务,则是由律师事务所应纠纷当事人双方的申请,指派律师对平等主体之间发生的民事纠纷和轻微刑事案件所主持的调解。

由于律师承办业务具有独立办理的特点,这和亲友乡邻以公民个人的身份主持的民间调解看上去在形式上很相似,因此有人可能会将律师调解归于民间调解。其实二者存在本质区别:

一是调解主持者的性质不同。在律师调解中,接受当事人聘请的是律师事务所,对外承担责任的也是律师事务所,具体主持的律师则只是受律师事务所内部指派的承办人,因此律师调解是一种有组织的行为;而民间调解的主持人则是亲友乡邻、同事朋友等公民个人,因此民间调解只是一种自发的个人行为。

二是调解的对象不同。民间调解的是民间纠纷,只限于公民之间发生的民事纠纷和轻微刑事案件;而在律师调解中,由于律师在法律知识和实践技能上的优势,以及律师具有专门提供法律服务的执业身份和具有调查、阅卷、会见等执业权利的优势,同时基于律师服务对象的广泛性,律师既可以调解经济纠纷,又可以调解公民、法人、其他组织之间以及它们相互之间的其他民事纠纷。

三是律师调解是依法进行的调解。律师要依据事实和法律进行说服教育、提出调解方案;而民间调解的主持人往往因为不懂法而难以保障调解的合法性。此外,律师调解往往是一种有偿服务,而民间调解则一般是自发的、无偿的。

4. 行政调解

行政调解是国家行政机关处理民事纠纷的一种方法。国家行政机关根据法律规定,对属于国家行政机关职权管辖范围内的民事纠纷,通过耐心地说服教育,使纠纷的双方当事人互相谅解,在平等协商的基础上达成一致协议,从而合理地、彻底地解决纠纷矛盾。它分为两种：

一是基层人民政府，即乡、镇人民政府对一般民间纠纷的调解，这是诉讼外调解。

二是国家行政机关依照法律规定对某些特定民事纠纷或劳动纠纷等进行的调解，这些都是诉讼外调解。

行政调解既不同于民间调解、人民调解和律师调解，又不同于司法调解和仲裁调解。行政调解与前三类调解方式相同之处在于，调解协议的内容没有法律强制性，但是行政调解与前三类调解的不同之处在于：一是行政调解是行政主体出面主持的一种纠纷解决方式，其主持的主体一般是国家行政机关或基层政府组织；二是行政调解的调解结果虽然也没有约束力，但是主体相对于前三类调解主体而言具有一定的行政权威性。

5. 仲裁调解

仲裁调解是指由仲裁组织主持对平等主体之间发生的合同纠纷和其他财产性权益争议进行调解，达成调解协议的一种制度。我国《仲裁法》第51条第1款规定：仲裁庭在作出裁决前，可以先行调解。当事人自愿调解的，仲裁庭应当调解。调解不成的，应当及时作出裁决。

如果调解达成协议的，仲裁庭应当制作调解书或者根据协议的结果制作裁决书。仲裁调解虽然也属于诉讼外调解，但仲裁调解书与仲裁裁决书具有同等法律效力，当事人可以申请人民法院强制执行仲裁调解书。仲裁调解适用有关仲裁的法律规定，具体可以参见本章第三节。

6. 法院调解

法院调解是指在人民法院审判人员的主持下，诉讼当事人就争议的问题，通过自愿协商，达成协议，解决其民事纠纷的活动。这是人民法院对受理的民事案件、经济纠纷案件和轻微刑事案件进行的调解，是诉讼内调解。对于婚姻案件，诉讼内调解是必经的程序。至于其他民事案件是否进行调解，取决于当事人的自愿，调解不是必经程序。法院调解书与判决书有同等效力。

人民法院审理民事案件，应遵循查明事实、分清是非、自愿与合法的原则，调解不成，应及时判决。法院调解，可以应当事人的申请而启动，也可以由人民法院依职权主动开始。

法院调解与其他调解形式相比较，有以下三个特点。

(1) 法院调解是一种诉讼活动。法院调解是诉讼内调解，是在人民法院审判组织的主持下，依照法定程序进行的，经调解达成的协议具有法律效力。调解的方式比较多，但是除法院调解以外，其他方式的调解都不具有诉讼的性质。法院调解作为人民法院行使审判权的一种方式，在调解过程中，审判组织在审判模式中扮演着更为积极、主动的角色，从而使调解带有浓厚的诉讼性质。同时，经法院调解达成的协议在送达双方当事人后，即具有与生效判决等同的效力。

(2) 法院调解是法院行使审判权与当事人行使处分权的结合。法院调解的前提在于双方当事人对该种纠纷解决方式的认同，如果当事人双方或一方不愿意以调解方式解决纠纷，人民法院不得强迫或变相强迫当事人接受调解，否则便会使法院调解丧失其存在的基础。同时，法院调解贯穿于民事审判程序的始终，第一审程序、第二审程序和再审程序都可以适用调解；开庭审理前可以进行调解，开庭审理后、判决作出之前也可以进行调解。

（3）法院调解是人民法院审结民事案件的一种方式。通过法院调解，当事人双方自愿达成协议后，经法院审查认可，调解书送达双方当事人签收后，即发生法律效力，从而终结诉讼程序。在我国，"审判模式"和"调解模式"是人民法院解决民事纠纷的两种基本形式。调解协议一经双方当事人签收即发生法律效力，产生诉讼终结的法律后果，任何一方当事人均不得对调解协议提出上诉，其提起再审的理由也受到严格限制。

第三节　会展纠纷的仲裁

案例引导

2014年3月19日，甲乙两公司签订承揽合同一份，约定被告委托原告为其设计、制作、搭建在上海新国际博览中心参加的第十五届中国环博会的展台（展位号N3馆3430），合同价款为人民币（以下币种同）231550元，并约定在搭建完毕后支付合同尾款115775元。合同未约定发生争议的解决方式。2014年5月，甲公司按约为被告完成了展台的设计、制作、搭建工作，但乙公司却不按合同约定支付价款，截至2014年8月10日尚结欠甲31000元。

（资料来源：http://pkulaw.cn/case/pfnl_1970324860013938.html？match＝Exact.）

【问题】

（1）在甲乙公司未约定就合同有关争议的纠纷通过仲裁解决的前提下，甲公司申请通过仲裁方式解决争议的主张能否得到支持？

（2）如果发生争议后，甲乙公司单独签订补充协议，有关该承揽合同发生的争议提请上海仲裁委员会仲裁，上海仲裁委员会是否有权受理甲公司的仲裁申请？如果甲公司向其住所地重庆市仲裁委员会申请仲裁，重庆仲裁委员会能否受理？

（3）上海仲裁委员会仲裁裁决以后，甲公司不服，于是向乙公司所在地基层人民法院提起诉讼，请问人民法院能否受理该案？

会展纠纷的仲裁与一般意义上的仲裁并无不同。因此，会展纠纷的仲裁直接适用普通仲裁的有关规定。

一、仲裁的概念、特征、适用范围和类型

（一）仲裁的概念

仲裁是指当事人在发生纠纷时，根据事先达成的仲裁协议，自愿将争议的事项或问题提

交给仲裁机构予以裁决,并由国家强制力保证实施的一种纠纷解决机制。仲裁是通过非官方途径解决纠纷的重要方式。

(二)仲裁的特征

1. 仲裁的约定性

提交仲裁以双方当事人自愿为前提。当事人在进行经济交往时,可以选择各种解决争议的方式。如果当事人选择仲裁的,必须在订立合同时写明仲裁条款或者在发生争议时达成书面的仲裁协议。没有仲裁协议,仲裁机构不予受理。同样,双方已达成仲裁协议,一方又向人民法院起诉,人民法院也不予受理。

2. "一裁终局"性

"一裁终局"就是仲裁裁决作出之日或调解书一经双方当事人签收,即发生法律效力。当事人对仲裁机构作出的裁决不服,不得向人民法院提起诉讼。当事人就同一纠纷再申请仲裁或者向人民法院起诉的,仲裁委员会或人民法院不予受理。仲裁裁决一经作出即为终局裁决,除非仲裁裁决被法院撤销或者不予执行,如果当事人一方不履行裁决的,另一方当事人可以依法向人民法院申请执行。

3. 仲裁当事人的自主性

(1)当事人双方有权自愿选择仲裁机构。《仲裁法》第6条规定:仲裁委员会应当由当事人协议选定。仲裁不实行级别管辖和地域管辖。

(2)向哪个仲裁委员会申请仲裁,由当事人协商选定,被选定的仲裁委员会必须仲裁。当事人有权选择仲裁员。根据《仲裁法》的规定,仲裁员由当事人自愿选任。

(3)当事人有权约定仲裁程序中依法可约定的事项。《仲裁法》规定了许多当事人可以自由约定的事项,如当事人可约定仲裁庭的组成方式,可约定是否开庭仲裁、是否公开仲裁、是否进行调解。

4. 仲裁的权威性

(1)仲裁员来源的权威性。一方面仲裁员一般是从各行各业人员中选任具有相当工作年限或者职称的人员担任,都是各个领域具有相当专业水平的人员,人员构成具有权威性。

(2)仲裁效力的权威性。仲裁实行一裁终局,不实行级别管辖和地域管辖。裁决书一经作出、调解书一经双方当事人签收,即发生法律效力。当事人应当履行裁决,一方不履行的,另一方可申请人民法院强制执行。可见,仲裁具有自愿、公正、便捷、保密、高效的特点,当事人较易接受,法律保证履行的权威。

5. 仲裁的独立性

(1)仲裁员的独立性。仲裁员是兼职的,仲裁委员会与仲裁员之间没有固定的人事关系,能够更好地保证仲裁裁决的公正性和独立性。

(2)仲裁机构的独立性。仲裁机构不隶属于任何行政机关;仲裁庭享有独立的仲裁权,仲裁委员会不作干预;法院对仲裁的监督只是事后监督,不能事前干预。《仲裁法》第8条规定:仲裁依法独立进行,不受行政机关、社会团体和个人的干涉。这是法律赋予仲裁机构和仲裁员的权力,也体现出仲裁机构的独立性。

6. 仲裁的快捷性

仲裁实行一裁终局,没有二审和再审程序,裁决书作出或者调解书经当事人签收便发生法律效力,能避免无休止的缠诉和案件久拖不决,能为当事人节省宝贵的时间、财力和精力。

(三)仲裁的适用范围

仲裁的适用范围是指哪些纠纷可以通过仲裁解决,哪些纠纷不能由仲裁解决,即"争议的可仲裁性"。

《仲裁法》第2条规定:平等主体的公民、法人和其他组织之间发生的合同纠纷和其他财产权益纠纷,可以仲裁。《仲裁法》这里明确了三条原则:一是发生纠纷的双方当事人必须是民事主体,包括国内外法人、自然人和其他合法的具有独立主体资格的组织;二是仲裁的争议事项是当事人有权处分的事项;三是仲裁的范围必须是合同纠纷和其他财产权益纠纷。

合同纠纷是在经济活动中双方当事人因订立或履行各类经济合同而产生的纠纷,包括国内外平等主体的自然人、法人以及其他组织之间的房地产合同纠纷、期货和证券交易纠纷、保险合同纠纷、借贷合同纠纷、票据纠纷、抵押合同纠纷等国内各类经济合同纠纷,还包括涉外的、涉港澳台地区的纠纷以及涉及国际贸易、国际代理、国际投资、国际技术合作方面的纠纷。

其他财产权益纠纷主要指侵权行为引发的纠纷,在知识产权纠纷和产品质量纠纷方面比较多见。

需要注意的是,下列纠纷不能仲裁:一是婚姻、收养、监护、抚养、继承纠纷;二是依法应当有行政机关处理的行政争议。

(四)仲裁的类型

根据仲裁所涉争议是否具有涉外因素而分为两类,一类是国内仲裁,另一类是涉外仲裁。仲裁的事项如果不具有涉外的性质则为国内仲裁。涉外仲裁是指当事人依据仲裁协议将涉外经济贸易、运输和海事中发生的纠纷提交仲裁机构进行审理并作出裁决的制度。

涉外仲裁与国内仲裁的根本区别在于它是解决涉外经济贸易、运输和海事中发生的纠纷的一种方式。这种纠纷的特点是具有涉外因素,因而这类纠纷案件属于涉外纠纷案件。在仲裁实践中,中国仲裁机构对涉及香港、澳门或台湾地区法人或自然人之间,或者其同外国法人或自然人之间产生于契约性或非契约性的经济贸易等争议中的仲裁案件,比照涉外仲裁案件处理。

二、仲裁协议

(一)仲裁协议的概念

仲裁协议是指当事人在自愿、协商、平等、互利的基础上,将他们之间已经发生或者将来可能发生的争议提交仲裁机构进行裁决的共同意思表示。仲裁协议是申请仲裁的必备材料。

可以从以下三个方面来理解仲裁协议这一概念。

(1)从性质上看,仲裁是一种合同。它必须建立在双方当事人自愿、平等和协商一致的基础上。仲裁协议是双方当事人共同的意思表示,是他们同意将争议提交仲裁的一种书面形式,所以说仲裁协议是一种合同。

(2) 从形式上看,仲裁协议是一种书面协议。一般的合同可以是书面形式也可以是口头形式,仲裁协议的形式具有特殊性,这种特殊性就是要求要有书面形式,对此仲裁法有明确规定。《仲裁法》第16条规定:仲裁协议包括合同中订立的仲裁条款和以其他书面方式在纠纷发生前或者纠纷发生后达成的请求仲裁的协议。从仲裁法的这一规定可以看出,我国只承认书面仲裁协议的法律效力,以口头方式订立的仲裁协议不受法律保护。当事人以口头仲裁协议为依据申请仲裁的,仲裁机构不予受理。

(3) 从内容上看,仲裁协议是当事人约定将争议提交仲裁解决的协议。当事人约定提交仲裁的争议可以是已经发生的,也可以是将来可能发生的争议。在仲裁协议中需要约定的是有关仲裁的内容。

(二) 仲裁协议的种类

根据表现形式的不同,仲裁协议主要可以分为仲裁协议书、仲裁条款和其他有仲裁意思表示的书面文件。

仲裁协议书是指争议当事人经过协商后,共同签署的将争议提交仲裁解决的专门协议。这种类型的仲裁协议往往会在争议发生以后,将已经发生的现有争议提交仲裁而订立的协议。当然,当事人也可以在争议发生前签订专门的仲裁协议书,把将来可能发生的有关争议提交仲裁解决。这类协议是单独订立的专门性的协议书。从形式上看,仲裁协议书与主合同是完全分开、彼此独立的。

仲裁条款是指双方当事人在签订合同时,在该合同中订立的,约定把将来可能发生的争议提交仲裁解决的条款。这种协议通常在双方当事人订立合同时,以合同条款的形式订立在该主合同中,称为主合同的组成部分。仲裁条款是最为常见的仲裁协议。

除了以上两种常见的仲裁协议以外,有时候仲裁协议还能体现在双方当事人进行交易的来往函电等其他形式的书面材料中。这时双方当事人往往没有签订仲裁条款,也很难达成仲裁协议书。如果想要通过仲裁解决,需要查询和审视双方当事人在交往过程中相互往来的信函、电传、电报、邮件以及其他书面材料。如果这些文件中含有双方当事人同意把有关争议提交仲裁解决的意思表示,双方当事人也可以据此提交仲裁。

(三) 仲裁协议的主要内容

一份完整有效的仲裁协议必须具备法定的内容。根据我国《仲裁法》第16条的规定,仲裁协议应当包括下列内容。

1. 请求仲裁的意思表示

当事人在订立合同或签订其他形式的仲裁协议时,一致同意将他们之间已经发生或将来可能发生的纠纷通过仲裁方式解决的明确意思表示。请求仲裁的意思表达是仲裁协议的首要内容。当事人在表达请求仲裁的意思表示需要注意四个问题。

第一,仲裁协议中当事人请求仲裁的意思表示要明确。不确定的仲裁意思表示、不明确的仲裁协议无法判断当事人的真实意思,仲裁机构也无法受理当事人的仲裁申请。申请仲裁的意思表示明确,最主要是要求通过该意思表示,可以得出当事人排除司法管辖而选择仲裁解决争议的结论。

第二，请求仲裁的意思表示必须是双方当事人共同的意思表示，而不是一方当事人的意思表示。不能证明是双方当事人共同的意思表示的仲裁协议是无效的。

第三，请求仲裁的意思表示必须是双方当事人的真实意思表示，即不存在当事人被胁迫、欺诈等而订立仲裁协议的情况，否则仲裁协议无效。

第四，请求仲裁的意思表示必须是双方当事人自己的意思表示，而不是任何其他人的意思表示。例如，上级主管部门不能代替当事人订立仲裁协议。

2. 仲裁事项

仲裁事项即当事人提交仲裁的争议范围。仲裁事项必须明确具体，当事人实际提交仲裁的争议以及仲裁委员会所受理的争议，都不得超出仲裁协议约定的范围，仲裁事项也是仲裁庭审理和裁决纠纷的范围，即仲裁庭只能在仲裁协议确定的仲裁事项的范围内进行仲裁，超出这一范围不能进行仲裁。

仲裁协议中约定的仲裁事项，应当符合以下两个条件。

第一，争议事项具有可仲裁性。仲裁协议中双方当事人约定提交仲裁的争议事项，必须是仲裁立法允许采用仲裁方式解决的争议事项。约定的仲裁事项超出法律规定的仲裁范围的，仲裁协议是无效的。这已成为各国仲裁立法、国际公约和仲裁实践所认可的基本准则。我国《仲裁法》第2条和第3条分别规定了可以仲裁的范围和不可仲裁的范围。

第二，仲裁事项具有明确性。对于未来可能的争议事项要提交仲裁，应尽量避免在仲裁协议中做限制性规定，包括争议性质上的限制、金额上的限制以及其他具体事项的限制，而采用宽泛的约定，如可以笼统地约定为"因本合同引起的争议"。这样有利于仲裁机构全面迅速地审理纠纷，充分保护当事人的合法权益。

3. 仲裁机构

仲裁机构应当由当事人自愿协商选定，也就是说，自愿将争议提交仲裁的当事人双方对仲裁机构和仲裁地点可以自由选择（必须经过约定）。

仲裁机构的选择必须具体确定，不能模棱两可。但在实践中当事人约定仲裁机构出现模糊的情形也不少。对于仲裁机构约定不明确的情形，最高人民法院《关于适用〈中华人民共和国仲裁法〉若干问题的解释》分不同情况加以进一步明确：①仲裁协议约定的仲裁机构名称不准确，但能够确定具体的仲裁机构的，应当认定为选定了仲裁机构。②仲裁协议仅约定纠纷适用的仲裁规则的，视为未约定仲裁机构，但当事人达成补充协议或者按照约定的仲裁规则能够确定仲裁机构的除外。③仲裁协议约定两个以上仲裁机构的，当事人可以协议选择其中的一个仲裁机构申请仲裁；当事人不能就仲裁机构选择达成一致的，仲裁协议无效。④仲裁协议约定由某地的仲裁机构仲裁且该地仅有一个仲裁机构的，该仲裁机构视为约定的仲裁机构。该地有两个以上仲裁机构的，当事人可以协议选择其中的一个仲裁机构申请仲裁；当事人不能就仲裁机构选择达成一致的，仲裁协议无效。⑤当事人约定争议可以向仲裁机构申请仲裁也可以向人民法院起诉的，仲裁协议无效。但一方向仲裁机构申请仲裁，另一方未在《仲裁法》第20条第2款规定期间内提出异议的除外。

（四）仲裁协议的法律效力

仲裁协议的法律效力，即仲裁协议所具有的法律约束力。一项有效的仲裁协议的法律效力包括对双方当事人的约束力、对法院的约束力和对仲裁机构的约束力。

1. 对双方当事人的法律效力

仲裁协议对当事人的法律效力表现为约束双方当事人对纠纷解决方式的选择权。仲裁协议一经有效成立,即对双方当事人产生法律效力,双方当事人都受到他们所签订的仲裁协议的约束。发生纠纷后,当事人只能通过向仲裁协议中所确定的仲裁机构申请仲裁的方式解决该纠纷,而丧失了就该纠纷向法院提起诉讼的权利。如果一方当事人违背仲裁协议,就仲裁协议规定范围内的争议事项向法院起诉,另一方当事人有权在首次开庭前依据仲裁协议要求法院停止诉讼程序,法院也应当驳回当事人的起诉。

2. 对法院的法律效力

仲裁协议对法院的法律效力表现为仲裁协议排除法院的司法管辖权。有效的仲裁协议可以排除法院对订立于仲裁协议中的争议事项的司法管辖权,这是仲裁协议法律效力的重要体现,也是各国仲裁普遍适用的准则。我国《仲裁法》第5条明确规定,当事人达成仲裁协议,一方向人民法院起诉的,人民法院不予受理,但仲裁协议无效的除外。

3. 对仲裁机构的法律效力

仲裁协议对仲裁机构的法律效力表现为授予仲裁机构仲裁管辖权并限定仲裁的范围。仲裁协议是仲裁委员会受理仲裁案件的基础,是仲裁庭审理和裁决仲裁案件的依据。没有仲裁协议就没有仲裁机构对仲裁案件的仲裁管辖权。我国《仲裁法》第4条规定,没有仲裁协议,一方申请仲裁的,仲裁委员会不予受理。同时,仲裁机构的管辖权又受到仲裁协议的严格限制,即仲裁庭只能对当事人在仲裁协议中约定的争议事项进行仲裁,而对仲裁协议约定范围以外的其他争议无权仲裁。

此外,一项有效的仲裁协议是仲裁裁决获得承认和强制执行的必要条件。如果一方当事人拒不履行仲裁裁决,他方当事人可提交有效的仲裁协议和裁决书,申请法院强制执行该裁决。

三、仲裁机构和仲裁程序

(一) 仲裁机构

仲裁机构是指依照法律规定设立,并依法对平等主体的自然人、法人和其他组织之间发生的合同争议和其他财产权益争议专门进行仲裁的组织。

在我国,仲裁机构是仲裁委员会。由于国内合同和涉外合同不同,我国分别对这两类合同争议的仲裁规定了不同的仲裁机构,即我国仲裁委员会分为两类:一是针对国内合同争议的仲裁委员会,是各地设立的仲裁委员会;二是针对涉外合同争议的涉外仲裁委员会,是中国国际商会设立的中国国际经济贸易仲裁委员会(它可以在一些地方设立办事处)。

1. 国内仲裁机构

(1) 仲裁委员会。

仲裁委员会可以在直辖市和省、自治区人民政府所在地的市设立,也可以根据需要在其他设区的市设立,不按行政区划层层设立。设立仲裁委员会,应当经省、自治区、直辖市的司法行政部门登记。

仲裁委员会应当具备下列条件：①有自己的名称、住所和章程；②有必要的财产；③有该委员会的组成人员；④有聘任的仲裁员。

仲裁委员会由主任1人、副主任2~4人和委员7~11人组成。仲裁委员会的主任、副主任和委员由法律、经济贸易专家和有实际工作经验的人员担任。仲裁委员会的组成人员中，法律、经济贸易专家不得少于三分之二。仲裁委员会应当从公道正派的人员中聘任仲裁员，并至少符合下列条件之一：①从事仲裁工作满八年的；②从事律师工作满8年的；③曾任审判员满8年的；④从事法律研究、教学工作并具有高级职称的；⑤具有法律知识，从事经济贸易等专业工作并具有高级职称或者具有同等专业水平的。

仲裁委员会独立于行政机关，与行政机关没有隶属关系。仲裁委员会之间也没有隶属关系。

（2）仲裁协会。

中国仲裁协会是社会团体法人。仲裁委员会是中国仲裁协会的会员。中国仲裁协会是仲裁委员会的自律性组织。中国仲裁协会的章程由全国会员大会制定，对仲裁委员会及其组成人员、仲裁员的违纪行为进行监督。

中国仲裁协会依照《仲裁法》和《中华人民共和国民事诉讼法》的有关规定制定仲裁规则。

2. 涉外仲裁机构

涉外仲裁委员会可以由中国国际商会组织设立。涉外仲裁委员会由主任1人、副主任若干人和委员若干人组成。涉外仲裁委员会设有秘书局，在仲裁委员会秘书长的领导下负责处理仲裁委员会的日常事务。涉外仲裁委员会设立仲裁员名册，仲裁员由涉外仲裁委员会从法律、经济贸易、科学技术等方面具有专门知识和实际经验的中外人士中聘任。

中国国际经济贸易仲裁委员会和海事仲裁委员会是我国的常设涉外仲裁机构，也是受理涉外仲裁案件的具有典型性、代表性的仲裁机构。目前，我国除了中国国际经济贸易仲裁委员会和海事仲裁委员会受理涉外仲裁案件，按照有关规定，依据《仲裁法》设立或重新组建的仲裁机构也有权受理涉外仲裁案件。

（1）中国国际经济贸易仲裁委员会。

中国国际经济贸易仲裁委员会是1956年4月正式成立的，它是以仲裁的方式，独立、公正地解决契约性或非契约性的经济贸易等争议的常设仲裁机构。

中国国际经济贸易仲裁委员会设在北京，在深圳设有仲裁委员会深圳分会，在上海设有仲裁委员会上海分会。仲裁委员会分会是仲裁委员会的组成部分。当事人在签订仲裁协议时，可以约定将其争议提交仲裁委员会在北京进行仲裁，或者约定将其争议提交仲裁委员会深圳分会在深圳进行仲裁，或者约定将其争议提交仲裁委员会上海分会在上海进行仲裁。

根据《仲裁法》第73条的规定："涉外仲裁规则可以由中国国际商会依照本法和民事诉讼法的有关规定制定。"中国国际经济贸易仲裁委员会现行的仲裁规则是中国国际商会于2014年11月4日修订并通过，2015年1月1日起施行的《中国国际经济贸易仲裁委员会仲裁规则》。

（2）中国海事仲裁委员会。

中国海事仲裁委员会成立于1959年1月，是以仲裁方式，独立、公正地解决产生于远洋、近洋、沿海和与海相通的可航水域的运输、生产和航行等有关过程中所发生的契约性或非契约性的海事争议的常设仲裁机构。海事仲裁委员会设在北京。其现行的仲裁规则是中国国际商会于2014年11月4日修订并通过，2015年1月1日起施行的《中国海事仲裁委员会仲裁规则》。

（3）其他受理涉外仲裁案件的仲裁机构。

长期以来，我国受理涉外仲裁案件的仲裁机构只有中国国际经济贸易仲裁委员会和海事仲裁委员会，中国国际经济贸易仲裁委员会和海事仲裁委员会也因此成为专门受理涉外纠纷案件的常设仲裁机构。但自从我国《仲裁法》颁布实施以来，依照《仲裁法》的规定，在直辖市和省、自治区人民政府所在地的市和其他设区的市又设立或重新组建了一批常设仲裁机构，对这些仲裁机构能否受理涉外仲裁案件，《仲裁法》并没有明确规定。1996年6月8日，国务院办公厅发布了《关于贯彻实施〈中华人民共和国仲裁法〉需要明确的几个问题的通知》，该通知规定，新组建的仲裁委员会的主要职责是受理国内仲裁案件；涉外仲裁案件的当事人自愿选择新组建的仲裁委员会仲裁的，新组建的仲裁委员会可以受理。据此，依照《仲裁法》设立或重新组建的仲裁机构，如北京仲裁委员会、上海仲裁委员会等，在涉外仲裁案件的当事人自愿选择其进行仲裁时，对该涉外仲裁案件具有管辖权。

（二）仲裁程序

1. 申请和受理

当事人申请仲裁的条件：有仲裁协议，有具体的仲裁请求和事实、理由，属于仲裁委员会的受案范围。

当事人申请仲裁，应当向仲裁委员会递交仲裁协议、仲裁申请书及其副本。仲裁委员会自收到仲裁申请之日起5日内，认为符合受理条件的，应当受理，并通知当事人；认为不符合受理条件的，应当书面通知当事人不予受理，并说明理由。

仲裁委员会受理仲裁申请后，应当在仲裁规则规定的期限内将仲裁规则和仲裁员名册送达申请人，并将仲裁申请书副本和仲裁规则、仲裁员名册送达被申请人。被申请人收到仲裁申请书副本后，应当在仲裁规则规定的期限内向仲裁委员会提交答辩书。仲裁委员会收到答辩书后，应当在仲裁规则规定的期限内将答辩书副本送达申请人。被申请人未提交答辩书的，不影响仲裁程序的进行。

申请人可以放弃或者变更仲裁请求。被申请人可以承认或者反驳仲裁请求，有权提出反请求。一方当事人因另一方当事人的行为或者其他原因，可能使裁决不能执行或者难以执行的，可以申请财产保全。当事人申请财产保全的，仲裁委员会应当将当事人的申请依照民事诉讼法的有关规定提交人民法院。申请有错误的，申请人应当赔偿被申请人因财产保全所遭受的损失。

2. 仲裁庭的组成

仲裁庭可以由三名仲裁员或者一名仲裁员组成。由三名仲裁员组成的，设首席仲裁员。当事人约定由三名仲裁员组成仲裁庭的，应当各自选定或者各自委托仲裁委员会主任指定一名仲裁员，第三名仲裁员由当事人共同选定或者共同委托仲裁委员会主任指定。第三名仲裁员是首席仲裁员。当事人约定由一名仲裁员成立仲裁庭的，应当由当事人共同选定或

者共同委托仲裁委员会主任指定。当事人没有在仲裁规则规定的期限内约定仲裁庭的组成方法或者选定仲裁员的,由仲裁委员会主任指定。仲裁庭组成后,仲裁委员会应当将仲裁庭的组成情况书面通知当事人。仲裁员有下列情形之一的,必须回避,当事人也有权提出回避申请:是本案当事人或者当事人、代理人的近亲属;与本案有利害关系;与本案当事人、代理人有其他关系,可能影响公正仲裁的;私自会见当事人、代理人,或者接受当事人、代理人的请客送礼的。当事人提出回避申请,应当说明理由,在首次开庭前提出。回避事由在首次开庭后知道的,可以在最后一次开庭终结前提出。仲裁员是否回避,由仲裁委员会主任决定;仲裁委员会主任担任仲裁员时,由仲裁委员会集体决定。

3. 开庭与裁决

(1) 开庭。

仲裁应当开庭进行。当事人协议不开庭的,仲裁庭可以根据仲裁申请书、答辩书以及其他材料作出裁决。仲裁不公开进行。当事人协议公开的,可以公开进行,但涉及国家秘密的除外。仲裁委员会应当在仲裁规则规定的期限内将开庭日期通知双方当事人。当事人有正当理由的,可以在仲裁规则规定的期限内请求延期开庭。是否延期,由仲裁庭决定。申请人经书面通知,无正当理由不到庭或者未经仲裁庭许可中途退庭的,可以视为撤回仲裁申请。被申请人经书面通知,无正当理由不到庭或者未经仲裁庭许可中途退庭的,可以缺席裁决。

当事人应当对自己的主张提供证据。仲裁庭认为有必要收集的证据,可以自行收集。仲裁庭对专门性问题认为需要鉴定的,可以交由当事人约定的鉴定部门鉴定,也可以由仲裁庭指定的鉴定部门鉴定。根据当事人的请求或者仲裁庭的要求,鉴定部门应当派鉴定人参加开庭。当事人经仲裁庭许可,可以向鉴定人提问。证据应当在开庭时出示,当事人可以质证。在证据可能灭失或者以后难以取得的情况下,当事人可以申请证据保全。当事人申请证据保全的,仲裁委员会应当将当事人的申请提交证据所在地的基层人民法院。当事人在仲裁过程中有权进行辩论。辩论终结时,首席仲裁员或者独任仲裁员应当征询当事人的最后意见。仲裁庭应当将开庭情况记入笔录。当事人和其他仲裁参与人认为对自己陈述的记录有遗漏或者差错的,有权申请补正。如果不予补正,应当记录该申请。笔录由仲裁员、记录人员、当事人和其他仲裁参与人签名或者盖章。

(2) 和解、调解与裁决。

当事人申请仲裁后,可以自行和解。达成和解协议的,可以请求仲裁庭根据和解协议作出裁决书,也可以撤回仲裁申请。当事人达成和解协议,撤回仲裁申请后反悔的,可以根据仲裁协议申请仲裁。

仲裁庭在作出裁决前,可以先行调解。当事人自愿调解的,仲裁庭应当调解。调解不成的,应当及时作出裁决。调解达成协议的,仲裁庭应当制作调解书或者根据协议的结果制作裁决书。调解书与裁决书具有同等法律效力。调解书应当写明仲裁请求和当事人协议的结果。调解书由仲裁员签名,加盖仲裁委员会印章,送达双方当事人。调解书经双方当事人签收后,即发生法律效力。在调解书签收前当事人反悔的,仲裁庭应当及时作出裁决。

裁决应当按照多数仲裁员的意见作出,少数仲裁员的不同意见可以记入笔录。仲裁庭不能形成多数意见时,裁决应当按照首席仲裁员的意见作出,裁决书自作出之日起发生法律效力。

裁决书应当写明仲裁请求、争议事实、裁决理由、裁决结果、仲裁费用的负担和裁决日期。当事人协议不愿写明争议事实和裁决理由的，可以不写。裁决书由仲裁员签名，加盖仲裁委员会印章。对裁决持不同意见的仲裁员，可以签名，也可以不签名。

4. 申请撤销裁决

当事人提出证据证明裁决有下列情形之一的，可以向仲裁委员会所在地的中级人民法院申请撤销裁决：没有仲裁协议的、裁决的事项不属于仲裁协议的范围或者仲裁委员会无权仲裁的；仲裁庭的组成或者仲裁的程序违反法定程序的；裁决所依据的证据是伪造的；对方当事人隐瞒了足以影响公正裁决的证据的；仲裁员在仲裁该案时有索贿受贿，徇私舞弊，枉法裁决行为的。人民法院经组成合议庭审查核实裁决有前款规定情形之一的，应当裁定撤销。人民法院认定该裁决违背社会公共利益的，应当裁定撤销。

当事人申请撤销裁决的，应当自收到裁决书之日起六个月内提出。人民法院应当在受理撤销裁决申请之日起两个月内作出撤销裁决或者驳回申请的裁定。人民法院受理撤销裁决的申请后，认为可以由仲裁庭重新仲裁的，通知仲裁庭在一定期限内重新仲裁，并裁定中止撤销程序。仲裁庭拒绝重新仲裁的，人民法院应当裁定恢复撤销程序。

5. 仲裁裁决的执行

当事人应当履行裁决。一方当事人不履行的，另一方当事人可以依照《民事诉讼法》的有关规定向人民法院申请执行。受理申请的人民法院应当执行。被申请人提出证据证明有下列情形之一的，经人民法院组成合议庭审查核实，裁定不予执行：当事人在合同中没有订有仲裁条款或者事后没有达成书面仲裁协议的；被申请人没有得到指定仲裁员或者进行仲裁程序的通知，或者由于其他不属于被申请人负责的原因未能陈述意见的；仲裁庭的组成或者仲裁的程序与仲裁规则不符的；裁决的事项不属于仲裁协议的范围或者仲裁机构无权仲裁的。人民法院认定执行该裁决违背社会公共利益的，裁定不予执行。仲裁裁决被人民法院裁定不予执行的，当事人可以根据双方达成的书面仲裁协议重新申请仲裁，也可以向人民法院起诉。

一方当事人申请执行裁决，另一方当事人申请撤销裁决的，人民法院应当裁定中止执行。人民法院裁定撤销裁决的，应当裁定终结执行。撤销裁决的申请被裁定驳回的，人民法院应当裁定恢复执行。

四、涉外仲裁的执行

对涉外仲裁机构作出的仲裁裁决，当事人应当自觉履行。否则，人民法院经一方当事人的申请可以强制执行。对涉外仲裁裁决的执行有两种情形，即涉外仲裁裁决在中国的执行和涉外仲裁裁决在外国的执行。

（一）涉外仲裁裁决在中国的执行

按照我国《民事诉讼法》和《仲裁法》的有关规定，对中国的涉外仲裁机构作出的仲裁裁决，一方当事人不履行的，对方当事人可以向被申请人住所地或者财产所在地的中级人民法院申请执行。申请人向人民法院申请执行中国涉外仲裁机构的仲裁裁决，须提出书面申请，并附裁决书正本。如果申请人为外国一方当事人，其申请书须用中文本提出。

一方当事人申请执行仲裁裁决,另一方当事人申请撤销仲裁裁决,人民法院应当裁定中止执行。按照1992年最高人民法院《关于适用〈中华人民共和国民事诉讼法〉若干问题的意见》第315条的规定,在这种情况下,被执行人应该提供财产担保。人民法院裁定撤销裁决的,应当裁定终结执行。撤销仲裁裁决的申请被裁定驳回的,人民法院应当裁定恢复执行。仲裁裁决被人民法院裁定不予执行的,当事人可以根据双方达成的书面仲裁协议重新申请仲裁,也可以向人民法院起诉。

（二）涉外仲裁裁决在外国的承认和执行

依照我国《民事诉讼法》和《仲裁法》第72条的规定,中国涉外仲裁机构作出的发生法律效力的仲裁裁决,当事人请求执行的,如果被执行人或者其财产不在中国领域内,应当由当事人直接向有管辖权的外国法院申请承认和执行。由于中国已经加入《纽约公约》,当事人可以依照公约的规定或者依照中国缔结或参加的其他国际条约,直接向该外国法院申请承认和执行中国涉外仲裁机构作出的裁决。

第四节　会展纠纷的诉讼

案例引导

2011年5月1日,上海云桂会展服务有限公司（以下简称"服务公司"）与北京顶峰世纪联创展览展示中心（以下简称"世纪中心"）签订《展台制作合同》。合同约定:服务公司委托世纪中心制作畜牧业展览会展台相关事宜。项目地点:南京国际博览中心。合同总金额为252000元。合同约定有关该合同的争议由南京市仲裁委员会仲裁。在合同履行过程中,服务公司增加一个正邦的展台,制作费为70000元。服务公司拖欠世纪中心的加工款未支付。

【问题】

（1）如果双方在合同中约定,有关承揽合同的一切争议由南京市仲裁委员会仲裁,服务公司向法院起诉,法院是否可以受理?

（2）如果双方在合同中仅约定,因合同发生的一切争议提请仲裁,但是并未约定由哪家仲裁机构仲裁,事后又未能够就此事达成补充协议的,世纪中心向具有管辖权的人民法院起诉的,该法院能否受理?

（3）如果双方在合同中约定,有关该合同的一切争议由服务公司住所地基层人民法院管辖,世纪中心向服务公司住所地基层人民法院起诉服务公司要求支付欠款,请问服务公司住所地基层人民法院法院有无管辖权?

（4）如果双方在合同中约定,有关该合同的一切争议由服务公司住所地中级人民法院管辖,世纪中心向服务公司住所地中级人民法院起诉服务公司要求支付欠款,服务公司住所地中级人民法院是否受理?

一、会展纠纷诉讼的概念和基本原则

(一)会展纠纷诉讼的概念

民事诉讼是指人民法院在当事人和其他诉讼参与人的参加下,依法审理和解决民事纠纷的活动。会展纠纷诉讼是指人民法院在当事人和其他诉讼参与人的参加下,依法审理与会展活动相关纠纷并作出裁判的诉讼活动。会展纠纷诉讼主要发生在平等的民事主体之间,其诉讼活动主要适用《民事诉讼法》及其相关规定。

(二)会展纠纷诉讼的基本原则

会展纠纷诉讼的原则适用民事诉讼的诉讼原则,主要有以下几种。

1. 以事实为依据,以法律为准绳原则

人民法院审理各类案件,都必须从实际情况出发,实事求是,查清案件的事实真相,并以此作为定案的依据。以法律为准绳指人民法院在查清事实真相的基础上,必须严格按照法律的规定分清是非,确定当事人的法律责任。

2. 诉讼权利平等原则

当事人无论其社会地位、经济状况如何,无论是公民、法人还是其他组织,也无论是原告还是被告,在诉讼中都享有平等的诉讼权利,同时人民法院有义务保障当事人在诉讼中平等行使一切诉讼权利,对当事人在适用法律上一律平等。外国人、无国籍人、外国企业和组织在人民法院起诉、应诉,同中华人民共和国公民、法人和其他组织有同等的诉讼权利义务。

3. 调解原则

调解原则,是指人民法院审理民事案件,应当根据自愿和合法的原则进行调解。但法院在调解过程中,不得久调不决。调解不成的,应当及时判决。

4. 合议原则

合议制,是指由3名以上审判人员组成审判集体,代表法院行使审判权,对案件进行审理并作出裁判的制度。我国《民事诉讼法》规定,人民法院审理第一审民事案件,由审判员、陪审员共同组成合议庭或者由审判员组成合议庭。合议庭的成员人数,必须是单数。与合议制相对应的是独任制,即由审判员一人独任审理。独任制适用简易程序审理的民事案件。

5. 回避原则

审判人员、书记员、翻译人员、鉴定人员和勘验人员与案件有利害关系或其他关系,可能影响案件公正处理时,应当退出对案件的审理,以保证人民法院裁判结果的公正性。我国《民事诉讼法》第44条规定,审判人员与书记员、翻译人员、鉴定人、勘验人有下列情形之一的,应当自行回避,当事人有权用口头或者书面方式申请他们回避:第一,是本案当事人或者当事人、诉讼代理人的近亲属;第二,与本案有利害关系;第三,与本案当事人、诉讼代理人有其他关系,可能影响对案件公正审理的。

6. 公开审判原则

公开审判,是指人民法院审理经济案件,除合议庭评议外,依法向社会公开的制度。《民事诉讼法》规定,人民法院审理民事案件,除涉及国家秘密、个人隐私或者法律另有规定的以外,应当公开进行。离婚案件,涉及商业秘密的案件,当事人申请不公开审理的,可以不公开审理。

7. 两审终审原则

两审终审,是指一个经济案件经过两级法院审判就宣告终结的制度。当事人对第一审判决裁定不服的,可以向上一级人民法院提起上诉,启动第二审程序。第二审人民法院的判决、裁定是终局判决、裁定。对此,当事人不得再提起上诉。另外,最高人民法院是国家最高审判机关,最高人民法院作出的一审判决、裁定,当事人不得上诉。

8. 辩论原则

人民法院审理民事案件时,当事人有权进行辩论。这里的辩论范围包括案件的实体问题、程序问题和所适用的法律等方面。辩论形式可以是言辞辩论,也可以是书面辩论。

9. 处分原则

处分原则,是指当事人有权在法律规定的范围内处分自己的民事权利和诉讼权利。处分原则主要包括以下内容:诉讼必须依照原告的起诉才能开始;裁判的客体及范围限于原告的起诉范围,法院不得超出当事人的诉讼请求进行裁决;依当事人的自由意志决定诉讼的发展和终结。

10. 支持起诉原则

支持起诉,是指机关、社会团体、企事业单位对损害国家、集体或者个人民事权益的行为,可以支持受损害的单位或者个人向人民法院起诉。

二、会展纠纷诉讼的管辖

会展纠纷诉讼管辖的法律依据主要是《民事诉讼法》,于1991年4月9日通过,2007年10月28日第一次修正,2012年8月31日第二次修正;《最高人民法院关于适用〈中华人民共和国民事诉讼法〉的解释》(简称《民事诉讼法司法解释》),于2014年12月18日通过,2015年2月4日起实施。会展纠纷诉讼的管辖是指各级人民法院之间和同级人民法院之间审理第一审案件的分工和权限范围。

(一)级别管辖

级别管辖,是指不同级别人民法院之间受理第一审会展纠纷案件的分工和权限。其以案件的性质和影响范围为划分标准。根据《民事诉讼法》及其司法解释,级别管辖的主要内容有:

1. 基层人民法院管辖第一审民事纠纷案件,但《民事诉讼法》另有规定的除外。

2. 中级人民法院管辖下列三类民事纠纷案件。①重大涉外案件,指争议标的额大,或者案情复杂或者居住在国外的当事人人数众多的涉外案件;②在本辖区有重大影响的案件;③最高人民法院确定由中级人民法院管辖的案件。

3.高级人民法院管辖在本辖区内有重大影响的民事纠纷案件。

4.最高人民法院管辖在全国有重大影响的案件和认为应当由自己审理的案件。

专利纠纷案件由知识产权法院、最高人民法院确定的中级人民法院和基层人民法院管辖。海事、海商案件由海事法院管辖。

(二)地域管辖

地域管辖,亦称普通管辖,是指同级人民法院受理第一审民事、经济案件的分工和权限,是指根据当事人的所在地为标准来确立案件的管辖。它分为一般地域管辖和特殊地域管辖。

1. 一般地域管辖

原告就被告原则为主。根据《民事诉讼法》第21条规定:①对公民提起的民事诉讼,由被告住所地人民法院管辖;被告住所地与经常居住地不一致的,由经常居住地人民法院管辖。②对法人或其他组织提起的民事诉讼,由被告住所地人民法院管辖。同一诉讼的几个被告住所地、经常居住地在两个以上人民法院辖区的,该人民法院都有管辖权。

被告就原告原则为辅。根据《民事诉讼法》第22条规定,下列民事诉讼,由原告住所地人民法院管辖;原告住所地与经常居住地不一致的,由原告经常居住地人民法院管辖:①对不在中华人民共和国领域内居住的人提起的有关身份关系的诉讼;②对下落不明或者宣告失踪的人提起的有关身份关系的诉讼;③对被采取强制性教育措施的人提起的诉讼;④对被监禁的人提起的诉讼。

2. 特殊地域管辖

特殊地域管辖,亦称特殊管辖,是指以诉讼标的所在地或者引起法律关系产生、变更、消灭的法律事实的所在地为标准确定案件管辖法院。《民事诉讼法》第23条至第32条规定:

(1)因合同纠纷提起的诉讼,由被告住所地或者合同履行地人民法院管辖。

(2)因保险合同纠纷提起的诉讼,由被告住所地或者保险标的物所在地人民法院管辖。

(3)因票据纠纷提起的诉讼,由票据支付地或者被告住所地人民法院管辖。

(4)因公司设立、确认股东资格、分配利润、解散等纠纷提起的诉讼,由公司住所地人民法院管辖。

(5)因铁路、公路、水上、航空运输和联合运输合同纠纷提起的诉讼,由运输始发地、目的地或者被告住所地人民法院管辖。

(6)因侵权行为提起的诉讼,由侵权行为地或者被告住所地人民法院管辖。

(7)因铁路、公路、水上和航空事故请求损害赔偿提起的诉讼,由事故发生地或者车辆、船舶最先到达地、航空器最先降落地或者被告住所地人民法院管辖。

(8)因船舶碰撞或者其他海事损害事故请求损害赔偿提起的诉讼,由碰撞发生地、碰撞船舶最先到达地、加害船舶被扣留地或者被告住所地人民法院管辖。

(9)因海难救助费用提起的诉讼,由救助地或者被救助船舶最先到达地人民法院管辖。

（10）因共同海损提起的诉讼，由船舶最先到达地、共同海损理算地或者航程终止地的人民法院管辖。

（三）专属管辖

专属管辖，是指法律强制规定某些案件只能由特定的人民法院管辖，具有强制性和排他性。

根据《民事诉讼法》第33条规定，下列案件，由本条规定的人民法院专属管辖：①因不动产纠纷提起的诉讼，由不动产所在地人民法院管辖；②因港口作业中发生纠纷提起的诉讼，由港口所在地人民法院管辖；③因继承遗产纠纷提起的诉讼，由被继承人死亡时住所地或者主要遗产所在地人民法院管辖。

上述有关专属管辖案件仅为中国法院专属管辖，具体由哪个法院来管辖，还得遵从地域管辖和级别管辖的规定。另外，根据《最高人民法院关于适用〈中华人民共和国民事诉讼法〉的解释》，属于中华人民共和国法院专属管辖的案件当事人不得协议选择外国法院管辖，但协议选择仲裁的除外。

（四）协议管辖

协议管辖，是指双方当事人在争议之前或者争议之后，用协议的方式来确定案件的诉讼管辖权。协议管辖可以消除属地管辖权和属人管辖权带来的冲突，也有利于判决的履行和执行。根据《民事诉讼法》第34条规定，合同或者其他财产权益纠纷的当事人可以书面协议选择被告住所地、合同履行地、合同签订地、原告住所地、标的物所在地等与争议有实际联系的地点的人民法院管辖，但不得违反本法对级别管辖和专属管辖的规定。这就意味着协议管辖应符合以下条件：①必须是第一审合同纠纷案件；②只能在被告住所地、合同履行地、合同签订地、原告住所地、标的物所在地的法院中选择一个法院，不得违反民事诉讼法关于级别管辖、专属管辖的规定；③必须采用书面形式。

另外，根据《民事诉讼法》第35条规定，两个以上人民法院都有管辖权的诉讼，原告可以向其中一个人民法院起诉；原告向两个以上有管辖权的人民法院起诉的，由最先立案的人民法院管辖。

（五）属人管辖

属人管辖，是指以当事人的国籍来确定管辖权，主要适用于跨国家当事人的管辖。只要当事人一方拥有本国国籍，本国法院就享有管辖权。当事人的国籍，有的国家采用原告国籍，有的国家采用被告国籍，有的国家则兼而采之。属人管辖有利于维护国家的主权，有利于保护本国当事人的利益。但是，这种管辖原则有时不利于案件的公平解决，而且在出现多重国籍和无国籍情况时无能为力。

（六）平行管辖

平行管辖，又称任意管辖或选择管辖，是指一个国家在主张对某种类型的国际民事案件具有管辖权的同时并不否认其他国家法院对此案件的管辖权。在平行关系中，对于一个国际民事案件,可能有两个或两个以上国家的法院都有管辖权,原告可以选择其中一国的法院起诉,由该国法院行使管辖权。例如,就由被告住所地人民法院管辖这个内容而言,被告住所地既可能位于中国境内,也可能位于中国境外,这就需要看当事人的选择。谁选择先起诉,谁就选定了法院,即对方当事人的住所地法院。

中国法院和外国法院都有管辖权的案件,一方当事人向外国法院起诉,而另一方当事人向中国法院起诉的,人民法院可予受理。判决后,外国法院申请或者当事人请求人民法院承认和执行外国法院对本案作出的判决、裁定的,不予准许;但双方共同缔结或者加入的国际条约另有规定的除外。外国法院判决、裁定已经被人民法院承认,当事人就同一争议向人民法院起诉的,人民法院不予受理。

三、会展纠纷诉讼的程序

我国《民事诉讼法》规定的诉讼程序有第一审程序、第二审程序、审判监督程序、公示催告程序、执行程序等。此处主要介绍第一审程序、第二审程序、审判监督程序和执行程序。

(一)第一审程序

1. 普通程序

第一审程序包括普通程序和简易程序。第一审普通程序具有程序的完整性、广泛的适用性特点,简易程序是普通程序的简化。

(1) 起诉和受理。

起诉需要具备的条件有:原告是与本案有直接利害关系的公民、法人和其他组织;有明确的被告;有具体的诉讼请求和事实、理由;在人民法院受理经济案件的范围内,属于受诉人民法院管辖。人民法院审查后,认为符合起诉条件的,应当在7日内立案,并通知当事人;认为不符合起诉条件的,应当在7日内裁定不予受理,原告对裁定不服的,可以在10日内提起上诉。

(2) 审理前的准备。

需将起诉书的副本在立案之日起5日内送达被告,被告在收到起诉状副本之日起15日内提出答辩状。被告不提供答辩状的,不影响案件的审理。人民法院应组成合议庭,合议庭成员确定后3日内应告知当事人,当事人可以提出回避申请。

(3) 开庭审理。

人民法院在当事人和其他诉讼参与人的参与下,全面审查,认定案件事实,并依法作出裁定或调解的活动。它是普通程序中最重要的阶段和中心环节。由庭审准备、宣布开庭、庭审调查、法庭辩论、最后陈述、评议和判决几个阶段组成。审理结束后,应当进行调解,调解不成的,当庭或择日宣判。

(4) 宣告判决。

人民法院宣告判决,一律公开进行。当庭宣判的,应当在10日内发送判决书;定期宣判

的,宣判后立即发给判决书。当事人在判决书送达之日起15日内不上诉的,判决即发生法律效力。宣告判决时,必须告知当事人上诉权利、上诉期限和上诉的法院。

人民法院适用普通程序审理第一审案件,应在立案之日起6个月内审结;有特殊情况需要延长的,由本院院长批准,最长不得超过6个月;还需延长的,报请上级人民法院批准。

2. 简易程序

简易程序可以由法院启动,也可以由当事人启动。《民事诉讼法》规定,基层人民法院和它派出的法庭审理事实清楚、权利义务关系明确、争议不大的、简单的民事案件,适用简易程序。基层人民法院和它派出的法庭审理前款规定以外的民事案件,当事人双方也可以约定适用简易程序。

对简单的民事案件,原告可以口头起诉。当事人双方可以同时到基层人民法院或者它派出的法庭,请求解决纠纷。基层人民法院或者它派出的法庭可以当即审理,也可以另定日期审理。基层人民法院和它派出的法庭审理简单的民事案件,可以用简便方式传唤当事人和证人、送达诉讼文书、审理案件,但应当保障当事人陈述意见的权利。

简单的民事案件由审判员一人独任审理,并不受案件开庭通知和公告、法庭调查顺序、法庭辩论顺序的限制。人民法院适用简易程序审理案件,应当在立案之日起3个月内审结。基层人民法院和它派出的法庭审理的事实清楚、权利义务关系明确、争议不大的、简单的民事案件,标的额为各省、自治区、直辖市上年度就业人员年平均工资30%以下的,实行一审终审。

人民法院在审理过程中,发现案件不宜适用简易程序的,裁定转为普通程序。

(二) 第二审程序

第二审程序,是指上一级人民法院根据当事人的上诉,就下级人民法院的一审判决或者裁定,在其发生法律效力之前,对案件进行审理的活动。当事人不服地方各级人民法院第一审判决、裁定的,有权向上一级人民法院提起上诉。对判决不服提起上诉的期限为15日,对裁定不服提起上诉的期限为10日。上诉必须递交上诉状,不能用口头形式上诉。

对于上诉案件,第二审人民法院应当组成合议庭进行审理。合议庭认为不需要开庭审理的,可直接判决或裁定。第二审法院应对上诉请求的有关事实和适用的法律问题进行审查。

根据《民事诉讼法》规定,经过审理,二审案件根据不同情形,分别作出如下处理:①原判认定事实清楚,适用法律正确的,判决驳回上诉,维持原判。②原判认定事实清楚,但适用法律错误的,依法改判。③原判认定事实错误,或者认定事实不清,证据不足的,裁定撤销原判,发回原审人民法院重审;第二审法院也可以在查清事实后,直接改判。④原判违反法定程序,可能影响案件正确判决的,应当裁定撤销原判,发回原审人民法院重审。当事人对重审案件的判决、裁定不服的,可以提出上诉。

二审人民法院审理上诉案件,可以进行调解。调解达成协议,应当制作调解书。调解书送达后,原审人民法院的判决即视为撤销。

二审人民法院的判决、裁定,是终审的判决、裁定。人民法院审理对判决的上诉案件,应当在第二审立案之日起3个月内审结。有特殊情况需要延长的,由本院院长批准。人民法院审理对裁定的上诉案件,应当在第二审立案之日起30日内作出终审裁定。

（三）审判监督程序

审判监督程序,是指人民法院发现已发生法律效力的判决、裁定和调解书确有错误,依法决定对案件进行再审的程序。它不是每一个案件必经的审判程序,而是纠正人民法院已发生法律效力的判决、裁定错误的一种补救程序。

1. 审判监督程序的启动

审判监督程序的启动分为人民法院启动、当事人申请和检察院抗诉三种情况。人民法院启动和检察院抗诉属于公权力机关行使其职权和职责的范畴。当事人申请则属于当事人私主体行使自己的权利。当事人对已生效的判决、裁定和调解书认为有错误的,可依法向原审法院或上一级人民法院申请再审,但不停止原判决、裁定的执行。

2. 审判监督程序的审理

根据《民事诉讼法》规定,人民法院按照审判监督程序再审的案件,发生法律效力的判决、裁定是由第一审法院作出的,按照第一审程序审理,所做的判决、裁定,当事人可以上诉;发生法律效力的判决、裁定是由第二审法院作出的,按照第二审程序审理,所做的判决、裁定,是发生法律效力的判决、裁定;上级人民法院按照审判监督程序提审的,按照第二审程序审理,所作的判决、裁定是发生法律效力的判决、裁定。人民法院审理再审案件,应当另行组成合议庭。

（四）执行程序

执行程序是审判程序完成之后的一个独立的程序,但不是审判程序完成之后的必经程序。人民法院实行审执分离。法院设立专司执行的执行庭,执行工作由执行人员负责。

1. 执行的提出

判决裁定发生法律效力后,债务人未按照判决或者裁定所确定的期间履行偿债义务的,债权人可以申请人民法院强制执行。

2. 执行根据

具有给付内容的生效法律文书,具体有:人民法院制作的判决书、裁定书、调解书、支付令,仲裁机构制作的裁决书,公证机关制作的具有强制执行效力的债权文书。

3. 执行对象

执行对象是被执行人的财产和行为,不能是被执行人的人身。

4. 执行案件的管辖

发生法律效力的民事判决、裁定,以及刑事判决、裁定中的财产部分由第一审人民法院执行。法律规定由人民法院执行的其他法律文书,由被执行人住所所在地或被执行人的财产所在地人民法院执行。

5. 申请执行的期限

申请执行的期限,双方或一方当事人是公民的为1年,双方是法人或其他组织的为6个

月,一般从法律文书规定的当事人履行期间的最后一日起算。

 本章小结

本章主要讲述会展业经济纠纷解决法律制度,首先明确何为民事纠纷和会展纠纷、会展纠纷的类型和会展纠纷的解决方式,然后对会展纠纷的和解和调解的相关内容进行总体学习。本章的重点在于对会展纠纷的仲裁和诉讼的学习。会展纠纷的仲裁一节主要学习了仲裁的概念、特征、适用范围和类型、仲裁协议、仲裁机构、仲裁程序以及涉外仲裁的执行等内容。会展纠纷的诉讼一节主要学习了会展纠纷诉讼的概念和基本原则、会展纠纷诉讼的管辖、会展纠纷诉讼的程序。通过本章学习,让学生能够在会展纠纷发生以后选择最恰当的纠纷解决方式,并学会运用会展仲裁与诉讼解决会展经济纠纷案件的能力。

 关键概念

民事纠纷　会展纠纷　和解　调解　仲裁　诉讼　仲裁协议　仲裁管辖　诉讼管辖

 复习思考题

□复习题
1. 简述民事纠纷与会展纠纷的概念及特点。
2. 会展纠纷的类型有哪些?会展纠纷有哪些解决方式?
3. 仲裁的特征是什么?仲裁的适用范围是什么?
4. 仲裁协议的主要内容包括哪些?如何理解仲裁协议的法律效力?
5. 简述仲裁的程序。
6. 会展纠纷应如何进行诉讼管辖?
7. 会展纠纷诉讼的普通程序与简易程序有哪些不同?

□思考题
试对会展公司与参展商之间发生纠纷提出解决途径。

章末案例解析

一、案例背景

　　位于阳泉市的 A 公司与位于濮阳市的 B 公司订立了一份买卖水果的合同,合同约定如果发生纠纷,由位于周口市的经济仲裁委员会进行仲裁。后来在合同执行过程中发生了纠纷,并由周口市仲裁委员会进行仲裁,鉴于该案的社会影响比较大,该仲裁委员会决定公开审理,但 A 公司表示反对。该仲裁委员会作出裁决后,A 公司不服,表示准备向法院起诉,B 公司则要求 A 公司履行裁决书。由于 A 公司很长时间不履行仲裁裁决书,B 公司便申请该仲裁委员会执行,但被仲裁委员会拒绝。

　　(资料来源:http://wenku.baidu.com/link? url=q1ijD_wIY2sSKA-oa79m4B9XHgdz9FUM7pS9dxI633zbESMsS7wxdaImZl0VDTuAv3QxARC2k84JQdn10yclA7ft7eLansxde6PK1vVJAsC.)

二、案例分析

请根据仲裁法的有关规定回答下列问题:

1. 两公司约定由周口市的经济仲裁委员会仲裁是否合法?为什么?
2. A 公司反对仲裁委员会公开审理是否正确?为什么?
3. A 公司能否向法院起诉?为什么?
4. 该仲裁委员会拒绝 B 公司的执行申请是否正确?为什么?

参考文献

1. 教材或专著

[1] 张万春.会展法[M].北京:清华大学出版社,2015.
[2] 王兴运.消费者权益保护法[M].北京:北京大学出版社,2015.
[3] 曹勇.会展政策与法规[M].重庆:重庆大学出版社,2014.
[4] 蒋丽霞.会展法规与实务[M].北京:中国人民大学出版社,2014.
[5] 徐孟洲,孟雁北.竞争法[M].2版.北京:中国人民大学出版社,2014.
[6] 杜娟,刘丹丹.会展法规[M].北京:化学工业出版社,2012.
[7] 李剑泉,季永青.会展政策与法规[M].大连:东北财经大学出版社,2012.
[8] 陈燕.会展法律法规[M].北京:中国财政经济出版社,2008.
[9] 韩玉灵.旅游法教程[M].北京:高等教育出版社,2003.
[10] 马克斌.会展典型案例精析[M].重庆:重庆大学出版社,2007.
[11] 刘龙飞.会展法律实务[M].北京:中国法制出版社,2010.
[12] 朱余桂.会展法概论[M].北京:高等教育出版社,2004.
[13] 杨紫烜.经济法[M].5版.北京:北京大学出版社,2014.

2. 论文

[1] 柏亚琴.关于会展合同的法律思考[J].中国会展,2004(7).
[2] 贺剑.合同解除异议制度研究[J].中外法学,2013(3).
[3] 宁红丽.论合同类型的认定[J].法商研究,2011(6).
[4] 王轶.合同效力认定的若干问题[J].国家检察官学院学报,2010(5).
[5] 邱业伟.双务合同履行中的抗辩权比较分析[J].河北法学,2007(7).
[6] 厉宁,刘凯,周笑足.展会知识产权行政保护初探[J].知识产权,2009(4).
[7] 段玉敏.从会展业角度探析展会的知识产权保护[J].陕西农业科学,2012(2).
[8] 李华伟.我国展会知识产权保护的瓶颈及对策研究问题[J].厦门广播电视大学学报,2007(2).
[9] 赵莉.诉前禁令制度与世博会的知识产权保护[J].电子知识产权,2004(10).
[10] 罗晓霞.诉前禁令在知识产权纠纷中的运用研究[J].黑龙江社会科学,2012(5).
[11] 陈志臻,郭海峰.以"会展"之名 行违法之实——会展业商业贿赂案件线索挖掘和取证技巧[J].工商行政管理,2015(5).

[12] 樊英.会展消费者权益保护问题初探[J].商业文化(学术版),2010(3).
[13] 李慧君.浅谈会展与广告[J].全国商情(经济理论研究),2009(17).
[14] 彭星东.论调解的分类[J].湖南省政法管理干部学院学报,2000(6).

   3. 网站

[1] 中华人民共和国最高人民法院裁判文书,http://www.court.gov.cn/wenshu.html.
[2] 北大法宝,http://www.pkulaw.cn.
[3] 北大法意,http://www.lawyee.org.
[4] 法律家,http://www.fae.cn.
[5] 中国保护知识产权网,http://www.ipr.gov.cn.

教学支持说明

全国高等院校旅游管理类应用型人才培养"十三五"规划教材系华中科技大学出版社"十三五"规划重点教材。

为了改善教学效果,提高教材的使用效率,满足高校授课教师的教学需求,本套教材备有与纸质教材配套的教学课件(PPT电子教案)和拓展资源(案例库、习题库视频等)。

为保证本教学课件及相关教学资料仅为教材使用者所得,我们将向使用本套教材的高校授课教师免费赠送教学课件或者相关教学资料,烦请授课教师通过电话、邮件或加入旅游专家俱乐部QQ群等方式与我们联系,获取"教学课件资源申请表"文档并认真准确填写后发给我们,我们的联系方式如下:

地址:湖北省武汉市东湖新技术开发区华工科技园华工园六路

邮编:430223

电话:027-81321911

传真:027-81321917

E-mail:lyzjjlb@163.com

旅游专家俱乐部QQ群号:306110199

旅游专家俱乐部QQ群二维码:

群名称:旅游专家俱乐部
群　号:306110199

教学课件资源申请表

填表时间：_____年___月___日

1. 以下内容请教师按实际情况写，★为必填项。
2. 学生根据个人情况如实填写，相关内容可以酌情调整提交。

★姓名		★性别	□男 □女	出生年月		★职务	
						★职称	□教授 □副教授 □讲师 □助教

★学校		★院/系	
★教研室		★专业	
★办公电话		家庭电话		★移动电话	
★E-mail（请填写清晰）		★QQ号/微信号	
★联系地址		★邮编	

★现在主授课程情况	学生人数	教材所属出版社	教材满意度
课程一			□满意 □一般 □不满意
课程二			□满意 □一般 □不满意
课程三			□满意 □一般 □不满意
其 他			□满意 □一般 □不满意

教材出版信息			
方向一		□准备写 □写作中 □已成稿 □已出版待修订 □有讲义	
方向二		□准备写 □写作中 □已成稿 □已出版待修订 □有讲义	
方向三		□准备写 □写作中 □已成稿 □已出版待修订 □有讲义	

请教师认真填写表格下列内容，提供索取课件配套教材的相关信息，我社根据每位教师/学生填表信息的完整性、授课情况与索取课件的相关性，以及教材使用的情况赠送教材的配套课件及相关教学资源。

ISBN（书号）	书名	作者	索取课件简要说明	学生人数（如选作教材）
			□教学 □参考	
			□教学 □参考	

★您对与课件配套的纸质教材的意见和建议，希望提供哪些配套教学资源：